权威·前沿·原创

皮书系列为

“十二五”“十三五”国家重点图书出版规划项目

中国企业社会责任研究报告（2018）

RESEARCH REPORT ON CORPORATE SOCIAL RESPONSIBILITY OF CHINA (2018)

责任十年再出发

李　扬／顾问
黄群慧　钟宏武　张　蒽／著
叶柳红　张阳光　陈思颖　周媛媛 等／数据分析

社会科学文献出版社
SOCIAL SCIENCES ACADEMIC PRESS (CHINA)

图书在版编目(CIP)数据

中国企业社会责任研究报告. 2018 : 责任十年再出发 / 黄群慧, 钟宏武, 张蒽著. -- 北京 : 社会科学文献出版社, 2018.11

(企业社会责任蓝皮书)

ISBN 978 - 7 - 5201 - 3843 - 7

Ⅰ. ①中… Ⅱ. ①黄… ②钟… ③张… Ⅲ. ①企业责任 - 社会责任 - 研究报告 - 中国 - 2018 Ⅳ. ①F279.2

中国版本图书馆 CIP 数据核字 (2018) 第 257211 号

企业社会责任蓝皮书

中国企业社会责任研究报告 (2018)

——责任十年再出发

顾　　问 / 李　扬

著　　者 / 黄群慧　钟宏武　张　蒽

数据分析 / 叶柳红　张阳光　陈思颖　周媛媛 等

出 版 人 / 谢寿光

项目统筹 / 邓泳红　吴　敏

责任编辑 / 张　超

出　　版 / 社会科学文献出版社 · 皮书出版分社 (010) 59367127

地址：北京市北三环中路甲 29 号院华龙大厦　邮编：100029

网址：www. ssap. com. cn

发　　行 / 市场营销中心 (010) 59367081　59367083

印　　装 / 三河市龙林印务有限公司

规　　格 / 开　本：787mm × 1092mm　1/16

印　张：22.25　字　数：336 千字

版　　次 / 2018 年 11 月第 1 版　2018 年 11 月第 1 次印刷

书　　号 / ISBN 978 - 7 - 5201 - 3843 - 7

定　　价 / 98.00 元

皮书序列号 / PSN B - 2009 - 149 - 1/2

主要作者简介

黄群慧 中国社会科学院工业经济研究所所长、研究员、博士生导师，《中国工业经济》主编、《经济管理》主编，兼任中国企业管理研究会副会长、理事长，国家制造强国建设战略咨询委员会委员，国务院反垄断委员会专家咨询组成员，2009 年享受国务院颁发的政府特殊津贴，2013 年入选“百千万人才”国家级人选，荣获“国家级有突出贡献的中青年专家”称号，2015 年入选文化名家暨“四个一批”人才，2016 年入选第二批“万人计划”国家社会科学领军人才。主要研究领域为产业经济和企业管理。曾主持国家社科基金重大项目、国家自然科学基金以及多项省部级重大项目。在《中国社会科学》《经济研究》等学术刊物公开发表论文 300 余篇，独立撰写、参与撰写著作 30 余部。其成果曾获第十二届孙冶方经济科学奖、第二届蒋一苇企业改革与发展学术基金优秀专著奖、第三届蒋一苇企业改革与发展学术基金优秀论文奖、第十四届中国图书奖、第四届“三个一百”原创图书奖、中国社会科学院优秀科研成果二等奖和三等奖等。

钟宏武 中国社会科学院社会发展战略研究院副研究员，管理学博士，兼任中国社会科学院企业社会责任研究中心主任，中国社会责任百人论坛秘书长。主持“中央企业社会责任研究”（国资委课题）、“中央企业‘一带一路’履责报告”（国资委课题）、“中央企业海外社会责任研究”（国资委课题）、“企业社会责任推进机制研究”（国资委课题）、“企业参与精准扶贫优秀案例”（国务院扶贫办课题）、“促进企业参与精准扶贫机制研究”（国务院扶贫办课题）、“‘一带一路’与中资企业海外社会责任”（国家发改委课题）、“中国矿业企业社会责任报告指引”（国土资源部课题）、“责任制造——以社会责任推动‘中国制造2025’”（工信部课题）、“中国食品药品行业社会责任信息披露机制研究”（国家食药监局课题）、“中国保险业社会责任研究”（保监会课题）、“中国上市公司社会责任信息披露情况研究”（深交所课题）；先后访问日本、南非、英国、瑞典、缅甸、苏丹、美国、韩国、荷兰、赞比亚、津巴布韦、泰国、印尼、老挝、埃塞俄比亚、孟加拉国、捷克，研究企业社会责任。编写《中央企业社会责任蓝皮书》《中国企业社会责任报告编写指南》《企业社会责任管理》《企业社会责任基础教材》《中国企业社会责任研究报告》《中国企业公益研究报告》《中国企业社会责任报告白皮书》《中国国际社会责任与中资企业角色》《慈善捐赠与企业绩效》等30余部著作。在《经济研究》《中国工业经济》《人民日报》等刊物上发表论文50余篇。

张　蒽　中国社会科学院社会发展战略研究院副研究员，管理学博士，经济学博士后，兼任中国社会科学院企业社会责任研究中心常务副主任。作为主要研究人员参与“责任制造——以社会责任推动‘中国制造2025’”“企业社会责任推进机制研究”“中国上市公司社会责任信息披露情况研究”“中央企业社会责任理论研究”“企业社会责任指标体系研究”等重大课题的研究。编写和参与编写《中国企业社会责任发展指数报告》《中国企业社会责任报告编写指南》《企业社会责任管理体系研究》《中国企业社会责任报告白皮书》《中国上市公司非财务信息披露报告》《企业社会责任负面信息披露研究》等，在《中国工业经济》《经济管理》等期刊公开发表与社会责任相关论文。

中国社会责任百人论坛简介

“中国社会责任百人论坛”（China Social Responsibility 100 Forum，以下简称“责任百人论坛”）是由致力推动中国社会责任发展的专家学者、企业家、社会活动家等自发建立的公益性机制，是中国社会责任领域的高端平台。

责任百人论坛通过持续举办重点热点问题研讨会、重要成果发布会等，实现汇聚责任思想、共享责任成果、提升履责绩效的论坛宗旨，为政府推进社会责任发展建言献策，为企业履行社会责任指明方向，助力中国走出一条经济繁荣、社会进步、环境优美的可持续发展之路，携手共筑“中国梦”。

一　责任百人论坛主要活动

●责任百人会议

▶年会

每年 1 月举办，总结年度工作，发布年度重要成果，讨论新一年工作计划。

▶北京社会责任展

持续组织并发布中国企业在社会责任、公益扶贫、标准、行业等方面的年度研究报告，并设立主题展厅，展现优秀企业社会责任实践。

▶重大热点研讨会

发布论坛成员的重要研究成果，就重大热点社会/环境问题进行深度研讨，为社会责任事业的发展建言献策。

●责任百人文库

▶社会责任系列研究报告

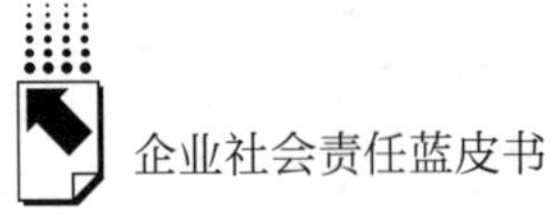

开展企业社会责任蓝皮书、企业公益蓝皮书、企业扶贫蓝皮书、汽车行业社会责任蓝皮书、报告编写标准、海外社会责任蓝皮书、上市公司社会责任蓝皮书等一系列研究。

▶百人论坛会刊

汇编每期会议精彩演讲，摘录年度重要成果，定期出版发布。

●责任百人讲堂

组织开展百人讲堂、责任官、MBA 系列社会责任培训和讲座。

●责任百人调研

组织开展走进理事单位、分享责任中国行、分享责任世界行等社会责任调研和交流活动。

二　责任百人论坛秘书处联系方式

秘书长　钟宏武　13911200188　zhonghw@ cass – csr. org

副秘书长　崔修楠　18519189684　cuixn@ zerenyun. com

官方微信

三　责任百人论坛发起人名单（截至2018年8月底）

李　扬　中国社会科学院学部委员、国家金融与发展实验室理事长

解思忠　原国务院国资委监事会主席
彭华岗　国务院国有资产监督管理委员会副秘书长
欧晓理　国家发改委西部开发司巡视员
郭秀明　工业和信息化部政策法规司副巡视员
张晓刚　国际标准化组织（ISO）主席
刘兆彬　中国质量万里行促进会会长
曹宏瑛　中国外商投资企业协会常务副会长
李　玲　中国外商投资企业协会副会长
王幼燕　中国电子信息联合会副秘书长
魏紫川　新华网常务副总裁
宋志平　中国建材集团有限公司董事长
王小康　全国政协委员、原中国节能环保集团有限公司董事长
郑崇华　台达集团创办人暨荣誉董事长
刘　冰　中国黄金集团有限公司董事、总经理、党委副书记
史正江　中国南方电网有限责任公司党组副书记、副总经理
蓝　屹　华润集团秘书长、办公厅主任
陈晓龙　圣象集团董事长
王　彤　中国三星首席副总裁
张　凯　松下电器（中国）有限公司副总裁
潘家华　中国社会科学院学部委员、中国社会科学院城市发展与环境研究所所长
黄群慧　中国社会科学院工业经济研究所所长
张　翼　中国社会科学院社会发展战略研究院院长、党委书记
邓国胜　清华大学公益慈善研究院副院长
张洪忠　北京师范大学新闻传播学院副院长、教授
周祖城　上海交通大学安泰经济与管理学院教授
吕　朝　恩派（NPI）公益组织发展中心创始人、主任
宝　山　北大纵横管理咨询集团高级合伙人

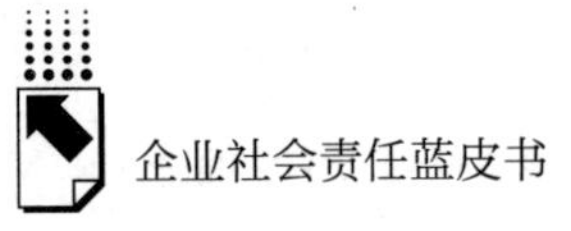

吕建中　博然思维集团创始人

钟宏武　中国社会科学院企业社会责任研究中心主任（论坛秘书长）

张　蒽　中国社会科学院企业社会责任研究中心常务副主任

四　责任百人论坛企业理事会

吸纳在行业内有一定影响力，具有较强社会责任感和良好声誉的企业加入。

五　责任百人论坛理事会单位名单（截至2018年8月底）

中国石化、国投集团、招商局、华润集团、南方电网、东风汽车、中国一汽、中国华电、中国电建、中国旅游集团、中国黄金、华润电力、国家电投、民生银行、阿里巴巴、海航集团、华夏幸福、伊利、圣象集团、中国三星、现代汽车、台达集团、松下中国、LG 化学、中国兵器、中国移动、安利、华润健康、东风悦达起亚、华润燃气、上海家化

六　责任百人论坛活动大事记

（1）2016 年 10 月，责任百人论坛正式成立，以国内知名社会责任领域专家学者、企业家等作为发起人，以优秀中外企业为理事单位，通过持续举办重点热点议题研讨会、重要成果发布会等，实现汇聚责任思想、共享责任成果、提升履责绩效的论坛宗旨，为政府推进和企业履行社会责任建言献策，助力美丽中国建设。

（2）2017 年 1 月，召开“中国社会责任百人论坛——第五届分享责任年会”，会上举行责任百人论坛成员聘任仪式；首次发布《中资企业海外社会责任研究报告（2016 ~ 2017）》、《中国电建印尼可持续发展报告》和《中

国企业社会责任年鉴（2016）》，连续第6年发布《中国企业社会责任研究报告》等多项研究成果，受到央视等主流媒体的争相报道，在行业内引起极大反响，并对年度企业进行了表彰。

（3）2017年2月27日，“责任百人咖啡——《中国社会责任百人论坛》首发式暨首届CSR报告沙龙”在北京社科1978咖啡举办。来自政府部门、教研机构、国内外大型企业等机构代表60余人参加。

（4）2017年3月，举办首届“中国企业社会责任百人讲堂暨中国社会科学院研究生院MBA‘企业社会责任’必修课”，致力于推动中国企业社会责任知识普及和责任意识提高，受益学员累计达150人。

（5）2017年5月，举办首届“中国社会责任百人论坛——‘可感知的’责任品牌创享会（2017）”，旨在携手共探我国企业责任品牌建设问题，推动中国企业责任品牌更好、更快发展。活动组织策划开展了首届“您心目中最牛责任品牌”微信投票活动，会上也正式公布了首届“您心目中最牛责任品牌”评选结果，整个活动阅读量超过100万次，共有782099人参与，收到投票525034张。同日下午，召开首届理事会单位闭门会。

（6）随着《巴黎协定》正式生效，应对气候变化成为全球共同关注的热点问题。2017年6月16日在北京艾维克酒店召开首届《中国企业应对气候变化自主贡献研究报告》发布会。国家发改委、中国社会科学院等机构专家和优秀企业代表共同分享和探讨节能降碳政策、理论和实践，会上发布《中国企业应对气候变化自主贡献研究报告（2017）》，并为入选研究报告优秀案例的企业颁发证书。

（7）2017年8月9~11日，“中国社会责任百人讲堂——第九期责任官公益培训计划”在苏州开讲，广泛传播企业社会责任理念，提升企业社会责任意识，参与培训学员达200人。首次创新责任大联欢更是精彩纷呈。

（8）2017年下半年，中国社会责任百人论坛组织策划了“分享责任中国行（2017）”活动，走进四川成都和西藏林芝地区，参观调研中国企业在节能环保以及精准扶贫领域做出的努力与贡献，深入挖掘企业履行社会责任的优秀实践，并授予中国节能和中国华能“企业社会责任示范基地”。“分

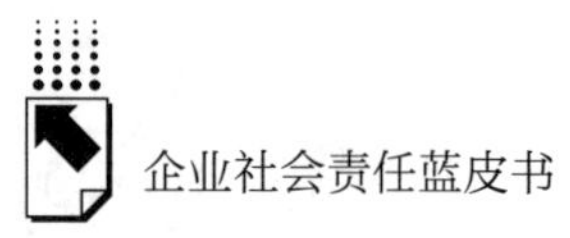

享责任世界行（2017）”先后奔赴泰国、印尼、韩国等国家调研学习。

（9）2017 年 11 月，召开“2017 中国社会责任百人论坛暨首届北京社会责任展”，会上举行责任百人论坛发起人及理事单位代表集中亮相仪式；连续第 9 年发布《中国企业社会责任研究报告》，首次发布中国上市公司 ESG 指数、《家用电器制造企业社会责任蓝皮书（2017）》和本土第一大应用标准《中国企业社会责任报告指南之基础框架（CASS-CSR4.0）》，连续第 2 年发布《汽车企业社会责任蓝皮书》和《中国企业扶贫研究报告》等多项研究成果，受到新华网等主流媒体的争相报道，在行业内引起极大反响。

（10）2018 年 1 月 8 日，“中国社会责任百人论坛——首届责任传播年会暨 2017 年度优秀责任报道发布会”在北京召开，活动评选出政策报道奖、案例报道奖、行业报道奖、成果报道奖、人物报道奖五类奖项，包括《人民日报》、《经济日报》、中央电视台、新华网等在内的 29 家媒体的记者获得优秀报道奖。

（11）2018 年 1 月 25 日，“中央企业社会责任论坛暨《中央企业社会责任蓝皮书（2017）》发布会”在北京举行，会上发布了《中央企业社会责任蓝皮书（2017）》，蓝皮书由国务院国资委综合局和中国社会科学院企业社会责任研究中心共同编制发布，是国内外第一本系统研究中央企业社会责任的著作。

（12）2018 年 1 月 25 日，“中国社会责任百人论坛——第六届分享责任年会”在北京召开，会上中国社会科学院企业社会责任研究中心连续第 7 年发布《中国企业社会责任报告白皮书》，解析中国企业社会责任报告的阶段性特征。

（13）2018 年 1 月 25 日，“中国社会责任百人论坛——责任之夜”活动在北京举办，活动上发布了《中国企业社会责任年鉴（2017）》，盘点中国企业社会责任的年度进展和重大事件，并为优秀企业和个人颁发社会责任奖项。

（14）2018 年 4 月 28 日，“中国社会责任百人论坛——‘企业精准扶贫案例研究’暨《中国企业扶贫研究报告（2018）》课题启动会”在北京召开，来自政府部门、科研机构、大型企业、主流媒体的100余位嘉宾出席了会议。

（15）2018年5月21~23日，“中国社会责任百人讲堂——第十期责任官公益培训计划”在上海交通大学安泰经济与管理学院盛大开课，活动由中国社会科学院企业社会责任研究中心指导，中国社会责任百人论坛、责任云社会责任机构主办，上海交通大学安泰经济与管理学院、上海浦东新区金桥企业社会责任促进会联合主办，中国三星独家公益赞助，活动也得到上海家化联合股份有限公司的支持，共有来自全国各地的280余名学员参加了为期三天的企业社会责任公益培训。

（16）2018年6~7月，中国社会责任百人论坛组织策划了“分享责任中国行（2018）”活动，走进华夏幸福固安产业新城、中国三星河北南峪分享村庄项目“麻麻花的山坡”，参观调研优秀企业在服务经济民生、助力精准扶贫方面的突出实践，并授予华夏幸福基业股份有限公司“社会责任示范基地”称号。

（17）2018年9月2日，由北京师范大学新媒体传播研究中心和中国社会科学院企业社会责任研究中心指导、中国社会责任百人论坛与责任云科技联合主办的“中国社会责任百人论坛暨《中国影视明星社会责任研究报告（2017~2018）》发布会”在北京师范大学举行。本次会议以“好作品、好公益、好品行”为主题，发布了首本《中国影视明星社会责任研究报告（2017~2018）》。这是国内外第一本系统研究影视明星社会责任的著作。

研究业绩

课　题

· 国务院国资委："中央企业社会责任研究"，2018；

· 国务院国资委："中央企业'一带一路'履责报告"，2018；

· 国务院扶贫办："企业参与精准扶贫优秀案例"，2018；

· 国务院国资委："中央企业社会责任研究"，2017；

· 国务院国资委："中央企业海外社会责任研究"，2017；

· 国务院国资委："中央企业社会责任报告专题分析报告"，2017；

· 国务院扶贫办："促进企业参与精准扶贫机制研究"，2017；

· 国务院扶贫办："陇南市电商精准扶贫执行效果第三方评估报告"，2013～2015；

· 国家发改委："'一带一路'与海外企业社会责任"，2015；

· 工业和信息化部："责任制造——以社会责任推动'中国制造2025'"，2015；

· 国务院国资委："中资企业海外社会责任研究"，2014；

· 国务院国资委："中央企业社会责任优秀案例研究"，2014；

· 国家食药监局："中国食品药品行业社会责任信息披露机制研究"，2014；

· 国土资源部："中国矿业企业社会责任评价指标体系研究"，2014；

· 中国保监会："中国保险业社会责任研究"，2014；

· 全国工商联："中国民营企业社会责任研究报告"，2014；

·陕西省政府："陕西省企业社会责任研究"，2014；

·国土资源部："中国矿业企业社会责任报告制度研究"，2013；

·国务院国资委："中央企业社会责任优秀案例研究"，2013；

·中国扶贫基金会："中资企业海外社会责任研究"，2012~2013；

·北京市国资委："北京市属国有企业社会责任研究"，2012 年 5~12 月；

·国资委研究局："企业社会责任推进机制研究"，2010 年 1~12 月；

·国家科技支撑计划课题："社会责任国际标准风险控制及企业社会责任评价技术研究"之子任务，2010 年 1~12 月；

·深交所："中国上市公司社会责任信息披露情况研究"，2009 年 3~12 月；

·中国工业经济联合会：工信部"关于制定'推进企业社会责任建设指导意见'"前期研究成果，2009 年 10~12 月；

·中国社会科学院："灾后重建与企业社会责任"，2008 年 8 月至 2009 年 8 月；

·中国社会科学院："海外中资企业社会责任研究"，2007 年 6 月至 2008 年 6 月；

·国务院国资委："中央企业社会责任理论研究"，2007 年 4~8 月。

专　著

·《中央企业社会责任蓝皮书（2017）》，经济管理出版社，2018；

·《中国企业扶贫研究报告（2017）》，经济管理出版社，2017；

·《中国企业社会责任研究报告（2017）》，社会科学文献出版社，2017；

·《中国企业社会责任报告指南之基础框架（CASS-CSR4.0）》，经济管理出版社，2017；

·《汽车企业社会责任蓝皮书（2017）》，经济管理出版社，2017；

·《家用电器制造企业社会责任蓝皮书（2017）》，经济管理出版社，

2017；

·《中国企业应对气候变化自主贡献研究报告（2017）》，经济管理出版社，2017；

·《中国企业扶贫研究报告（2016）》，社会科学文献出版社，2016；

·《中国企业公益研究报告（2016）》，社会科学文献出版社，2016；

·《中国企业社会责任年鉴（2016）》，经济管理出版社，2016；

·《中国企业社会责任研究报告（2016）》，社会科学文献出版社，2016；

·《上海上市公司社会责任研究报告（2016）》，经济管理出版社，2016；

·《汽车企业社会责任蓝皮书（2016）》，经济管理出版社，2016；

·《企业公益报告编写指南3.0》，经济管理出版社，2016；

·《中国企业社会责任报告（2015）》，经济管理出版社，2015；

·《中国企业公益研究报告（2015）》，社会科学文献出版社，2015；

·《中国企业社会责任研究报告（2015）》，社会科学文献出版社，2015；

·《上海上市公司社会责任研究报告（2015）》，经济管理出版社，2015；

·《中国企业社会责任研究报告（2014）》，社会科学文献出版社，2015；

·《企业社会责任负面信息披露研究》，经济管理出版社，2015；

·《中国企业公益研究报告（2014）》，经济管理出版社，2015；

·《中国企业社会责任报告编写指南3.0之石油化工业指南》，经济管理出版社，2015；

·《中国企业社会责任报告（2014）》，经济管理出版社，2014；

·《中国企业社会责任报告编写指南之一般框架（CASS-CSR3.0）》，经济管理出版社，2014；

·《中国企业社会责任报告编写指南3.0之钢铁业指南》，经济管理出

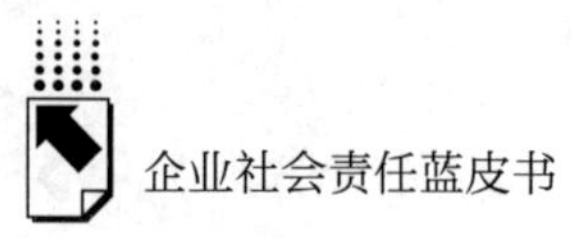

版社，2014；

·《中国企业社会责任报告编写指南3.0之仓储业指南》，经济管理出版社，2014；

·《中国企业社会责任报告编写指南3.0之电力生产业指南》，经济管理出版社，2014；

·《中国企业社会责任报告编写指南3.0之家电制造业指南》，经济管理出版社，2014；

·《中国企业社会责任报告编写指南3.0之建筑业指南》，经济管理出版社，2014；

·《中国企业社会责任报告编写指南3.0之电信服务业指南》，经济管理出版社，2014；

·《中国企业社会责任报告编写指南3.0之汽车制造业指南》，经济管理出版社，2014；

·《中国企业社会责任报告编写指南3.0之煤炭采选业指南》，经济管理出版社，2014；

·《中国企业社会责任报告编写指南3.0之一般采矿业指南》，经济管理出版社，2014；

·《中国企业社会责任案例》，经济管理出版社，2014；

·《中国企业社会责任报告白皮书（2013）》，经济管理出版社，2013；

·《中国企业社会责任研究报告（2013）》，社会科学文献出版社，2013；

·《中国国际社会责任与中资企业角色》，中国社会科学出版社，2013；

·《企业社会责任基础教材》，经济管理出版社，2013；

·《中国可持续消费研究报告》，经济管理出版社，2013；

·《中国企业社会责任研究报告（2012）》，社会科学文献出版社，2012；

·《中国企业社会责任报告白皮书（2012）》，经济管理出版社，2012；

· 《中国企业社会责任研究报告（2011）》，社会科学文献出版社，2011；

· 《中国企业社会责任报告编写指南（CASS-CSR2.0）》，经济管理出版社，2011；

· 《中国企业社会责任报告白皮书（2011）》，经济管理出版社，2011；

· 《企业社会责任管理体系研究》，经济管理出版社，2011；

· 《分享责任——中国社会科学院研究生院 MBA“企业社会责任”必修课程》，经济管理出版社，2011；

· 《中国企业社会责任研究报告（2010）》，社会科学文献出版社，2010；

· 《政府与企业社会责任：国际经验与中国实践》，经济管理出版社，2010；

· 《中国企业社会责任研究报告（2009）》，社会科学文献出版社，2009；

· 《中国企业社会责任报告编写指南（CASS-CSR1.0）》，经济管理出版社，2009；

· 《中国企业社会责任发展指数报告（2009）》，经济管理出版社，2009；

· 《慈善捐赠与企业绩效》，经济管理出版社，2007。

论　文

在《经济研究》《中国工业经济》《人民日报》《光明日报》等刊物上发表论文数十篇。

专　访

接受中央电视台、北京电视台、中央人民广播电台、中央人民国际广播电台、人民网、新华网、光明网、凤凰卫视、法国24电视台等数十家媒体专访。

摘　要

在延续和发展2009~2017年“企业社会责任蓝皮书”研究方法和技术路线的基础上，课题组编写了《中国企业社会责任研究报告（2018）》。全书由总报告、分报告、行业报告、调研报告和附录五大部分构成。

总报告即《中国企业社会责任发展报告（2009~2018）》。课题组构建了一套企业社会责任管理现状和责任信息披露水平的综合评价体系，它以中国企业300强为研究对象，从企业社会责任报告、财务报告、企业官方网站等公开渠道搜集企业主动披露的责任信息，对2009~2018年中国企业300强、国有企业100强、民营企业100强、外资企业100强以及重点行业的社会责任管理现状和信息披露水平进行了整体评价，总结其年度特征，形成《中国企业社会责任发展报告（2009~2018）》。

分报告是对国企、民企和外企社会责任发展指数的细化解读，由《中国国有企业100强社会责任发展指数（2009~2018）》《中国民营企业100强社会责任发展指数（2009~2018）》《中国外资企业100强社会责任发展指数（2009~2018）》构成。上述报告分别对国有企业100强、民营企业100强、外资企业100强的社会责任发展指数进行了详细解读，剖析了其十年发展特征。

行业报告是对重点行业社会责任发展指数的详细解读，对电力、特种设备制造、银行、石油化工、汽车、房地产、食品、日化、机械设备制造、金属行业共10个社会关注度高，对经济、社会、环境影响力大的行业进行重点分析，通过探究各行业中重点企业的社会责任发展指数，以反映不同行业社会责任管理水平与社会责任信息披露水平。

调研报告由“分享责任中国行/世界行（2018）”及优秀企业社会责任

案例组成。“分享责任中国行/世界行”调研团队先后走访了国内外 4 家企业，总结各企业的社会责任实践亮点；调研报告包括中国三星、华夏幸福、现代汽车、中国电建 4 家国内外优秀企业的社会责任案例，为其他企业社会责任管理和实践提供了有益的参考和指引。

附录一回顾了《中国企业社会责任研究报告》十年发展，附录二详细呈现了中国企业 300 强 2009～2018 年十年社会责任发展指数，附录三详细呈现了 2018 年中国企业 300 强社会责任发展指数及 2009～2018 年排名，附录四详细呈现了 2018 年国有企业 100 强社会责任发展指数及 2009～2018 年排名，附录五详细列举了 2018 年民营企业 100 强社会责任发展指数及 2009～2018 年排名，附录六详细列举了 2018 年外资企业 100 强社会责任发展指数及 2009～2018 年排名，附录七详细列举了 2018 年 10 个重点行业社会责任发展指数，附录八简要介绍了社会责任领域的人才建设、行业研究。

Abstract

Following and developing the research methods and routes of the Blue Book of Corporate Social Responsibility (2009 - 2017), we write the Research Report on Corporate Social Responsibility of China (2018). The book is constituted by 5 parts: General Report, Partial Report, Industry Report, Practical Report and Appendix.

General Report is "The CSR Development Report of Chinese Enterprises (2009 - 2018)". The Studying Team builds a comprehensive appraisal system to evaluate the situation of CSR management and the level of CSR information disclosure. The research objects are top 300 series corporations in China, containing top 300 Chinese corporations, top 100 SOEs, top 100 private corporations, top 100 foreign-invested corporations and key industry. Collecting the CSR information via their CSR reports, annual reports and official websites, we did an all-around research on their current CSR management and CSR information disclosure from 2009 to 2018.

Partial Report is a detailed interpretation of the General Report, constituted by 3 chapters, which are "The CSR Development Index of Top 100 SOEs in China (2009 - 2018)", "The CSR Development Index of Top 100 Private Firms in China (2009 - 2018)", "The CSR Development Index of Top 100 MNCs in China (2009 - 2018)". Those 3 reports explain the CSR development index and summarize the CSR characteristics in ten years.

Industries Report is a detailed interpretation of the key industries' social responsibility development index, whose are high social concern, economic, social and environmental impact, including the electric power, special equipment, banking, petrochemical, automobile, real estate, food, daily chemical, mechanical equipment and metal industries. This report aims to reflect the level of social responsibility management and social responsibility information disclosure in various industries.

Practical Report introduces excellent cases on corporate social responsibility. The studying team organized the investigation team, visited 4 companies successively and summarized the achievement on CSR management and practice of each enterprise, meanwhile, offer the guideline on CSR practice by writing up the cases of outstanding enterprises, such as SAMSUNG, CFLD , Hyundai Motor Company and POWERCHINA.

In appendix, it is detailed of "Review of the Ten-Year Road of the Research Report on CSR of China" in Appendix 1 and "The Ten-Year CSR Development Index of Top 300 Firms in China (2009 - 2018)", "The CSR Development Index of Top 300 Firms in China (2009 - 2018)", "The CSR Development Index of Top 100 SOEs in China (2009 - 2018)", "The CSR Development Index of Top 100 Private Firms in China (2009 - 2018)", "The CSR Development Index of Top 100 MNCs in China (2009 - 2018)" in Appendix 2 to 6, "The CSR Development Index of Key Industries (2009 - 2018)" in Appendix 7. We also list the Talent Construction/Industry Research in Appendix 8.

《中国社会责任百人论坛文库》总序

时代呼唤责任。“十三五”时期是我国实现“两个一百年”目标、全面建成小康社会的关键时期。近年来，社会责任呈现标准化、法制化、社会化、价值化等趋势，国际国内社会责任标准不断推出，履行责任从软约束成为硬约束，各种社会力量高度关注，担责成为企业的商业追求和发展机遇。在这样的新形势下，履行社会责任成为重要议题。

责任亟待研讨。中国社会责任百人论坛应运而生，以汇聚责任思想、共享责任成果、提升责任绩效为宗旨，聚集政府领导、专家学者、企业家等社会责任领域的领袖人物，共商责任之策，共谋责任之事。通过组织专题研讨、召开大型会议，搭建社会责任交流平台，推出社会责任重要成果，为政府推进社会责任建言献策，为企业履行社会责任指明方向。

分享创造价值。中国社会责任百人论坛的思想需要记录，需要在更大范围分享。《中国社会责任百人论坛文库》每年精选演讲文稿、研究专著、企业实践案例，出版发行、宣传推广，提升全社会的责任意识，指导企业的责任实践，努力通过3～5年的运行，为中国社会责任贡献一批传世之作。

百人论道，万众聚力。

是为序。

中国社会责任百人论坛秘书处

2017年

前　言

2018 年是中国改革开放 40 周年，40 年以来中国经济社会发生了翻天覆地的巨大变化，中国经济总量跃居世界第二，综合国力和国际影响力实现历史性跨越，社会经济发展水平整体提高。包括国有企业、民营企业、外资企业等在内的企业，作为社会主义市场经济重要的微观经济活动主体，在推动我国经济高速增长、促进社会就业、增加政府税收、服务社会民生等诸多方面做出了不可替代的贡献。40 年来，国有企业改革发展取得重大进展，运行质量和效益明显提升，2018 年《财富》世界 500 强榜单显示，国务院国资委监管的 48 家中央企业上榜，并占据榜单前四名中的三席；我国民营经济从小到大、由弱到强，贡献了全国 60% 以上的 GDP，成为我国经济社会发展的重要基础；外资企业从小规模到万亿级，2017 年中国吸引外商直接投资达 1310 亿美元，居世界第二。

在发展的过程中，特别是近十年来，社会各界对企业履行社会责任提出了更高要求，全社会掀起关注企业社会责任的新高潮。第一，政府要求日趋深化。十年来，中央及各级地方政府纷纷出台相关政策法规，规范企业履行社会责任的方向和内容。以国务院国资委为例，2011 年颁布《中央企业“十二五”和谐发展战略实施纲要》，2013 年启动《中央企业社会责任管理指引》制定工作，2015 年牵头落实“加强企业社会责任立法”工作，2016 年印发《关于国有企业更好履行社会责任的指导意见》，2018 年启动“中央企业社会责任蓝皮书（2018）”“中央企业‘一带一路’履责报告（2018）”以及“加强国有企业社会责任信息披露研究”课题，进一步探索加强国有企业的社会责任信息披露，促进国有企业透明运营。第二，推动力量日趋社会化。2009 ~ 2018 年，监管机构、行业协会、科研机构、媒体等相关方对企业社会责任的推动作用日趋明显。中国证监会、中国社会科学院企业社会责任研究中心、中国工业经济联合会、《南方周末》等均积极推动中国企业社会责任事业发展。特别是上市公司监管机构和上市交易所对上市公司的社会责任信息披露从倡导逐渐升级为强制要求，香港联交所于2015年对《环境、社会与管治（ESG）报告指引》进行升级，提出“不遵守就解释”原则；证监会于2018年9月发布《上市公司治理准则》（修订版），确立环境、社会责任和公司治理（ESG）信息披露的基本框架，强化上市公司在环境保护、社会责任方面的引领作用。第三，责任标准日趋多样化。2010年，国际标准化组织正式发布ISO 26000，为企业组织开展社会责任行动提供指导；2014年，全球报告倡议组织发布《可持续发展报告指南（G4）》；2015年，联合国继千年发展目标之后再次提出2030年17项可持续发展目标（SDGs），GB/T－36000《社会责任指南》《社会责任报告指南》《社会责任绩效分类指引》三项国家标准正式出台；2017年，中国社会科学院企业社会责任研究中心发布《中国企业社会责任报告编写指南（CASS－CSR4.0）》，对企业社会责任报告编制规范进行第四次升级，引导企业更好地编制和使用报告。新政策、新标准的出台在为企业履行社会责任提供指导的同时，也在不同层面对企业履行社会责任提出了更系统、更直接的要求，对于助力企业社会责任发展、提升企业社会责任信息披露程度助益良多。

在众多推动力量中，中国社会科学院企业社会责任研究中心以推动中国特色企业社会责任实践为使命，积极履行研究者、推进者和观察者的责任，于2009年发布首部《中国企业社会责任研究报告》，构造“中国企业社会责任发展指数”，通过“背对背”的技术路线，从企业年报、企业官方网站、企业社会责任报告、各类媒体报道等公开渠道提供的数据中，挖掘有关企业社会责任的有价值的信息，包括中国企业的年度社会责任管理状况和责任信息披露水平，中国企业社会责任发展进程的阶段性特征，为深入研究中国企业社会责任提供基准性参考。2018年是《中国企业社会责任研究报告》连续第十年发布，通过系统梳理中国企业社会责任十年发展数据，我们发现我国企业社会责任发展指数整体呈上升趋势，中国企业300强社会责任发展指数从 2009 年的 15.2 分上升到 2018 年的 34.4 分，从旁观者上升为起步者，并接近追赶者阶段，其中国有企业 100 强社会责任发展指数从 2009 年的 25.6 分上升为 2018 年的 51.1 分，从起步者上升为追赶者，并接近领先者阶段，民营企业、外资企业 100 强社会责任发展指数分别从 2009 年的 15.2 分和 7.1 分上升为 2018 年的 28.0 分和 24.1 分，从旁观者上升为起步者，国有企业 100 强实现持续领先于民营企业 100 强和外资企业 100 强，成为十年来践行社会责任的领头羊和生力军。

《中国企业社会责任研究报告》每年连续出版发布，实现了四个“全面提升”。一是全面提升全社会的企业社会责任意识。每年《中国企业社会责任研究报告》的发布，都引起了社会各界的广泛关注，中央电视台、《人民日报》、中央人民广播电台、BBC、新浪网、凤凰网等上百家媒体曾报道我们的评价成果，这极大地强化了社会各界的企业社会责任意识。二是全面提升企业的社会责任管理水平。《中国企业社会责任研究报告》中提出的企业社会责任评价指标体系本身就对企业的社会责任管理实践具有指导和规范作用，而评价结果中处于企业社会责任“卓越者”和“领先者”阶段的企业，其社会责任管理实践对处于“追赶者”和“起步者”阶段的企业具有示范和标杆作用。因此，《中国企业社会责任研究报告》对于企业建立社会责任管理体系、加大社会责任信息披露力度和提升透明度、提高企业社会责任管理水平，起到了积极的促进作用。三是全面提升中国企业社会责任研究水平。《中国企业社会责任研究报告》不仅提出了“四位一体”的企业社会责任理论模型和分行业的评价指标体系，在一定程度上填补了我国企业社会责任研究的空白，而且其评价结果和从企业社会责任大数据中挖掘出的其他信息，为企业社会责任研究者提供了有价值的研究基础和参考。四是全面提升中国企业社会责任的国际影响。《中国企业社会责任研究报告》的出版，还引起了国际上的关注，日本产经新闻、法国 24 电视台等媒体给予了报道，此外，联合国、欧盟、法国、美国、瑞典、韩国、挪威等国际机构和外国使馆的相关人员先后拜访中心，就《中国企业社会责任研究报告》进行专项交流。

责任十年再出发。站在新时代的起点，《中国企业社会责任研究报告》也将持续出版发布，并不断优化，以期更加专业、创新、开放，从而推动中国企业社会责任高质量发展。

中国社会科学院工业经济研究所所长

中国社会责任百人论坛发起人

黄群慧

2018 年 10 月

目　录

Ⅰ　总报告

Ⅱ　分报告

Ⅲ　行业报告

Ⅳ　调研报告

Ⅴ 附录

皮书数据库阅读**使用指南**

CONTENTS

I General Report

II Partial Report

Ⅲ Industries Report

Ⅳ Practical Report

V Appendix

总 报 告

General Report

2009年以来，课题组连续九年编著“企业社会责任蓝皮书”，发布中国企业社会责任发展指数，评价中国企业年度社会责任管理状况和社会/环境信息披露水平，为深入研究中国企业社会责任现状提供基准性参考。2018年是《中国企业社会责任研究报告》发布的第十年，课题组将系统梳理过去十年的研究发现，辨析中国企业社会责任十年发展特征，对中国企业社会责任发展进行系统回顾，总结经验、展望未来，以期促进中国企业社会责任高质量发展。

B.1 中国企业社会责任发展报告（2009 ~2018 ）

摘　要： 本报告沿用“中国企业社会责任发展系列指数”指标评价体系，并结合当前履责重点，新增精准扶贫相关指标，对中国企业300强、国有企业100强、民营企业100强、外资企业100强以及10个重点行业企业的社会责任发展水平进行评价，研究中国企业社会责任2017 ~2018 年最新进展。同时，结合2009年以来连续十年中国企业社会责任发展指数，分析中国企业十年来社会责任管理和社会/环境信息披露水平的发展趋势。

关键词： 企业社会责任　社会责任发展指数　发展年度特征　十年发展趋势

一　中国企业社会责任发展指数排名（2009 ~2018 ）

本部分选取了中国企业300强2009 ~2018 十年社会责任发展指数前50强，2018中国企业300强社会责任发展指数前100位的十年发展排名，2018国有企业100强社会责任发展指数、民营企业100强社会责任发展指数、外资企业100强社会责任发展指数前20位的十年发展排名，2018年10个重点行业社会责任发展指数情况（全部结果详见本书附录部分）。

1. 中国企业300强2009~2018十年社会责任发展指数

表1　中国企业300强2009~2018十年社会责任发展指数前50强

单位：分

十年指数排名	企业名称	公司性质	行业名称	十年指数	2018指数	2017指数	2016指数	2015指数	2014指数	2013指数	2012指数	2011指数	2010指数	2009指数
1	中国移动通信集团有限公司	中央企业	通信服务业	827.1	84.8	87.0	91.7	90.5	87.8	81.5	71.5	78.5	79.3	74.5
2	国家电网有限公司	中央企业	电力供应业	823.9	79.7	81.7	85.2	84.0	86.7	89.3	85.0	76.8	78.5	77.0
3	中国南方电网有限责任公司	中央企业	电力供应业	822.0	90.9	91.6	95.0	88.4	89.5	88.3	81.3	75.5	67.5	54.0
4	中国石油化工集团有限公司	中央企业	石油和天然气开采业与加工业	813.2	93.3	91.9	91.0	86.0	84.3	86.6	78.0	74.3	67.5	60.3
5	中国华能集团有限公司	中央企业	电力生产业	804.8	91.1	92.5	89.0	87.6	84.3	80.0	74.5	69.8	63.0	73.0
6	中国华电集团有限公司	中央企业	电力生产业	795.6	93.4	95.3	94.0	89.8	85.7	81.6	73.5	69.5	58.3	54.5
7	中国民生银行股份有限公司	民营企业	银行业	767.5	85.2	88.7	83.9	82.7	80.9	79.8	72.5	72.3	62.5	59.0
8	华为投资控股有限公司	民营企业	通信设备制造业	719.9	71.4	90.8	88.6	86.9	83.5	74.6	74.0	58.8	51.3	40.0
9	华润（集团）有限公司	中央企业	混业	703.1	95.9	96.8	89.2	87.0	79.5	80.7	74.0	35.9	12.6	51.5
10	东风汽车集团有限公司	中央企业	交通运输设备制造业	698.0	87.1	89.4	85.5	83.8	78.8	61.6	58.0	44.3	53.5	56.0
11	中国铝业集团有限公司	中央企业	混业（金属冶炼及压延加工业；一般采矿业；批发贸易业）	693.4	88.1	89.6	80.3	80.7	78.9	78.8	72.0	58.4	37.6	29.0
12	中国海洋石油集团有限公司	中央企业	石油和天然气开采业与加工业	679.5	76.5	84.7	84.9	82.5	74.0	60.0	40.3	47.3	60.3	69.0
13	中国电信集团有限公司	中央企业	通信服务业	666.0	68.2	82.2	83.7	80.6	79.3	74.9	71.0	53.8	37.3	35.0
14	中国建筑集团有限公司	中央企业	建筑业	663.1	80.6	86.7	89.1	87.2	83.0	76.7	67.7	55.8	13.3	23.0
15	中国交通建设集团有限公司	中央企业	建筑业	648.9	79.7	85.4	81.9	77.5	68.3	54.8	52.5	48.0	57.8	43.0

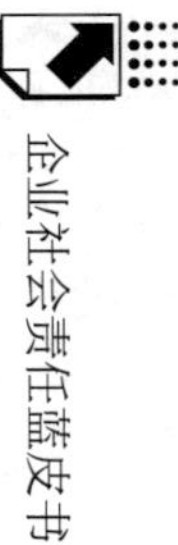

续表

十年指数排名	企业名称	公司性质	行业名称	十年指数	2018指数	2017指数	2016指数	2015指数	2014指数	2013指数	2012指数	2011指数	2010指数	2009指数
16	中国石油天然气集团有限公司	中央企业	石油和天然气开采业与加工业	642.4	64.7	71.6	74.5	75.3	56.3	55.9	60.3	61.3	60.5	62.0
17	中国五矿集团有限公司	中央企业	混业（一般采矿业；批发贸易业；金属冶炼及压延加工业）	639.5	31.6	78.6	80.3	81.5	81.1	72.6	66.9	55.3	55.1	36.5
18	交通银行股份有限公司	国有金融企业	银行业	633.1	66.7	77.3	74.6	65.6	72.0	61.4	67.2	47.0	43.8	57.5
19	中兴通讯股份有限公司	民营企业	通信设备制造业	625.6	72.1	78.1	75.2	72.8	77.0	61.8	55.5	57.8	48.3	27.0
20	三星（中国）投资有限公司	外资企业	混业（电子产品及电子元件制造业；家用电器制造业；计算机及相关设备制造业）	624.0	93.0	92.0	91.3	87.5	80.2	70.5	49.0	18.7	11.3	30.5
21	中国宝武钢铁集团有限公司	中央企业	金属冶炼及压延加工业	620.8	28.3	34.5	72.0	68.1	74.7	63.9	69.0	70.0	68.8	71.5
22	中国平安保险（集团）股份有限公司	民营企业	保险业	620.2	62.8	73.6	73.2	50.6	56.5	64.4	57.5	59.8	57.8	64.0
23	中国工商银行股份有限公司	国有金融企业	银行业	617.3	61.5	71.3	68.8	60.0	59.5	63.1	55.0	64.3	51.3	62.5
24	兴业银行股份有限公司	民营企业	银行业	616.9	70.8	61.9	61.8	59.0	69.8	71.8	66.3	61.5	64.5	29.5
25	中国南方航空集团有限公司	中央企业	交通运输服务业	616.1	64.6	67.8	63.7	73.2	63.0	52.2	57.8	66.5	52.3	55.0
26	英特尔（中国）有限公司	外资企业	电子产品及电子元件制造业	604.1	9.0	86.6	84.1	84.7	80.0	62.4	68.5	53.8	37.5	37.5

续表

十年指数排名	企业名称	公司性质	行业名称	十年指数	2018指数	2017指数	2016指数	2015指数	2014指数	2013指数	2012指数	2011指数	2010指数	2009指数
27	中国联合网络通信集团有限公司	中央企业	通信服务业	597.6	78.6	82.6	81.1	79.5	76.5	70.5	26.8	33.0	35.5	33.5
28	国家能源投资集团有限责任公司	中央企业	煤炭开采与洗选业	567.8	79.2	67.1	61.0	72.6	53.3	50.0	41.0	47.3	44.3	52.0
29	中国东方航空集团有限公司	中央企业	交通运输服务业	567.4	69.9	75.5	66.2	71.4	64.5	28.4	59.0	62.5	48.0	22.0
30	万科企业股份有限公司	民营企业	房地产开发业	559.9	49.8	73.6	73.0	67.1	57.0	55.4	52.0	51.0	53.0	28.0
31	中国太平洋保险（集团）股份有限公司	国有金融企业	保险业	556.9	57.3	66.1	60.8	48.7	66.0	60.9	64.5	59.3	52.3	21.0
32	佳能（中国）有限公司	外资企业	混业（电子产品及电子元件制造业；计算机及相关设备制造业；计算机服务业）	556.4	61.3	84.0	80.5	73.2	71.5	46.5	64.2	23.4	30.8	21.0
33	中国中化集团有限公司	中央企业	石油和天然气开采业与加工业	556.0	35.7	62.8	60.1	70.3	66.7	46.9	39.5	59.0	56.5	58.5
34	中国远洋海运集团有限公司	中央企业	交通运输服务业	553.8	8.6	3.7	4.8	39.7	79.0	80.4	86.3	82.0	84.8	84.5
35	中国农业银行股份有限公司	国有金融企业	银行业	550.0	68.8	73.2	63.7	37.1	55.0	64.6	49.3	49.8	45.0	43.5
36	中国机械工业集团有限公司	中央企业	混业（机械设备制造业；建筑业；批发贸易业）	542.8	60.5	76.4	82.8	76.1	62.3	55.8	53.2	28.6	29.1	18.0
37	中国银行股份有限公司	国有金融企业	银行业	536.4	75.7	62.9	48.5	38.8	56.2	52.2	48.8	53.3	49.0	51.0
38	中国大唐集团有限公司	中央企业	电力生产业	532.3	75.8	72.9	66.6	56.3	21.5	17.3	9.8	67.8	70.8	73.5

续表

十年指数排名	企业名称	公司性质	行业名称	十年指数	2018指数	2017指数	2016指数	2015指数	2014指数	2013指数	2012指数	2011指数	2010指数	2009指数
39	中粮集团有限公司	中央企业	混业（食品饮料业；房地产开发业；批发贸易业）	528.7	57.5	64.4	68.9	69.5	54.9	34.2	37.0	62.0	41.8	38.5
40	中国建设银行股份有限公司	国有金融企业	银行业	527.9	60.7	54.4	48.9	48.7	53.8	52.6	47.5	54.8	51.5	55.0
41	鞍钢集团有限公司	中央企业	金属冶炼及压延加工业	525.8	36.6	72.2	60.6	19.0	63.6	17.5	68.7	67.8	62.3	57.5
42	上海汽车集团股份有限公司	其他国有企业	交通运输设备制造业	522.7	72.6	80.4	78.4	76.5	69.3	61.2	36.5	14.3	1.0	32.5
43	联想控股股份有限公司	民营企业	电子产品及电子元件制造业	501.7	54.9	61.1	27.7	62.2	64.5	69.2	64.8	1.8	25.0	70.5
44	索尼（中国）有限公司	外资企业	混业（电子产品及电子元件制造业；家用电器制造业）	500.8	33.8	39.1	75.0	58.2	64.2	46.7	52.6	53.2	35.0	43.0
45	松下电器（中国）有限公司	外资企业	混业（电子产品及电子元件制造业；家用电器制造业）	493.7	81.3	86.1	83.0	77.9	71.7	51.3	22.1	1.3	1.0	18.0
46	海航集团有限公司	民营企业	交通运输服务业	477.4	72.9	78.7	73.8	59.8	62.7	24.4	47.3	34.8	11.5	11.5
47	中国第一汽车集团有限公司	中央企业	交通运输设备制造业	474.8	80.7	84.9	80.2	75.7	16.5	26.7	5.8	13.0	55.8	35.5
48	现代汽车（中国）投资有限公司	外资企业	交通运输设备制造业	468.2	91.6	91.4	87.5	78.9	66.0	16.5	10.5	7.3	9.0	9.5
49	浦项（中国）投资有限公司	外资企业	金属冶炼及压延加工业	463.2	76.1	84.1	80.6	77.5	70.5	58.9	3.5	5.5	0.0	6.5
50	丰田汽车（中国）投资有限公司	外资企业	交通运输设备制造业	456.0	62.4	68.2	64.3	73.8	63.0	34.3	22.0	27.0	8.5	32.5

注：十年指数得分以十年来始终为中国企业300强研究对象的121家企业为样本，其中国企47家、民企38家、外企36家。

2. 中国企业300强2009~2018十年社会责任发展排名

表 2　2018 中国企业 300 强社会责任发展指数前 100 名及 2009~2018 排名

单位：分

2018排名	企业名称	公司性质	行业名称	2018指数	2018星级	2017排名	2016排名	2015排名	2014排名	2013排名	2012排名	2011排名	2010排名	2009排名
1	华润（集团）有限公司	中央企业	混业	95.9	★★★★★	1	6	7	15	6	6	67	118	27
2	中国华电集团有限公司	中央企业	电力生产业	93.4	★★★★★	2	2	2	4	4	8	9	15	24
3	中国石油化工集团有限公司	中央企业	石油和天然气开采业与加工业	93.3	★★★★★	5	5	9	5	3	4	5	6	14
4	三星（中国）投资有限公司	外资企业	混业（电子产品及电子元件制造业；家用电器制造业；计算机及相关设备制造业）	93.0	★★★★★	4	4	5	13	21	56	99	131	67
5	现代汽车（中国）投资有限公司	外资企业	交通运输设备制造业	91.6	★★★★★	8	10	27	51	150	163	187	158	199
6	中国华能集团有限公司	中央企业	电力生产业	91.1	★★★★★	3	8	4	5	9	5	8	9	5
7	中国南方电网有限责任公司	中央企业	电力供应业	90.9	★★★★★	7	1	3	1	2	3	4	6	25
8	国家开发投资集团有限公司	中央企业	混业（电力生产业；一般采矿业；交通运输业）	89.1	★★★★★	10	53	49	67	80	80	55	44	—

续表

2018排名	企业名称	公司性质	行业名称	2018指数	2018 星级	2017排名	2016排名	2015排名	2014排名	2013排名	2012排名	2011排名	2010排名	2009排名
9	中国建材集团有限公司	中央企业	非金属矿物制品业	88.4	★★★★★	6	12	11	10	7	14	15	108	—
10	中国铝业集团有限公司	中央企业	混业(金属冶炼及压延加工业;一般采矿业;批发贸易业)	88.1	★★★★★	12	34	22	19	12	10	30	52	74
11	东风汽车集团有限公司	中央企业	交通运输设备制造业	87.1	★★★★★	13	14	16	20	37	36	54	23	20
12	中国黄金集团有限公司	中央企业	一般采矿业	85.3	★★★★★	14	18	13	9	10	12	16	152	—
13	中国民生银行股份有限公司	民营企业	银行业	85.2	★★★★★	15	21	17	12	11	9	6	10	16
14	中国移动通信集团有限公司	中央企业	通信服务业	84.8	★★★★★	20	3	1	2	5	11	2	2	3
15	中国电力建设集团有限公司	中央企业	混业(建筑业;机械设备制造业)	83.0	★★★★★	16	22	29	58	74	171	—	—	—
16	LG 中国	外资企业	混业(电子产品及电子元件制造业;家用电器制造业;工业化学品制造业;计算机及相关设备制造业)	82.5	★★★★★	17	17	19	26	—	—	—	—	—
17	中国电子信息产业集团有限公司	中央企业	电子产品及电子元件制造业	81.4	★★★★★	19	18	20	21	17	21	—	—	—

续表

2018排名	企业名称	公司性质	行业名称	2018指数	2018星级	2017排名	2016排名	2015排名	2014排名	2013排名	2012排名	2011排名	2010排名	2009排名
18	松下电器（中国）有限公司	外资企业	混业（电子产品及电子元件制造业；家用电器制造业）	81.3	★★★★★	23	25	29	39	59	108	263	250	131
19	国家电力投资集团有限公司	中央企业	电力生产业	81.1	★★★★★	65	88	37	68	84	154	42	83	—
20	中国第一汽车集团有限公司	中央企业	交通运输设备制造业	80.7	★★★★★	27	36	38	189	110	225	125	21	54
21	中国建筑集团有限公司	中央企业	建筑业	80.6	★★★★★	21	7	6	8	13	22	33	112	101
22	北京控股集团有限公司	其他国有企业	混业（环保产业；公用事业和基础设施；酒精及饮料制造）	80.3	★★★★★	40	45	—	—	—	—	—	—	—
23	台达（中国）	外资企业	电子产品及电子元件制造业	80.1	★★★★★	26	29	43	75	67	218	275	209	199
24	中国交通建设集团有限公司	中央企业	建筑业	79.7	★★★★	25	30	32	47	52	48	46	17	36
24	国家电网有限公司	中央企业	电力供应业	79.7	★★★★	41	15	15	3	1	2	3	3	2
26	国家能源投资集团有限责任公司	中央企业	煤炭开采与洗选业	79.2	★★★★	71	82	47	87	65	67	48	42	26
27	中国联合网络通信集团有限公司	中央企业	通信服务业	78.6	★★★★	37	31	26	23	21	101	70	55	58

续表

2018排名	企业名称	公司性质	行业名称	2018指数	2018 星级	2017排名	2016排名	2015排名	2014排名	2013排名	2012排名	2011排名	2010排名	2009排名
28	中国旅游集团有限公司	中央企业	旅游业	77.4	★★★★	29	48	61	53	123	66	168	199	—
29	中国海洋石油集团有限公司	中央企业	石油和天然气开采业与加工业	76.5	★★★★	28	16	18	32	42	70	48	14	8
30	浦项（中国）投资有限公司	外资企业	金属冶炼及压延加工业	76.1	★★★★	30	32	32	42	46	261	208	263	232
31	中国大唐集团有限公司	中央企业	电力生产业	75.8	★★★★	60	65	80	151	144	169	10	4	4
32	中国银行股份有限公司	国有金融企业	银行业	75.7	★★★★	77	102	114	79	57	58	39	35	28
33	中国盐业集团有限公司	中央企业	混业（食品饮料业；工业化学品制造业）	74.1	★★★★	44	—	—	—	—	—	—	—	—
34	新兴际华集团有限公司	中央企业	金属冶炼及压延加工业	73.5	★★★★	33	50	70	237	116	145	142	61	—
35	海航集团有限公司	民营企业	交通运输服务业	72.9	★★★★	46	47	73	62	115	63	68	127	181
36	上海汽车集团股份有限公司	其他国有企业	交通运输设备制造业	72.6	★★★★	43	38	35	46	39	83	117	250	61
37	TCL 集团股份有限公司	民营企业	家用电器制造业	72.1	★★★★	34	68	—	—	—	—	—	—	40
37	中兴通讯股份有限公司	民营企业	通信设备制造业	72.1	★★★★	48	40	46	22	36	40	31	36	83

续表

2018排名	企业名称	公司性质	行业名称	2018指数	2018星级	2017排名	2016排名	2015排名	2014排名	2013排名	2012排名	2011排名	2010排名	2009排名
39	广州医药集团有限公司	其他国有企业	医药生物制造业	72.0	★★★★	—	—	—	—	—	—	—	—	—
40	浙江吉利控股集团有限公司	民营企业	交通运输设备制造业	71.7	★★★★	51	54	67	50	69	179	95	—	—
41	华为投资控股有限公司	民营企业	通信设备制造业	71.4	★★★★	9	9	8	7	15	6	28	31	42
42	内蒙古伊利实业集团股份有限公司	民营企业	食品饮料业	71.1	★★★★	45	145	81	164	103	73	85	70	105
43	兴业银行股份有限公司	民营企业	银行业	70.8	★★★★	82	80	75	43	20	25	21	8	72
44	中国东方航空集团有限公司	中央企业	交通运输服务业	69.9	★★★★	52	66	48	54	105	33	19	38	107
45	中国铁道建筑有限公司	中央企业	建筑业	69.2	★★★★	—	—	—	—	—	—	—	—	—
46	中国农业银行股份有限公司	国有金融企业	银行业	68.8	★★★★	59	71	116	80	27	54	42	41	34
47	比亚迪股份有限公司	民营企业	交通运输设备制造业	68.4	★★★★	54	59	103	111	117	76	90	183	167
48	中国电信集团有限公司	中央企业	通信服务业	68.2	★★★★	39	23	23	16	14	13	37	54	55

续表

2018排名	企业名称	公司性质	行业名称	2018指数	2018星级	2017排名	2016排名	2015排名	2014排名	2013排名	2012排名	2011排名	2010排名	2009排名
49	上海浦东发展银行股份有限公司	国有金融企业	银行业	68.0	★★★★	68	—	—	—	—	—	—	—	—
50	交通银行股份有限公司	国有金融企业	银行业	66.7	★★★★	49	42	64	38	38	23	50	43	18
51	中国有色矿业集团有限公司	中央企业	混业（一般采矿业；金属冶炼及压延加工业；建筑业）	66.3	★★★★	34	26	209	41	54	51	—	—	—
52	上海电气集团股份有限公司	其他国有企业	机械设备制造业	65.4	★★★★	64	67	97	103	63	98	80	117	268
53	中国人民保险集团股份有限公司	国有金融企业	保险业	65.0	★★★★	53	64	105	140	141	248	184	67	49
54	碧桂园控股有限公司	民营企业	房地产开发业	64.9	★★★★	115	138	120	199	139	193	—	—	—
55	中国石油天然气集团有限公司	中央企业	石油和天然气开采业与加工业	64.7	★★★★	62	44	39	78	47	32	22	13	12
56	中国南方航空集团有限公司	中央企业	交通运输服务业	64.6	★★★★	69	71	43	59	57	37	14	27	22
57	广东温氏食品集团股份有限公司	民营企业	农林牧渔业	64.4	★★★★	72	—	—	—	—	—	—	—	—
58	上海医药集团股份有限公司	其他国有企业	医药生物制造业	64.0	★★★★	75	—	—	—	—	—	—	—	—

续表

2018排名	企业名称	公司性质	行业名称	2018指数	2018星级	2017排名	2016排名	2015排名	2014排名	2013排名	2012排名	2011排名	2010排名	2009排名
59	中国平安保险（集团）股份有限公司	民营企业	保险业	62.8	★★★★	57	51	91	77	28	38	25	17	10
60	丰田汽车（中国）投资有限公司	外资企业	交通运输设备制造业	62.4	★★★★	67	69	42	59	95	109	78	162	61
61	中国工商银行股份有限公司	国有金融企业	银行业	61.5	★★★★	63	63	72	70	32	42	17	31	11
62	佳能（中国）有限公司	外资企业	混业（电子产品及电子元件制造业；计算机及相关设备制造业；计算机服务业）	61.3	★★★★	31	33	43	40	75	29	87	60	114
63	广州汽车集团股份有限公司	其他国有企业	交通运输设备制造业	61.1	★★★★	70	75	58	93	69	—	—	—	—
64	中国建设银行股份有限公司	国有金融企业	银行业	60.7	★★★★	100	100	99	86	56	60	36	30	22
65	中国机械工业集团有限公司	中央企业	混业（机械设备制造业；建筑业；批发贸易业）	60.5	★★★★	50	27	36	65	48	46	77	62	131
66	中国铁路工程集团有限公司	中央企业	建筑业	59.3	★★★	—	—	—	—	—	—	—	—	—
67	中粮集团有限公司	中央企业	混业（食品饮料业；房地产开发业；批发贸易业）	57.5	★★★	74	60	54	81	96	81	20	46	45

续表

2018排名	企业名称	公司性质	行业名称	2018指数	2018星级	2017排名	2016排名	2015排名	2014排名	2013排名	2012排名	2011排名	2010排名	2009排名
68	中国太平洋保险（集团）股份有限公司	国有金融企业	保险业	57.3	★★★	73	83	99	51	40	28	26	27	114
69	招商银行股份有限公司	国有金融企业	银行业	57.1	★★★	—	74	90	62	35	49	53	36	38
70	上海复星高科技（集团）有限公司	民营企业	混业（医药生物制造业；旅游业；文化娱乐业）	56.7	★★★	—	114	—	—	—	—	—	—	88
71	苹果公司	外资企业	电子产品及电子元件制造业	56.5	★★★	90	141	156	157	168	214	—	—	—
72	中国航空油料集团有限公司	其他国有企业	批发贸易业	55.7	★★★	112	258	236	83	77	79	119	193	181
73	本田汽车（中国）有限公司	外资企业	交通运输设备制造业	55.0	★★★	92	112	164	125	136	143	96	176	228
74	联想控股股份有限公司	民营企业	电子产品及电子元件制造业	54.9	★★★	84	135	69	54	23	27	260	72	7
75	物产中大集团股份有限公司	其他国有企业	批发贸易业	54.0	★★★	106	160	204	282	208	113	262	175	91
76	万洲国际有限公司	民营企业	食品饮料业	53.7	★★★	80	117	—	—	—	—	—	—	—
76	长城汽车股份有限公司	民营企业	交通运输设备制造业	53.7	★★★	—	112	121	107	114	126	—	—	—

续表

2018排名	企业名称	公司性质	行业名称	2018指数	2018星级	2017排名	2016排名	2015排名	2014排名	2013排名	2012排名	2011排名	2010排名	2009排名
78	上海建工集团股份有限公司	其他国有企业	建筑业	53.3	★★★	96	172	151	167	228	190	142	112	131
79	海亮集团有限公司	民营企业	混业（金属制品业；房地产开发业）	53.2	★★★	66	105	88	219	209	187	123	74	60
80	中国恒大集团	民营企业	房地产开发业	53.1	★★★	86	139	128	118	155	177	—	—	—
81	台积电	外资企业	电子产品及电子元件制造业	52.9	★★★	88	78	—	—	—	—	—	—	—
82	和硕联合科技股份有限公司	外资企业	混业（电子产品及电子元件制造业；计算机及相关设备制造业）	52.0	★★★	160	—	—	—	—	—	—	—	—
83	苏宁易购集团股份有限公司	民营企业	零售业	51.9	★★★	203	238	71	134	240	30	32	26	65
84	超威电源有限公司	民营企业	电子产品及电子元件制造业	51.1	★★★	76	146	—	—	—	—	—	—	—
84	江铃汽车集团公司	民营企业	交通运输设备制造业	51.1	★★★	—	251	189	224	248	240	—	—	—
86	中国中车集团有限公司	中央企业	交通运输设备制造业	50.5	★★★	94	89	57	—	—	—	—	—	—
87	万科企业股份有限公司	民营企业	房地产开发业	49.8	★★★	57	52	59	76	49	50	41	25	80
87	腾讯控股有限公司	民营企业	互联网服务业	49.8	★★★	114	208	82	—	—	—	—	—	—
89	巴斯夫（中国）有限公司	外资企业	工业化学品制造业	49.2	★★★	88	108	96	101	101	96	72	158	45

续表

2018排名	企业名称	公司性质	行业名称	2018指数	2018 星级	2017排名	2016排名	2015排名	2014排名	2013排名	2012排名	2011排名	2010排名	2009排名
90	华夏幸福基业股份有限公司	民营企业	房地产开发业	49.0	★★★	102	—	—	—	—	—	—	—	—
91	珠海格力电器股份有限公司	其他国有企业	家用电器制造业	48.2	★★★	—	103	60	—	—	—	—	—	—
92	陕西煤业化工集团有限责任公司	其他国有企业	煤炭开采与洗选业	48.1	★★★	80	86	—	—	—	—	—	—	—
93	华夏银行股份有限公司	民营企业	银行业	47.9	★★★	—	57	68	90	69	75	60	40	32
94	麦德龙(中国)	外资企业	零售业	47.4	★★★	97	99	106	112	213	248	148	229	152
95	博世(中国)投资有限公司	外资企业	混业(机械设备制造业;家用电器制造业)	46.6	★★★	180	105	265	137	179	231	—	—	—
96	北京银行股份有限公司	国有金融企业	银行业	46.5	★★★	101	92	—	—	—	—	—	—	—
96	安利(中国)日用品有限公司	外资企业	日用化学品制造业	46.5	★★★	—	—	119	189	147	129	50	92	94
98	富士通(中国)有限公司	外资企业	电子产品及电子元件制造业	46.4	★★★	—	—	—	—	—	—	—	—	—
99	中国人寿保险(集团)公司	国有金融企业	保险业	45.8	★★★	176	90	79	141	180	88	66	48	30
100	阿里巴巴集团控股有限公司	民营企业	互联网服务业	45.2	★★★	11	11	10	—	—	—	—	—	—
100	河钢集团有限公司	其他国有企业	金属冶炼及压延加工业	45.2	★★★	94	98	52	74	108	69	46	68	—

3. 2018国有企业100强社会责任发展指数及2009 ~2018排名

表 3　2018 国有企业 100 强社会责任发展指数前 20 名及 2009 ~2018 排名

单位：分

2018排名	企业名称	公司性质	行业名称	2018指数	星级	2017排名	2016排名	2015排名	2014排名	2013排名	2012排名	2011排名	2010排名	2009排名
1	华润（集团）有限公司	中央企业	混业	95.9	★★★★★	1	5	6	11	6	6	48	61	24
2	中国华电集团有限公司	中央企业	电力生产业	93.4	★★★★★	2	2	2	4	4	7	8	13	21
3	中国石油化工集团有限公司	中央企业	石油和天然气开采业与加工业	93.3	★★★★★	4	4	7	5	3	4	5	6	12
4	中国华能集团有限公司	中央企业	电力生产业	91.1	★★★★★	3	7	4	5	9	5	7	8	5
5	中国南方电网有限责任公司	中央企业	电力供应业	90.9	★★★★★	6	1	3	1	2	3	4	6	22
6	国家开发投资集团有限公司	中央企业	混业（电力生产业；一般采矿业；交通运输业）	89.1	★★★★★	7	37	35	47	56	57	41	33	—
7	中国建材集团有限公司	中央企业	非金属矿物制品业	88.4	★★★★★	5	8	8	9	7	12	14	57	—
8	中国铝业集团有限公司	中央企业	混业（金属冶炼及压延加工业；一般采矿业；批发贸易业）	88.1	★★★★★	8	23	16	15	11	8	25	39	45
9	东风汽车集团有限公司	中央企业	交通运输设备制造业	87.1	★★★★★	9	10	12	16	28	28	40	19	17

续表

2018排名	企业名称	公司性质	行业名称	2018指数	星级	2017排名	2016排名	2015排名	2014排名	2013排名	2012排名	2011排名	2010排名	2009排名
10	中国黄金集团有限公司	中央企业	一般采矿业	85.3	★★★★★	10	13	9	8	10	10	15	72	—
11	中国移动通信集团有限公司	中央企业	通信服务业	84.8	★★★★★	14	3	1	2	5	9	2	2	3
12	中国电力建设集团有限公司	中央企业	混业（建筑业；机械设备制造业）	83.0	★★★★★	11	15	21	42	52	87	—	—	—
13	中国电子信息产业集团有限公司	中央企业	电子产品及电子元件制造业	81.4	★★★★★	13	13	14	17	15	18	—	—	—
14	国家电力投资集团有限公司	中央企业	电力生产业	81.1	★★★★★	45	59	27	48	58	83	31	51	—
15	中国第一汽车集团有限公司	中央企业	交通运输设备制造业	80.7	★★★★★	18	25	28	86	70	93	65	17	38
16	中国建筑集团有限公司	中央企业	建筑业	80.6	★★★★★	15	6	5	7	12	19	26	58	55
17	北京控股集团有限公司	其他国有企业	混业（环保产业；公用事业和基础设施；酒精及饮料制造）	80.3	★★★★★	28	32	—	—	—	—	—	—	—
18	中国交通建设集团有限公司	中央企业	建筑业	79.7	★★★★	17	21	23	36	39	37	35	15	30
18	国家电网有限公司	中央企业	电力供应业	79.7	★★★★	29	11	11	3	1	2	3	3	2
20	国家能源投资集团有限责任公司	中央企业	煤炭开采与洗选业	79.2	★★★★	49	54	33	62	47	51	37	31	23

4. 2018民营企业100强社会责任发展指数及2009 ~2018排名

表 4　2018 民营企业 100 强社会责任发展指数前 20 名及 2009 ~2018 排名

单位：分

2018排名	企业名称	行业名称	2018指数	星级	2017排名	2016排名	2015排名	2014排名	2013排名	2012排名	2011排名	2010排名	2009排名
1	中国民生银行股份有限公司	银行业	85.2	★★★★★	3	3	3	2	1	2	1	2	3
2	海航集团有限公司	交通运输服务业	72.9	★★★★	6	5	14	9	20	10	12	41	60
3	TCL 集团股份有限公司	家用电器制造业	72.1	★★★★	4	11	—	—	—	—	—	—	—
3	中兴通讯股份有限公司	通信设备制造业	72.1	★★★★	7	4	5	3	7	7	6	8	22
5	浙江吉利控股集团有限公司	交通运输设备制造业	71.7	★★★★	8	8	10	7	12	44	20	—	—
6	华为投资控股有限公司	通信设备制造业	71.4	★★★★	1	1	1	1	2	1	4	7	7
7	内蒙古伊利实业集团股份有限公司	食品饮料业	71.1	★★★★	5	33	17	32	17	14	17	15	32
8	兴业银行股份有限公司	银行业	70.8	★★★★	17	13	15	5	3	3	2	1	17
9	比亚迪股份有限公司	交通运输设备制造业	68.4	★★★★	9	10	26	18	21	16	18	59	55
10	碧桂园控股有限公司	房地产开发业	64.9	★★★★	27	30	29	45	26	48	—	—	—
11	广东温氏食品集团股份有限公司	农林牧渔业	64.4	★★★★	14	—	—	—	—	—	—	—	—

续表

2018排名	企业名称	行业名称	2018指数	星级	2017排名	2016排名	2015排名	2014排名	2013排名	2012排名	2011排名	2010排名	2009排名
12	中国平安保险（集团）股份有限公司	保险业	62.8	★★★★	11	6	24	12	5	6	3	3	2
13	上海复星高科技（集团）有限公司	混业（医药生物制造业；旅游业；文化娱乐业）	56.7	★★★	—	20	—	—	—	—	—	—	24
14	联想控股股份有限公司	电子产品及电子元件制造业	54.9	★★★	18	28	12	8	4	4	91	17	1
15	万洲国际有限公司	食品饮料业	53.7	★★★	16	21	—	—	—	—	—	—	—
15	长城汽车股份有限公司	交通运输设备制造业	53.7	★★★	—	19	30	15	19	26	—	—	—
17	海亮集团有限公司	混业（金属制品业；房地产开发业）	53.2	★★★	13	17	21	52	52	46	24	18	10
18	中国恒大集团	房地产开发业	53.1	★★★	19	31	34	20	31	42	—	—	—
19	苏宁易购集团股份有限公司	零售业	51.9	★★★	61	67	13	24	65	5	7	6	12
20	超威电源有限公司	电子产品及电子元件制造业	51.1	★★★	15	34	—	—	—	—	—	—	—
20	江铃汽车集团公司	交通运输设备制造业	51.1	★★★	—	73	47	54	68	71	—	—	—

5. 2018外资企业100强社会责任发展指数及2009～2018排名

表5　2018 外资企业 100 强社会责任发展指数前 20 名及 2009～2018 排名

单位：分

2018排名	企业名称	行业名称	2018指数	星级	2017排名	2016排名	2015排名	2014排名	2013排名	2012排名	2011排名	2010排名	2009排名
1	三星（中国）投资有限公司	混业（电子产品及电子元件制造业；家用电器制造业；计算机及相关设备制造业）	93.0	★★★★★	1	1	1	1	1	5	25	26	11
2	现代汽车（中国）投资有限公司	交通运输设备制造业	91.6	★★★★★	2	2	4	7	42	44	60	32	48
3	LG 中国	混业（电子产品及电子元件制造业；家用电器制造业；工业化学品制造业；计算机及相关设备制造业）	82.5	★★★★★	3	3	3	3	—	—	—	—	—
4	松下电器（中国）有限公司	混业（电子产品及电子元件制造业；家用电器制造业）	81.3	★★★★★	5	5	5	4	5	17	76	70	25
5	台达（中国）	电子产品及电子元件制造业	80.1	★★★★★	6	6	8	11	8	69	82	52	48
6	浦项（中国）投资有限公司	金属冶炼及压延加工业	76.1	★★★★	7	7	6	6	4	83	64	73	65
7	丰田汽车（中国）投资有限公司	交通运输设备制造业	62.4	★★★★	9	11	7	9	17	18	13	36	9
8	佳能（中国）有限公司	混业（电子产品及电子元件制造业；计算机及相关设备制造业；计算机服务业）	61.3	★★★★	8	8	8	5	10	2	17	6	19
9	苹果公司	电子产品及电子元件制造业	56.5	★★★	12	34	46	52	54	65	—	—	—

续表

2018排名	企业名称	行业名称	2018指数	星级	2017排名	2016排名	2015排名	2014排名	2013排名	2012排名	2011排名	2010排名	2009排名
10	本田汽车(中国)有限公司	交通运输设备制造业	55.0	★★★	13	22	50	31	37	34	23	43	63
11	台积电	电子产品及电子元件制造业	52.9	★★★	10	14	—	—	—	—	—	—	—
12	和硕联合科技股份有限公司	混业(电子产品及电子元件制造业;计算机及相关设备制造业)	52.0	★★★	37	—	—	—	—	—	—	—	—
13	巴斯夫(中国)有限公司	工业化学品制造业	49.2	★★★	10	20	16	20	20	12	11	32	6
14	麦德龙(中国)	零售业	47.4	★★★	15	17	17	23	68	79	45	62	33
15	博世(中国)投资有限公司	混业(机械设备制造业;家用电器制造业)	46.6	★★★	41	19	89	40	59	74	—	—	—
16	安利(中国)日用品有限公司	日用化学品制造业	46.5	★★★	—	—	23	63	39	25	4	14	15
17	富士通(中国)有限公司	电子产品及电子元件制造业	46.4	★★★	—	—	—	—	—	—	—	—	—
18	汇丰银行(中国)有限公司	银行业	40.9	★★★	20	23	22	22	26	22	—	—	—
19	赛诺菲中国	医药生物制造业	39.3	★★	75	—	42	—	—	—	—	—	—
20	普利司通(中国)投资有限公司	一般制造业	37.0	★★	17	18	44	59	56	15	26	65	62

6. 2018年10个重点行业社会责任发展指数

表6 2018年10个重点行业社会责任发展指数

单位：%，分

排名	重点行业	报告发布比例	社会责任发展指数	星级
1	电力行业	83.3	71.2	★★★★
2	银行业	84.6	51.0	★★★
3	特种设备制造业	63.6	50.8	★★★
4	汽车行业	48.0	47.0	★★★
5	房地产行业	60.0	37.4	★★
6	食品行业	38.5	36.1	★★
7	金属行业	24.0	31.9	★★
8	机械设备制造业	34.8	31.8	★★
9	石油化工行业	28.0	30.4	★★
10	日化行业	24.0	22.8	★★

二 中国企业社会责任发展特征（2009～2018）

1. 十年来，中国企业300强社会责任发展指数总体呈增长趋势；2018年，中国企业300强社会责任发展指数为34.4分，同比下降3.0分①，整体仍处于起步者阶段

如图1所示，2009年，中国企业300强社会责任发展指数为15.2分，整体处于旁观者阶段。2012年，社会责任发展指数达23.1分，整体从旁观者阶段进入起步者阶段。2017年，社会责任发展指数达到37.4分，达到十年来的顶峰，但整体仍处于起步者阶段。2009～2018年，我国企业社会责任发展指数整体呈上升趋势，随着政府部门、新闻媒体以及行业协会对社会

① 2018年研究方法中的指标体系结合当前热点社会问题，在往年基础上新增精准扶贫内容，因此2018年社会责任发展指数较2017年整体均有所下降。

责任的持续关注和重视，企业社会责任不断向纵深发展，社会各界对企业履行社会责任提出了更新和更高的要求，如科技创新、脱贫攻坚、污染防治等。2018 年，我国企业社会责任发展指数打破连年增长态势，首次出现负增长。企业应结合新经济发展形势，自觉探索履责新路径，实现更高层次上的发展。

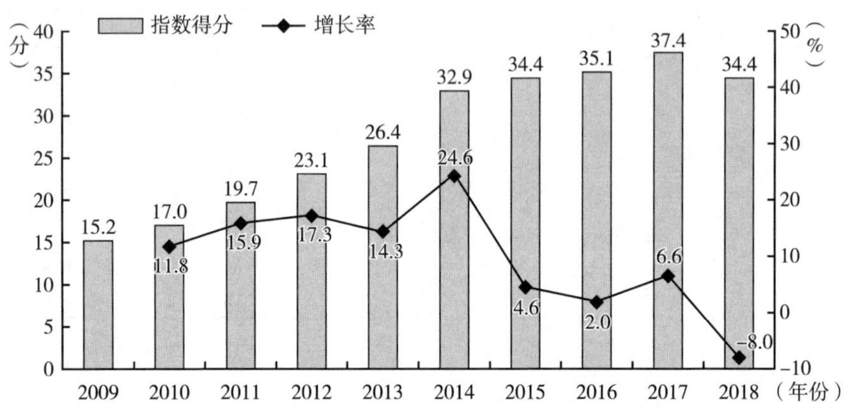

图 1　2009～2018 年中国企业 300 强社会责任发展指数

2. 十年来，一星级企业数量大幅度下降，企业星级水平整体呈现上升趋势；2018年，超二成企业达到四星级及以上水平

如图 2 所示，2010 年以来，中国企业社会责任发展指数为一星级水平的企业数量整体上呈现下降趋势，由 2010 年的 218 家企业（占比 72.7%）下降至 2018 年的 126 家企业（占比 42.0%）；社会责任发展指数为二星级及以上水平企业数量由 2010 年的 82 家企业（占比 27.3%）上升至 2018 年的 174 家企业（占比 58.0%）。总体看来，我国企业 300 强社会责任发展情况呈现向好态势。

如图 3 所示，2018 年，有 23 家企业（占 7.7%）社会责任发展指数达五星级水平，处于卓越者阶段；有 42 家企业（占 14.0%）社会责任发展指数达到四星级水平，处于领先者阶段；有 45 家企业（占 15.0%）社会责任发展指数达到三星级水平，处于追赶者阶段；社会责任发展指数为二星级水

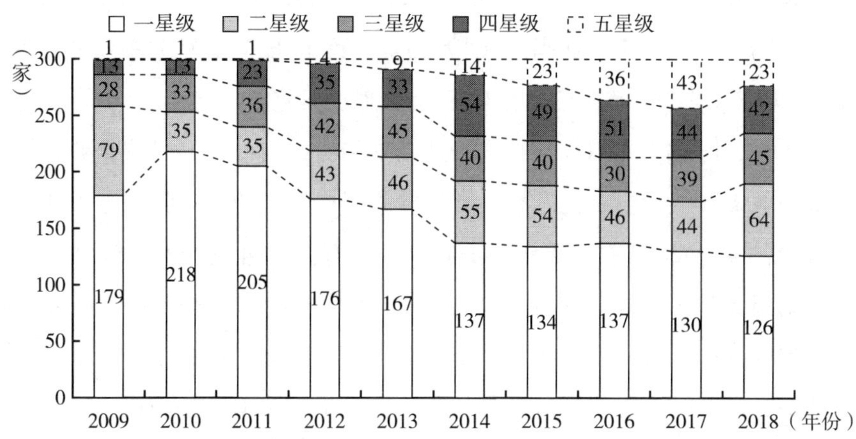

图 2　2009～2018 年中国企业 300 强社会责任指数星级分布

平、处于起步者阶段的企业有 64 家（占 21.3%）；社会责任发展指数为一星级水平、处于旁观者阶段的企业数量最多，有 126 家（占 42.0%），其中有 6 家企业的社会责任发展指数得分为 0，未主动披露任何社会责任相关信息。2018 年处于领先者及卓越者阶段、达到四星级及五星级水平的企业数量占比首次呈现负增长，优秀企业数量占比首次出现回落，表明我国企业社会责任的发展依然任重而道远。

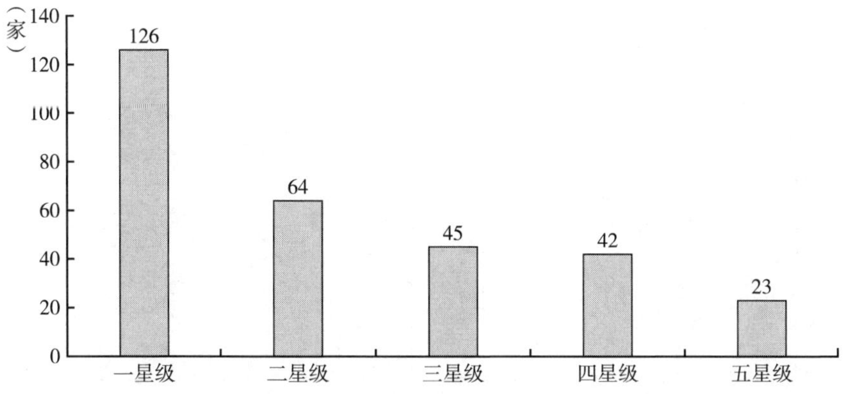

图 3　2018 年中国企业 300 强社会责任指数星级分布

3. 十年来，国有企业100强社会责任发展指数持续领先于民营企业100强和外资企业100强；2018年，国有企业100强和民营企业100强社会责任发展指数出现不同程度的下降，而外资企业100强呈止跌回升趋势

十年来，国有企业 100 强社会责任发展指数一直领先于民营企业 100 强和外资企业 100 强社会责任发展指数，并高于中国企业 300 强社会责任发展指数（见图 4）。2009 ~2015 年，国有企业 100 强和外资企业 100 强的社会责任发展指数基本呈同升同降趋势，从 2015 年开始，国有企业 100 强和外资企业 100 强社会责任发展指数呈反向变化。十年间，民营企业 100 强和外资企业 100 强的社会责任发展指数差距不大，呈现你追我赶的状态。整体来说，随着社会的发展，企业越来越重视社会责任信息披露。其中，国有企业在社会责任信息披露力度上进步最大，民营企业和外资企业在社会责任信息披露力度上进步相对较小。

2018 年，国有企业 100 强、民营企业 100 强和外资企业 100 强三类企业社会责任发展指数差距缩小，其中国有企业社会责任发展指数得分最高（51. 1 分），民营企业次之（28. 0 分），外资企业最低（24. 1 分）。与 2017 年相比，外资企业社会责任发展指数略有增长，提升 0. 2 分，民营企业下降 1. 7 分，国有企业降低 7. 6 分，显示在经济社会复杂多变背景下，我国企业

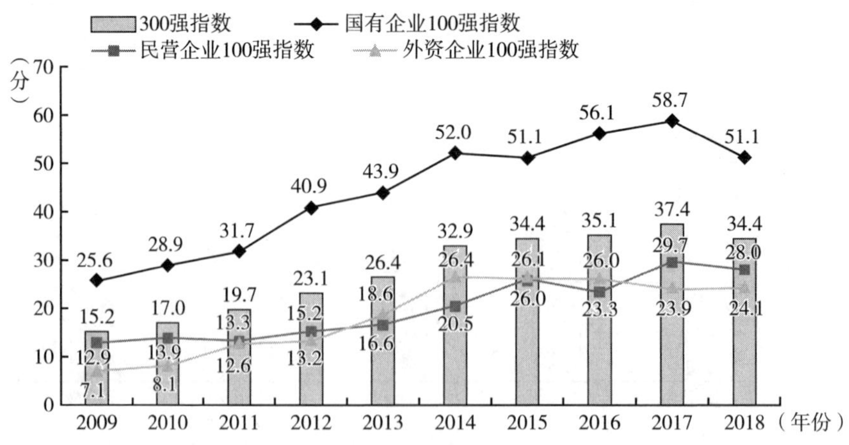

图 4 2009 ~2018 年企业社会责任发展指数年度变化

在社会责任管理、社会责任实践以及社会责任信息披露等方面面临更高的期待和挑战。

4. 十年来，中国企业300强责任实践和责任管理发展指数呈整体上升趋势；2018年，责任实践发展指数高于责任管理，社会责任发展指数优于市场责任和环境责任发展指数

企业社会责任包括责任管理和责任实践两大板块。如图 5 所示，经过 2010～2017 年的持续增长之后，2018 年责任实践发展指数出现下降，由 2017 的 37.6 分下降为 34.5 分，降低了 3.1 分，但仍领先于责任管理发展指数。责任管理发展指数从 2009 年开始持续下降，于 2011 年持续回升，到 2015 年开始又呈现继续下降趋势；2013 年是责任管理发展指数的重要转折点，责任管理发展指数首次突破 20 分，且此后一直保持在 20 分以上。

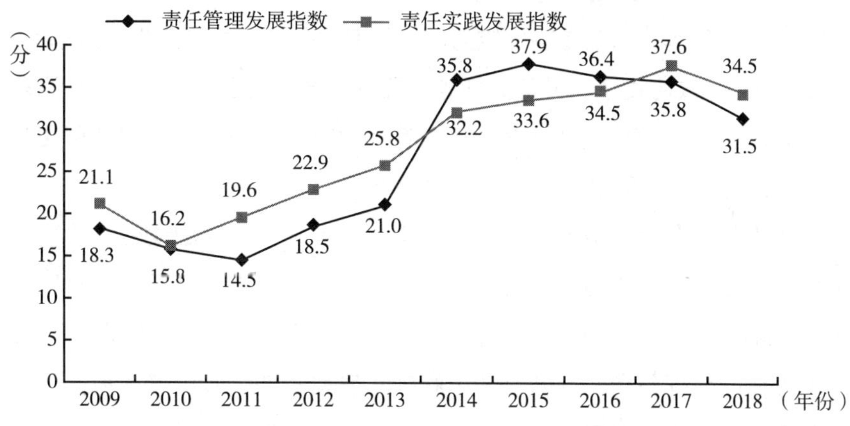

图 5　2009～2018 年责任管理发展指数和责任实践发展指数年度变化

2018 年，中国企业 300 强责任管理发展指数为 31.5 分，责任实践发展指数[①]为 34.5 分，两者均处于二星级水平、起步者阶段。责任实践三个方面均处于起步者阶段，其中，社会责任发展指数最高（36.8 分），优于市场责任发展指数（33.6 分）和环境责任发展指数（33.2 分）（见图 6）。

① 责任实践发展指数为市场责任发展指数、社会责任发展指数和环境责任发展指数的平均值。

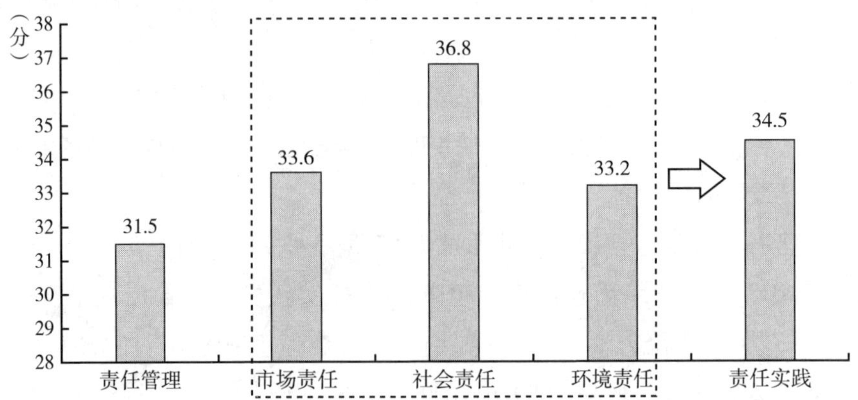

图6　2018 年中国企业社会责任发展指数结构比较

5. 2018年，国有企业100强各项责任议题发展指数整体优于民营企业100强、外资企业100强，且三者差异较为明显；相对来说，国有企业100强倾向于披露股东责任、政府责任、员工责任等方面的信息，民营企业100强在股东责任、政府责任和社区责任等方面的信息披露相对突出，而外资企业100强更加注重对社区责任、员工责任和绿色运营的信息披露

对比责任议题得分情况，国有企业 100 强各项责任议题发展指数得分整体上好于民营企业 100 强和外资企业 100 强，且三者之间差异较为明显（见图 7）。具体来看，国有企业 100 强倾向于披露股东责任、政府责任、员工责任等方面的数据信息，民营企业 100 强在股东责任、政府责任和社区责任等方面的信息披露相对突出，而外资企业 100 强更加注重对社区责任、员工责任和绿色运营的信息披露。

究其原因，国有企业 100 强作为国民经济发展的中坚力量，依法经营和响应国家政策等成为其重要关注点，民营企业 100 强较多为上市公司，对股东权益和社区关系比较关注，而两者作为内资企业，在供应链管理等伙伴责任方面表现相对较弱；外资企业大多为跨国公司，重视保障人权，同时本地化运营是其能否在所在地取得成功的关键因素，因此对社区关系和员工关怀披露较为充分，但在精准扶贫方面披露较弱。

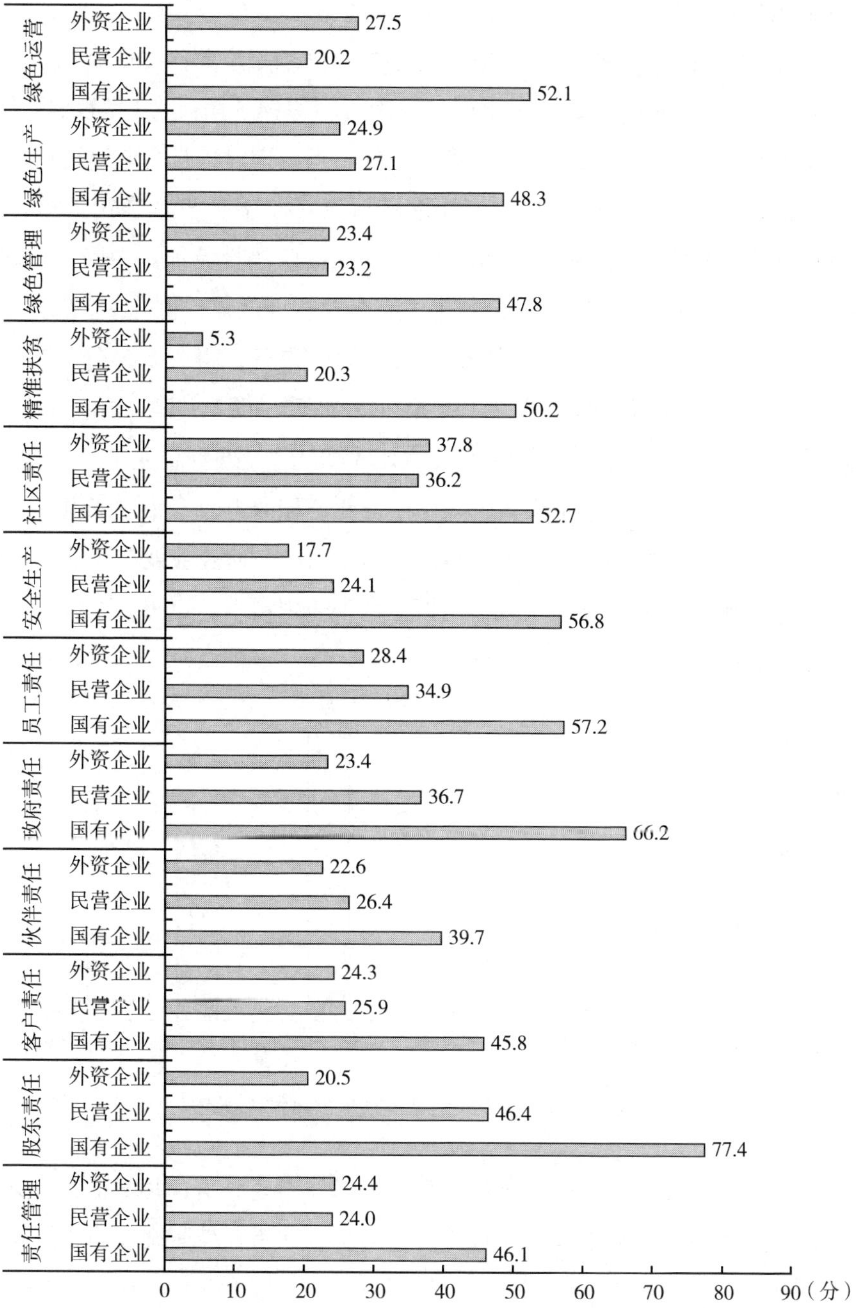

议题	企业类型	得分
绿色运营	外资企业	27.5
绿色运营	民营企业	20.2
绿色运营	国有企业	52.1
绿色生产	外资企业	24.9
绿色生产	民营企业	27.1
绿色生产	国有企业	48.3
绿色管理	外资企业	23.4
绿色管理	民营企业	23.2
绿色管理	国有企业	47.8
精准扶贫	外资企业	5.3
精准扶贫	民营企业	20.3
精准扶贫	国有企业	50.2
社区责任	外资企业	37.8
社区责任	民营企业	36.2
社区责任	国有企业	52.7
安全生产	外资企业	17.7
安全生产	民营企业	24.1
安全生产	国有企业	56.8
员工责任	外资企业	28.4
员工责任	民营企业	34.9
员工责任	国有企业	57.2
政府责任	外资企业	23.4
政府责任	民营企业	36.7
政府责任	国有企业	66.2
伙伴责任	外资企业	22.6
伙伴责任	民营企业	26.4
伙伴责任	国有企业	39.7
客户责任	外资企业	24.3
客户责任	民营企业	25.9
客户责任	国有企业	45.8
股东责任	外资企业	20.5
股东责任	民营企业	46.4
股东责任	国有企业	77.4
责任管理	外资企业	24.4
责任管理	民营企业	24.0
责任管理	国有企业	46.1

0 10 20 30 40 50 60 70 80 90（分）

图 7　2018 年国有企业、民营企业、外资企业责任议题发展指数

6.2018年，300强企业中精准扶贫议题得分25.3分，国有企业得分50.2分，表现领先；主要扶贫实践和成效、精准扶贫规划和产业扶贫项目类型三项指标披露率较高，脱贫人口数量和建立扶贫组织体系两项指标披露率较低

精准扶贫近年来已成为社会各界关注的热点，同时也是企业履行社会责任的重点，中国企业300强社会责任发展指数（2018）将精准扶贫指标纳入评价体系，旨在辨析中国企业精准扶贫发展的阶段性特征。中国企业300强精准扶贫议题得分为25.3分：其中国有企业表现最佳，得分50.2分；民营企业次之，得分20.3分；外资企业表现亟待提升，得分5.3分。300强企业披露精准扶贫信息的企业共165家（占比55.0%），其中国有企业88家（占比53.3%）、民营企业58家（占比35.2%）、外资企业19家（占比11.5%）（见图8），其中华润集团、中国石化、国家电投、中国华电、南方电网、中国华能、中国人寿、国投集团、东风汽车9家企业发布了扶贫专项报告，均为国有企业，精准扶贫信息披露水平表现卓越。

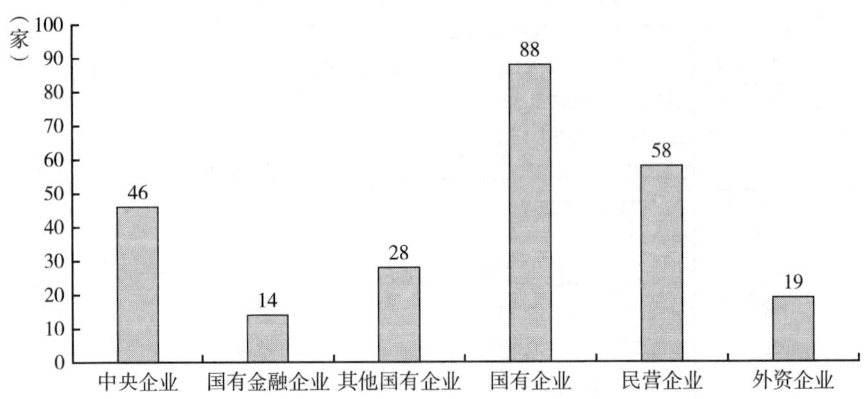

图8　中国企业300强精准扶贫信息披露情况

精准扶贫议题下的六项关键指标披露情况如图9所示，其中主要扶贫实践和成效、精准扶贫规划和产业扶贫项目类型三项指标披露率较高，披露企业数量均超过100家，分别为144家（占比48.0%）、116家（占比38.7%）、109家（占比36.3%）；脱贫人口数量和建立扶贫组织体系两项

指标披露率较低，分别有43家（占比14.3%）、58家（占比19.3%）企业披露。整体来看，企业在精准扶贫方面更倾向于披露宏观性的规划、实践及成效等信息，但在具体的脱贫人口数量及组织管理方面披露有待提升。在165家披露精准扶贫信息的企业中，有23家完整披露了六项指标，占比13.9%，包括19家国有企业和4家民营企业。

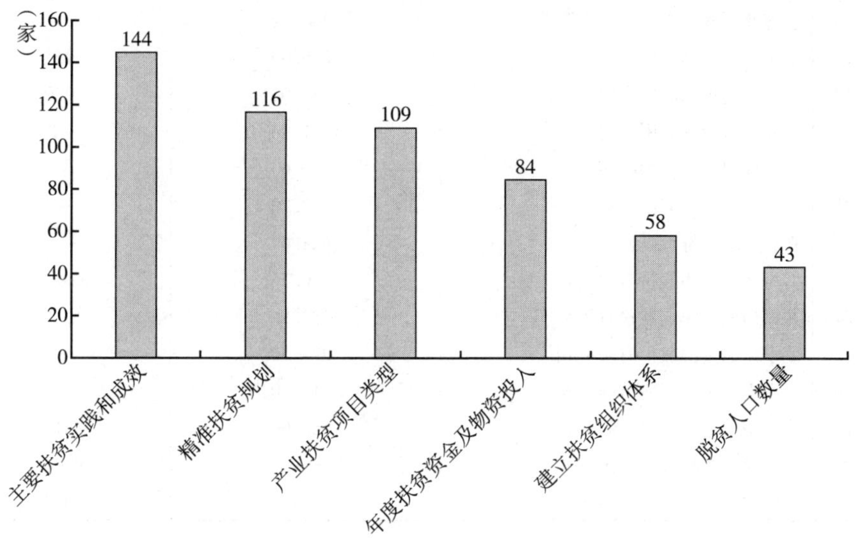

图9　2018年精准扶贫六项指标披露情况

表7　部分A股上市企业精准扶贫信息

序号	企业名称	扶贫资金及物资投入（万元）	脱贫人口数量（人）
1	华夏银行股份有限公司	258748.36	61189
2	中国太平洋保险（集团）股份有限公司	181826.00	4597000
3	广东温氏食品集团股份有限公司	13569.30	23455
4	中国联合网络通信集团有限公司	8394.42	19310
5	中国铁路工程集团有限公司	6439.01	8584
6	长城汽车股份有限公司	5617.01	16428
7	中国工商银行股份有限公司	4858.87	—
8	华夏幸福基业股份有限公司	4428.00	244
9	中国民生银行股份有限公司	4042.00	1805
10	中国铁道建筑有限公司	3412.07	3114

续表

序号	企业名称	扶贫资金及物资投入(万元)	脱贫人口数量(人)
11	交通银行股份有限公司	2051.29	1097
12	中国交通建设集团有限公司	1886.20	—
13	内蒙古伊利实业集团股份有限公司	1721.27	—
14	绿地控股集团有限公司	1476.76	1831
15	广州汽车集团股份有限公司	1427.71	608
16	上海浦东发展银行股份有限公司	1304.52	—
17	中国建筑集团有限公司	1296.00	151
18	上海医药集团股份有限公司	1237.00	200
19	招商银行股份有限公司	1141.96	—
20	美的集团股份有限公司	1000.00	—
21	中兴通讯股份有限公司	667.20	—
22	TCL 集团股份有限公司	628.69	—
23	上海建工集团股份有限公司	380.76	—
24	九州通医药集团股份有限公司	282.86	—
25	苏宁易购集团股份有限公司	274.50	—
26	上海电气集团股份有限公司	110.10	—
27	物产中大集团股份有限公司	52.00	16
28	中国建设银行股份有限公司	—	319800
29	中国农业银行股份有限公司	—	66000

7. 十年来，8个行业的社会责任发展指数整体呈现上升趋势，其中电力行业表现最佳；2018年，10个重点行业社会责任指数差距明显，电力行业得分领先，达到四星级水平，而日化行业表现相对较差，处于二星级水平

8 个行业连续十年被列为社会责任发展指数重点关注行业（见图 10）。自 2009 年以来，8 个行业的社会责任发展指数整体呈现上升趋势，其中电力行业表现最佳，自 2013 年起始终保持四星级领先水平；房地产行业、机械设备制造业、汽车行业、金属行业在十年间从一星级水平实现稳步上升，其中汽车行业整体上升幅度最大，2017 年起达到三星级水平；银行业十年来始终保持在三星级水平，起点较高，但整体趋势相对平稳，未呈现明显的提升与突破；石油化工行业在 2015 年之前呈现快速上升态势，2015 年之后社会责任指数逐渐下降。

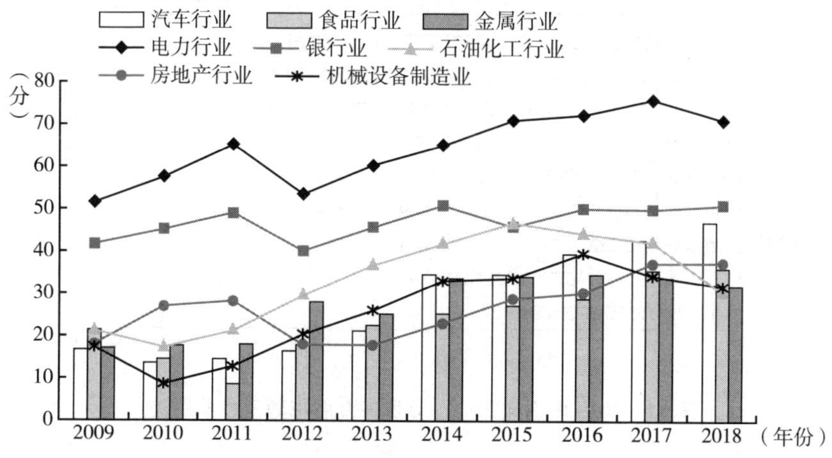

图 10　2009～2018 年重点行业社会责任发展指数

2018 年，选取了 10 个社会关注度高，对经济、社会、环境影响较大的行业/领域进行重点行业社会责任发展指数分析。从行业得分来看，电力行业社会责任发展指数得分最高，为 71.2 分，达到四星级水平，处于领先者阶段，其中中国华电（93.4 分）、中国华能（91.1 分）、南方电网（90.9 分）等企业表现卓越；银行、特种设备制造、汽车 3 个行业的社会责任发展指数得分在 40～60 分，达到三星级水平，处于追赶者阶段，其中表现优秀的有现代汽车（中国）（91.6 分）、东风汽车（87.1 分）、中国兵器（82.7 分）、中国银行（75.7 分）；而日化行业表现相对较差（22.8 分），在企业社会责任管理和信息披露方面亟待加强（见图 11）。

8. 十年来，300强企业中社会责任发展指数始终保持在前100位的企业共有23家，其中近八成为国有企业；外资企业社会责任发展指数相对不稳定，无始终保持在前100位的企业；中国华能是唯一一家社会责任发展指数始终保持在前10位的国有企业；民生银行是唯一一家社会责任发展指数始终保持在前25位的民营企业

十年来，有 121 家企业始终为中国企业 300 强的研究对象，其中十年社会责任发展指数总得分排名前十的企业如表 8 所示。连续十年指数排名始终

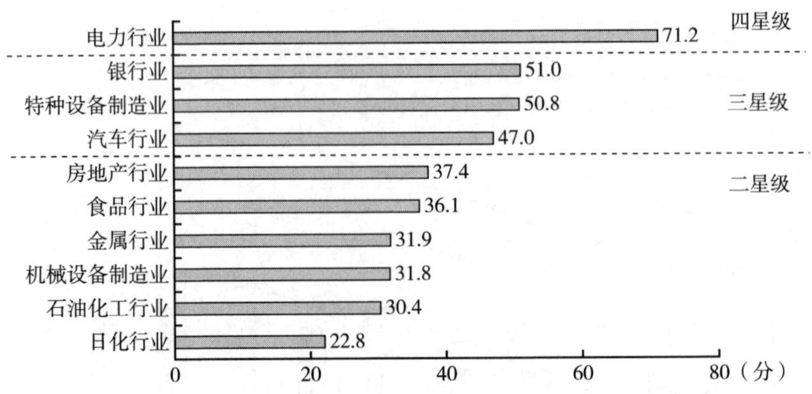

图 11　2018 年重点行业社会责任发展指数及发展阶段

保持在前 100 位的 300 强企业共 23 家（占比 7.7%），其中国有企业 18 家、民营企业 5 家、外资企业 0 家（见表 9）。社会责任发展指数始终保持在前 50 位的 300 强企业共有 8 家（占比 2.7%），其中国有企业 6 家、民营企业 2 家（见表 10）；中国华电、中国石化、中国华能、南方电网、中国移动 5 家国有企业社会责任发展指数连续十年保持在前 30 位，其中中国石化、中国华能、中国移动 3 家国有企业社会责任发展指数连续十年保持在前 20 位，中国华能是唯一一家社会责任发展指数始终保持在前 10 位的国有企业；民生银行、华为 2 家民营企业社会责任发展指数连续十年保持在前 50 位，其中民生银行是唯一一家社会责任发展指数始终保持在前 25 位的民营企业。总体看来，十年间，社会责任综合表现优秀的企业多为国有企业，民营企业和外资企业社会责任综合表现相对较落后。

9. 2018年与2009年相比，社会责任发展指数在300强中排名上升50位以上的企业数量外资企业 >国有企业 >民营企业；社会责任发展指数在300强中排名下降50位以上的企业数量民营企业 =外资企业 >国有企业

2018 年与 2009 年相比，社会责任发展指数在 300 强中排名上升 100 位以上的国有企业共有 3 家，上升 50 位以上的国有企业共有 9 家，其中上海电气在国有企业中社会责任发展指数排名上升最多，达 216 位；社会责任发展指数在 300 强中排名上升 100 位以上的民营企业共有 3 家，上升 50 位以上

表 8　中国企业 300 强 2009 ~ 2018 十年社会责任发展指数前 10 强

单位：分

十年指数排名	企业名称	公司性质	十年指数	2018指数	2017指数	2016指数	2015指数	2014指数	2013指数	2012指数	2011指数	2010指数	2009指数
1	中国移动通信集团有限公司	中央企业	827.1	84.8	87.0	91.7	90.5	87.8	81.5	71.5	78.5	79.3	74.5
2	国家电网有限公司	中央企业	823.9	79.7	81.7	85.2	84.0	86.7	89.3	85.0	76.8	78.5	77.0
3	中国南方电网有限责任公司	中央企业	822.0	90.9	91.6	95.0	88.4	89.5	88.3	81.3	75.5	67.5	54.0
4	中国石油化工集团有限公司	中央企业	813.2	93.3	91.9	91.0	86.0	84.3	86.6	78.0	74.3	67.5	60.3
5	中国华能集团有限公司	中央企业	804.8	91.1	92.5	89.0	87.6	84.3	80.0	74.5	69.8	63.0	73.0
6	中国华电集团有限公司	中央企业	795.6	93.4	95.3	94.0	89.8	85.7	81.6	73.5	69.5	58.3	54.5
7	中国民生银行股份有限公司	民营企业	767.5	85.2	88.7	83.9	82.7	80.9	79.8	72.5	72.3	62.5	59.0
8	华为投资控股有限公司	民营企业	719.9	71.4	90.8	88.6	86.9	83.5	74.6	74.0	58.8	51.3	40.0
9	华润（集团）有限公司	中央企业	703.1	95.9	96.8	89.2	87.0	79.5	80.7	74.0	35.9	12.6	51.5
10	东风汽车集团有限公司	中央企业	698.0	87.1	89.4	85.5	83.8	78.8	61.6	58.0	44.3	53.5	56.0

表 9　2009～2018 年中国企业 300 强社会责任发展指数始终在前 100 位的企业

单位：分

序号	企业名称	公司性质	行业名称	2018指数	2018 星级	2018排名	2017排名	2016排名	2015排名	2014排名	2013排名	2012排名	2011排名	2010排名	2009排名
1	中国华电集团有限公司	中央企业	电力生产业	93.4	★★★★★	2	2	2	2	4	4	8	9	15	24
2	中国石油化工集团有限公司	中央企业	石油和天然气开采业与加工业	93.3	★★★★★	3	5	5	9	5	3	4	5	6	14
3	中国华能集团有限公司	中央企业	电力生产业	91.1	★★★★★	6	3	8	4	5	9	5	8	9	5
4	中国南方电网有限责任公司	中央企业	电力供应业	90.9	★★★★★	7	7	1	3	1	2	3	4	6	25
5	中国铝业集团有限公司	中央企业	混业（金属冶炼及压延加工业；一般采矿业；批发贸易业）	88.1	★★★★★	10	12	34	22	19	12	10	30	52	74
6	东风汽车集团有限公司	中央企业	交通运输设备制造业	87.1	★★★★★	11	13	14	16	20	37	36	54	23	20
7	中国民生银行股份有限公司	民营企业	银行业	85.2	★★★★★	13	15	21	17	12	11	9	6	10	16

续表

序号	企业名称	公司性质	行业名称	2018指数	2018星级	2018排名	2017排名	2016排名	2015排名	2014排名	2013排名	2012排名	2011排名	2010排名	2009排名
8	中国移动通信集团有限公司	中央企业	通信服务业	84.8	★★★★★	14	20	3	1	2	5	11	2	2	3
9	中国交通建设集团有限公司	中央企业	建筑业	79.7	★★★★	24	25	30	32	47	52	48	46	17	36
10	国家电网有限公司	中央企业	电力供应业	79.7	★★★★	24	41	15	15	3	1	2	3	3	2
11	国家能源投资集团有限责任公司	中央企业	煤炭开采与洗选业	79.2	★★★★	26	71	82	47	87	65	67	48	42	26
12	中国海洋石油集团有限公司	中央企业	石油和天然气开采业与加工业	76.5	★★★★	29	28	16	18	32	42	70	48	14	8
13	中兴通讯股份有限公司	民营企业	通信设备制造业	72.1	★★★★	37	48	40	46	22	36	40	31	36	83
14	华为投资控股有限公司	民营企业	通信设备制造业	71.4	★★★★	41	9	9	8	7	15	6	28	31	42
15	兴业银行股份有限公司	民营企业	银行业	70.8	★★★★	43	82	80	75	43	20	25	21	8	72
16	中国电信集团有限公司	中央企业	通信服务业	68.2	★★★★	48	39	23	23	16	14	13	37	54	55

续表

序号	企业名称	公司性质	行业名称	2018指数	2018星级	2018排名	2017排名	2016排名	2015排名	2014排名	2013排名	2012排名	2011排名	2010排名	2009排名
17	交通银行股份有限公司	国有金融企业	银行业	66.7	★★★★	50	49	42	64	38	38	23	50	43	18
18	中国石油天然气集团有限公司	中央企业	石油和天然气开采业与加工业	64.7	★★★★	55	62	44	39	78	47	32	22	13	12
19	中国南方航空集团有限公司	中央企业	交通运输服务业	64.6	★★★★	56	69	71	43	59	57	37	14	27	22
20	中国工商银行股份有限公司	国有金融企业	银行业	61.5	★★★★	61	63	63	72	70	32	42	17	31	11
21	中国建设银行股份有限公司	国有金融企业	银行业	60.7	★★★★	64	100	100	99	86	56	60	36	30	22
22	中粮集团有限公司	中央企业	混业（食品饮料业；房地产开发业；批发贸易业）	57.5	★★★	67	74	60	54	81	96	81	20	46	45
23	万科企业股份有限公司	民营企业	房地产开发业	49.8	★★★	87	57	52	59	76	49	50	41	25	80

表 10　2009～2018 年中国企业 300 强社会责任发展指数始终在前 50 位的企业

单位：分

序号	企业名称	公司性质	行业名称	2018 指数	2018 星级	2018 排名	2017 排名	2016 排名	2015 排名	2014 排名	2013 排名	2012 排名	2011 排名	2010 排名	2009 排名
1	中国华电集团有限公司	中央企业	电力生产业	93.4	★★★★★	2	2	2	4	4	8	9	15	24	2
2	中国石油化工集团有限公司	中央企业	石油和天然气开采业与加工业	93.3	★★★★★	5	5	9	5	3	4	5	6	14	5
3	中国华能集团有限公司	中央企业	电力生产业	91.1	★★★★★	3	8	4	5	9	5	8	9	5	3
4	中国南方电网有限责任公司	中央企业	电力供应业	90.9	★★★★★	7	1	3	1	2	3	4	6	25	7
5	中国民生银行股份有限公司	民营企业	银行业	85.2	★★★★★	15	21	17	12	11	9	6	10	16	15
6	中国移动通信集团有限公司	中央企业	通信服务业	84.8	★★★★★	20	3	1	2	5	11	2	2	3	20
7	国家电网有限公司	中央企业	电力供应业	79.7	★★★★	41	15	15	3	1	2	3	3	2	41
8	华为投资控股有限公司	民营企业	通信设备制造业	71.4	★★★★	9	9	8	7	15	6	28	31	42	9

的民营企业共有8家，其中海航集团在民营企业中社会责任发展指数排名上升最多，达146位；社会责任发展指数在300强中排名上升100位以上的外资企业共有7家，上升50位以上的外资企业共有11家，其中浦项（中国）在外资企业中社会责任发展指数上升最多，达202位（见表11至表13）。

表11　2018年与2009年相比社会责任发展指数在300强中排名上升50位以上的国有企业

序号	企业名称	行业名称	2018排名	2009排名	排名上升位数
1	上海电气集团股份有限公司	机械设备制造业	52	268	216
2	北京汽车集团有限公司	交通运输设备制造业	106	262	156
3	中国航空油料集团有限公司	批发贸易业	72	181	109
4	中国建筑集团有限公司	建筑业	21	101	80
5	中国机械工业集团有限公司	混业（机械设备制造业；建筑业；批发贸易业）	65	131	66
6	中国铝业集团有限公司	混业（金属冶炼及压延加工业；一般采矿业；批发贸易业）	10	74	64
7	中国东方航空集团有限公司	交通运输服务业	44	107	63
8	上海建工集团股份有限公司	金属冶炼及压延加工业	78	131	53
9	江西铜业集团有限公司	保险业	131	181	50

表12　2018年与2009年相比社会责任发展指数在300强中排名上升50位以上的民营企业

序号	企业名称	行业名称	2018排名	2009排名	排名上升位数
1	海航集团有限公司	交通运输服务业	35	181	146
2	比亚迪股份有限公司	交通运输设备制造业	47	167	120
3	九州通医药集团股份有限公司	批发贸易业	102	205	103
4	恒力集团有限公司	混业（工业化学品制造业；纺织业）	135	205	70

续表

序号	企业名称	行业名称	2018 排名	2009 排名	排名上升位数
5	内蒙古伊利实业集团股份有限公司	食品饮料业	42	105	63
6	万向集团公司	交通运输设备制造业	152	215	63
7	通威集团有限公司	农林牧渔业	137	199	62
8	山东魏桥创业集团有限公司	纺织业	211	268	57

表 13　2018 年与 2009 年相比社会责任发展指数在 300 强中排名上升 50 位以上的外资企业

序号	企业名称	行业名称	2018 排名	2009 排名	排名上升位数
1	浦项（中国）投资有限公司	金属冶炼及压延加工业	30	232	202
2	现代汽车（中国）投资有限公司	交通运输设备制造业	5	199	194
3	台达（中国）	电子产品及电子元件制造业	23	199	176
4	本田汽车（中国）有限公司	交通运输设备制造业	73	228	155
5	三菱商事（中国）有限公司	批发贸易业	122	261	139
6	松下电器（中国）有限公司	混业（电子产品及电子元件制造业；家用电器制造业）	18	131	113
7	普利司通（中国）投资有限公司	一般制造业	120	224	104
8	富士康科技集团	电子产品及电子元件制造业	169	253	84
9	三星（中国）投资有限公司	混业（电子产品及电子元件制造业；家用电器制造业；计算机及相关设备制造业）	4	67	63
10	麦德龙（中国）	零售业	94	152	58
11	佳能（中国）有限公司	混业（电子产品及电子元件制造业；计算机及相关设备制造业；计算机服务业）	62	114	52

社会责任发展指数在 300 强中排名下降 100 位以上的国有企业共有 5 家，下降 50 位以上的国有企业共有 10 家，其中远洋海运在国有企业中社会

责任发展指数排名下降最多，达259位；社会责任发展指数在300强中排名下降100位以上的民营企业共有8家，下降50位以上的民营企业共有15家，其中新希望集团在民营企业中社会责任发展指数排名下降最多，达218位；社会责任发展指数在300强中排名下降100位以上的外资企业共有5家，下降50位以上的外资企业共有15家，其中惠普在外资企业中社会责任发展指数下降最多，达213位（见表14至表16）。

总体而言，大部分企业越来越重视社会责任，社会责任发展指数与排名逐年上升；部分企业社会责任发展指数在300强中的排名无较大变化，但社会责任发展指数逐年上升。社会责任发展指数排名波动，企业应探索体系化社会责任管理模式，保持履责能力的稳定性和持续性。

表14　2018年与2009年相比社会责任发展指数在300强中排名下降50位以上的国有企业

序号	企业名称	行业名称	2018排名	2009排名	排名下降位数
1	中国远洋海运集团有限公司	交通运输服务业	260	1	259
2	中国宝武钢铁集团有限公司	金属冶炼及压延加工业	143	6	137
3	中国中化集团有限公司	石油和天然气开采业与加工业	125	17	108
4	百联集团有限公司	零售业	235	128	107
5	鞍钢集团有限公司	金属冶炼及压延加工业	123	18	105
6	兖矿集团有限公司	煤炭开采与洗选业	139	51	88
7	中国五矿集团有限公司	混业（一般采矿业；批发贸易业；金属冶炼及压延加工业）	134	51	83
8	首钢集团有限公司	金属冶炼及压延加工业	109	30	79
9	中国人寿保险（集团）公司	保险业	99	30	69
10	中国工商银行股份有限公司	银行业	61	11	50

表15　2018年与2009年相比社会责任发展指数在300强中排名下降50位以上的民营企业

序号	企业名称	行业名称	2018排名	2009排名	排名下降位数
1	新希望集团有限公司	混业（食品饮料业；工业化学品制造业）	247	29	218
2	东岭集团股份有限公司	混业（批发贸易业；一般采矿业；金属冶炼及压延加工业）	251	74	177
3	南山集团有限公司	混业（金属冶炼及压延加工业；纺织业；房地产开发业）	282	122	160
4	广厦控股集团有限公司	混业（建筑业；房地产开发业）	266	119	147
5	中天钢铁集团有限公司	金属冶炼及压延加工业	185	67	118
6	新华联集团有限公司	混业（房地产开发业；一般采矿业；工业化学品制造业）	163	53	110
7	天津荣程联合钢铁集团有限公司	金属冶炼及压延加工业	251	141	110
8	三一集团有限公司	机械设备制造业	210	110	100
9	大商集团有限公司	零售业	285	192	93
10	奥克斯集团有限公司	家用电器制造业	257	186	71
11	河北新华联合冶金控股集团有限公司	金属冶炼及压延加工业	283	215	68
12	联想控股股份有限公司	电子产品及电子元件制造业	74	7	67
13	华夏银行股份有限公司	银行业	93	32	61
14	美的集团股份有限公司	家用电器制造业	104	43	61
15	浙江荣盛控股集团有限公司	混业（工业化学品制造业；房地产开发业）	246	195	51

表16　2018年与2009年相比社会责任发展指数在300强中排名下降50位以上的外资企业

序号	企业名称	行业名称	2018排名	2009排名	排名下降位数
1	中国惠普有限公司	电子产品及电子元件制造业	287	74	213
2	英特尔（中国）有限公司	电子产品及电子元件制造业	258	50	208
3	可口可乐（中国）饮料有限公司	食品饮料业	203	41	162

续表

序号	企业名称	行业名称	2018 排名	2009 排名	排名下降位数
4	通用汽车(中国)	交通运输设备制造业	140	34	106
5	壳牌(中国)有限公司	石油和天然气开采业与加工业	183	82	101
6	索尼(中国)有限公司	混业(电子产品及电子元件制造业;家用电器制造业)	128	36	92
7	ABB(中国)有限公司	机械设备制造业	155	63	92
8	沃尔玛(中国)投资有限公司	零售业	183	94	89
9	东芝电子(中国)有限公司	混业(电子产品及电子元件制造业;家用电器制造业;计算机及相关设备制造业)	221	137	84
10	联合利华(中国)有限公司	混业(日用化学品制造业;食品饮料业)	227	156	71
11	福特汽车(中国)有限公司	交通运输设备制造业	147	81	66
12	宝马中国	交通运输设备制造业	202	137	65
13	西门子中国	机械设备制造业	161	98	63
14	宝洁(中国)有限公司	日用化学品制造业	178	122	56
15	卡特彼勒(中国)投资有限公司	机械设备制造业	267	215	52

10. 十年来，国有企业报告发布数量、发布比例和报告发布持续性均处于领先地位；民营企业报告发布比例低于外资企业，但报告发布的持续性高于外资企业

企业社会责任报告作为企业披露社会责任管理与实践信息的载体，是企业加强与利益相关方沟通、提升社会责任工作的重要途径。截至 2018 年 7 月 31 日，十年来始终为中国企业 300 强研究对象的 121 家企业中，有 87 家

企业曾经发布过社会责任报告，其中国有企业45家，民营企业18家，外资企业24家；有61家企业十年内持续发布社会责任报告①，其中国有企业37家、民营企业14家、外资企业10家；有35家企业持续十年发布社会责任报告②，其中国有企业24家、民营企业8家、外资企业3家；十年内持续发布报告的企业占曾经发布报告企业的比例分别为国有企业82.2%、民营企业77.8%、外资企业41.7%。由以上数据可以看出，十年来国有企业报告发布数量、发布比例和报告发布持续性均处于领先地位；民营企业报告发布比例低于国有企业和外资企业，但报告发布的持续性高于外资企业；外资企业虽然曾经发布过报告的企业占比高于民营企业，但在报告发布的持续性上低于国有企业和民营企业，超过一半的外资企业未持续发布社会责任报告，表明外资企业对中国市场的社会责任信息披露的持续性和稳定性方面表现较差（见图12、图13和表17）。

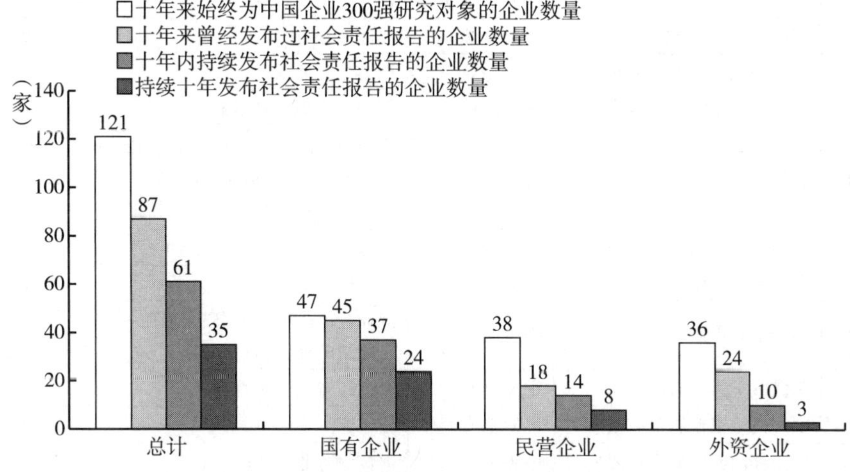

图12　十年来始终为中国企业300强研究对象的121家企业的报告发布持续性情况

① 十年内持续发布社会责任报告指自发布第一本社会责任报告开始，以后每年均发布了社会责任报告。

② 持续十年发布社会责任报告指自2009年以来每年均发布了社会责任报告。

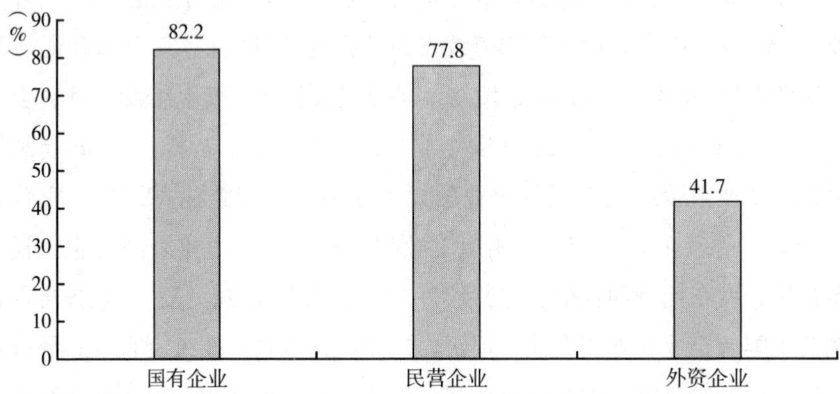

图 13　十年内持续发布报告的企业占曾经发布报告企业的比例

表 17　连续十年发布社会责任报告的企业

单位：分

序号	企业名称	公司性质	行业名称	2018 指数
1	华润(集团)有限公司	中央企业	混业	95.9
2	中国华电集团有限公司	中央企业	电力生产业	93.4
3	中国石油化工集团有限公司	中央企业	石油和天然气开采业与加工业	93.3
4	三星(中国)投资有限公司	外资企业	混业(电子产品及电子元件制造业;家用电器制造业;计算机及相关设备制造业)	93.0
5	中国华能集团有限公司	中央企业	电力生产业	91.1
6	中国南方电网有限责任公司	中央企业	电力供应业	90.9
7	中国铝业集团有限公司	中央企业	混业(金属冶炼及压延加工业;一般采矿业;批发贸易业)	88.1
8	东风汽车集团有限公司	中央企业	交通运输设备制造业	87.1
9	中国民生银行股份有限公司	民营企业	银行业	85.2
10	中国移动通信集团有限公司	中央企业	通信服务业	84.8
11	中国建筑集团有限公司	中央企业	建筑业	80.6
12	中国交通建设集团有限公司	中央企业	建筑业	79.7
13	国家电网有限公司	中央企业	电力供应业	79.7
14	中国联合网络通信集团有限公司	中央企业	通信服务业	78.6
15	中国海洋石油集团有限公司	中央企业	石油和天然气开采业与加工业	76.5
16	中国大唐集团有限公司	中央企业	电力生产业	75.8

续表

序号	企业名称	公司性质	行业名称	2018 指数
17	中国银行股份有限公司	国有金融企业	银行业	75.7
18	上海汽车集团股份有限公司	其他国有企业	交通运输设备制造业	72.6
19	中兴通讯股份有限公司	民营企业	通信设备制造业	72.1
20	华为投资控股有限公司	民营企业	通信设备制造业	71.4
21	兴业银行股份有限公司	民营企业	银行业	70.8
22	中国东方航空集团有限公司	中央企业	交通运输服务业	69.9
23	中国农业银行股份有限公司	国有金融企业	银行业	68.8
24	交通银行股份有限公司	国有金融企业	银行业	66.7
25	中国人民保险集团股份有限公司	国有金融企业	保险业	65.0
26	中国石油天然气集团有限公司	中央企业	石油和天然气开采业与加工业	64.7
27	中国南方航空集团有限公司	中央企业	交通运输服务业	64.6
28	中国平安保险（集团）股份有限公司	民营企业	保险业	62.8
29	丰田汽车（中国）投资有限公司	外资企业	交通运输设备制造业	62.4
30	中国工商银行股份有限公司	国有金融企业	银行业	61.5
31	中国建设银行股份有限公司	国有金融企业	银行业	60.7
32	联想控股股份有限公司	民营企业	电子产品及电子元件制造业	54.9
33	苏宁易购集团股份有限公司	民营企业	零售业	51.9
34	巴斯夫（中国）有限公司	外资企业	工业化学品制造业	49.2
35	美的集团股份有限公司	民营企业	家用电器制造业	43.5

三　研究方法和技术路线

企业社会责任发展指数是对企业社会责任管理体系建设现状和社会/环境信息披露水平进行评价的综合指数，根据评价对象不同可产生不同的指数分类，进而形成中国企业社会责任发展系列指数。

企业社会责任发展指数（2009～2018）的研究路径如下：延续责任管理、市场责任、社会责任、环境责任“四位一体”的理论模型；参考 ISO

26000 等国际社会责任倡议文件、国内社会责任倡议文件和世界 500 强企业社会责任报告指标，优化分行业社会责任指标体系；指标体系结合当前热点社会问题，在往年基础上新增精准扶贫内容；从企业社会责任报告、企业年报、企业单项报告①、企业官方网站收集企业 2017 年 8 月 1 日至 2018 年 7 月 31 日的社会责任信息；参考外部权威媒体新闻，补充收集企业社会责任负面消息；对企业社会责任信息进行内容分析和定量分析，得出企业社会责任发展指数（见图 14）。

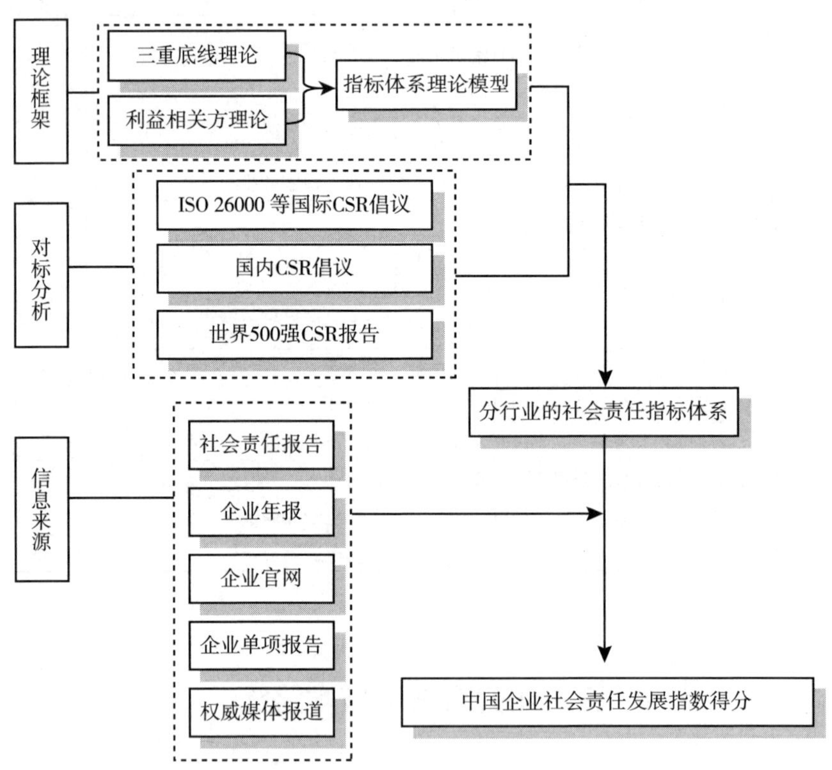

图 14　中国企业社会责任发展指数研究路径

① 企业单项报告包括：企业公益报告书、环境报告书、员工报告书、客户报告书等针对特定相关方而对外发布的报告。

1. 理论模型

本研究延续责任管理、市场责任、社会责任、环境责任“四位一体”的理论模型（见图15）。责任管理位于模型的核心，是每个企业社会责任实践的原点。责任管理包括愿景、战略、组织、制度、文化和参与。市场责任居于模型基部。企业是经济性组织，为市场高效率、低成本地提供有价值的产品或服务，取得较好的财务绩效是企业可持续发展的基础。市场责任包括股东责任、客户责任和伙伴责任等与企业业务活动密切相关的责任。社会责任为模型的左翼，包括政府责任、员工责任、安全生产、社区责任和精准扶贫等内容。环境责任为模型的右翼，包括绿色管理、绿色生产和绿色运营等内容。整个模型围绕责任管理这一核心，以市场责任为基石，社会责任、环境责任为两翼，形成一个稳定的闭环三角结构。

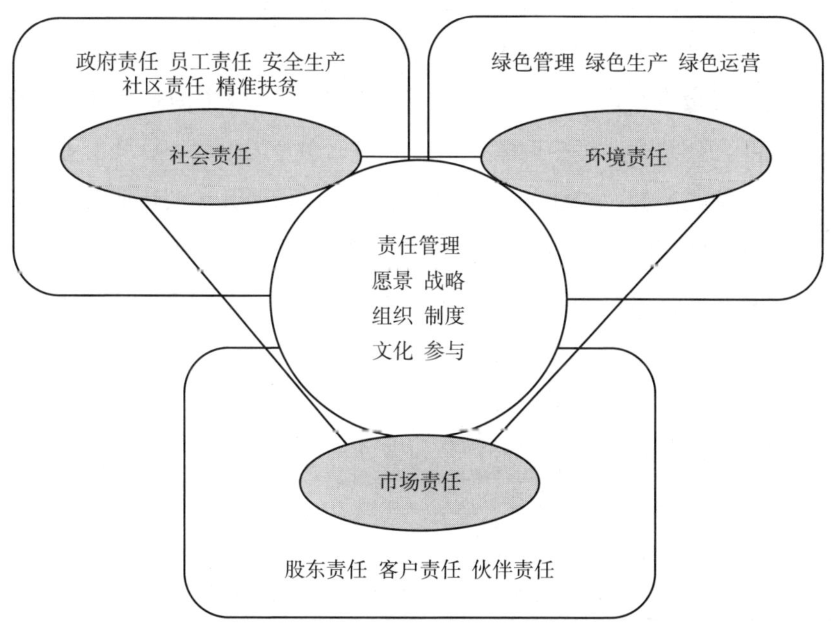

图15 “四位一体”理论模型

2. 指标体系

（1）对标分析。为了使中国企业社会责任发展指数指标体系既能遵从国际规范，又符合中国实践，本研究参考了国际社会责任倡议文件和指标体系、国内社会责任倡议文件和指标体系以及世界500强企业的社会责任报告和指标体系。

参考的国际社会责任倡议文件和指标体系包括国际标准化组织颁布的社会责任指南（ISO 26000）、全球报告倡议组织（GRI）可持续发展报告指南（G4）、《财富》100强责任排名指数、道琼斯可持续发展指数等；参考的国内社会责任倡议和指标体系包括《中央企业履行社会责任的指导意见》、《关于国有企业更好履行社会责任的指导意见》、《关于进一步完善上市公司扶贫工作信息披露的通知》、《中共中央、国务院关于实施乡村振兴战略的意见》、中国社会责任国家标准GB/T 36000－2015《社会责任指南》、深圳证券交易所《上市公司社会责任指引》、香港联合交易所《环境、社会及管治（ESG）报告指引》、《中国企业社会责任报告指南之基础框架（CASS-CSR4.0）》、《中国企业社会责任报告指南4.0之汽车制造业指南》、《中国企业社会责任报告指南4.0之节能环保行业指南》、《中国企业社会责任报告指南4.0之公共交通运输服务业指南》等；参考的世界500强企业的社会责任报告主要是所涉及企业的社会责任报告，以借鉴其中的行业关键指标。

（2）分行业的指标体系。不同行业社会责任议题的重要性存在着较大差别，中国企业社会责任发展指数（2018）依据不同行业的社会责任特性，构建了分行业的企业社会责任指标体系。行业分类以国家统计局的“国民经济行业分类”为基础，参考证监会13个门类划分方式，根据各行业社会责任关键议题的相近程度，进行合并和拆分，最终确定了中国企业社会责任发展指数47个行业的划分标准（见表18）。

表18　中国企业社会责任发展指数行业划分

序号	行业类别	描述信息
1	农林牧渔业	指对各种农作物的种植活动、林产品种植、为了获得各种畜禽产品而从事的动物饲养活动、海洋动植物养殖业及农林牧渔相关服务业
2	煤炭采选业	对各种煤炭的开采、洗选、分级等生产活动，不包括煤制品的生产和煤炭勘探活动

续表

序号	行业类别	描述信息
3	石油和天然气开采业与加工业	主要包括天然原油和天然气开采、加工及炼焦，以及与石油和天然气开采和加工有关的服务活动
4	一般采矿业	主要包括黑色金属矿采选业、有色金属矿采选业、非金属矿采选业及对地热资源、矿泉水资源以及其他未列明的自然资源的开采活动
5	金属冶炼及压延加工业	包括黑色金属冶炼及压延加工业和有色金属冶炼及压延加工业等
6	金属制品业	包括结构性金属制品制造、金属工具制造、集装箱及金属包装容器制造、金属丝绳及其制品的制造、建筑或安全用金属制品制造、金属表面处理机热处理加工、不锈钢及类似日用金属制品制造等
7	非金属矿物制品业	包括水泥制造业、水泥制品和石棉水泥制品业，砖瓦/石灰和轻质建筑材料制造业、玻璃及玻璃制品业、陶瓷制品业、耐火材料制品业、石墨及碳素制品业、矿物纤维及制品业以及砂轮/油石/砂布/砂纸/金刚砂等磨具/磨料的制造、晶体材料的生产等
8	工业化学品制造业	包括基础化学原料制造、肥料制造、农药制造、涂料油墨颜料制造、合成材料制造、专用化学品制造等
9	日用化学品制造业	包括肥皂及合成洗涤剂制造、化妆品制造、口腔清洁用品制造、香料及香精制造等
10	机械设备制造业	包括普通机械制造业和专用设备制造业等
11	交通运输设备制造业	包括铁路运输设备制造业、汽车制造业、摩托车制造业、自行车制造业、电车制造业、船舶制造业以及航空航天器制造业等
12	通信设备制造业	指用于工控环境的有线通信设备和无线通信设备制造等
13	家用电器制造业	又称民用电器制造、日用电器制造，包括制冷电器制造、空调器制造、清洁电器制造、厨房电器制造、整容保健电器制造、声像电器制造等
14	电子产品及电子元件制造业	包括电子元件及组件制造和印制电路板制造等
15	计算机及相关设备制造业	包括电子计算机整机制造、电子计算机网络设备制造和电子计算机外部设备制造等
16	特种设备制造业	主要指生产和销售军事相关技术和设备等
17	电力生产业	按照生产形式，可分为火力发电、水力发电、核力发电和其他能源发电等
18	电力供应业	指利用电网出售给用户电能的输送、分配与供电等活动
19	食品饮料业	指从事食品和饮料加工生产的行业，主要包括三大类：农副食品加工、食品制造以及饮料制造
20	酒精及饮料酒制造业	指用玉米、小麦、薯类等淀粉质原料或用糖蜜等含糖质原料，经蒸煮、糖化、发酵及蒸馏等工艺制成的酒精产品的生产以及白酒、啤酒、葡萄酒等酒类的生产业

续表

序号	行业类别	描述信息
21	纺织业	指利用棉花、羊绒、羊毛、蚕茧丝、化学纤维、羽毛羽绒等从事棉纺织、化纤、麻纺织、毛纺织、丝绸、纺织品针织行业、印染业等
22	服装鞋帽制造业	包括纺织服装制造、纺织面料鞋的制造和制帽业等
23	木材家具制造业	主要包括两部分:木材加工及木、竹、藤、棕、草制品业和家具制造业
24	医药生物制造业	包括五大类:化学药品原药制造业、化学药品制剂制造业、中药材及中成药加工业、动物药品制造业及生物制品业
25	造纸及纸制品业	包括纸浆制造、造纸与纸制品制造,纸浆制造指经机械或化学方法加工纸浆的生产活动
26	印刷业	指从事出版物、包装装潢印刷品和其他印刷品的印刷经营活动
27	废弃资源及废旧材料回收加工业	指从各种废料[包括固体废料、废水(液)、废气等]中回收,并使之便于转化为新的原材料的再加工处理活动
28	建筑业	指专门从事土木工程、房屋建设和设备安装以及工程勘察设计工作的生产部门
29	交通运输服务业	是服务业的重要组成部分,包括铁路运输业、道路运输业、城市公共交通业、水上运输业、航空运输业、寄递服务等六大领域,涉及客运和物流两大类别
30	互联网服务业	指网络公司通过互联网为客户提供信息的服务
31	零售业	指百货商店、超级市场、专门零售商店、品牌专卖店、售货摊等主要面向最终消费者(如居民等)的销售活动
32	批发贸易业	指批发商向批发、零售单位及其他企业、事业、机关批量销售生活用品和生产资料的活动以及从事进出口贸易和贸易经纪与代理的活动
33	通信服务业	指通过电缆、光缆、无线电波、光波等传输的通信服务,主要包括固定电信业务、移动电信业务和其他电信业务
34	计算机服务业	为满足使用计算机或信息处理的有关需要而提供软件和服务的行业,计算机服务业的内容包括处理服务、软件产品、专业服务和统合系统等方面,计算机和有关设备的租赁、修理和维护等
35	银行业	包括三部分:中央银行、商业银行和其他银行
36	保险业	包括人身保险业、财产保险业、再保险业和其他保险业
37	证券、期货、基金等其他金融业	包括证券期货业、金融信托业、基金业、互联网金融平台及其他金融业
38	餐饮业	指在一定场所,对食物进行现场烹饪、调制,并出售给顾客主要供现场消费的服务活动的行业,主要包括四大类:正餐服务、快餐服务、饮料及冷饮服务、其他餐饮服务
39	酒店业	指从事有偿为顾客提供临时住宿的服务活动的行业,主要包括两大类:旅游饭店、一般旅馆

续表

序号	行业类别	描述信息
40	旅游业	指凭借旅游资源和设施，专门或者主要从事招徕、接待游客，为其提供交通、游览、住宿、餐饮、购物、文娱等六个环节的综合性行业
41	房地产开发业	指房地产开发企业进行的基础设施建设、房屋建设，并转让房地产开发项目或者销售、出租商品房的活动
42	房地产服务业	指为房地产经纪活动提供信息咨询、研究、培训、软件和网络等，包括物业管理、房地产中介和其他房地产服务
43	水的生产和供应业	包括自来水的生产和供应、污水处理及其再生利用以及其他水的处理、利用与分配三个方面
44	燃气的生产和供应业	指利用煤炭、油、燃气等能源生产燃气，或外购液化石油气、天然气等燃气，并进行输配，向用户销售燃气的活动，以及对煤气、液化石油气、天然气输配及使用过程中的维修和管理活动，但不包括专门从事罐装液化石油气零售业务的活动
45	文化娱乐业	包括新闻出版业、广播电视电影和音像业、文化艺术业和娱乐业等
46	一般制造业	指不包括以上制造业的普通制造业
47	一般服务业	指不包括以上服务业的普通服务业

（3）议题型的指标体系。考虑到不同行业间社会责任议题的差异，项目组从企业社会责任的一般议题出发，构建企业社会责任的通用议题评价指标，并结合行业特定社会责任议题，构建了行业特定社会责任议题评价指标，最终形成了中国企业社会责任发展指数（2018）“通用议题＋行业特定议题”的评价指标体系（见表19）。

3. 指标赋权与评分

中国企业社会责任发展指数的赋值和评分共为六个步骤：

（1）根据各行业指标体系中各项企业社会责任内容的相对重要性，运用层次分析法确定责任管理、市场责任、社会责任、环境责任等四大类责任板块的权重；

（2）根据不同行业的实质性和重要性，为每大类责任议题以及每一议题下面的具体指标赋权；

表 19　中国企业社会责任发展指数（2018）的指标体系

责任板块	责任议题
责任管理	责任管理
市场责任	股东责任
	客户责任
	伙伴责任
	行业特定议题
社会责任	政府责任
	员工责任
	安全生产
	社区责任
	精准扶贫
	行业特定议题
环境责任	绿色管理
	绿色生产
	绿色运营
	行业特定议题

（3）根据企业社会责任管理现状和信息披露的情况，给出各项社会责任内容下的每一个指标的得分①；

（4）根据权重和各项责任板块的得分，计算企业在所属行业下社会责任发展指数的初始得分。计算公式为：企业社会责任指数初始得分 = $\sum_{j=1,2,3,4} A_j \times W_j$，其中，$A_j$ 为企业某社会责任板块得分，W_j 为该项责任板块的权重；

（5）初始得分加上调整项得分就是企业在所属行业下的社会责任发展指数得分。调整项得分包括企业社会责任相关奖项的奖励分、企业社会责任管理的创新实践加分，以及年度重大社会责任缺失扣分项；

（6）如果企业的经营范围为单一行业，则所属行业下的社会责任发展指数得分就是该企业的社会责任发展指数最终得分。如果企业被确定为混业

① 评分标准是：无论是管理类指标还是绩效类指标，如果从企业公开信息中能够说明企业已经建立了相关体系或者披露了相关绩效数据，就给分，否则，该项指标不得分。指标得分之和就是该项责任板块的得分。

经营，则该企业的社会责任指数最终得分 = $\sum_{j=1..k} B_j \times I_j$，其中，$B_j$ 为企业在某行业下的社会责任发展指数得分，I_j 为该行业的权重。各行业权重按照行业的社会责任敏感度设定，跨两个行业的企业，按照“6、4”原则赋权，社会责任敏感度较高的行业权重为 60%，敏感度较低的行业权重为 40%；跨三个行业的企业，按照“5、3、2”原则赋权，社会责任敏感度最高的行业权重为 50%，其次为 30%，最后为 20%[①]。

4. 数据来源

中国企业社会责任发展指数的评价信息来自企业主动、公开披露的社会/环境信息。这些信息应该满足以下基本原则：①主动性，向社会主动披露社会/环境信息是企业的重要责任，因此，这些信息应该是企业主动披露的信息；②公开性，利益相关方能够通过公开渠道方便地获取相关信息；③实质性，这些信息要能切实反映企业履行社会责任的水平；④时效性，这些信息要反映出企业最新的责任实践。

本报告的信息搜集截止日期为 2018 年 7 月 31 日。如果企业在此之前公开发布了 2017 年度的企业社会责任报告、企业年度报告和企业单项报告，则纳入信息采集范围；否则不作为信息来源。企业官方网站的信息采集区间为 2017 年 8 月 1 日至 2018 年 7 月 31 日。

此外，本研究在对企业履行社会责任的情况进行评价时，还考虑了企业的缺失行为和负面信息。中国企业很少主动披露负面信息，因此企业社会责任负面信息的来源不局限于社会责任报告、年报和官方网站，课题组统计了新华网、人民网等权威媒体和政府网站的相关报道。

依据上述原则，本研究确定了五类信息来源：2017 年度企业社会责任报告[②]、2017 年企业年报、企业单项报告及企业官方网站以及外部权威媒体的新闻报道。

---

① 社会责任敏感度主要从环境敏感度、客户敏感度考察，耗能大、污染多的行业环境敏感度较高；与消费者直接接触的行业客户敏感度较高。

② 企业社会责任报告是企业非财务报告的统称，包括环境报告、可持续发展报告、企业公民报告、企业社会责任报告等。

5. 星级划分

为了直观地反映出企业的社会责任管理现状和信息披露水平，课题组根据企业社会责任发展的阶段特征，将企业年度社会责任发展指数进行星级分类，分别为：五星级、四星级、三星级、二星级和一星级，分别对应卓越者、领先者、追赶者、起步者和旁观者五个发展阶段，各类企业对应的社会责任发展指数星级水平和企业社会责任发展特征见表20。

表 20　企业社会责任发展类型

序号	星级水平	得分区间	发展阶段	企业特征
1	五星级（★★★★★）	80 分以上	卓越者	企业建立了完善的社会责任管理体系，社会责任信息披露完整，是我国企业社会责任的卓越引领者
2	四星级（★★★★）	60～80 分	领先者	企业逐步建立社会责任管理体系，社会责任信息披露较为完整，是我国企业社会责任的先行者
3	三星级（★★★）	40～60 分	追赶者	企业开始推动社会责任管理工作，社会责任披露基本完善，是社会责任领先企业的追赶者
4	二星级（★★）	20～40 分	起步者	企业社会责任工作刚刚"起步"，尚未建立系统的社会责任管理体系，社会责任信息披露也较为零散、片面，与领先者和追赶者有着较大的差距
5	一星级（★）	20 分以下	旁观者	企业社会责任信息披露严重不足

6. 中国企业社会责任发展系列指数

企业社会责任发展指数是对企业社会责任管理体系建设现状和社会/环境信息披露水平进行评价的综合指数，根据评价对象不同可产生不同的分类指数，按照企业性质划分，可形成国有企业、民营企业和外资企业等社会责任发展指数；按照企业所在行业划分，可形成电力、食品等行业型社会责任发展指数；按照所在地区划分，可形成国别、省市等地区型社会责任发展指数；而按照责任议题划分，可形成员工、股东、环境等议题型社会责任发展指数，进而形成中国企业社会责任发展系列指数。

本项目组根据企业性质、所在行业、中国企业社会责任发展指数

（2018）形成了“中国国有企业 100 强社会责任发展指数”、“中国民营企业 100 强社会责任发展指数”、“中国外资企业 100 强社会责任发展指数”和“重点行业社会责任发展指数”4 个分类指数（见表 21）。

表 21　中国企业社会责任发展指数组

<table>
<tr><td rowspan="5">中国企业社会责任发展系列指数</td><td>指数分类</td><td>指数名称</td></tr>
<tr><td rowspan="3">按企业性质划分</td><td>中国国有企业 100 强社会责任发展指数</td></tr>
<tr><td>中国民营企业 100 强社会责任发展指数</td></tr>
<tr><td>中国外资企业 100 强社会责任发展指数</td></tr>
<tr><td>按所在行业划分</td><td>重点行业社会责任发展指数</td></tr>
</table>

分　报　告

Partial Report

分报告分为三部分，分别为“中国国有企业 100 强社会责任发展指数（2009～2018）”“中国民营企业 100 强社会责任发展指数（2009～2018）”“中国外资企业 100 强社会责任发展指数（2009～2018）”。从不同角度评价、分析各类企业社会责任管理与社会责任信息披露情况，有利于把握中国企业社会责任发展阶段性特征，有重点地推动各类企业社会责任发展。

B.2

中国国有企业100强社会责任发展指数（2009～2018）

摘　要： 作为中国特色社会主义市场经济主体，国有企业在推动我国经济保持中高速增长和迈向中高端水平、完善和发展中国特色社会主义制度、实现中华民族伟大复兴中国梦的进程中，肩负着重大历史使命和社会责任。本报告在“中国企业社会责任发展指数”研究框架基础上，对中国国有企业100强的社会责任管理与社会责任信息披露情况进行综合评价，梳理了中国国有企业社会责任2009～2018年变化趋势，以把握中国国有企业社会责任十年发展的阶段性特征。

关键词： 中国国有企业　社会责任发展指数　阶段性特征

一　样本特征

2018年中国国有企业100强样本以中国企业联合会、中国企业家协会联合发布的“2017中国企业500强”榜单和国务院国资委监管的央企名单为基础，按照营业收入依次选取前100家企业，并做出如下调整：①剔除特种行业企业；②剔除依靠财政拨款和政策性银行融资的企业；③剔除兼并重组、破产倒闭的企业；④若股份公司占集团资产的90%以上，则以股份公司为评价对象。调整后的100家国有企业包括中央企业48家、国有金融企业14家、其他国有企业38家。中国国有企业100强社会责任发展指数（2009～2018）的研究样本在囊括2018年中国国有企业100强的基础上，结合 2009 ~2018 年中国国有企业 100 强的既有数据进行综合分析。总样本规模达 1000 个①，行业分布广，符合我国国有企业的基本特点，具有较强的代表性。

1. 行业分布广泛，覆盖32个行业

如图 1 所示，中国国有企业 100 强行业分布广泛，共覆盖 32 个不同行业。具体来说，跨行业经营企业累计数量最多，达 148 家（占比 14.8%）；金属冶炼及压延加工业次之，为 83 家（占比 8.3%）；交通运输设备制造业排第三位，为 75 家（占比 7.5%）；交通运输服务业为 74 家（占比 7.4%）；建筑业为 71 家（占比 7.1%）；煤炭开采与洗选业、电力生产业均为 60 家（占

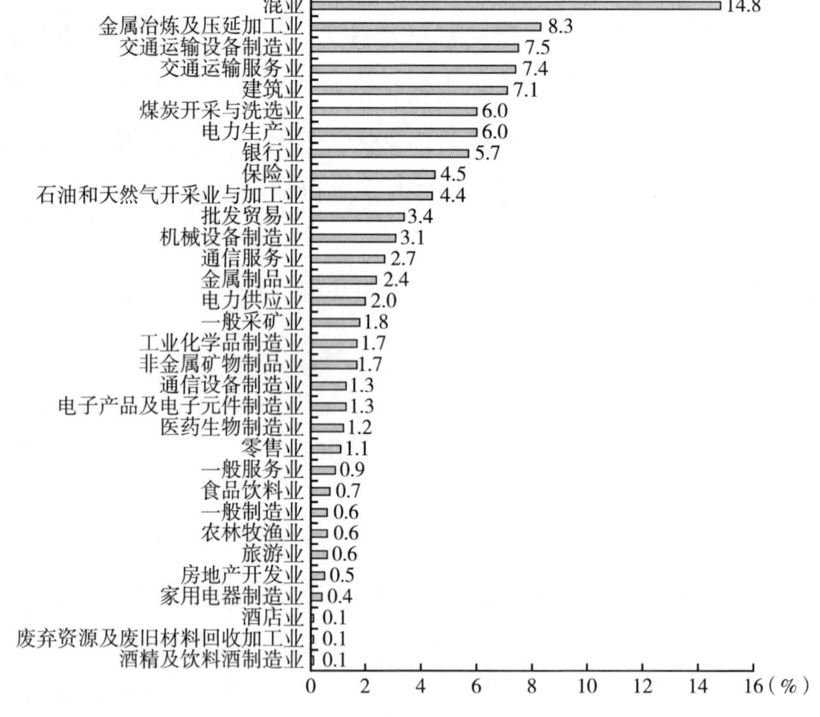

图 1　2009 ~2018 年国有企业 100 强行业分布

① 1000 个样本为按频次统计的总数，即按照企业在 2009 ~2018 年十年间在样本中出现的频次进行统计，下同。

比6.0%）；银行业为57家（占比5.7%）；保险业为45家（占比4.5%）；石油和天然气开采业与加工业为44家（占比4.4%）；批发贸易业为34家（占比3.4%）；机械设备制造业为31家（占比3.1%）；通信服务业、金属制品业、电力供应业等20个行业共218家（占比均在3.0%以下）。

2. 中央企业累计数量占比近六成

如图2所示，将企业性质按照中央企业、国有金融企业和其他国有企业进一步细分，中国国有企业样本中，中央企业累计有592家（占比59.2%），国有金融企业累计有111家（占比11.1%），其他国有企业累计有297家（占比29.7%）。

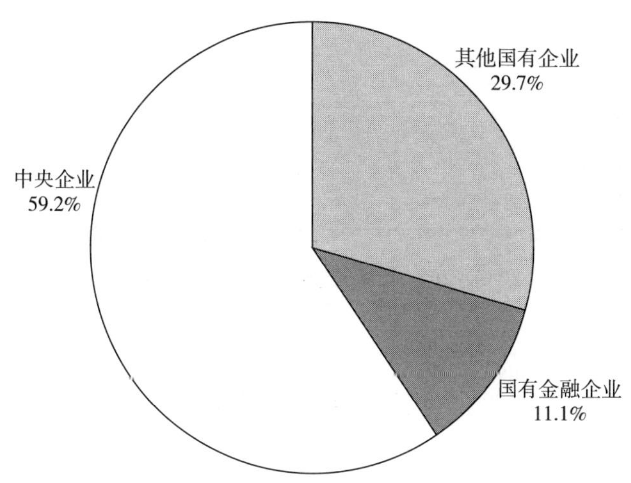

图2　2009～2018年国有企业100强企业性质构成

3. 总部所在地以北京居多

如图3所示，从地域上看，2009～2018年国有企业总部所在地共涉及27个省份，其中，位于北京的企业累计数量最多，为567家（占比56.7%），其次为上海110家（占比11.0%）、广东59家（占比5.9%）、天津31家（占比3.1%）；山西、香港、湖北、河北、四川、安徽等23个地区共233家（占比23.3%）。总体来说，中国国有企业100强中的绝大多数企业集中于北京。

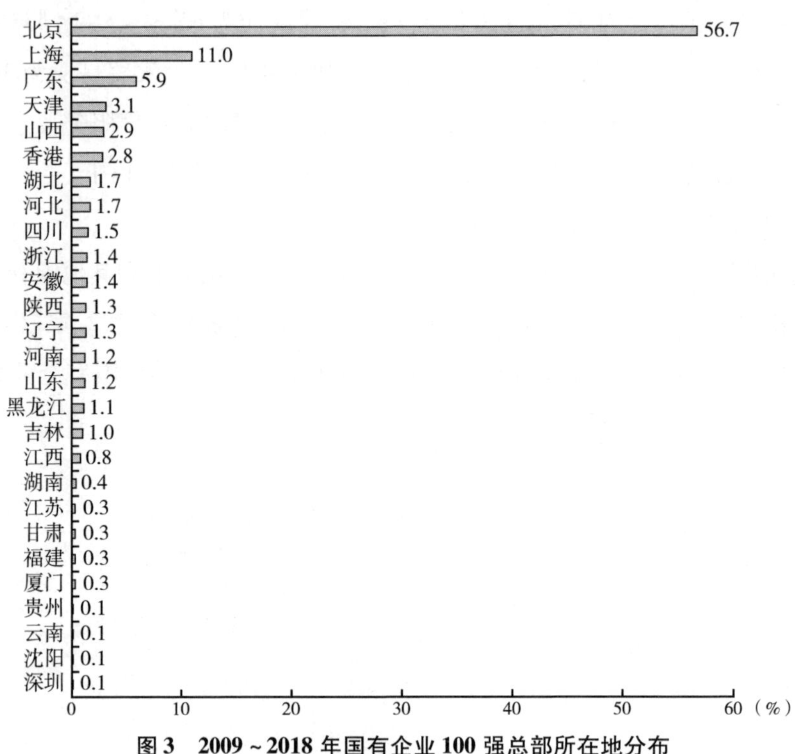

图 3　2009～2018 年国有企业 100 强总部所在地分布

二　评价结果

十年来，始终为中国企业 300 强研究对象的国有企业共 47 家，十年指数及排名如表 1 所示。2018 年，我国国有企业 100 强社会责任发展指数为 51.1 分，与 2009 年相比，增长率达 99.6%（2009 年为 25.6 分）。在评价的国有企业中，就 2018 年而言，有 17 家企业达到五星级水平，处于卓越者阶段，其中华润集团、中国华电、中国石化、中国华能、南方电网 5 家企业社会责任发展指数超过 90 分，华润集团社会责任发展指数排名第一，为 95.9 分；社会责任发展指数达到四星级水平，处于领先者阶段的企业共有 28 家；约四成企业社会责任发展指数处于二星级及以下水平，仍处在起步者和旁观者阶段。2018 国有企业 100 强社会责任发展指数及 2009～2018 排名如表 2 所示。

表1　国有企业2009～2018十年社会责任发展指数

单位：分

国有企业十年指数排名	企业名称	公司性质	十年指数	2018指数	2017指数	2016指数	2015指数	2014指数	2013指数	2012指数	2011指数	2010指数	2009指数
1	中国移动通信集团有限公司	中央企业	827.1	84.8	87.0	91.7	90.5	87.8	81.5	71.5	78.5	79.3	74.5
2	国家电网有限公司	中央企业	823.9	79.7	81.7	85.2	84.0	86.7	89.3	85.0	76.8	78.5	77.0
3	中国南方电网有限责任公司	中央企业	822.0	90.9	91.6	95.0	88.4	89.5	88.3	81.3	75.5	67.5	54.0
4	中国石油化工集团有限公司	中央企业	813.2	93.3	91.9	91.0	86.0	84.3	86.6	78.0	74.3	67.5	60.3
5	中国华能集团有限公司	中央企业	804.8	91.1	92.5	89.0	87.6	84.3	80.0	74.5	69.8	63.0	73.0
6	中国华电集团有限公司	中央企业	795.6	93.4	95.3	94.0	89.8	85.7	81.6	73.5	69.5	58.3	54.5
7	华润（集团）有限公司	中央企业	703.1	95.9	96.8	89.2	87.0	79.5	80.7	74.0	35.9	12.6	51.5
8	东风汽车集团有限公司	中央企业	698.0	87.1	89.4	85.5	83.8	78.8	61.6	58.0	44.3	53.5	56.0
9	中国铝业集团有限公司	中央企业	693.4	88.1	89.6	80.3	80.7	78.9	78.8	72.0	58.4	37.6	29.0
10	中国海洋石油集团有限公司	中央企业	679.5	76.5	84.7	84.9	82.5	74.0	60.0	40.3	47.3	60.3	69.0
11	中国电信集团有限公司	中央企业	666.0	68.2	82.2	83.7	80.6	79.3	74.9	71.0	53.8	37.3	35.0
12	中国建筑集团有限公司	中央企业	663.1	80.6	86.7	89.1	87.2	83.0	76.7	67.7	55.8	13.3	23.0
13	中国交通建设集团有限公司	中央企业	648.9	79.7	85.4	81.9	77.5	68.3	54.8	52.5	48.0	57.8	43.0

续表

国有企业十年指数排名	企业名称	公司性质	十年指数	2018指数	2017指数	2016指数	2015指数	2014指数	2013指数	2012指数	2011指数	2010指数	2009指数
14	中国石油天然气集团有限公司	中央企业	642.4	64.7	71.6	74.5	75.3	56.3	55.9	60.3	61.3	60.5	62.0
15	中国五矿集团有限公司	中央企业	639.5	31.6	78.6	80.3	81.5	81.1	72.6	66.9	55.3	55.1	36.5
16	交通银行股份有限公司	国有金融企业	633.1	66.7	77.3	74.6	65.6	72.0	61.4	67.2	47.0	43.8	57.5
17	中国宝武钢铁集团有限公司	中央企业	620.8	28.3	34.5	72.0	68.1	74.7	63.9	69.0	70.0	68.8	71.5
18	中国工商银行股份有限公司	国有金融企业	617.3	61.5	71.3	68.8	60.0	59.5	63.1	55.0	64.3	51.3	62.5
19	中国南方航空集团有限公司	中央企业	616.1	64.6	67.8	63.7	73.2	63.0	52.2	57.8	66.5	52.3	55.0
20	中国联合网络通信集团有限公司	中央企业	597.6	78.6	82.6	81.1	79.5	76.5	70.5	26.8	33.0	35.5	33.5
21	国家能源投资集团有限责任公司	中央企业	567.8	79.2	67.1	61.0	72.6	53.3	50.0	41.0	47.3	44.3	52.0
22	中国东方航空集团有限公司	中央企业	567.4	69.9	75.5	66.2	71.4	64.5	28.4	59.0	62.5	48.0	22.0
23	中国太平洋保险（集团）股份有限公司	国有金融企业	556.9	57.3	66.1	60.8	48.7	66.0	60.9	64.5	59.3	52.3	21.0

续表

国有企业十年指数排名	企业名称	公司性质	十年指数	2018指数	2017指数	2016指数	2015指数	2014指数	2013指数	2012指数	2011指数	2010指数	2009指数
24	中国中化集团有限公司	中央企业	556.0	35.7	62.8	60.1	70.3	66.7	46.9	39.5	59.0	56.5	58.5
25	中国远洋海运集团有限公司	中央企业	553.8	8.6	3.7	4.8	39.7	79.0	80.4	86.3	82.0	84.8	84.5
26	中国农业银行股份有限公司	国有金融企业	550.0	68.8	73.2	63.7	37.1	55.0	64.6	49.3	49.8	45.0	43.5
27	中国机械工业集团有限公司	中央企业	542.8	60.5	76.4	82.8	76.1	62.3	55.8	53.2	28.6	29.1	18.0
28	中国银行股份有限公司	国有金融企业	536.4	75.7	62.9	48.5	38.8	56.2	52.2	48.8	53.3	49.0	51.0
29	中国大唐集团有限公司	中央企业	532.3	75.8	72.9	66.6	56.3	21.5	17.3	9.8	67.8	70.8	73.5
30	中粮集团有限公司	中央企业	528.7	57.5	64.4	68.9	69.5	54.9	34.2	37.0	62.0	41.8	38.5
31	中国建设银行股份有限公司	国有金融企业	527.9	60.7	54.4	48.9	48.7	53.8	52.6	47.5	54.8	51.5	55.0
32	鞍钢集团有限公司	中央企业	525.8	36.6	72.2	60.6	19.0	63.6	17.5	68.7	67.8	62.3	57.5
33	上海汽车集团股份有限公司	其他国有企业	522.7	72.6	80.4	78.4	76.5	69.3	61.2	36.5	14.3	1.0	32.5
34	中国第一汽车集团有限公司	中央企业	474.8	80.7	84.9	80.2	75.7	16.5	26.7	5.8	13.0	55.8	35.5
35	上海电气集团股份有限公司	其他国有企业	411.1	65.4	71.0	65.8	49.1	42.0	50.4	27.8	26.8	12.8	0.0

续表

国有企业十年指数排名	企业名称	公司性质	十年指数	2018指数	2017指数	2016指数	2015指数	2014指数	2013指数	2012指数	2011指数	2010指数	2009指数
36	中国人寿保险（集团）公司	国有金融企业	374.2	45.8	18.7	58.0	56.5	23.5	11.9	34.0	38.0	39.3	48.5
37	中国人民保险集团股份有限公司	国有金融企业	372.6	65.0	74.8	68.0	45.5	24.0	17.8	4.5	7.5	27.5	38.0
38	中国化工集团有限公司	中央企业	361.5	24.7	25.5	68.9	46.8	58.2	26.6	37.0	42.3	11.5	20.0
39	陕西延长石油（集团）有限责任公司	其他国有企业	343.0	39.6	25.5	55.6	49.5	59.4	44.2	28.3	6.3	6.3	28.3
40	首钢集团有限公司	其他国有企业	316.5	41.9	55.4	19.6	5.5	41.2	33.6	32.8	15.5	22.5	48.5
41	中国航空油料集团有限公司	其他国有企业	285.4	55.7	48.0	5.0	9.0	54.5	44.4	38.3	14.0	5.0	11.5
42	北京汽车集团有限公司	其他国有企业	273.3	42.1	60.8	24.3	24.4	32.2	62.7	10.5	10.3	4.0	2.0
43	上海建工集团股份有限公司	其他国有企业	226.9	53.3	55.9	17.3	23.3	19.3	7.2	8.5	10.8	13.3	18.0
44	中国中信集团有限公司	国有金融企业	220.7	29.0	21.4	16.6	3.4	18.5	15.8	25.9	39.7	37.9	12.5
45	物产中大集团股份有限公司	其他国有企业	205.8	54.0	50.1	20.5	14.3	3.5	9.4	20.7	1.5	7.3	24.5
46	中国邮政集团公司	其他国有企业	104.4	13.8	13.2	15.6	8.7	20.3	2.5	7.0	4.8	7.5	11.0
47	百联集团有限公司	其他国有企业	68.9	10.3	4.8	4.9	9.1	1.5	2.5	4.5	2.3	10.5	18.5

表 2　2018 国有企业 100 强社会责任发展指数及 2009～2018 排名

单位：分

序号	企业名称	企业性质	行业名称	2018指数	2018星级	2018排名	2017排名	2016排名	2015排名	2014排名	2013排名	2012排名	2011排名	2010排名	2009排名
1	华润（集团）有限公司	中央企业	混业	95.9	★★★★★	1	1	5	6	11	6	6	48	61	24
2	中国华电集团有限公司	中央企业	电力生产业	93.4	★★★★★	2	2	2	2	4	4	7	8	13	21
3	中国石油化工集团有限公司	中央企业	石油和天然气开采业与加工业	93.3	★★★★★	3	4	4	7	5	3	4	5	6	12
4	中国华能集团有限公司	中央企业	电力生产业	91.1	★★★★★	4	3	7	4	5	9	5	7	8	5
5	中国南方电网有限责任公司	中央企业	电力供应业	90.9	★★★★★	5	6	1	3	1	2	3	4	6	22
6	国家开发投资集团有限公司	中央企业	混业（电力生产业；一般采矿业；交通运输业）	89.1	★★★★★	6	7	37	35	47	56	57	41	33	—
7	中国建材集团有限公司	中央企业	非金属矿物制品业	88.4	★★★★★	7	5	8	8	9	7	12	14	57	—
8	中国铝业集团有限公司	中央企业	混业（金属冶炼及压延加工业；一般采矿业；批发贸易业）	88.1	★★★★★	8	8	23	16	15	11	8	25	39	45
9	东风汽车集团有限公司	中央企业	交通运输设备制造业	87.1	★★★★★	9	9	10	12	16	28	28	40	19	17
10	中国黄金集团有限公司	中央企业	一般采矿业	85.3	★★★★★	10	10	13	9	8	10	10	15	72	—
11	中国移动通信集团有限公司	中央企业	通信服务业	84.8	★★★★★	11	14	3	1	2	5	9	2	2	3
12	中国电力建设集团有限公司	中央企业	混业（建筑业；机械设备制造业）	83.0	★★★★★	12	11	15	21	42	52	87	—	—	—

续表

序号	企业名称	企业性质	行业名称	2018指数	2018星级	2018排名	2017排名	2016排名	2015排名	2014排名	2013排名	2012排名	2011排名	2010排名	2009排名
13	中国电子信息产业集团有限公司	中央企业	电子产品及电子元件制造业	81.4	★★★★★	13	13	13	14	17	15	18	—	—	—
14	国家电力投资集团有限公司	中央企业	电力生产业	81.1	★★★★★	14	45	59	27	48	58	83	31	51	—
15	中国第一汽车集团有限公司	中央企业	交通运输设备制造业	80.7	★★★★★	15	18	25	28	86	70	93	65	17	38
16	中国建筑集团有限公司	中央企业	建筑业	80.6	★★★★★	16	15	6	5	7	12	19	26	58	55
17	北京控股集团有限公司	其他国有企业	混业（环保产业；公用事业和基础设施；酒精及饮料制造）	80.3	★★★★★	17	28	32	—	—	—	—	—	—	—
18	中国交通建设集团有限公司	中央企业	建筑业	79.7	★★★★	18	17	21	23	36	39	37	35	15	30
19	国家电网有限公司	中央企业	电力供应业	79.7	★★★★	18	29	11	11	3	1	2	3	3	2
20	国家能源投资集团有限责任公司	中央企业	煤炭开采与洗选业	79.2	★★★★	20	49	54	33	62	47	51	37	31	23
21	中国联合网络通信集团有限公司	中央企业	通信服务业	78.6	★★★★	21	25	22	19	18	18	70	49	41	41
22	中国旅游集团有限公司	中央企业	旅游业	77.4	★★★★	22	20	34	43	39	74	50	77	89	—
23	中国海洋石油集团有限公司	中央企业	石油和天然气开采业与加工业	76.5	★★★★	23	19	12	13	26	32	53	37	12	7
24	中国大唐集团有限公司	中央企业	电力生产业	75.8	★★★★	24	40	45	53	76	79	86	9	4	4

续表

序号	企业名称	企业性质	行业名称	2018指数	2018星级	2018排名	2017排名	2016排名	2015排名	2014排名	2013排名	2012排名	2011排名	2010排名	2009排名
25	中国银行股份有限公司	国有金融企业	银行业	75.7	★★★★	25	53	70	67	56	43	44	30	28	25
26	中国盐业集团有限公司	中央企业	混业（食品饮料业；工业化学品制造业）	74.1	★★★★	26	32	—	—	—	—	—	—	—	—
27	新兴际华集团有限公司	中央企业	金属冶炼及压延加工业	73.5	★★★★	27	22	36	49	93	72	79	70	43	—
28	上海汽车集团股份有限公司	其他国有企业	交通运输设备制造业	72.6	★★★★	28	31	27	25	35	30	60	62	97	43
29	广州医药集团有限公司	其他国有企业	医药生物制造业	72.0	★★★★	29	—	—	—	—	—	—	—	—	—
30	中国东方航空集团有限公司	中央企业	交通运输服务业	69.9	★★★★	30	36	46	34	40	67	25	18	29	56
31	中国铁道建筑有限公司	中央企业	建筑业	69.2	★★★★	31	—	—	—	—	—	—	—	—	—
32	中国农业银行股份有限公司	国有金融企业	银行业	68.8	★★★★	32	39	49	68	57	22	41	31	30	29
33	中国电信集团有限公司	中央企业	通信服务业	68.2	★★★★	33	27	16	17	12	13	11	29	40	39
34	上海浦东发展银行股份有限公司	国有金融企业	银行业	68.0	★★★★	34	46	—	—	—	—	—	—	—	—
35	交通银行股份有限公司	国有金融企业	银行业	66.7	★★★★	35	34	29	46	31	29	20	39	32	15
36	中国有色矿业集团有限公司	中央企业	混业（一般采矿业；金属冶炼及压延加工业；建筑业）	66.3	★★★★	36	23	18	84	32	40	38	—	—	—

续表

序号	企业名称	企业性质	行业名称	2018指数	2018星级	2018排名	2017排名	2016排名	2015排名	2014排名	2013排名	2012排名	2011排名	2010排名	2009排名
37	上海电气集团股份有限公司	其他国有企业	机械设备制造业	65.4	★★★★	37	44	47	57	68	45	68	52	60	93
38	中国人民保险集团股份有限公司	国有金融企业	保险业	65.0	★★★★	38	37	44	63	73	77	95	80	46	35
39	中国石油天然气集团有限公司	中央企业	石油和天然气开采业与加工业	64.7	★★★★	39	42	31	29	55	35	24	20	11	10
40	中国南方航空集团有限公司	中央企业	交通运输服务业	64.6	★★★★	40	47	49	32	43	43	29	13	21	19
41	上海医药集团股份有限公司	其他国有企业	医药生物制造业	64.0	★★★★	41	52	—	—	—	—	—	—	—	—
42	中国工商银行股份有限公司	国有金融企业	银行业	61.5	★★★★	42	43	43	50	50	26	32	16	25	9
43	广州汽车集团股份有限公司	其他国有企业	交通运输设备制造业	61.1	★★★★	43	48	52	42	64	50	—	—	—	—
44	中国建设银行股份有限公司	国有金融企业	银行业	60.7	★★★★	44	65	68	59	61	42	46	28	24	19
45	中国机械工业集团有限公司	中央企业	混业（机械设备制造业;建筑业;批发贸易业）	60.5	★★★★	45	35	19	26	45	36	36	51	44	66
46	中国铁路工程集团有限公司	中央企业	建筑业	59.3	★★★	46	—	—	—	—	—	—	—	—	—

续表

序号	企业名称	企业性质	行业名称	2018指数	2018星级	2018排名	2017排名	2016排名	2015排名	2014排名	2013排名	2012排名	2011排名	2010排名	2009排名
47	中粮集团有限公司	中央企业	混业（食品饮料业；房地产开发业；批发贸易业）	57.5	★★★	47	51	40	38	58	63	58	19	35	32
48	中国太平洋保险（集团）股份有限公司	国有金融企业	保险业	57.3	★★★	48	50	55	59	38	31	23	23	21	59
49	招商银行股份有限公司	国有金融企业	银行业	57.1	★★★	49	—	—	—	—	—	—	—	—	—
50	中国航空油料集团有限公司	其他国有企业	批发贸易业	55.7	★★★	50	70	96	90	60	54	56	63	84	79
51	物产中大集团股份有限公司	其他国有企业	批发贸易业	54.0	★★★	51	67	83	82	99	92	73	95	—	51
52	上海建工集团股份有限公司	其他国有企业	建筑业	53.3	★★★	52	62	85	71	81	94	89	70	58	66
53	中国中车集团有限公司	中央企业	交通运输设备制造业	50.5	★★★	53	60	60	41	—	—	—	—	—	—
54	珠海格力电器股份有限公司	其他国有企业	家用电器制造业	48.2	★★★	54	—	—	—	—	—	—	—	—	—
55	陕西煤业化工集团有限责任公司	其他国有企业	煤炭开采与洗选业	48.1	★★★	55	56	57	—	—	—	—	—	—	—
56	北京银行股份有限公司	国有金融企业	银行业	46.5	★★★	56	66	62	—	—	—	—	—	—	—
57	中国人寿保险（集团）公司	国有金融企业	保险业	45.8	★★★	57	88	61	52	74	84	63	47	37	26

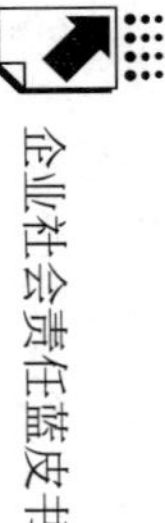

续表

序号	企业名称	企业性质	行业名称	2018指数	2018星级	2018排名	2017排名	2016排名	2015排名	2014排名	2013排名	2012排名	2011排名	2010排名	2009排名
58	河钢集团有限公司	其他国有企业	金属冶炼及压延加工业	45.2	★★★	58	60	67	37	54	69	52	35	47	—
59	浙江省交通投资集团有限公司	其他国有企业	建筑业	44.7	★★★	59	—	—	—	—	—	—	—	—	—
60	北京汽车集团有限公司	其他国有企业	交通运输设备制造业	42.1	★★★	60	58	77	70	72	27	85	72	92	91
61	山西潞安矿业（集团）有限责任公司	其他国有企业	煤炭开采与洗选业	42.1	★★★	60	59	—	—	—	—	—	—	—	—
62	首钢集团有限公司	其他国有企业	金属冶炼及压延加工业	41.9	★★★	62	63	84	97	70	65	65	59	49	26
63	中国航空集团有限公司	中央企业	交通运输服务业	39.6	★★	63	69	—	21	24	25	43	22	23	56
64	陕西延长石油（集团）有限责任公司	其他国有企业	石油和天然气开采业与加工业	39.6	★★	63	82	63	56	51	55	67	83	79	47
65	光明食品（集团）有限公司	其他国有企业	食品饮料业	38.5	★★	65	68	79	—	—	—	—	—	—	70
66	大同煤矿集团有限责任公司	其他国有企业	煤炭开采与洗选业	37.1	★★	66	71	—	—	—	—	—	92	93	61
67	中国节能环保集团有限公司	中央企业	废弃资源及废旧材料回收加工业	37.0	★★	67	16	17	18	21	37	72	—	—	—
68	鞍钢集团有限公司	中央企业	金属冶炼及压延加工业	36.6	★★	68	41	56	79	41	78	16	9	9	15
69	中国能源建设集团有限公司	中央企业	建筑业	35.9	★★	69	90	19	87	33	—	—	—	—	—

续表

序号	企业名称	企业性质	行业名称	2018指数	2018星级	2018排名	2017排名	2016排名	2015排名	2014排名	2013排名	2012排名	2011排名	2010排名	2009排名
70	中国中化集团有限公司	中央企业	石油和天然气开采业与加工业	35.7	★★	70	55	57	36	37	51	55	24	16	14
71	江西铜业集团有限公司	其他国有企业	一般采矿业	32.2	★★	71	78	73	80	—	—	—	56	53	79
72	中国五矿集团有限公司	中央企业	混业（一般采矿业；批发贸易业；金属冶炼及压延加工业）	31.6	★★	72	33	23	15	10	16	21	27	18	36
73	河南能源化工集团有限公司	其他国有企业	混业（电力生产业；煤炭开采与洗选业；证券期货基金及其他金融服务业）	30.5	★★	73	—	—	—	—	—	—	86	62	—
74	兖矿集团有限公司	其他国有企业	煤炭开采与洗选业	30.1	★★	74	—	—	—	—	—	—	—	—	36
75	中国中信集团有限公司	国有金融企业	混业（银行业；证券期货基金及其他金融服务业；房地产开发业）	29.0	★★	75	86	87	100	83	81	71	44	38	74
76	中国宝武钢铁集团有限公司	中央企业	金属冶炼及压延加工业	28.3	★★	76	77	38	40	24	24	15	6	5	6
77	招商局集团有限公司	中央企业	混业（交通运输服务业；房地产开发业；银行业）	26.8	★★	77	21	26	30	44	57	61	21	36	—
78	山西晋城无烟煤矿业集团有限责任公司	其他国有企业	煤炭开采与洗选业	25.9	★★	78	85	—	—	—	—	—	—	—	—

续表

序号	企业名称	企业性质	行业名称	2018指数	2018星级	2018排名	2017排名	2016排名	2015排名	2014排名	2013排名	2012排名	2011排名	2010排名	2009排名
79	阳泉煤业（集团）有限责任公司	其他国有企业	煤炭开采与洗选业	25.6	★★	79	81	—	—	—	—	—	—	—	—
80	东浩兰生（集团）有限公司	其他国有企业	一般服务业	25.2	★★	80	—	—	—	—	—	—	—	—	—
81	中国化工集团有限公司	中央企业	工业化学品制造业	24.7	★★	81	82	40	61	53	71	58	43	63	61
82	冀中能源集团有限责任公司	其他国有企业	煤炭开采与洗选业	23.5	★★	82	97	93	48	65	58	—	—	—	—
83	山东能源集团有限公司	其他国有企业	煤炭开采与洗选业	19.2	★	83	80	78	—	—	—	—	—	—	—
84	中国光大集团股份公司	国有金融企业	混业（银行业；证券期货基金及其他金融服务业；房地产开发业）	17.4	★	84	95	—	—	—	—	—	—	—	—
85	中国医药集团有限公司	中央企业	医药生物制造业	15.8	★	85	72	82	24	85	75	27	65	64	—
86	中国通用技术（集团）控股有限责任公司	中央企业	混业（机械设备制造业；医药生物制造业；批发贸易业）	13.9	★	86	92	75	85	95	96	81	75	95	—
87	中国邮政集团公司	其他国有企业	交通运输服务业	13.8	★	87	91	89	91	79	97	90	89	77	82
88	金川集团股份有限公司	其他国有企业	金属冶炼及压延加工业	11.8	★	88	—	—	—	—	—	—	68	73	—
89	四川长虹电子控股集团有限公司	其他国有企业	家用电器制造业	11.7	★	89	94	96	—	—	—	—	—	—	—

续表

序号	企业名称	企业性质	行业名称	2018指数	2018星级	2018排名	2017排名	2016排名	2015排名	2014排名	2013排名	2012排名	2011排名	2010排名	2009排名
90	厦门国贸控股集团有限公司	其他国有企业	混业（房地产开发；批发贸易业；一般制造业）	10.3	★	90	73	—	—	—	—	—	—	—	—
91	百联集团有限公司	其他国有企业	零售业	10.3	★	90	98	98	89	100	97	95	93	68	65
92	绿地控股集团有限公司	其他国有企业	房地产开发业	10.2	★	92	89	80	75	91	—	—	—	—	—
93	天津物产集团有限公司	其他国有企业	混业（批发贸易业）	10.0	★	93	99	93	98	98	—	—	—	—	—
94	厦门建发集团有限公司	其他国有企业	混业（房地产开发；酒店业；批发贸易业）	9.4	★	94	74	—	51	—	—	—	—	—	—
95	云南省建设投资控股集团有限公司	其他国有企业	建筑业	9.4	★	94	—	—	—	—	—	—	—	—	—
96	厦门象屿集团有限公司	其他国有企业	混业（房地产开发；互联网服务业）	8.9	★	96	—	—	—	—	—	—	—	—	—
97	中国远洋海运集团有限公司	中央企业	交通运输服务业	8.6	★	97	100	99	66	14	8	1	1	1	1
98	中国太平保险集团有限责任公司	国有金融企业	保险业	5.8	★	98	—	—	—	—	—	—	—	—	—
99	华晨汽车集团控股有限公司	其他国有企业	交通运输设备制造业	3.8	★	99	—	—	—	—	—	—	—	—	93
100	中国保利集团有限公司	中央企业	混业（房地产开发；文化娱乐业；一般服务业）	0.0	★	100	64	69	—	—	—	—	—	—	—

三　国有企业100强社会责任发展阶段性特征（2009～2018）

1. 十年来，国有企业100强社会责任发展指数呈现整体上升态势；2018年，国有企业社会责任发展指数为51.1分，较2017年下降7.6分

如图4所示，从2009年始，国有企业100强社会责任发展指数逐年递增，至2012年已达到40.9分，突破至追赶者阶段；此后一直稳中有升，保持三星级水平，至2017年达到十年间指数巅峰58.7分；2018年国有企业100强社会责任发展指数为51.1分，较之2017年略有下降。十年来，国有企业自觉带头履行社会责任，在实现国有资产保值增值、落实国家宏观调控政策、完成节能减排任务、维护职工合法权益、加强安全生产、参与社会公益活动等方面不断努力，取得了积极进展。

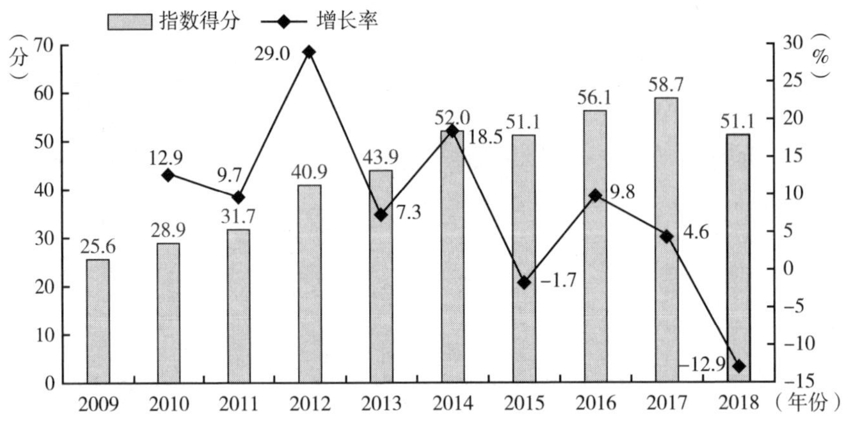

图4　2009～2018年国有企业100强社会责任发展指数

2. 十年来，社会责任发展指数处于四星级及以上水平的国有企业数量呈现整体上升趋势；2018年，超四成国有企业社会责任发展指数高于60分，处于四星级及以上水平

如图5所示，十年来，国有企业100强中社会责任发展指数达五星级水

平的企业累计116家（占比11.6%），达四星级水平的累计245家（占比24.5%），达三星级水平的累计206家（占比20.6%），为二星级水平的累计152家（占比15.2%），为一星级水平的累计281家（占比28.1%）。具体来看，一星级企业呈整体减少态势，四星级企业和五星级企业数量增幅最大，2018年，五星级企业数量首次出现回落。

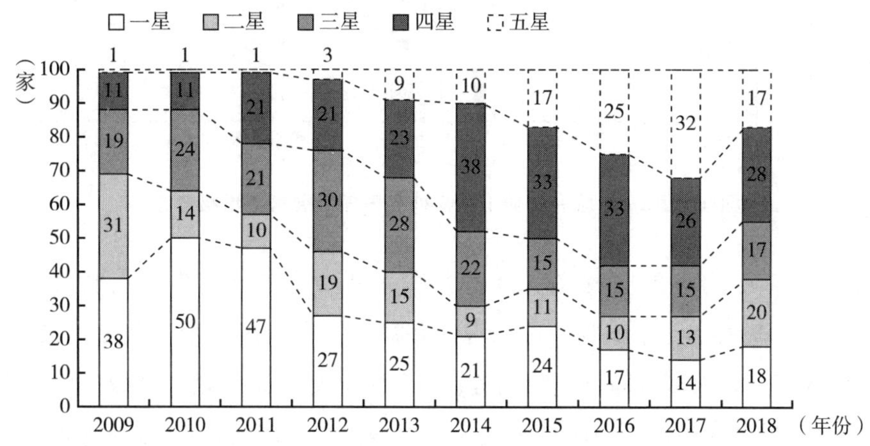

图5　2009~2018年国有企业100强社会责任发展指数星级分布

2018年，国有企业100强社会责任发展指数达51.1分，整体处于追赶者阶段。具体来说，社会责任发展指数达五星级水平、处于卓越者阶段的国有企业有17家；社会责任发展指数达四星级水平、处于领先者阶段的国有企业有28家；社会责任发展指数达三星级水平、处于追赶者阶段的国有企业有17家；社会责任发展指数为二星级水平、处于起步者阶段的国有企业有20家；社会责任发展指数为一星级水平、处于旁观者阶段的企业共有18家（见图6）。

3. 十年来，国有企业责任管理、责任实践发展指数呈现稳步上升；2018年，责任实践发展指数高于责任管理发展指数

十年来，国有企业100强责任实践平均发展指数（43.4分）整体表现略优于责任管理平均发展指数（43.1分），表明社会责任管理部门制定相关政策已见成效。从责任实践内部来看，社会责任平均发展指数（46.6分）

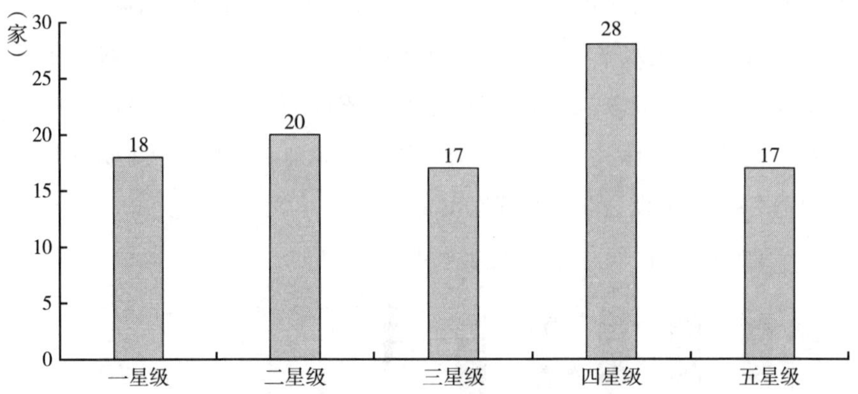

图6 2018年国有企业100强社会责任发展指数星级分布

和市场责任平均发展指数（45.0分）高于环境责任平均发展指数（38.5分）。如图7所示，十年间，市场责任和社会责任发展指数变化幅度波动，除2015年外，大多呈同升同降趋势；十年来，环境责任发展指数始终落后于社会责任发展指数，2014年环境责任发展指数首次突破40分，步入三星级水平，此后，环境责任发展指数稳定在三星级水平。总体来说，十年来，国有企业越来越重视信息的披露程度，较之环境责任，国有企业更愿意披露市场和社会责任方面的信息。

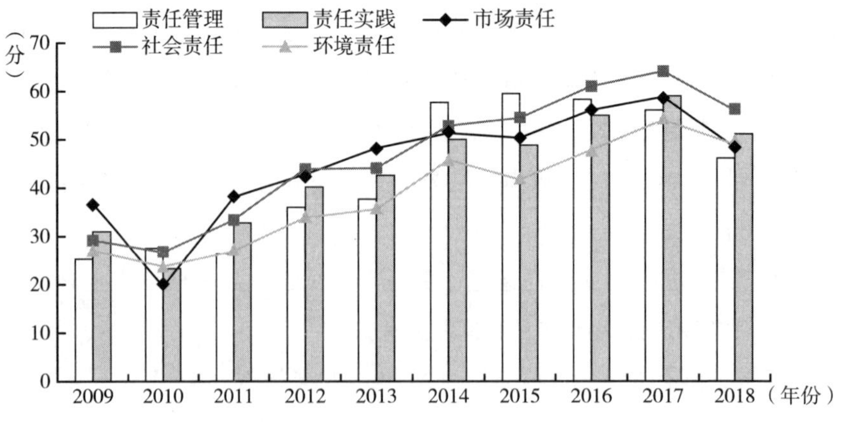

图7 2009～2018年国有企业100强社会责任发展指数结构变化

如图8所示，2018年，国有企业责任管理发展指数为46.1分，责任实践发展指数为51.1分；在责任实践内部，社会责任发展指数为56.0分，高于环境责任（48.9分）和市场责任（48.3分）。与2009年相比，2018年责任管理发展指数上涨20.8分，略领先于责任实践发展指数上涨幅度（20.1分）；在责任实践内部，2018年社会责任发展指数上涨26.8分，领先于环境责任发展指数上涨幅度（21.9分）和市场责任发展指数上涨幅度（11.5分）。

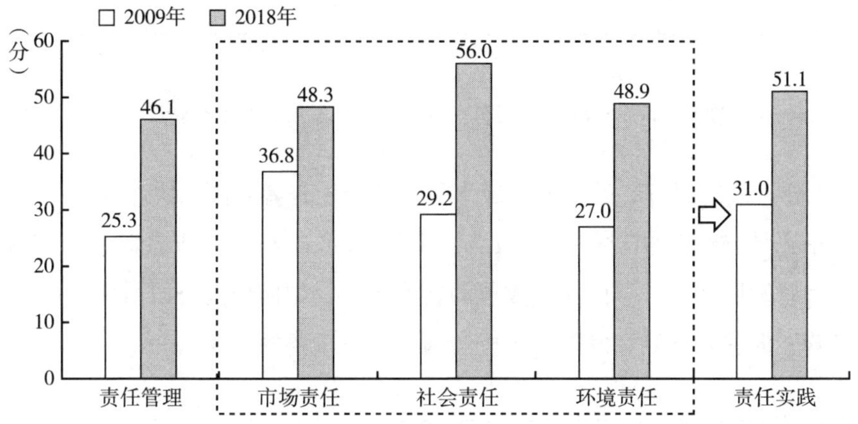

图8　2018年与2009年社会责任发展指数结构比较

4. 十年来，其他国有企业社会责任发展指数涨幅最大；2018年，中央企业社会责任发展指数得分最高

如图9所示，2018年，国有企业100强中其他国有企业社会责任发展指数为34.9分，相较2009年上涨16.7分，涨幅高达91.8%；中央企业社会责任发展指数为63.6分，相较2009年上涨13.9分；国有金融企业社会责任发展指数为51.8分，相较2009年上涨8.6分。总体来说，十年来，中央企业、国有金融企业和其他国有企业社会责任发展指数整体呈上升趋势，其中中央企业一直保持领先优势，其他国有企业涨幅最大，国有金融企业相对稳定。

5. 2018年，国有企业100强各议题中股东责任发展指数最高，伙伴责任发展指数最低

如图10所示，从2018年国有企业100强各议题表现来看，股东责任

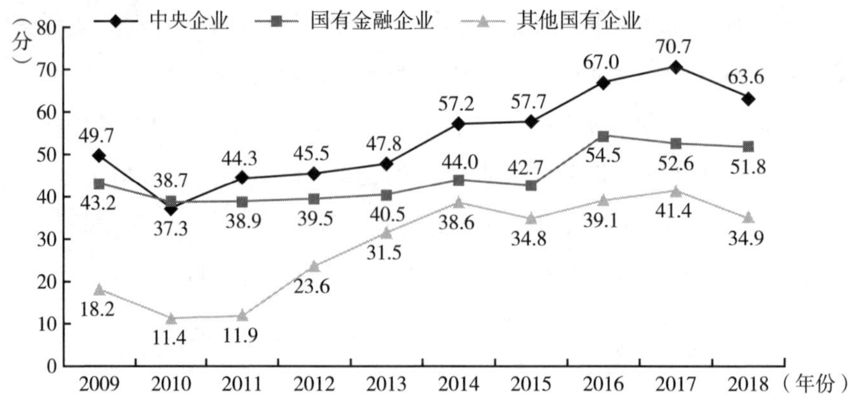

图 9　2009～2018 年国有企业社会责任发展指数变化情况

（77.4 分）表现最好，达到四星级水平，处于领先者阶段；伙伴责任（39.7 分）信息披露情况相对较差，仅为二星级水平，处于起步者阶段。可见，在贯彻新发展理念、全面深化改革的新形势下，如何规范公司治理、依法合规经营、促进经济社会发展已经成为国有企业重要的关注点。

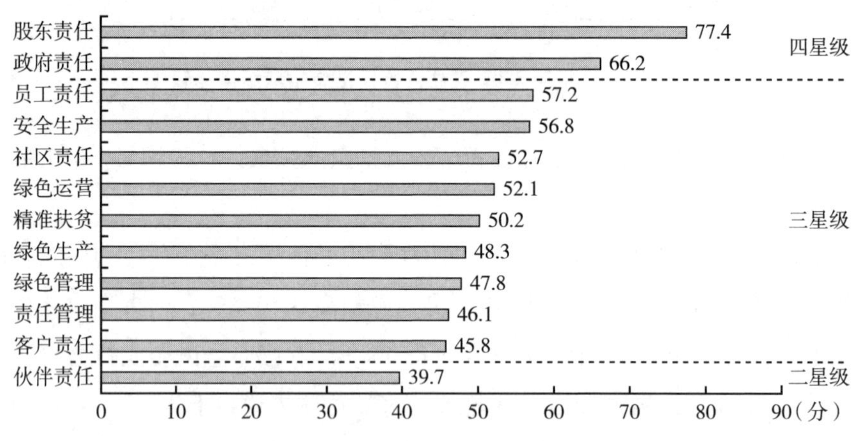

图 10　2018 年国有企业责任议题发展指数分布情况

国有企业精准扶贫议题指数为 50.2 分，共有 88 家企业披露了精准扶贫信息。国有企业在精准扶贫六项关键指标的披露情况如图 11 所示，

其中主要扶贫实践和成效披露率最高，脱贫人口数量披露率最低，分

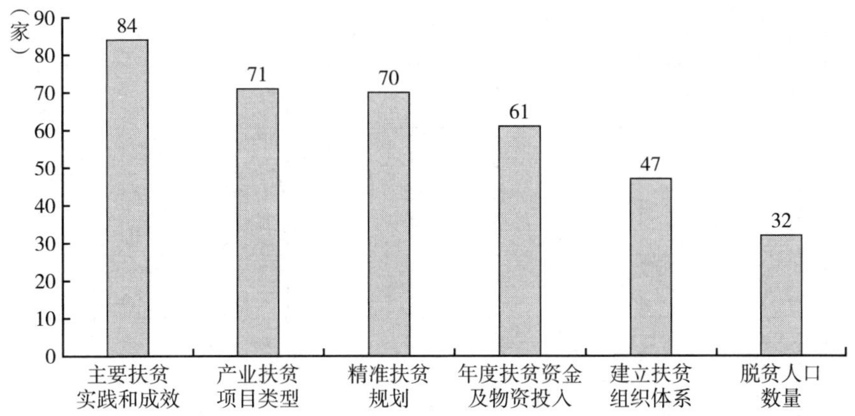

图 11　2018 年国有企业精准扶贫六项指标披露情况

别为 84 家和 32 家。整体来看，国有企业在精准扶贫各项指标上的披露程度较为均衡，处于较高水平，但在具体的脱贫人口数量这一定量数据上的披露还有待加强。

6. 十年来，国有企业100强中社会责任发展指数排名始终在前50位的企业共有13家，其中中国华电、中国华能、中国石化、南方电网、中国移动和国家电网的社会责任发展指数始终保持在前30位

2009 年以来，始终为中国企业 300 强研究对象的国有企业有 47 家。社会责任发展指数始终保持在国有企业 100 强排名前 50 位的企业共有 13 家，其中中国华电、中国华能、中国石化、南方电网、中国移动和国家电网 6 家中央企业的社会责任发展指数始终保持在前 30 位（见表 3）。总体看来，十年间，中央企业的社会责任综合表现相对优秀。

7. 与2009年相比，2018年国有企业100强社会责任发展指数排名上升30位以上的企业共有4家，下降30位以上的企业共有9家

与 2009 年相比，2018 年国有企业 100 强社会责任发展指数中排名上升 30 位以上的企业共有 4 家，上升 50 位以上的国有企业共有 1 家，其中上海电气在国有企业 100 强社会责任发展指数中排名上升最多，达 56 位（见表 4）；国有企业 100 强社会责任发展指数排名下降 30 位以上的企业共有 9 家，

表 3　2009～2018 年国有企业 100 强排名中社会责任发展指数始终在前 50 位的企业

序号	企业名称	公司性质	行业名称	2018 排名	2017 排名	2016 排名	2015 排名	2014 排名	2013 排名	2012 排名	2011 排名	2010 排名	2009 排名
1	中国华电集团有限公司	中央企业	电力生产业	2	2	2	2	4	4	7	8	13	21
2	中国石油化工集团有限公司	中央企业	石油和天然气开采业与加工业	3	4	4	7	5	3	4	5	6	12
3	中国华能集团有限公司	中央企业	电力生产业	4	3	7	4	5	9	5	7	8	5
4	中国南方电网有限责任公司	中央企业	电力供应业	5	6	1	3	1	2	3	4	6	22
5	中国铝业集团有限公司	中央企业	混业（金属冶炼及压延加工业;一般采矿业;批发贸易业）	8	8	23	16	15	11	8	25	39	45
6	东风汽车集团有限公司	中央企业	交通运输设备制造业	9	9	10	12	16	28	28	40	19	17
7	中国移动通信集团有限公司	中央企业	通信服务业	11	14	3	1	2	5	9	2	2	3
8	中国交通建设集团有限公司	中央企业	建筑业	18	17	21	23	36	39	37	35	15	30
9	国家电网有限公司	中央企业	电力供应业	18	29	11	11	3	1	2	3	3	2
10	中国电信集团有限公司	中央企业	通信服务业	33	27	16	17	12	13	11	29	40	39
11	交通银行股份有限公司	国有金融企业	银行业	35	34	29	46	31	29	20	39	32	15
12	中国南方航空集团有限公司	中央企业	交通运输服务业	40	47	49	32	43	43	29	13	21	19
13	中国工商银行股份有限公司	国有金融企业	银行业	42	43	43	50	50	26	32	16	25	9

表4　2018年与2009年相比社会责任发展指数排名上升30位以上的国有企业

序号	企业名称	公司性质	行业名称	2018排名	2009排名	排名上升位数
1	上海电气集团股份有限公司	其他国有企业	机械设备制造业	37	93	56
2	中国建筑集团有限公司	中央企业	建筑业	16	55	39
3	中国铝业集团有限公司	中央企业	混业（金属冶炼及压延加工业；一般采矿业；批发贸易业）	8	45	37
4	北京汽车集团有限公司	其他国有企业	交通运输设备制造业	60	91	31

下降50位以上的企业共有4家，其中中国远洋海运在国有企业100强社会责任发展指数排名下降最多，达96位（见表5）。总体而言，部分国有企业对社会责任的重视程度不够，社会责任发展指数与排名波动较大。各地方国有资产监管部门要加大指导作用，共同探索体系化社会责任管理模式，提升国有企业履行社会责任的整体水平，并将社会责任融入企业战略和管理的过程当中，提高履责行动的稳定性和持续性。

表5　2018年与2009年相比社会责任发展指数排名下降30位以上的国有企业

序号	企业名称	公司性质	行业名称	2018排名	2009排名	排名下降位数
1	中国远洋海运集团有限公司	中央企业	交通运输服务业	97	1	96
2	中国宝武钢铁集团有限公司	中央企业	金属冶炼及压延加工业	76	6	70
3	中国中化集团有限公司	中央企业	石油和天然气开采业与加工业	70	14	56
4	鞍钢集团有限公司	中央企业	金属冶炼及压延加工业	68	15	53
5	兖矿集团有限公司	其他国有企业	煤炭开采与洗选业	74	36	38
6	首钢集团有限公司	其他国有企业	金属冶炼及压延加工业	62	26	36
7	中国五矿集团有限公司	中央企业	混业（一般采矿业；批发贸易业；金属冶炼及压延加工业）	72	36	36
8	中国工商银行股份有限公司	国有金融企业	银行业	42	9	33
9	中国人寿保险（集团）公司	国有金融企业	保险业	57	26	31

B.3
中国民营企业100强社会责任发展指数（2009 ~2018）

摘　要： 习近平总书记在党的十九大报告中指出："必须坚持和完善我国社会主义基本经济制度和分配制度，毫不动摇巩固和发展公有制经济，毫不动摇鼓励、支持、引导非公有制经济发展。"在我国经济进入新常态的背景下，民营企业成为近年来经济发展领域的亮点，对新增就业贡献率达到90%，来自民营企业的税收占比超过50%，积极践行市场、社会、环境方面的责任，对于加快完善社会主义市场经济体制和加快转变经济发展方向具有重要的作用和战略意义。本报告在"中国企业社会责任发展指数"研究框架基础上，对中国民营企业100强的社会责任管理与社会责任信息披露情况进行综合评价，梳理中国民营企业社会责任2009 ~2018年变化趋势，以把握中国民营企业社会责任十年发展的阶段性特征。

关键词： 民营企业　社会责任发展指数　阶段性特征

一　样本特征

2018年中国民营企业100强的样本选择以中国企业联合会、中国企业家协会联合发布的"2017年中国企业500强"排行榜，全国工商联发布的"2017年度民营企业500强排行榜"等权威机构发布的相关榜单为基础，以民营资本控股为原则，根据营业收入规模及稳定性选出民营企业100强。中国民营企业100强社会责任发展指数（2009～2018）的研究样本在囊括2018年中国民营企业100强的基础上，结合2009～2018年中国民营企业100强的既有数据进行综合分析。十年累计样本数据规模达1000个，行业分布广、区域跨度大，符合现阶段我国民营企业基本发展特征，具有较强的代表性。

1. 行业分布广泛，覆盖34个行业

如图1所示，民营企业100强行业分布广泛，共覆盖34个不同行业。其中跨行业经营企业累计数量最多，达233家（占比23.3%）；金属冶炼及压延加工业次之，为90家（占比9.0%）；交通运输设备制造业排第三位，为59家（占比5.9%）；食品饮料业和金属制品业并列第四位，均为57家（占比5.7%）；房地产开发业为55家（占比5.5%）；零售业为49家（占比4.9%）；银行业和机械设备制造业均为47家（占比4.7%）；工业化学品制造业为41家（占比4.1%）；家用电器制造业为36家（占比3.6%）；医药生物制造业、电子产品及电子元件制造业、纺织业等23个行业共229家（占比均在3.0%以下）。

2. 总部所在地多位于东南沿海地区

如图2所示，从地域上看，2009～2018年民营企业共涉及23个省、自治区、直辖市和特别行政区。其中，位于江苏的企业累计数量最多，为199家（占比19.9%）；位于浙江的企业次之，为167家（占比16.7%）；广东排第三位，为124家（占比12.4%）；山东排第四位，为105家（占比10.5%）；北京为98家（占比9.8%），河北为52家（占比5.2%），四川为38家（占比3.8%），上海、辽宁、天津等16个地区企业共217家（占比21.7%）。总体来说，民营企业100强中的绝大多数企业均分布在东南沿海等经济较发达的地区。

二　评价结果

十年来，始终为中国企业300强研究对象的民营企业共38家，十年指

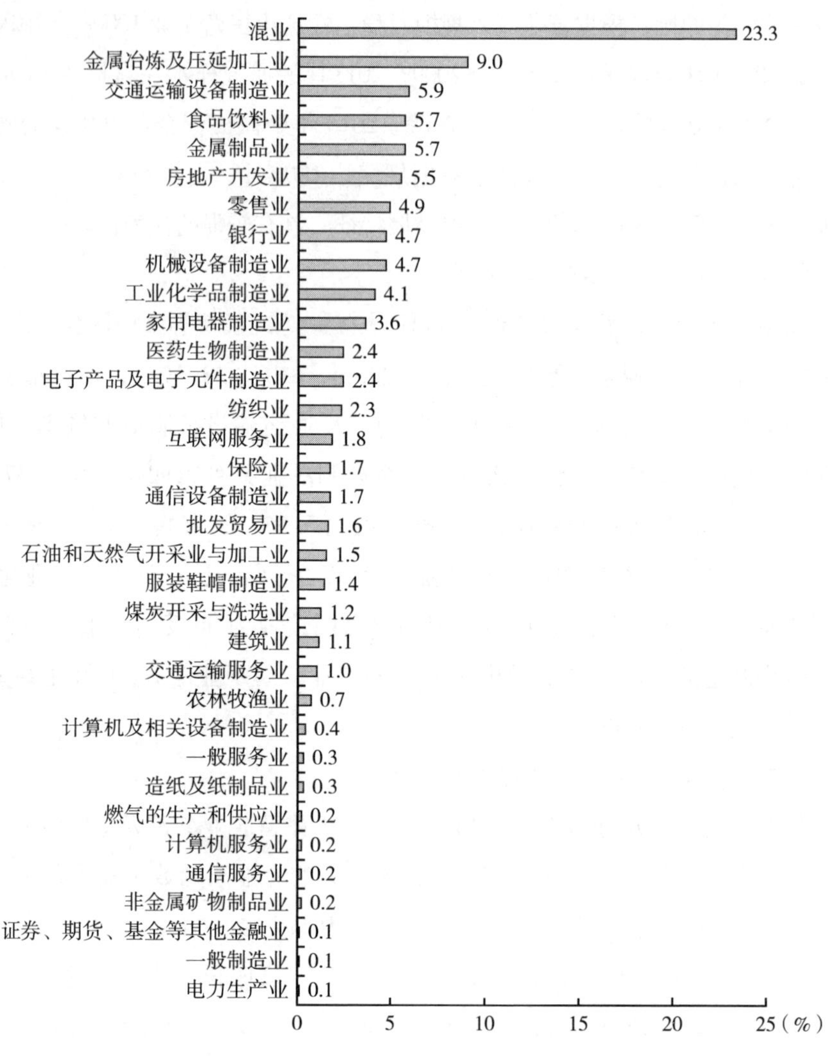

图 1　2009 ~ 2018 年民营企业 100 强行业分布

数及排名如表 1 所示。2018 年，民营企业 100 强社会责任发展指数为 28. 0 分，与 2009 年的 12. 9 分相比，增长率为 117. 1%。在评价的民营企业中，就 2018 年而言，民生银行达到五星级水平，处于卓越者阶段；海航集团、TCL、中兴、吉利、华为、伊利、兴业银行等 11 家企业的社会责任发展指数达到四星级水平，处于领先者阶段；超过半数企业（共 52 家）处于一星级水平，仍处在旁观者阶段。2018 民营企业 100 强社会责任发展指数及 2009～2018 排名如表 2 所示。

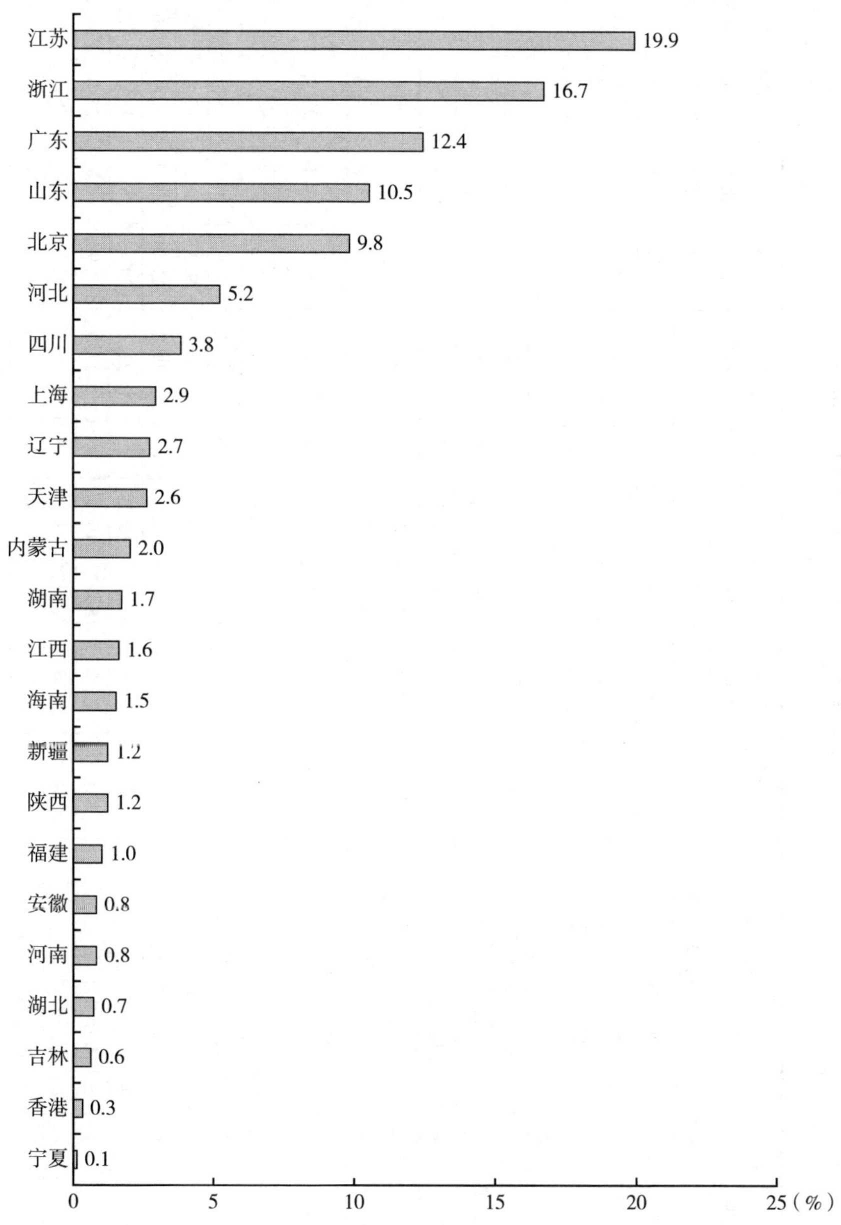

图 2　2009～2018 年民营企业 100 强区域分布

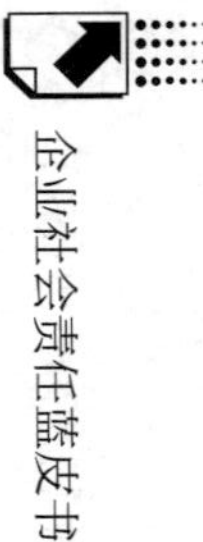

表1　民营企业2009～2018十年社会责任发展指数

单位：分

民营企业十年指数排名	企业名称	十年指数	2018指数	2017指数	2016指数	2015指数	2014指数	2013指数	2012指数	2011指数	2010指数	2009指数
1	中国民生银行股份有限公司	767.5	85.2	88.7	83.9	82.7	80.9	79.8	72.5	72.3	62.5	59.0
2	华为投资控股有限公司	719.9	71.4	90.8	88.6	86.9	83.5	74.6	74.0	58.8	51.3	40.0
3	中兴通讯股份有限公司	625.6	72.1	78.1	75.2	72.8	77.0	61.8	55.5	57.8	48.3	27.0
4	中国平安保险（集团）股份有限公司	620.2	62.8	73.6	73.2	50.6	56.5	64.4	57.5	59.8	57.8	64.0
5	兴业银行股份有限公司	616.9	70.8	61.9	61.8	59.0	69.8	71.8	66.3	61.5	64.5	29.5
6	万科企业股份有限公司	559.9	49.8	73.6	73.0	67.1	57.0	55.4	52.0	51.0	53.0	28.0
7	联想控股股份有限公司	501.7	54.9	61.1	27.7	62.2	64.5	69.2	64.8	1.8	25.0	70.5
8	海航集团有限公司	477.4	72.9	78.7	73.8	59.8	62.7	24.4	47.3	34.8	11.5	11.5
9	比亚迪股份有限公司	400.3	68.4	74.7	69.2	46.3	37.0	24.2	39.5	22.0	6.5	12.5
10	内蒙古伊利实业集团股份有限公司	392.6	71.1	79.3	24.1	54.4	19.7	29.7	40.0	25.3	26.5	22.5
11	美的集团股份有限公司	377.8	43.5	51.6	39.7	52.9	40.2	15.6	35.8	26.5	32.5	39.5
12	苏宁易购集团股份有限公司	370.6	51.9	13.5	8.1	60.1	25.5	6.2	64.0	57.3	52.5	31.5
13	海亮集团有限公司	321.2	53.2	68.3	46.8	51.9	12.8	9.3	8.9	13.1	23.9	33.0
14	雅戈尔集团股份有限公司	320.5	42.1	45.7	43.8	43.2	39.8	23.9	29.9	3.4	16.7	32.0
15	中天钢铁集团有限公司	214.9	17.8	33.4	17.2	19.3	22.3	20.1	12.8	18.0	23.5	30.5
16	新华联集团有限公司	183.3	22.2	18.3	16.2	33.1	17.0	1.9	4.8	27.0	6.8	36.0
17	恒力集团有限公司	174.9	30.8	30.0	28.0	18.0	18.3	12.3	9.5	9.6	9.4	9.0
18	国美零售控股有限公司	173.9	38.7	38.2	29.5	9.1	18.0	17.6	3.0	3.3	2.0	14.5
19	红豆集团有限公司	172.3	23.9	20.9	27.7	27.1	5.0	9.8	4.3	16.7	15.4	21.5

续表

民营企业十年指数排名	企业名称	十年指数	2018指数	2017指数	2016指数	2015指数	2014指数	2013指数	2012指数	2011指数	2010指数	2009指数
20	杭州娃哈哈集团有限公司	171.5	12.5	12.3	21.2	31.6	31.8	20.3	20.3	7.0	4.0	10.5
21	新希望集团有限公司	169.4	9.7	11.7	12.5	22.1	20.8	10.6	6.2	10.0	15.8	50.0
22	通威集团有限公司	148.2	30.4	20.3	18.3	15.8	11.3	13.5	17.0	9.3	2.8	9.5
23	三一集团有限公司	140.7	13.6	15.1	18.2	12.7	14.0	10.3	11.5	5.0	18.8	21.5
24	江苏沙钢集团有限公司	136.5	19.8	34.3	13.6	12.4	15.2	4.5	3.7	4.0	16.5	12.5
25	东岭集团股份有限公司	128.9	9.4	10.4	20.4	15.3	9.0	6.0	7.7	6.3	15.4	29.0
26	新疆广汇实业投资（集团）有限责任公司	116.2	14.2	21.8	20.2	18.6	11.0	5.3	5.5	1.6	12.0	6.0
27	三胞集团有限公司	108.3	20.5	20.1	14.2	5.5	9.7	9.0	7.1	6.9	5.8	9.5
28	中天发展控股集团有限公司	104.5	19.3	8.3	6.8	7.2	9.5	11.3	9.6	11.1	6.9	14.5
28	广厦控股集团有限公司	104.5	7.6	7.9	13.7	6.9	15.0	5.5	3.8	8.0	16.1	20.0
30	浙江荣盛控股集团有限公司	104.4	9.9	18.6	0.0	17.6	16.0	11.0	6.7	3.7	10.9	10.0
31	奥克斯集团有限公司	102.2	9.1	10.4	12.8	6.9	11.0	10.1	10.8	5.3	14.8	11.0
32	北京建龙重工集团有限公司	83.4	11.0	18.8	4.1	5.1	17.1	7.9	6.9	6.0	-2.0	8.5
33	天津荣程联合钢铁集团有限公司	83.1	9.4	15.3	0.0	8.1	8.5	10.0	9.8	4.5	1.5	16.0
34	浙江恒逸集团有限公司	81.1	17.8	8.2	0.0	8.2	10.7	3.8	9.3	7.8	3.3	12.0
35	大商集团有限公司	69.9	3.3	14.6	8.0	10.8	2.0	3.4	5.5	1.0	10.8	10.5
36	江阴澄星实业集团有限公司	58.9	6.5	5.0	15.1	9.1	9.5	2.2	2.0	0.5	2.5	6.5
37	山东魏桥创业集团有限公司	49.5	13.4	8.5	7.0	3.7	4.0	2.6	4.0	6.3	0.0	0.0
38	河北新华联合冶金控股集团有限公司	31.2	3.8	1.4	0.7	0.7	3.0	2.9	3.7	3.0	4.0	8.0

表 2　2018 民营企业 100 强社会责任发展指数及 2009～2018 排名

单位：分

序号	企业名称	行业名称	2018 指数	2018 星级	2018 排名	2017 排名	2016 排名	2015 排名	2014 排名	2013 排名	2012 排名	2011 排名	2010 排名	2009 排名
1	中国民生银行股份有限公司	银行业	85.2	★★★★★	1	3	3	3	2	1	2	1	2	3
2	海航集团有限公司	交通运输服务业	72.9	★★★★	2	6	5	14	9	20	10	12	41	60
3	TCL 集团股份有限公司	家用电器制造业	72.1	★★★★	3	4	11	—	—	—	—	—	—	—
4	中兴通讯股份有限公司	通信设备制造业	72.1	★★★★	4	7	4	5	3	7	7	6	8	22
5	浙江吉利控股集团有限公司	交通运输设备制造业	71.7	★★★★	5	8	8	10	7	12	44	20	—	—
6	华为投资控股有限公司	通信设备制造业	71.4	★★★★	6	1	1	1	1	2	1	4	7	7
7	内蒙古伊利实业集团股份有限公司	食品饮料业	71.1	★★★★	7	5	33	17	32	17	14	17	15	32
8	兴业银行股份有限公司	银行业	70.8	★★★★	8	17	13	15	5	3	3	2	1	17
9	比亚迪股份有限公司	交通运输设备制造业	68.4	★★★★	9	9	10	26	18	21	16	18	59	55
10	碧桂园控股有限公司	房地产开发业	64.9	★★★★	10	27	30	29	45	26	48	—	—	—
11	广东温氏食品集团股份有限公司	农林牧渔业	64.4	★★★★	11	14	—	—	—	—	—	—	—	—
12	中国平安保险（集团）股份有限公司	保险业	62.8	★★★★	12	11	6	24	12	5	6	—	3	2
13	上海复星高科技（集团）有限公司	混业（医药生物制造业；旅游业；文化娱乐业）	56.7	★★★	13	—	20	—	—	—	—	—	—	24
14	联想控股股份有限公司	电子产品及电子元件制造业	54.9	★★★	14	18	28	12	8	4	4	91	17	1
15	万洲国际有限公司	食品饮料业	53.7	★★★	15	16	21	—	—	—	—	—	—	—
16	长城汽车股份有限公司	交通运输设备制造业	53.7	★★★	16	—	19	30	15	19	26	—	—	—

续表

序号	企业名称	行业名称	2018指数	2018星级	2018排名	2017排名	2016排名	2015排名	2014排名	2013排名	2012排名	2011排名	2010排名	2009排名
17	海亮集团有限公司	混业（金属制品业；房地产开发业）	53.2	★★★	17	13	17	21	52	52	46	24	18	10
18	中国恒大集团	房地产开发业	53.1	★★★	18	19	31	34	20	31	42	—	—	—
19	苏宁易购集团股份有限公司	零售业	51.9	★★★	19	61	67	13	24	65	5	7	6	12
20	超威电源有限公司	电子产品及电子元件制造业	51.1	★★★	20	15	34	—	—	—	—	—	—	—
21	江铃汽车集团公司	交通运输设备制造业	51.1	★★★	21	—	73	47	54	68	71	—	—	—
22	万科企业股份有限公司	房地产开发业	49.8	★★★	22	11	7	8	11	9	9	8	5	21
23	腾讯控股有限公司	互联网服务业	49.8	★★★	23	26	56	18	—	—	—	—	—	—
24	华夏幸福基业股份有限公司	房地产开发业	49.0	★★★	24	21	—	—	—	—	—	—	—	—
25	华夏银行股份有限公司	银行业	47.9	★★★	25	—	9	11	14	12	15	11	10	5
26	阿里巴巴集团控股有限公司	互联网服务业	45.2	★★★	26	2	2	2	—	—	—	—	—	—
27	九州通医药集团股份有限公司	批发贸易业	45.1	★★★	27	25	—	—	—	—	—	13	46	72
28	美的集团股份有限公司	家用电器制造业	43.5	★★★	28	23	22	19	16	30	17	16	12	8
29	特变电工股份有限公司	机械设备制造业	43.3	★★★	29	98	—	—	—	—	—	—	—	—
30	雅戈尔集团股份有限公司	混业（服装鞋帽制造业；房地产开发业）	42.1	★★★	30	28	18	28	17	22	18	79	27	11
31	京东集团	互联网服务业	39.7	★★	31	56	91	58	—	—	—	—	—	—
32	国美零售控股有限公司	零售业	38.7	★★	32	32	26	67	38	27	83	80	80	47
33	海尔集团有限公司	家用电器制造业	38.0	★★	33	33	15	16	22	14	13	—	—	—
34	阳光保险集团股份有限公司	保险业	37.7	★★	34	24	—	—	—	—	—	—	—	—

续表

序号	企业名称	行业名称	2018指数	2018星级	2018排名	2017排名	2016排名	2015排名	2014排名	2013排名	2012排名	2011排名	2010排名	2009排名
35	苏宁环球集团有限公司	房地产开发业	34.3	★★	35	74	—	—	24	65	48	—	—	—
36	中国华信能源有限公司	批发贸易业	33.3	★★	36	65	49	—	—	—	—	—	—	—
37	天能集团有限公司	电子产品及电子元件制造业	32.0	★★	37	30	13	6	33	—	—	—	—	—
38	恒力集团有限公司	混业（工业化学品制造业；纺织业）	30.8	★★	38	38	27	45	37	37	41	34	52	72
39	通威集团有限公司	农林牧渔业	30.4	★★	39	45	42	48	55	33	23	36	73	70
40	山东京博控股股份有限公司	石油和天然气开采业与加工业	27.3	★★	40	34	—	—	—	—	—	—	—	—
41	亨通集团有限公司	通信设备制造业	26.5	★★	41	29	—	—	—	—	—	—	—	—
42	万向集团公司	交通运输设备制造业	25.3	★★	42	—	93	52	49	73	61	53	37	75
43	新奥集团股份有限公司	燃气的生产和供应业	24.8	★★	43	79	—	—	—	—	—	—	—	—
44	红豆集团有限公司	服装鞋帽制造业	23.9	★★	44	44	28	37	78	49	76	23	31	35
45	新华联集团有限公司	混业（房地产开发业；一般采矿业；工业化学品制造业）	22.2	★★	45	50	47	32	41	89	72	15	57	9
46	华勤橡胶工业集团有限公司	一般制造业	21.6	★★	46	—	—	—	—	—	—	—	—	—
47	大连万达集团股份有限公司	房地产开发业	21.0	★★	47	37	45	41	24	17	19	14	—	—
48	三胞集团有限公司	混业（零售业；房地产开发业）	20.5	★★	48	46	51	82	61	53	54	50	61	70
49	江苏沙钢集团有限公司	金属冶炼及压延加工业	19.8	★	49	35	55	56	45	73	81	71	28	55

续表

序号	企业名称	行业名称	2018指数	2018星级	2018排名	2017排名	2016排名	2015排名	2014排名	2013排名	2012排名	2011排名	2010排名	2009排名
50	中天发展控股集团有限公司	混业（建筑业；房地产开发业）	19.3	★	50	84	72	76	63	39	39	29	56	47
51	中天钢铁集团有限公司	金属冶炼及压延加工业	17.8	★	51	36	44	43	28	24	31	21	20	14
52	浙江恒逸集团有限公司	工业化学品制造业	17.8	★	52	85	93	74	60	78	42	44	70	59
53	正邦集团有限公司	农林牧渔业	17.4	★	53	64	—	—	—	—	—	—	—	—
54	河北津西钢铁集团股份有限公司	金属冶炼及压延加工业	16.7	★	54	53	—	—	84	59	28	—	—	—
55	山东东明石化集团有限公司	石油和天然气开采业与加工业	16.7	★	55	94	—	—	—	—	—	—	—	—
56	山东大海集团有限公司	混业（纺织业；金属冶炼及压延加工业）	16.4	★	56	57	—	—	—	—	—	—	—	—
57	青山控股集团有限公司	金属冶炼及压延加工业	16.3	★	57	41	—	—	—	—	—	—	—	—
58	新疆广汇实业投资（集团）有限责任公司	混业（煤炭开采与洗选业；一般采矿业；房地产开发业）	14.2	★	58	42	40	44	57	70	65	92	40	85
59	中国万达集团	石油和天然气开采业与加工业	13.8	★	59	47	—	—	—	—	—	—	—	—
60	庞大汽贸集团股份有限公司	一般服务业	13.7	★	60	—	36	60	61	38	25	30	57	51
61	三一集团有限公司	机械设备制造业	13.6	★	61	55	43	55	50	45	33	64	22	35
62	深圳市大生农业集团有限公司	农林牧渔业	13.4	★	62	65	—	—	—	—	—	—	—	—

续表

序号	企业名称	行业名称	2018指数	2018星级	2018排名	2017排名	2016排名	2015排名	2014排名	2013排名	2012排名	2011排名	2010排名	2009排名
63	山东魏桥创业集团有限公司	纺织业	13.4	★	63	82	71	88	84	86	79	55	93	98
64	西安迈科金属国际集团有限公司	批发贸易业	12.7	★	64	71	—	—	—	—	—	—	—	—
65	银亿集团有限公司	混业（机械设备制造业；房地产开发业）	12.6	★	65	68	—	—	—	—	—	—	—	—
66	杭州娃哈哈集团有限公司	食品饮料业	12.5	★	66	68	35	33	19	23	21	49	67	63
67	南通三建控股有限公司	房地产开发业	11.6	★	67	93	—	—	—	—	—	—	—	—
68	深圳市爱施德股份有限公司	计算机服务业	11.4	★	68	79	—	—	—	—	—	—	—	—
69	北京建龙重工集团有限公司	混业（金属冶炼及压延加工业；一般采矿业）	11.0	★	69	48	81	85	40	58	57	57	99	74
70	盛虹控股集团有限公司	工业化学品制造业	11.0	★	70	60	—	—	—	—	—	—	—	—
71	盾安控股集团有限公司	机械设备制造业	10.8	★	71	58	—	—	—	—	—	—	—	—
72	泰康人寿保险股份有限公司	保险业	10.6	★	72	63	86	—	—	—	—	—	22	—
73	唐山瑞丰钢铁（集团）有限公司	金属冶炼及压延加工业	10.0	★	73	—	93	98	75	78	77	88	93	92
74	浙江荣盛控股集团有限公司	混业（工业化学品制造业；房地产开发业）	9.9	★	74	49	93	46	43	41	58	75	44	66
75	新希望集团有限公司	混业（食品饮料业；工业化学品制造业）	9.7	★	75	73	59	40	29	43	59	31	30	4
76	海信集团有限公司	家用电器制造业	9.6	★	76	—	—	—	—	—	—	—	—	86

续表

序号	企业名称	行业名称	2018指数	2018星级	2018排名	2017排名	2016排名	2015排名	2014排名	2013排名	2012排名	2011排名	2010排名	2009排名
77	天津荣程联合钢铁集团有限公司	金属冶炼及压延加工业	9.4	★	77	54	93	75	68	47	37	68	83	42
78	东岭集团股份有限公司	混业（批发贸易业；一般采矿业；金属冶炼及压延加工业）	9.4	★	78	76	39	51	65	67	51	55	31	19
79	利华益集团股份有限公司	混业（石油和天然气开采业与加工业；医药生物制造业；纺织业）	9.3	★	79	98	—	—	—	—	—	—	—	—
80	奥克斯集团有限公司	家用电器制造业	9.1	★	80	76	58	79	57	46	35	63	33	62
81	浪潮集团有限公司	混业（互联网服务业；电子产品及电子元件制造业）	8.2	★	81	—	81	62	68	54	22	—	—	—
82	正威国际集团有限公司	混业（金属冶炼及压延加工业；电子产品及电子元件制造业）	8.0	★	82	70	81	66	57	72	67	—	—	—
83	修正药业集团股份有限公司	医药生物制造业	7.7	★	83	43	41	—	—	—	—	—	—	—
84	广厦控股集团有限公司	混业（建筑业；房地产开发业）	7.6	★	84	86	54	79	47	68	80	41	29	38
85	江苏中南建设集团股份有限公司	房地产开发业	7.2	★	85	78	—	—	—	—	—	—	—	—
86	腾邦集团有限公司	混业（旅游业；交通运输服务业）	7.0	★	86	65	—	—	—	—	—	—	—	—

续表

序号	企业名称	行业名称	2018指数	2018星级	2018排名	2017排名	2016排名	2015排名	2014排名	2013排名	2012排名	2011排名	2010排名	2009排名
87	中国太平洋建设集团有限公司	建筑业	6.7	★	87	92	79	95	96	—	—	—	—	—
88	江阴澄星实业集团有限公司	工业化学品制造业	6.5	★	88	91	50	67	63	88	91	96	75	83
89	阳光龙净集团有限公司	混业（证券、期货、基金等其他金融业；房地产开发业；一般服务业）	6.4	★	89	90	—	—	—	—	—	—	—	—
90	杭州锦江集团有限公司	金属冶炼及压延加工业	6.1	★	90	75	—	—	—	—	—	—	—	—
91	远大物产集团有限公司	批发贸易业	5.7	★	91	89	—	—	—	—	—	68	72	91
92	海澜集团有限公司	服装鞋帽制造业	5.5	★	92	72	47	69	72	64	56	—	—	—
93	科创控股集团有限公司	医药生物制造业	5.1	★	93	95	—	—	—	—	—	—	—	—
94	上海均和集团有限公司	混业（交通运输服务业；证券、期货、基金等其他金融业）	5.0	★	94	87	—	—	—	—	—	—	—	—
95	南山集团有限公司	混业（金属冶炼及压延加工业；纺织业；房地产开发业）	4.0	★	95	—	52	73	94	59	54	40	43	39
96	河北新华联合冶金控股集团有限公司	金属冶炼及压延加工业	3.8	★	96	96	92	97	90	84	81	81	67	75
97	大商集团有限公司	零售业	3.3	★	97	59	68	61	92	81	65	93	45	63
98	百度股份有限公司	互联网服务业	2.0	★	98	31	53	25	—	—	—	—	—	—
99	亚邦投资控股集团有限公司	混业（医药生物制造业；工业化学品制造业）	1.1	★	99	97	—	—	—	—	—	—	—	—
100	安邦保险集团股份有限公司	保险业	0.3	★	100	79	—	—	—	—	—	—	—	—

三　民营企业100强社会责任发展阶段性特征（2009～2018）

1. 十年来，民营企业社会责任发展指数整体处于波动上升态势；2018年，民营企业社会责任发展指数为28.0分，较2017年下降1.7分

如图3所示，2009年，民营企业100强社会责任发展指数为12.9分，处于旁观者阶段；2011～2015年，民营企业100强社会责任发展指数持续增长，并于2014年首次突破20分，进入二星级水平、追赶者阶段；2016年，民营企业100强社会责任发展指数略有回落，但仍处于二星级水平、追赶者阶段；2017年，民营企业100强社会责任发展指数达十年间最高值，为29.7分；2018年，民营企业100强社会责任发展指数再次较小幅度回落，回落幅度约为5.7%。总体看来，十年间，民营企业社会责任发展指数整体处于波动上升态势，随着民营企业的不断发展壮大，民营企业越来越重视自身责任担当，不断增强履责能力，承担更多社会责任。

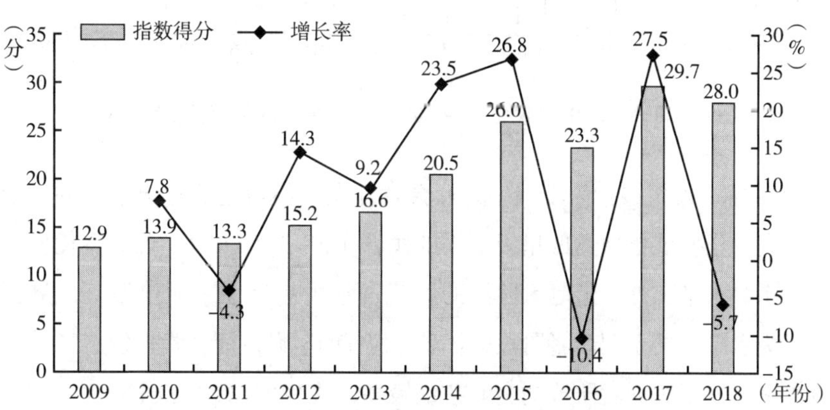

图3　2009～2018年民营企业100强社会责任发展指数

2. 十年来，近七成民营企业社会责任发展指数低于20分，处于一星级水平；2018年，近九成民营企业社会责任发展指数低于60分，处于三星级及以下水平

如图4所示，2009～2018年，民营企业100强中社会责任发展指数达

五星级水平的企业累计 13 家；达四星级水平的企业累计 74 家；达三星级水平的企业累计 95 家；为二星级水平的企业累计 147 家；为一星级水平的企业最多，累计 671 家。总体来看，从 2010 起，二星级及以上水平民营企业数量呈波动上升趋势，2018 年达到十年来最大值，为 48 家；2014 年民营企业社会责任发展指数取得历史性突破，首次实现社会责任发展指数五星级水平零突破，有两家企业社会责任发展指数达五星级水平，此后社会责任发展指数达五星级水平的民营企业数量逐年增长，2017 年达到最大值，为 4 家。

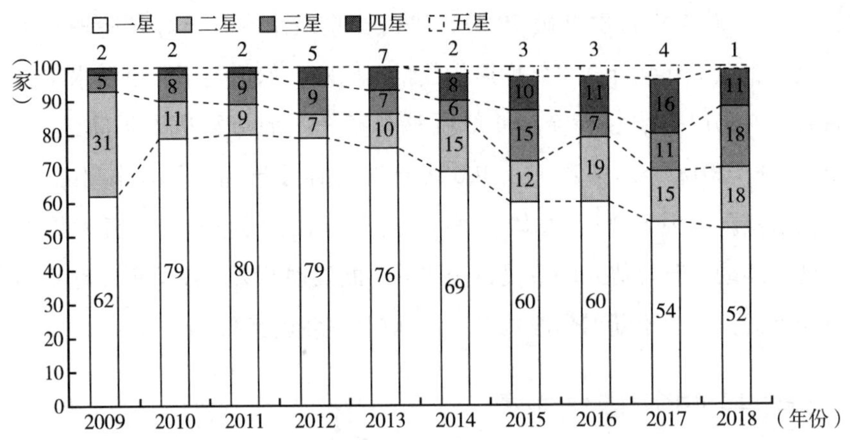

图 4　2009～2018 年民营企业 100 强社会责任发展指数星级分布

2018 年，民生银行为唯一一家社会责任发展指数达五星级水平的民营企业；社会责任发展指数达四星级水平的民营企业共有 11 家；社会责任发展指数达三星级水平、处于追赶者阶段的民营企业共有 18 家；社会责任发展指数为二星级水平、处于起步者阶段的民营企业有 18 家；社会责任发展指数为一星级水平、处于旁观者阶段的企业数量最多，共有 52 家（见图 5）。

3. 十年来，社会责任和市场责任发展指数呈同升同降趋势；2018年，责任管理发展指数落后于责任实践发展指数，但两者相差不大

2009～2018 年，民营企业 100 强责任实践发展指数（20.7 分）整体表现优于责任管理发展指数（16.4 分）。自 2011 年以来，民营企业责任管理发展指数与责任实践发展指数基本呈现同升同降趋势。十年来，责任管理发

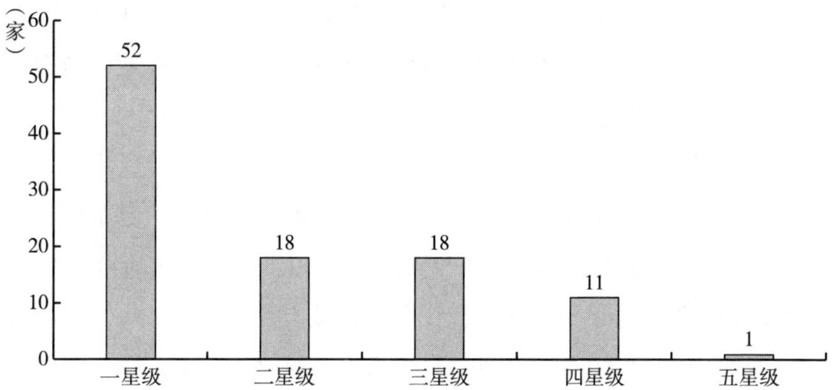

图5 2018年民营企业100强社会责任发展指数星级分布

展指数始终落后于责任实践。在责任实践内部，市场责任发展指数（24.2分）略高于社会责任发展指数（21.4分）和环境责任发展指数（16.5分）。十年间，市场责任和社会责任发展指数呈同升同降趋势，但两者上升幅度较波动，2015年社会责任发展指数首度赶超市场责任发展指数；十年来，环境责任发展指数始终落后于市场责任和社会责任发展指数，2017年环境责任发展指数首次突破20分，步入二星级水平，此后，环境责任发展指数稳定在二星级水平（见图6）。总体来说，十年来，民营企业越来越重视信息的披露程度，较之环境责任，民营企业更愿意披露市场和社会责任方面的信息。

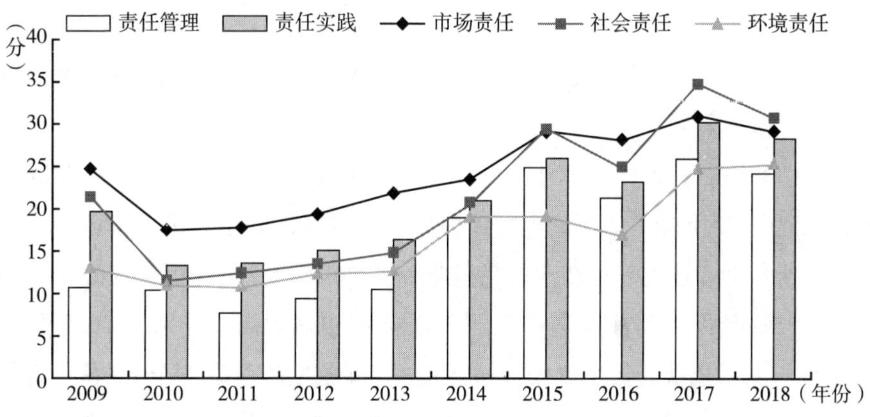

图6 2009～2018年民营企业100强社会责任发展指数结构变化

如图7所示，2018年我国民营企业责任管理发展指数为24.2分，责任实践发展指数为28.3分，责任管理发展指数落后于责任实践发展指数；在责任实践内部，社会责任发展指数（30.7分）高于市场责任（29.1分）和环境责任发展指数（25.2分）。与2009年相比，责任管理发展指数上涨幅度（13.5分）领先于责任实践发展指数上涨幅度（8.6分），其中责任管理发展指数实现了翻倍增长；在责任实践内部，2018年，环境责任发展指数上涨幅度（12.2分）领先于社会责任发展指数上涨幅度（9.2分）和市场责任发展指数上涨幅度（4.4分）。总体来说，应时代需求，民营企业在迅猛发展的同时，也越来越重视社会责任，信息的披露程度逐渐加深。

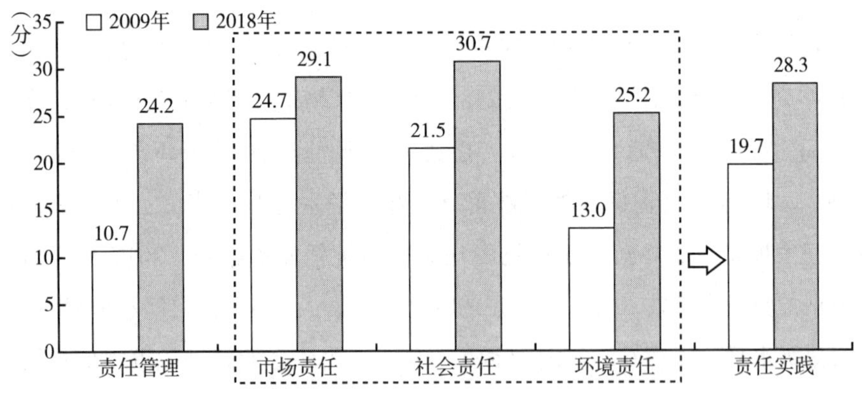

图7　2018年与2009年社会责任发展指数结构比较

4.2018年，民营企业股东责任发展指数最高，为46.7分；精准扶贫发展指数最低，为20.0分

如图8所示，2018年，中国民营企业100强责任议题发展指数为28.8分，比2017年下降了2.5分，整体为二星级水平，处于起步者阶段。其中股东责任是唯一达到三星级水平的议题，为46.7分；其他议题均处于二星级水平，政府责任和社区责任议题发展指数相对较高，分别为36.5分和36.1分；其后依次为员工责任（34.8分）、绿色生产（27.2分）、伙伴责任（26.4分）、客户责任（25.9分）、责任管理（24.2分）、安全生产（24.1

分）、绿色管理（23.2 分）、绿色运营（20.2 分）、精准扶贫（20.0 分）9 个议题发展指数，均处于二星级水平。可见，民营企业更加注重披露股东责任方面的信息，对于精准扶贫、绿色运营等信息的披露则相对较少。

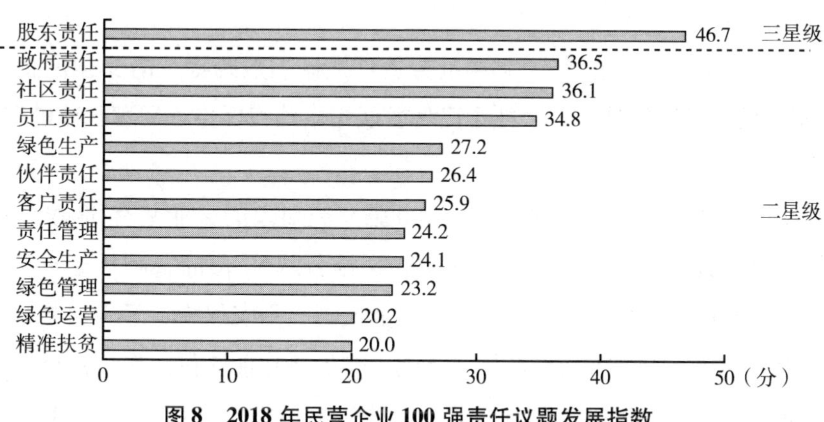

图 8　2018 年民营企业 100 强责任议题发展指数

民营企业精准扶贫议题指数为 20.0 分，在所有议题中得分最低，共有 58 家企业披露了精准扶贫信息。民营企业在精准扶贫六项关键指标的披露情况如图 9 所示，其中主要扶贫实践和成效、精准扶贫规划披露率较高，分

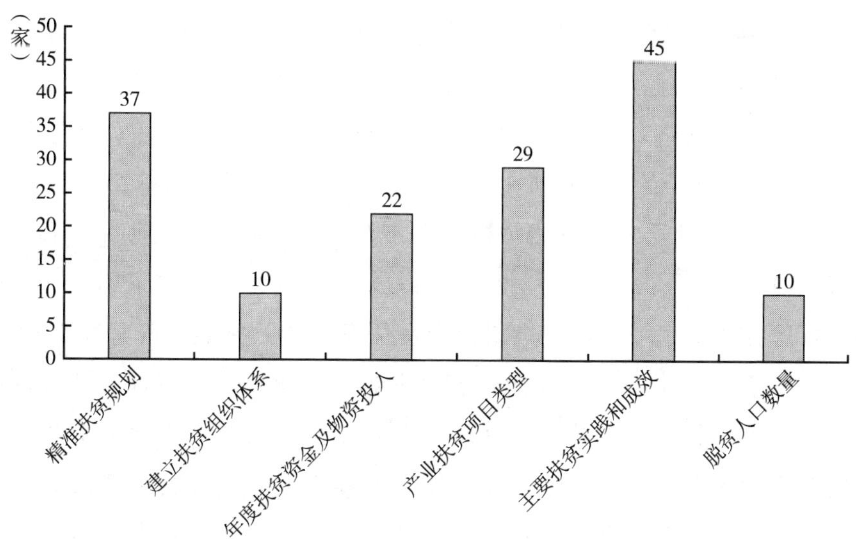

图 9　2018 年民营企业精准扶贫六项指标披露情况

别有45家和37家；建立扶贫组织体系和脱贫人口数量披露率最低，均为10家。民营企业应当进一步完善扶贫组织体系建设，为扶贫工作的扎实有效推进提供有力的组织保障，并将脱贫人口数量作为重要扶贫绩效进行披露。

5. 十年来，民营企业100强中社会责任发展指数始终在前50位的企业共有8家；民生银行是唯一一家社会责任发展指数始终保持在民营企业前5位的企业

2009年以来，始终为民营企业100强研究对象的企业共有38家。社会责任发展指数始终保持在民营企业100强排名前50位的企业共有8家，分别为民生银行、中兴、华为、伊利、兴业银行、平安保险、万科和美的，其中民生银行社会责任发展指数排名连续十年保持在前5位；华为社会责任发展指数排名连续十年保持在前10位（见表3）。部分民营企业社会责任发展指数与排名保持长期稳定，其他民营企业可以此为范例，学习优秀的社会责任管理和实践。

6. 2018年与2009年相比，民营企业100强中社会责任发展指数排名上升20位以上的企业共有10家，下降20位以上的企业共有12家

2018年与2009年相比，民营企业100强中社会责任发展指数排名上升20位以上的企业共有10家，上升40位以上的企业共有3家，分别为海航集团、比亚迪、九州通医药，其中海航集团社会责任发展指数排名上升最多，为58位；比亚迪次之，为46位，九州通医药排第三，为45位（见表4）。社会责任发展指数排名下降20位以上的企业共有12家，下降40位以上的企业共有4家，分别为新希望集团、东岭集团、南山集团、广厦控股，其中新希望集团社会责任发展指数排名下降最多，达71位（见表5）。总体而言，部分民营企业越来越重视社会责任，社会责任发展指数与排名逐年上升；部分民营企业社会责任发展指数在100强中的排名无较大变化，但社会责任发展指数逐年上升。社会责任发展指数波动较大的企业应探索体系化社会责任管理模式，保持履责能力的稳定性和持续性。

表 3　2009～2018 年民营企业 100 强中社会责任发展指数始终在前 50 位的企业

单位：分

序号	企业名称	行业名称	2018 指数	2018 星级	2018 排名	2017 排名	2016 排名	2015 排名	2014 排名	2013 排名	2012 排名	2011 排名	2010 排名	2009 排名
1	中国民生银行股份有限公司	银行业	85.2	★★★★★	1	3	3	3	2	1	2	1	2	3
2	中兴通讯股份有限公司	通信设备制造业	72.1	★★★★	3	7	4	5	3	7	7	6	8	22
3	华为投资控股有限公司	通信设备制造业	71.4	★★★★	6	1	1	1	1	2	1	4	7	7
4	内蒙古伊利实业集团股份有限公司	食品饮料业	71.1	★★★★	7	5	33	17	32	17	14	17	15	32
5	兴业银行股份有限公司	银行业	70.8	★★★★	8	17	13	15	5	3	3	2	1	17
6	中国平安保险（集团）股份有限公司	保险业	62.8	★★★★	12	11	6	24	12	5	6	3	3	2
7	万科企业股份有限公司	房地产开发业	49.8	★★★	22	11	7	8	11	9	9	8	5	21
8	美的集团股份有限公司	家用电器制造业	43.5	★★★	28	23	22	19	16	30	17	16	12	8

表 4　2018 年与 2009 年相比社会责任发展指数排名上升 20 位以上的民营企业

序号	企业名称	行业名称	2018 排名	2009 排名	排名上升位数
1	海航集团有限公司	交通运输服务业	2	60	58
2	比亚迪股份有限公司	交通运输设备制造业	9	55	46
3	九州通医药集团股份有限公司	批发贸易业	27	72	45
4	山东魏桥创业集团有限公司	纺织业	62	98	36
5	恒力集团有限公司	混业（工业化学品制造业;纺织业）	38	72	34
6	万向集团公司	交通运输设备制造业	42	75	33
7	通威集团有限公司	农林牧渔业	39	70	31
8	新疆广汇实业投资（集团）有限责任公司	混业（煤炭开采与洗选业;一般采矿业;房地产开发业）	58	85	27
9	内蒙古伊利实业集团股份有限公司	食品饮料业	7	32	25
10	三胞集团有限公司	混业（零售业;房地产开发业）	48	70	22

表 5　2018 年与 2009 年相比社会责任发展指数排名下降 20 位以上的民营企业

序号	企业名称	行业名称	2018 排名	2009 排名	排名下降位数
1	新希望集团有限公司	混业（食品饮料业;工业化学品制造业）	75	4	71
2	东岭集团股份有限公司	混业（批发贸易业;一般采矿业;金属冶炼及压延加工业）	77	19	58
3	南山集团有限公司	混业(金属冶炼及压延加工业;纺织业;房地产开发业)	95	39	56
4	广厦控股集团有限公司	混业（建筑业;房地产开发业）	84	38	46
5	中天钢铁集团有限公司	金属冶炼及压延加工业	51	14	37
6	新华联集团有限公司	混业（房地产开发业;一般采矿业;工业化学品制造业）	45	9	36

续表

序号	企业名称	行业名称	2018 排名	2009 排名	排名下降位数
7	天津荣程联合钢铁集团有限公司	金属冶炼及压延加工业	77	42	35
8	大商集团有限公司	零售业	97	63	34
9	三一集团有限公司	机械设备制造业	61	35	26
10	河北新华联合冶金控股集团有限公司	金属冶炼及压延加工业	96	75	21
11	华夏银行股份有限公司	银行业	25	5	20
12	美的集团股份有限公司	家用电器制造业	28	8	20

B.4

中国外资企业100强社会责任发展指数（2009 ~2018）

摘　要： 商务部统计数据显示，2017 年 1 ~ 12 月，全国新设立外商投资企业 35652 家，同比增长 27.8%；实际使用外资金额 8775.6 亿元人民币，同比增长 7.9%。外资企业在助推中国经济发展的同时，也为其他领域的国际交流提供了便利。跨国公司是企业社会责任理念和实践在全球范围内的践行者、传播者、推动者，在各个国家企业社会责任发展历程中均扮演着重要角色。本报告对中国外资企业 100 强 2009 ~ 2018 年社会责任管理水平及社会责任信息披露情况进行综合性评价，以把握中国外资企业社会责任发展的阶段性特征。

关键词： 外资企业　社会责任发展指数　阶段性特征

一　样本特征

2018 年中国外资企业 100 强的样本选择以《财富》杂志公布的“2017 年世界 500 强”榜单为基础，按照全球营业收入选取前 100 家企业，剔除在中国没有经营业务的外资企业，再依据在中国经营业务的深度、影响力和品牌知名度进行增补，最终确定外资企业 100 强名单。中国外资企业 100 强社会责任发展指数（2009 ~ 2018）的研究样本在囊括 2018 年中国外资企业 100 强的基础上，结合 2009 ~ 2018 年中国外资企业 100 强的既有数据进行综合分析。十年累计样本数据规模达 1000 个，行业分布广，符合现阶段我

国外资企业基本发展特征，具有较强的代表性。

1. 国家/地区代表性强，美资企业居多

如图1所示，从国家与地区的分布看，2009～2018年美资企业累计数量最多，达323家（占比32.3%）；日资企业次之，为178家（占比17.8%）；德资企业排第三，为92家（占比9.2%）；台资企业为89家（占比8.9%）；法资企业为81家（占比8.1%）；韩资企业为65家（占比6.5%）；英资企业为36家（占比3.6%）；瑞士企业为28家（占比2.8%）；荷兰企业为21家（占比2.1%）；企业总部位于其他国家或地区的外资企业为87家（占比8.7%）。

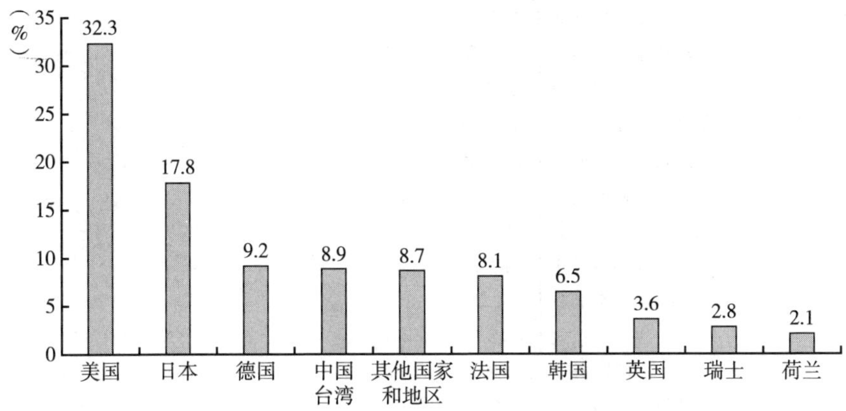

图1　2009～2018年外资企业100强国家与地区分布

2. 行业分布广泛，覆盖34个行业

如图2所示，外资企业100强行业分布广泛，共涉及34个行业。其中跨行业经营企业累计数量最多，达171家（占比17.1%）；交通运输设备制造业次之，为124家（占比12.4%）；机械设备制造业排第三，为75家（占比7.5%）；电子产品及电子元件制造业为64家（占比6.4%）；零售业、食品饮料业、石油和天然气开采业与加工业均为61家（占比6.1%）；通信设备制造业为57家（占比5.7%）；计算机及相关设备制造业为42家（占比4.2%）；工业化学品制造业为35家（占比3.5%）；医药生物制造业、批发贸易业等24个行业共249家（占比均在3.0%以下）。

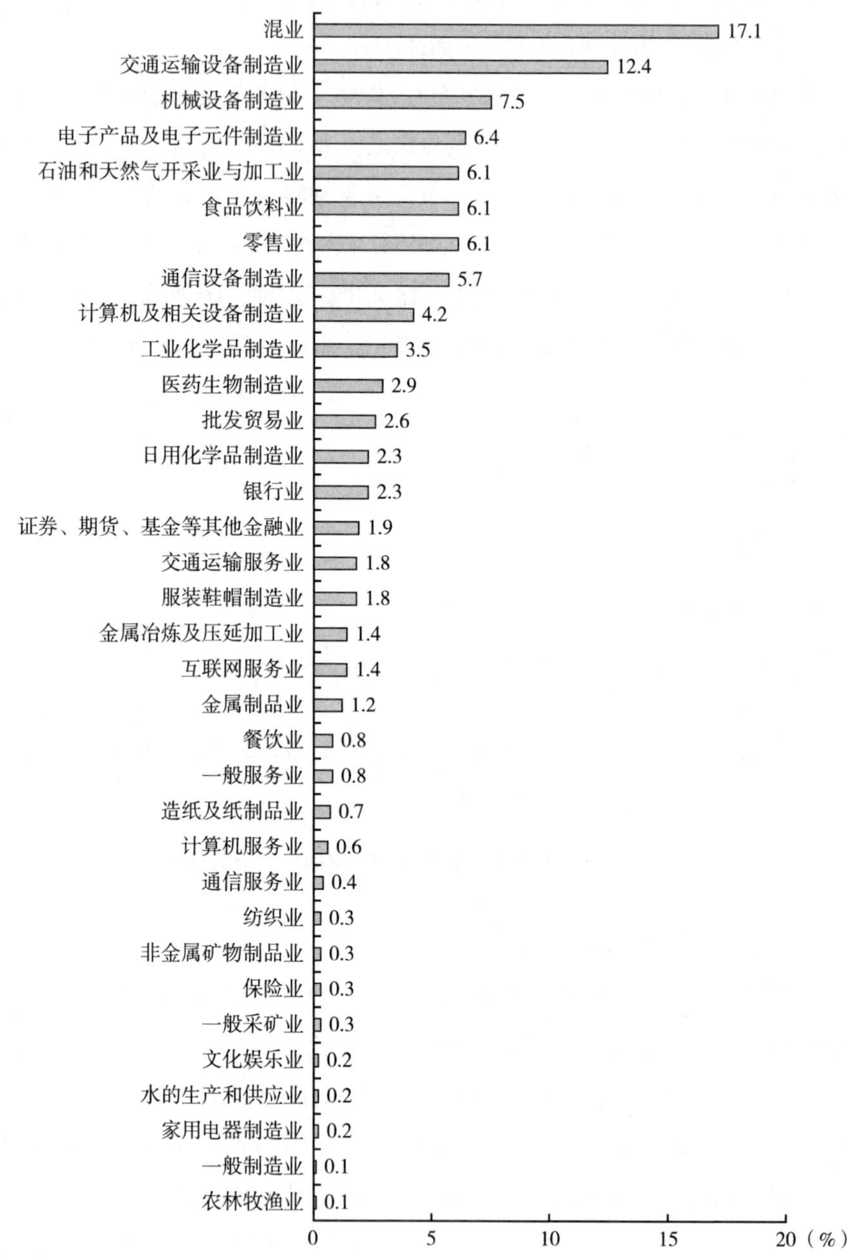

图 2　2009～2018 年外资企业 100 强行业分布

二　评价结果

十年来，始终为中国企业300强研究对象的外资企业共36家，十年指数及排名如表1所示。2018年，外资企业100强社会责任发展指数为24.1分，与2009年相比，增长率达239.4%（2009年为7.1分）。在评价的外资企业中，就2018年而言，五成多企业处于一星级水平，仍处在旁观者阶段，但不乏表现优秀的企业，如中国三星、现代汽车（中国）、LG中国，分别以93.0分、91.6分、82.5分的社会责任发展指数夺得前三名，且三家企业均为韩资企业，从数据来看，韩资企业在社会责任管理和信息披露方面的表现领先于其他国家和地区。从国家和地区来看，韩资企业、台资企业、日资企业、德资企业2018年的社会责任发展指数超过平均指数，其中韩资企业社会责任发展指数达70.7分，处于四星级水平，表现最好，大幅度领先于其他国家和地区；欧美国家在华企业2018年社会责任发展指数整体偏低，落后于亚洲国家和地区。2018外资企业100强社会责任发展指数及2009～2018排名如表2所示。

三　外资企业100强社会责任发展阶段性特征（2009～2018）

1. 十年来，外资企业社会责任发展指数呈现上升趋稳态势；2018年，外资企业社会责任发展指数为24.1分，较2017年上升0.2分

如图3所示，2009年，外资企业100强社会责任发展指数为7.1分，处于旁观者阶段；2009～2014年，外资企业100强社会责任发展指数显著上升，于2014年突破20分，达到十年来的顶峰；2015年之后，外资企业100强社会责任发展指数稳中略有波动，但始终保持在二星级水平；2018年外资企业100强社会责任发展指数略有回升，为24.1分。2009～2018年，外资企业社会责任发展指数整体呈上升趋稳态势，随着各界对乡村振兴、生态

表 1　外资企业 2009 ~ 2018 十年社会责任发展指数

单位：分

外资企业十年指数排名	企业名称	十年指数	2018指数	2017指数	2016指数	2015指数	2014指数	2013指数	2012指数	2011指数	2010指数	2009指数
1	三星(中国)投资有限公司	624.0	93.0	92.0	91.3	87.5	80.2	70.5	49.0	18.7	11.3	30.5
2	英特尔(中国)有限公司	604.1	9.0	86.6	84.1	84.7	80.0	62.4	68.5	53.8	37.5	37.5
3	佳能(中国)有限公司	556.4	61.3	84.0	80.5	73.2	71.5	46.5	64.2	23.4	30.8	21.0
4	索尼(中国)有限公司	500.8	33.8	39.1	75.0	58.2	64.2	46.7	52.6	53.2	35.0	43.0
5	松下电器(中国)有限公司	493.7	81.3	86.1	83.0	77.9	71.7	51.3	22.1	1.3	1.0	18.0
6	现代汽车(中国)投资有限公司	468.2	91.6	91.4	87.5	78.9	66.0	16.5	10.5	7.3	9.0	9.5
7	浦项(中国)投资有限公司	463.2	76.1	84.1	80.6	77.5	70.5	58.9	3.5	5.5	0.0	6.5
8	丰田汽车(中国)投资有限公司	456.0	62.4	68.2	64.3	73.8	63.0	34.3	22.0	27.0	8.5	32.5
9	台达(中国)	447.0	80.1	85.2	82.6	73.2	57.5	48.3	6.3	0.0	4.3	9.5
10	巴斯夫(中国)有限公司	386.2	49.2	59.1	46.2	49.3	43.0	31.7	28.7	31.5	9.0	38.5
11	日立(中国)有限公司	350.6	34.8	44.5	52.9	59.1	42.5	33.4	30.7	21.3	8.4	23.0
12	国际商业机器(中国)有限公司	284.1	16.2	56.6	60.2	49.4	33.8	26.0	6.3	12.8	9.8	13.0
13	日产(中国)投资有限公司	283.8	21.0	41.3	62.2	53.3	63.0	16.2	6.5	7.8	3.0	9.5
14	麦德龙(中国)	274.3	47.4	55.6	51.4	45.2	34.7	8.7	4.5	10.0	2.8	14.0
15	本田中国投资有限公司	268.9	55.0	56.7	43.7	20.8	28.0	18.9	12.3	19.5	7.0	7.0
16	通用汽车(中国)	264.4	29.6	30.1	16.8	18.3	34.5	22.3	16.5	25.8	27.0	43.5
17	可口可乐(中国)饮料有限公司	242.5	14.4	45.5	15.2	13.8	20.1	27.0	27.5	0.0	38.0	41.0
18	普利司通(中国)投资有限公司	237.8	37.0	48.1	47.9	23.0	18.0	12.6	23.7	18.0	2.0	7.5

续表

外资企业十年指数排名	企业名称	十年指数	2018指数	2017指数	2016指数	2015指数	2014指数	2013指数	2012指数	2011指数	2010指数	2009指数
19	福特汽车（中国）有限公司	232.8	26.9	26.7	28.8	29.6	28.5	14.3	12.7	21.8	16.0	27.5
20	宝洁（中国）有限公司	225.9	19.2	18.8	39.6	23.6	23.5	21.3	21.8	24.8	13.8	19.5
21	西门子中国	225.2	22.5	31.7	24.6	29.6	27.3	14.9	12.4	26.5	12.2	23.5
22	ABB（中国）有限公司	218.7	24.8	14.0	22.0	32.6	30.0	14.9	14.3	17.8	16.3	32.0
23	富士康科技集团	214.7	21.5	23.9	12.5	19.6	50.2	37.2	31.8	11.5	2.5	4.0
24	雀巢中国	202.6	21.6	36.6	15.9	25.5	29.7	16.7	11.5	10.8	17.8	16.5
25	沃尔玛（中国）投资有限公司	191.1	18.0	41.7	13.1	6.2	23.0	11.3	16.3	18.0	19.5	24.0
26	联合利华（中国）有限公司	176.8	11.1	16.9	12.7	18.3	26.5	32.7	21.3	12.8	11.0	13.5
27	宝马中国	170.0	14.5	13.5	15.0	18.2	19.2	21.0	23.5	16.3	11.8	17.0
28	壳牌（中国）有限公司	159.5	18.0	15.7	11.9	16.4	21.3	18.3	10.0	8.8	11.8	27.3
29	BP 中国	156.6	23.6	36.3	11.6	19.4	14.1	4.8	8.5	9.0	8.3	21.0
30	大众汽车集团（中国）	148.2	33.7	23.8	15.2	11.7	17.5	7.0	5.0	9.3	4.5	20.5
31	中国惠普有限公司	117.5	3.0	3.0	5.0	5.0	3.8	13.4	11.3	21.0	23.0	29.0
32	卡特彼勒（中国）投资有限公司	115.6	7.4	4.1	22.6	15.6	22.5	8.1	13.8	6.0	7.5	8.0
33	微软中国	107.7	3.2	8.9	10.5	9.5	14.5	7.6	11.2	32.3	5.0	5.0
34	三菱商事（中国）有限公司	85.4	36.7	9.2	11.7	6.7	7.5	7.6	2.5	0.0	1.0	2.5
35	SK 中国	68.8	10.3	6.9	7.6	14.8	7.4	4.8	3.8	4.6	4.1	4.5
36	耐克体育（中国）有限公司	18.C	10.0	0.0	2.1	1.4	1.0	4.5	-2.0	1.0	0.0	0.0

表 2　2018 外资企业 100 强社会责任发展指数及 2009～2018 排名

单位：分

序号	企业名称	行业名称	2018 指数	2018 星级	2018 排名	2017 排名	2016 排名	2015 排名	2014 排名	2013 排名	2012 排名	2011 排名	2010 排名	2009 排名
1	三星（中国）投资有限公司	混业（电子产品及电子元件制造业；家用电器制造业；计算机及相关设备制造业）	93.0	★★★★★	1	1	1	1	1	1	5	25	26	11
2	现代汽车（中国）投资有限公司	交通运输设备制造业	91.6	★★★★★	2	2	2	4	7	42	44	60	32	48
3	LG 中国	混业（电子产品及电子元件制造业；家用电器制造业；工业化学品制造业；计算机及相关设备制造业）	82.5	★★★★★	3	3	3	3	3	—	—	—	—	—
4	松下电器（中国）有限公司	混业（电子产品及电子元件制造业；家用电器制造业）	81.3	★★★★★	4	5	5	5	4	5	17	76	70	25
5	台达（中国）	电子产品及电子元件制造业	80.1	★★★★★	5	6	6	8	11	8	69	82	52	48
6	浦项（中国）投资有限公司	金属冶炼及压延加工业	76.1	★★★★	6	7	7	6	6	4	83	64	73	65
7	丰田汽车（中国）投资有限公司	交通运输设备制造业	62.4	★★★★	7	9	11	7	9	17	18	13	36	9
8	佳能（中国）有限公司	混业（电子产品及电子元件制造业；计算机及相关设备制造业；计算机服务业）	61.3	★★★★	8	8	8	8	5	10	2	17	6	19
9	苹果公司	电子产品及电子元件制造业	56.5	★★★	9	12	34	46	52	54	65	—	—	—

续表

序号	企业名称	行业名称	2018指数	2018星级	2018排名	2017排名	2016排名	2015排名	2014排名	2013排名	2012排名	2011排名	2010排名	2009排名
10	本田汽车（中国）有限公司	交通运输设备制造业	55.0	★★★	10	13	22	50	31	37	34	23	43	63
11	台积电	电子产品及电子元件制造业	52.9	★★★	11	10	14	—	—	—	—	—	—	—
12	和硕联合科技股份有限公司	混业（电子产品及电子元件制造业;计算机及相关设备制造业）	52.0	★★★	12	37	—	—	—	—	—	—	—	—
13	巴斯夫（中国）有限公司	工业化学品制造业	49.2	★★★	13	10	20	16	20	20	12	11	32	6
14	麦德龙（中国）	零售业	47.4	★★★	14	15	17	17	23	68	79	45	62	33
15	博世（中国）投资有限公司	混业（机械设备制造业;家用电器制造业）	46.6	★★★	15	41	19	89	40	59	74	—	—	—
16	安利（中国）日用品有限公司	日用化学品制造业	46.5	★★★	16	—	—	23	63	39	25	4	14	15
17	富士通（中国）有限公司	电子产品及电子元件制造业	46.4	★★★	17	—	—	—	—	—	—	—	—	—
18	汇丰银行（中国）有限公司	银行业	40.9	★★★	18	20	23	22	22	26	22	—	—	—
19	赛诺菲中国	医药生物制造业	39.3	★★	19	75	—	42	—	—	—	—	—	—
20	普利司通（中国）投资有限公司	一般制造业	37.0	★★	20	17	18	44	59	56	15	26	65	62
21	三菱商事（中国）有限公司	批发贸易业	36.7	★★	21	63	71	86	89	72	85	82	70	75

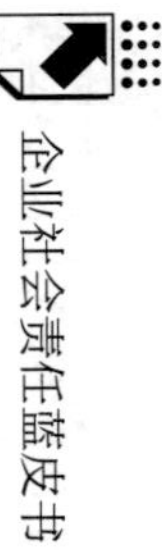

续表

序号	企业名称	行业名称	2018指数	2018星级	2018排名	2017排名	2016排名	2015排名	2014排名	2013排名	2012排名	2011排名	2010排名	2009排名
22	日立（中国）有限公司	混业（机械设备制造业；家用电器制造业；计算机及相关设备制造业）	34.8	★★	22	19	16	10	21	18	11	21	37	18
23	索尼（中国）有限公司	混业（电子产品及电子元件制造业；家用电器制造业）	33.8	★★	23	23	9	11	8	9	4	3	5	2
24	大众汽车集团（中国）	交通运输设备制造业	33.7	★★	24	36	53	75	61	78	77	47	48	21
25	长江和记实业有限公司	混业（交通运输服务业；零售业；通信服务业等）	31.8	★★	25	16	26	—	—	—	—	—	—	—
26	花旗银行（中国）有限公司	银行业	30.3	★★	26	26	30	29	26	24	34	—	—	—
27	通用汽车（中国）	交通运输设备制造业	29.6	★★	27	28	46	55	24	28	23	15	8	1
28	英国葛兰素史克（中国）投资有限公司	医药生物制造业	29.0	★★	28	67	71	80	88	—	—	—	—	—
29	家乐福（中国）	零售业	27.5	★★	29	33	38	39	51	26	84	—	—	—
30	3M 中国有限公司	一般制造业	27.3	★★	30	42	52	25	67	—	—	—	—	—
31	福特汽车（中国）有限公司	交通运输设备制造业	26.9	★★	31	30	28	30	30	49	30	20	16	13

续表

序号	企业名称	行业名称	2018指数	2018星级	2018排名	2017排名	2016排名	2015排名	2014排名	2013排名	2012排名	2011排名	2010排名	2009排名
32	丰田通商（中国）有限公司	交通运输设备制造业	25.3	★★	32	—	—	—	—	—	—	—	—	—
33	ABB（中国）有限公司	机械设备制造业	24.8	★★	33	51	39	24	27	46	28	28	15	10
34	BP中国	石油和天然气开采业与加工业	23.6	★★	34	25	73	53	72	87	56	48	38	19
35	西门子中国	机械设备制造业	22.5	★★	35	27	35	30	33	46	33	14	21	17
36	空中客车中国有限公司	交通运输设备制造业	22.4	★★	36	49	—	—	—	—	—	—	—	—
37	永旺（中国）投资有限公司	零售业	22.2	★★	37	31	32	47	—	—	—	—	—	—
38	GE中国	混业（机械设备制造业；家用电器制造业；电子产品及电子元件制造业）	21.8	★★	38	33	40	70	55	45	68	18	—	—
39	辉瑞中国	医药生物制造业	21.7	★★	39	38	31	28	—	—	—	—	—	—
40	雀巢中国	食品饮料业	21.6	★★	40	24	51	39	28	40	40	43	13	30
41	富士康科技集团	电子产品及电子元件制造业	21.5	★★	41	35	68	52	15	14	9	40	64	74
42	百事（中国）投资有限公司	食品饮料业	21.5	★★	41	50	74	35	35	36	21	—	—	—

续表

序号	企业名称	行业名称	2018指数	2018星级	2018排名	2017排名	2016排名	2015排名	2014排名	2013排名	2012排名	2011排名	2010排名	2009排名
43	日产（中国）投资有限公司	交通运输设备制造业	21.0	★★	43	22	12	12	9	43	66	58	58	48
44	思科中国	通信设备制造业	20.0	★★	44	73	53	55	55	89	50	—	—	—
45	住友商事（中国）有限公司	批发贸易业	19.4	★	45	46	37	73	58	50	36	—	—	—
46	宝洁（中国）有限公司	日用化学品制造业	19.2	★	46	40	24	43	42	31	19	16	19	22
47	拜耳（中国）	混业（医药生物制造业；工业化学品制造业）	19.2	★	46	59	48	51	72	71	71	57	—	—
48	罗氏中国	医药生物制造业	19.0	★	48	56	—	—	—	—	—	—	—	—
49	路易达孚（中国）贸易有限责任公司	批发贸易业	18.6	★	49	—	—	—	—	—	—	—	—	—
50	沃尔玛（中国）投资有限公司	零售业	18.0	★	50	21	64	88	43	60	24	26	12	15
51	壳牌（中国）有限公司	石油和天然气开采业与加工业	18.0	★	50	48	70	61	49	38	46	51	23	14
52	戴尔（中国）有限公司	混业（计算机及相关设备制造业；计算机服务业）	17.5	★	52	47	—	78	74	62	79	70	99	52

续表

序号	企业名称	行业名称	2018指数	2018星级	2018排名	2017排名	2016排名	2015排名	2014排名	2013排名	2012排名	2011排名	2010排名	2009排名
53	强生（中国）投资有限公司	混业（医药生物制造业；日用化学品制造业）	16.8	★	53	57	12	37	32	76	78	—	—	—
54	国际商业机器（中国）有限公司	混业（互联网服务业；电子产品及电子元件制造业）	16.2	★	54	14	15	15	25	23	69	37	30	37
55	联合技术	交通运输设备制造业	15.5	★	55	94	95	97	—	—	—	—	—	—
56	埃克森美孚	石油和天然气开采业与加工业	15.4	★	56	32	61	62	—	—	—	—	—	—
57	摩根大通中国	证券、期货、基金等其他金融业	14.9	★	57	39	—	—	—	—	—	—	—	—
58	力拓中国	一般采矿业	14.9	★	57	70	—	—	—	—	—	—	—	—
59	电装（中国）投资有限公司	机械设备制造业	14.7	★	59	—	—	—	—	—	—	—	—	—
60	宝马中国	交通运输设备制造业	14.5	★	60	53	57	58	55	33	16	31	23	27
61	可口可乐（中国）饮料有限公司	食品饮料业	14.4	★	61	18	53	72	53	22	13	82	3	4
62	圣戈班（中国）投资有限公司	一般制造业	14.2	★	62	—	—	—	—	—	—	—	—	—
63	道达尔中国	石油和天然气开采业与加工业	13.4	★	63	58	80	27	60	35	36	—	—	—
64	康菲石油中国有限公司	石油和天然气开采业与加工业	13.2	★	64	—	—	—	—	—	—	—	—	—

续表

序号	企业名称	行业名称	2018指数	2018星级	2018排名	2017排名	2016排名	2015排名	2014排名	2013排名	2012排名	2011排名	2010排名	2009排名
65	诺华中国	医药生物制造业	12.4	★	65	71	47	49	—	—	—	—	—	—
66	百威英博中国	食品饮料业	12.3	★	66	62	62	—	—	—	—	—	—	—
67	陶氏化学（中国）有限公司	工业化学品制造业	12.2	★	67	82	69	60	78	74	49	—	—	—
68	东芝电子（中国）有限公司	混业（电子产品及电子元件制造业；家用电器制造业；计算机及相关设备制造业）	12.1	★	68	—	10	14	12	12	10	36	35	27
69	益海嘉里投资有限公司	食品饮料业	11.9	★	69	—	66	44	68	—	—	63	43	52
70	联合利华（中国）有限公司	混业（日用化学品制造业；食品饮料业）	11.1	★	70	44	67	55	36	19	20	37	28	35
71	蒂森克虏伯（中国）投资有限公司	机械设备制造业	11.1	★	70	84	—	—	—	—	—	—	—	—
72	三井住友银行（中国）有限公司	银行业	11.1	★	70	—	—	—	—	—	—	—	—	—
73	三菱电机（中国）有限公司	机械设备制造业	10.5	★	73	—	—	—	—	—	—	—	—	—
74	SK 中国	混业（电子产品及电子元件制造业；石油和天然气开采业与加工业；工业化学品制造业）	10.3	★	74	72	83	67	90	87	82	67	53	73

续表

序号	企业名称	行业名称	2018指数	2018星级	2018排名	2017排名	2016排名	2015排名	2014排名	2013排名	2012排名	2011排名	2010排名	2009排名
75	戴姆勒中国	交通运输设备制造业	10.3	★	74	91	95	—	—	—	—	98	73	79
76	法国兴业银行（中国）有限公司	银行业	10.3	★	74	93	87	67	70	79	63	—	—	—
77	埃尼中国	石油和天然气开采业与加工业	10.0	★	77	66	—	—	—	—	—	—	—	—
78	亚马逊中国	零售业	10.0	★	77	76	87	83	83	70	88	—	—	—
79	耐克体育（中国）有限公司	服装鞋帽制造业	10.0	★	77	94	92	96	99	89	98	77	73	79
80	波音中国	交通运输设备制造业	9.7	★	80	52	64	74	—	—	—	—	—	—
81	费森尤斯医疗投资（中国）有限公司	医药生物制造业	9.5	★	81	—	—	—	—	—	—	—	—	—
82	雪佛龙中国能源公司	石油和天然气开采业与加工业	9.4	★	82	67	76	—	—	—	—	—	—	—
83	英特尔（中国）有限公司	电子产品及电子元件制造业	9.0	★	83	4	4	2	2	2	1	2	4	7
84	默沙东（中国）有限公司	医药生物制造业	8.2	★	84	—	—	—	—	—	—	—	—	—
85	高盛（中国）	证券、期货、基金等其他金融业	7.9	★	85	54	87	81	87	67	58	—	—	—
86	卡特彼勒（中国）投资有限公司	机械设备制造业	7.4	★	86	81	36	63	44	69	29	62	42	58

续表

序号	企业名称	行业名称	2018指数	2018星级	2018排名	2017排名	2016排名	2015排名	2014排名	2013排名	2012排名	2011排名	2010排名	2009排名
87	采埃孚(中国)投资有限公司	机械设备制造业	6.5	★	87	—	—	—	—	—	—	—	—	—
88	摩根士丹利	证券、期货、基金等其他金融业	6.3	★	88	77	62	76	95	—	—	—	—	—
89	铃木(中国)投资有限公司	交通运输设备制造业	4.1	★	89	91	95	97	100	97	96	—	—	—
90	微软中国	互联网服务业	3.2	★	90	65	75	77	71	72	43	10	47	70
91	中国惠普有限公司	电子产品及电子元件制造业	3.0	★	91	85	85	92	94	51	41	22	9	12
92	欧尚(中国)投资有限公司	零售业	3.0	★	91	88	84	84	91	94	91	—	—	—
93	埃森哲(中国)有限公司	一般服务业	1.3	★	93	60	78	65	80	77	50	—	—	—
94	霍尼韦尔(中国)投资有限公司	混业(一般制造业;机械设备制造业)	1.1	★	94	—	—	—	—	—	—	—	—	—
95	华特迪士尼(中国)有限公司	混业(旅游业;文化娱乐业;零售业)	0.9	★	95	94	95	—	—	98	98	—	—	—
96	邦吉公司	食品饮料业	0.0	★	96	74	79	82	—	—	—	—	—	—
97	Seven & I 控股公司	零售业	0.0	★	96	88	93	97	—	—	—	—	—	—
98	软银中国资本	证券、期货、基金等其他金融业	0.0	★	96	94	95	93	98	—	—	—	—	—
99	甲骨文(中国)	互联网服务业	0.0	★	96	94	93	94	85	95	92	—	—	—
100	麦格纳中国	机械设备制造业	0.0	★	96	—	—	—	—	—	—	—	—	—

建设等社会责任热点的关注度增强，外资企业越来越认识到自身责任担当，不断规范履责标准建设，提升履责能力，实现更高层次上的可持续发展。

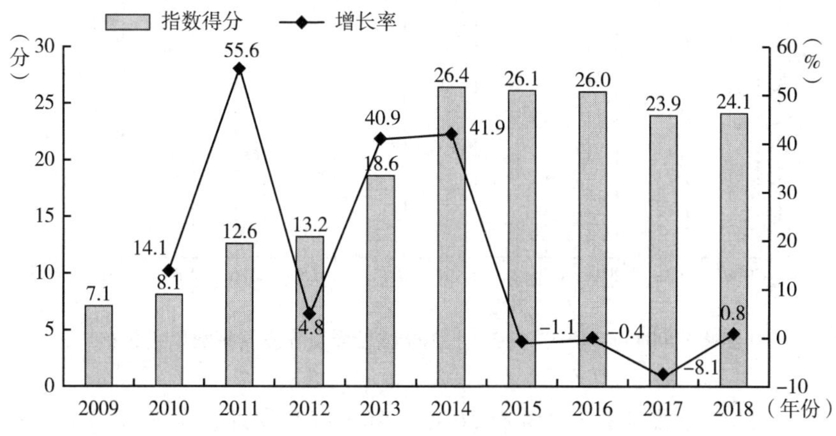

图3　2009～2018年外资企业100强社会责任发展指数

2. 十年来，社会责任发展指数处于一星级水平的外资企业数量呈逐年下降趋势；2018年，超九成外资企业社会责任发展指数低于60分，处于三星级及以下水平

如图4所示，2009～2018年，外资企业100强中社会责任发展指数达五星级水平的企业累计26家；达四星级水平的企业累计31家；为三星级水平的企业累计71家；为二星级水平的企业累计184家；一星级水平的企业最多，累计688家。总体看来，十年来，三星级水平及以上外资企业数量有所波动，2016年达到十年来最大值（23家）；一星级水平外资企业数量年度差异大，但都在50家以上。

2018年，中国三星、现代汽车（中国）、LG中国、松下中国、台达（中国）5家外资企业社会责任发展指数达五星级水平，处于卓越者阶段；浦项（中国）、丰田汽车（中国）、佳能（中国）3家企业社会责任发展指数达四星级水平，处于领先者阶段；社会责任发展指数为三星级水平，处于追赶者阶段的外资企业共有10家；社会责任发展指数为二星级水平，处于起步者阶段的外资企业有26家；社会责任发展指数为一星级水平，处于旁

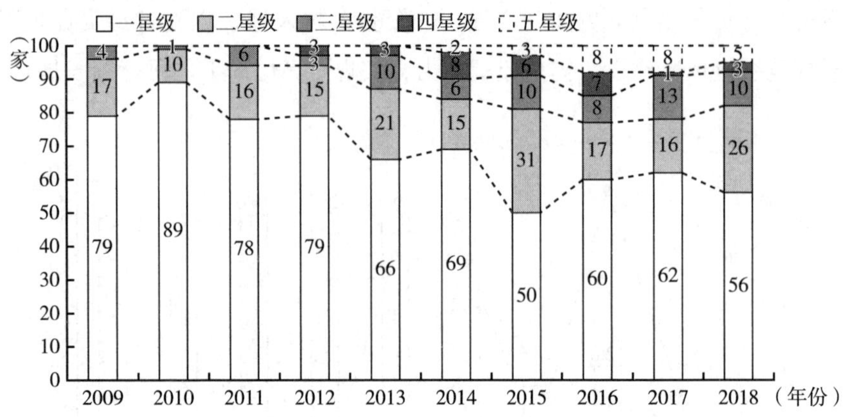

图 4　2009～2018 年外资企业 100 强社会责任发展指数星级分布

观者阶段的企业数量最多，共有 56 家，其中有 5 家外资企业社会责任发展指数得分为 0 分，未主动披露任何社会责任相关信息（见图 5）。

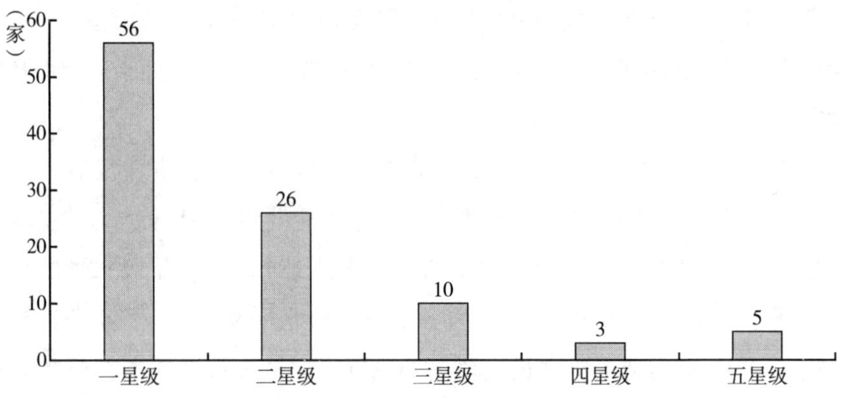

图 5　2018 年外资企业 100 强社会责任发展指数星级分布

3. 十年来，外资企业间社会责任发展指数差异明显，东亚地区社会责任发展平均指数领先于欧美国家；2018年，韩资企业社会责任发展指数最高，与2009年相比，上涨幅度超过60分

如图 6 所示，2009～2018 年，不同国家和地区外资企业十年社会责任平均发展指数存在较大差异，其中，韩资企业发展指数最高，为 41.1 分，

处于三星级水平；台资企业次之，为 31.7 分；日资企业排第三，为 26.2 分；德资企业（18.5 分）、瑞士企业（18.2 分）、法资企业（15.5 分）、美资企业（15.2 分）、英资企业（15.2 分）、荷兰企业（13.9 分）和其他国家与地区企业（13.4 分）均处于一星级水平。

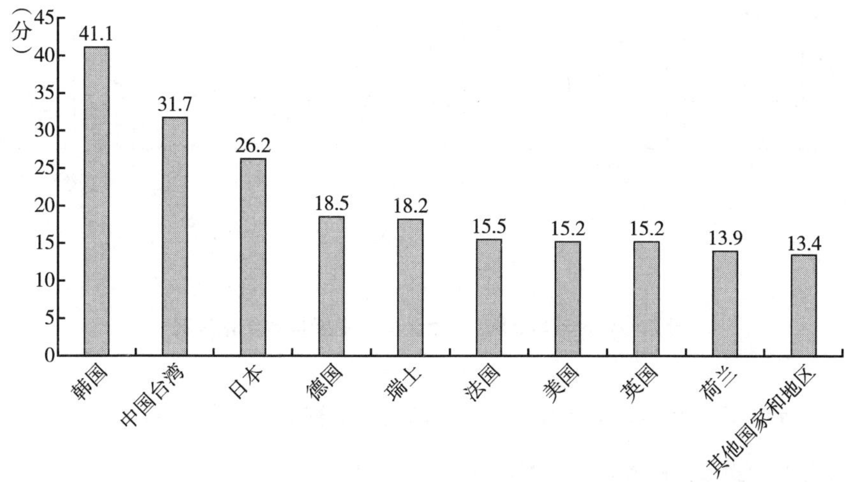

图 6　2009～2018 年不同国家和地区外资企业十年社会责任平均发展指数

如图 7 所示，2018 年，韩资企业社会责任发展指数为 70.7 分，处于四星级水平、领先者阶段；台资企业社会责任发展指数为 51.6 分，处于三星级水平、追赶者阶段；日资企业和德资企业社会责任发展指数分别为 29.5 分和 24.6 分，处于二星级水平、起步者阶段；英资企业、瑞士企业、法资企业、美资企业、其他国家和地区企业、荷兰企业社会责任发展指数分别为 19.7 分、19.5 分、18.6 分、16.0 分、15.5 分和 9.0 分，处于一星级水平、旁观者阶段。十年间，韩资企业社会责任发展指数上涨幅度最大，2018 年得分较 2009 年提升了 61.1 分；台资企业上涨 45.6 分；日资企业、德资企业上涨超过 10 分；其他国家和地区企业、美资企业、法资企业上涨位于 0～10分区间；英资、瑞士、荷兰企业社会责任发展指数出现一定程度的下降。

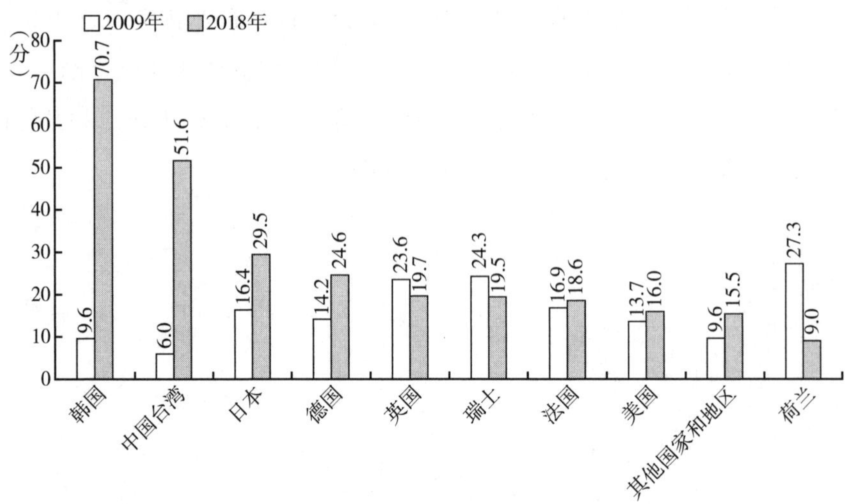

图7　2018 年与 2009 年社会责任发展指数变化情况

4. 十年来，责任管理与责任实践平均发展指数间差距趋于缩小；2018年，责任管理与责任实践发展指数基本持平，相差仅为0.2分

2009～2018 年，外资企业 100 强责任管理平均发展指数（19.3 分）整体表现优于责任实践平均发展指数（18.6 分）。2009 年，责任实践发展指数领先于责任管理；2010 年，责任管理发展指数领先于责任实践；2011～2013 年，责任实践发展指数略领先于责任管理；从 2014 年开始，责任管理发展指数持续领先于责任实践，且两者间差距呈现逐年缩小趋势。在责任实践内部，环境责任平均发展指数（21.2 分）略高于社会责任平均发展指数（18.4 分）和市场责任平均发展指数（16.3 分），外资企业对于财务数据的披露持较为保守态度，更倾向于披露环境责任和社会责任相关信息（见图 8）。总体来说，十年来外资企业责任管理和责任实践信息披露呈现倒 U 形，2014 年成为信息披露上升趋势的拐点；在责任实践内部，市场责任和环境责任发展指数基本呈现同升同降趋势。

如图 9 所示，2018 年，责任管理发展指数为 24.4 分，责任实践发展指数为 24.2 分，两者之间差别不大，趋于持平；在责任实践内部，环境责任

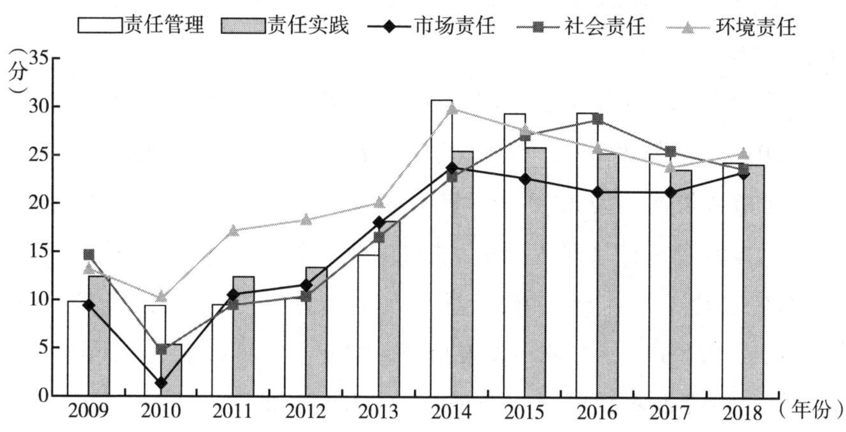

图 8　2009～2018 年外资企业 100 强社会责任发展指数结构变化

发展指数为 25.4 分，略高于社会责任（23.7 分）和市场责任（23.4 分）。与 2009 年相比，2018 年责任管理发展指数上涨 14.6 分，领先于责任实践发展指数上涨幅度（11.8 分）；在责任实践内部，2018 年市场责任发展指数上涨 14.0 分，领先于环境责任发展指数上涨幅度（12.2 分）和社会责任发展指数上涨幅度（9.1 分）。

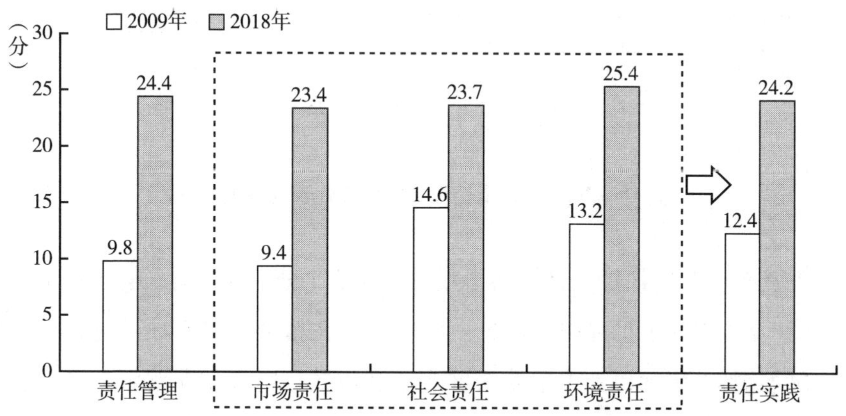

图 9　2018 年与 2009 年外资企业 100 强社会责任发展指数结构比较

5.2018年，外资企业社区责任发展指数最高，为37.8分；精准扶贫发展指数最低，为5.3分

如图10所示，2018年，中国外资企业100强责任议题发展指数为23.4分，较2017年下降0.5分，整体处于二星级水平、起步者阶段。其中社区责任发展指数最高，为37.8分；其后为员工责任（28.4分）、绿色运营（27.5分）、绿色生产（24.9分）、责任管理（24.4分）、客户责任（24.3分）、绿色管理（23.4分）、政府责任（23.4分）、伙伴责任（22.6分）、股东责任（20.5分）9个议题发展指数，均处于二星级水平。而安全生产（17.7分）和精准扶贫（5.3分）发展指数相对较低。可见，相对于企业安全生产和精准扶贫等信息，外资企业更注重于披露社区责任、员工责任等方面的信息。

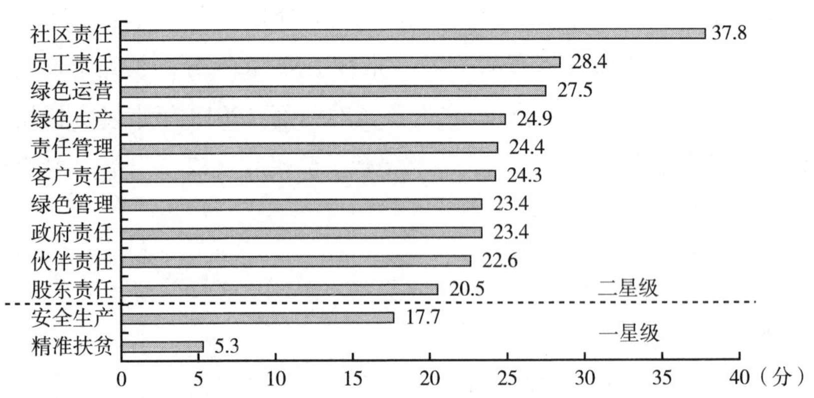

图10　2018年外资企业100强责任议题发展指数

外资企业精准扶贫议题发展指数得分为5.3分，在所有议题中最低，共有19家企业披露了精准扶贫信息。外资企业在精准扶贫六项关键指标的披露情况如图11所示，其中主要扶贫实践和成效、精准扶贫规划、产业扶贫项目类型披露率相对较高，分别有15家、9家、9家；建立扶贫组织体系、年度扶贫资金及物资投入、脱贫人口数量披露率最低，均只有1家企业披露。外资企业由于企业性质原因，在扶贫实践及信息披露方面表现不足，建

议外资企业强化精准扶贫参与，有助于企业加速融入中国市场，树立良好的企业形象，推动业务更好更快发展。

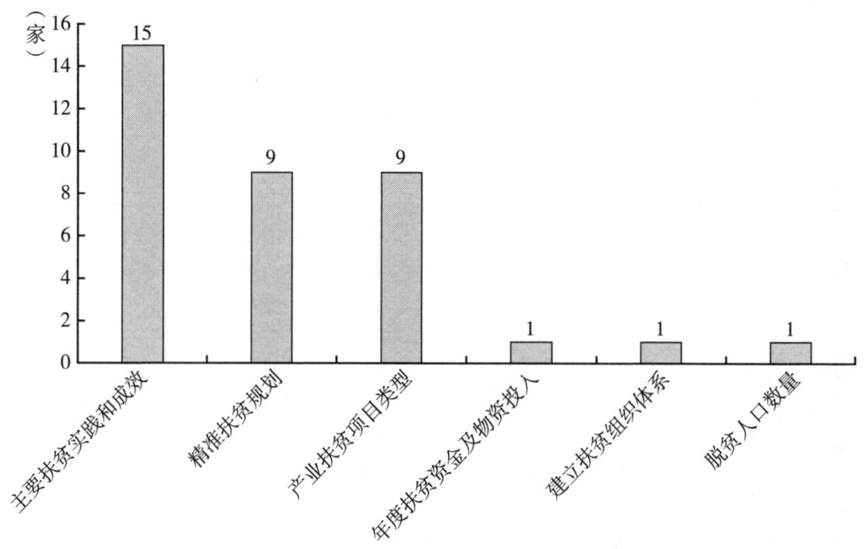

图11　2018年外资企业精准扶贫六项指标披露情况

6. 十年来，外资企业100强中社会责任发展指数始终在前40位的企业共有6家；佳能是唯一一家社会责任发展指数始终保持在外资企业前20位的企业

2009年以来，始终为外资企业100强研究对象的企业共有36家。社会责任发展指数排名始终保持在外资企业100强排名前40位的企业共有6家，分别为中国三星、丰田汽车（中国）、佳能（中国）、巴斯夫（中国）、日立（中国）、索尼（中国），其中佳能（中国）、中国三星、索尼（中国）3家企业社会责任发展指数排名始终保持在前30位，而佳能（中国）是唯一一家社会责任发展指数排名始终保持在前20位的企业（见表3）。部分外资企业社会责任发展指数与排名长期保持稳定，其他外资企业可以此为范例，学习优秀社会责任管理和实践。

表 3　2009～2018 年外资企业 100 强中社会责任发展指数始终在前 40 位的企业

单位：分

序号	企业名称	行业名称	2018 指数	2018 星级	2018 排名	2017 排名	2016 排名	2015 排名	2014 排名	2013 排名	2012 排名	2011 排名	2010 排名	2009 排名
1	三星（中国）投资有限公司	混业（电子产品及电子元件制造业；家用电器制造业；计算机及相关设备制造业）	93.0	★★★★★	1	1	1	1	1	1	5	25	26	11
2	丰田汽车（中国）投资有限公司	交通运输设备制造业	62.4	★★★★	7	9	11	7	9	17	18	13	36	9
3	佳能（中国）有限公司	混业（电子产品及电子元件制造业；计算机及相关设备制造业；计算机服务业）	61.3	★★★★	8	8	8	8	5	10	2	17	6	19
4	巴斯夫（中国）有限公司	工业化学品制造业	49.2	★★★	13	10	20	16	20	20	12	11	32	6
5	日立（中国）有限公司	混业（机械设备制造业；家用电器制造业；计算机及相关设备制造业）	34.8	★★	22	19	16	10	21	18	11	21	37	18
6	索尼（中国）有限公司	混业（电子产品及电子元件制造业；家用电器制造业）	33.8	★★	23	23	9	11	8	9	4	3	5	2

7. 2018年与2009年相比，外资企业100强中社会责任发展指数排名上升20位以上的企业共有8家，下降20位以上的企业共有14家

2018 年与 2009 年相比，外资企业 100 强中社会责任发展指数排名上升 20 位以上的企业共有 8 家，上升 40 位以上的企业共有 6 家，分别为浦项（中国）、三菱商事、本田汽车、现代汽车（中国）、台达（中国）、普利司通，其中浦项（中国）社会责任发展指数排名上升最多，达 59 位；三菱商事次之，达 54 位；本田汽车排第三，达 53 位（见表 4）。社会责任发展指数排名下降 20 位以上的企业共有 14 家，下降 30 位以上的企业共有 8 家，下降 40 位以上的企业共有 4 家，其中惠普社会责任发展指数排名下降最多，达 79 位（见表 5）。总体而言，部分外资企业越来越重视社会责任，社会责任发展指数与排名逐年上升；部分企业社会责任发展指数在 100 强中的排名无较大变化，但社会责任发展指数逐年上升。社会责任发展指数波动较大的企业应探索体系化社会责任管理模式，保持履责能力的稳定性和持续性。

表 4　2018 年与 2009 年相比社会责任发展指数排名上升 20 位以上的外资企业

序号	企业名称	行业名称	2018 排名	2009 排名	排名上升位数
1	浦项（中国）投资有限公司	金属冶炼及压延加工业	6	65	59
2	三菱商事（中国）有限公司	批发贸易业	21	75	54
3	本田汽车（中国）有限公司	交通运输设备制造业	10	63	53
4	现代汽车（中国）投资有限公司	交通运输设备制造业	2	48	46
5	台达（中国）	电子产品及电子元件制造业	5	48	43
6	普利司通（中国）投资有限公司	一般制造业	20	62	42
7	富士康科技集团	电子产品及电子元件制造业	41	74	33
8	松下电器（中国）有限公司	混业（电子产品及电子元件制造业；家用电器制造业）	4	25	21

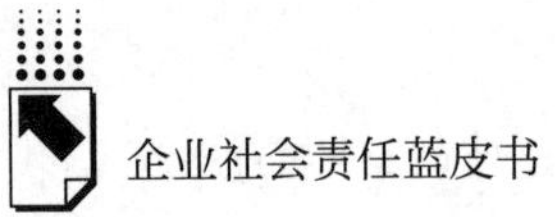

表 5　2018 年与 2009 年相比社会责任发展指数排名下降 20 位以上的外资企业

序号	企业名称	行业名称	2018排名	2009排名	排名下降位数
1	中国惠普有限公司	电子产品及电子元件制造业	91	12	79
2	英特尔(中国)有限公司	电子产品及电子元件制造业	83	7	76
3	可口可乐(中国)饮料有限公司	食品饮料业	61	4	57
4	东芝电子(中国)有限公司	混业(电子产品及电子元件制造业;家用电器制造业;计算机及相关设备制造业)	68	27	41
5	壳牌(中国)有限公司	石油和天然气开采业与加工业	50	14	36
6	沃尔玛(中国)投资有限公司	零售业	50	15	35
7	联合利华(中国)有限公司	混业(日用化学品制造业;食品饮料业)	70	35	35
8	宝马中国	交通运输设备制造业	60	27	33
9	卡特彼勒(中国)投资有限公司	机械设备制造业	86	58	28
10	通用汽车(中国)	交通运输设备制造业	27	1	26
11	宝洁(中国)有限公司	日用化学品制造业	46	22	24
12	ABB(中国)有限公司	机械设备制造业	33	10	23
13	索尼(中国)有限公司	混业(电子产品及电子元件制造业;家用电器制造业)	23	2	21
14	微软中国	互联网服务业	90	70	20

行业报告

Industries Report

B.5 重点行业社会责任发展指数（2018）

摘 要： 本报告选取了10个社会关注度高，对经济、社会、环境影响力大的行业进行重点分析，通过探究各行业中重点企业的社会责任发展指数，反映行业社会责任管理水平与社会责任信息披露水平。

关键词： 重点行业　社会责任发展指数　阶段性特征

为了保证各行业样本企业具有代表性，行业划分在“中国企业社会责任发展指数行业划分”的基础上做了适当合并，并根据企业规模，增补了一些样本企业，最终形成了“重点行业社会责任发展指数（2018）”。选取的10个重点行业及其企业构成如表1所示。

表1 重点行业企业构成及社会责任报告发布情况（2018）

单位：家，%

序号	行业名称	样本企业数量	社会责任报告发布比例
1	电力行业	12	83.3
2	特种设备制造业	11	63.6
3	银行业	26	84.6
4	汽车行业	25	48.0
5	石油化工行业	25	28.0
6	房地产行业	25	60.0
7	食品行业	26	38.5
8	机械设备制造业	23	34.8
9	金属行业	25	24.0
10	日化行业	25	24.0

从行业得分来看，电力行业社会责任发展指数得分最高，为71.2分，达到四星级水平，处于领先者阶段，其中中国华电（93.4分）、中国华能（91.1分）、南方电网（90.9分）和国家电投（81.1分）表现卓越；银行、特种设备制造、汽车3个行业的社会责任发展指数得分在40～60分，达到三星级水平，处于追赶者阶段，其中表现优秀的有现代汽车（中国）（91.6分）、东风汽车（87.1分）、民生银行（85.2分）、中国兵器（82.7分）等；而日化行业表现相对较差（22.8分），在企业社会责任管理和信息披露方面亟待加强（见图1）。

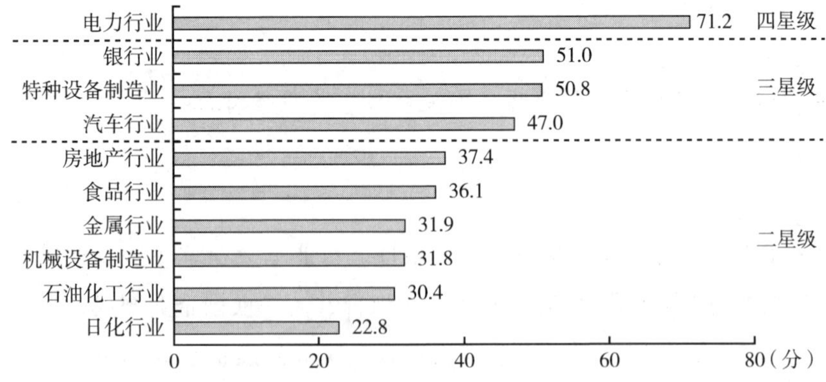

图1 重点行业社会责任发展阶段与排名

一　电力行业社会责任发展指数（2018）

（一）评价结果

本部分评价的电力行业是指从事电力生产和供应的行业，主要包括两大类：电力生产业和电力供应业。电力生产业指依靠火力、水力、核力或其他能源发电的行业；电力供应业指利用电网出售给用户电能的输送、分配与供电的行业。2018 年电力行业评价样本共有 12 家，其中电力供应业 2 家，其余均为电力生产业企业。电力行业 12 家样本企业的社会责任发展指数排名及得分如表 2 所示。

表 2　电力行业社会责任发展指数（2018）

单位：分

排名	企业名称	企业性质	官网是否设置社会责任专栏	是否发布企业社会责任报告	社会责任发展指数
★★★★★(4 家)					
1	中国华电集团有限公司	中央企业	有	有	93.4
2	中国华能集团有限公司	中央企业	有	有	91.1
3	中国南方电网有限责任公司	中央企业	有	有	90.9
4	国家电力投资集团有限公司	中央企业	有	有	81.1
★★★★(5 家)					
5	国家电网有限公司	中央企业	有	有	79.7
6	华润电力控股有限公司	其他国有企业	有	有	77.5
7	中国大唐集团有限公司	中央企业	有	有	75.8
8	中国长江三峡集团有限公司	中央企业	有	有	66.5
9	中国广核集团有限公司	中央企业	有	有	63.4
★★★(2 家)					
10	国投电力控股股份有限公司	其他国有企业	有	有	59.5
11	广东省粤电集团有限公司	其他国有企业	有	无	54.4
★★(1 家)					
12	国华电力公司	其他国有企业	有	无	21.4

（二）阶段性特征

1. 电力行业社会责任发展指数为71.2分，总体处于四星级水平

电力行业社会责任发展指数平均得分为71.2分，整体为四星级水平，处于领先者阶段，相较于2017年的76.0分有所下降，但在评价的10个行业中继续保持领先（见图2）。具体来看，五星级企业4家，分别为中国华电（93.4分）、中国华能（91.1分）、南方电网（90.9分）和国家电投（81.1分）；四星级企业5家；三星级企业2家；二星级企业1家。

作为与人民群众生产生活密切相关的行业，电力行业履责关乎国计民生，保障电力稳定生产供应，服务人民美好生活需要是电力企业义不容辞的责任。2017年，12家样本企业都设置了社会责任专栏，其中80%以上的企业发布了社会责任报告，多家企业举办了公众开放日、社会责任月等利益相关方沟通交流活动，集团公司推动下属公司履责渐成规模。总的来说，电力行业社会责任继续保持着领先水平，社会责任管理日趋成熟，责任实践愈加多元，呈现着你追我赶、遍地开花的态势。

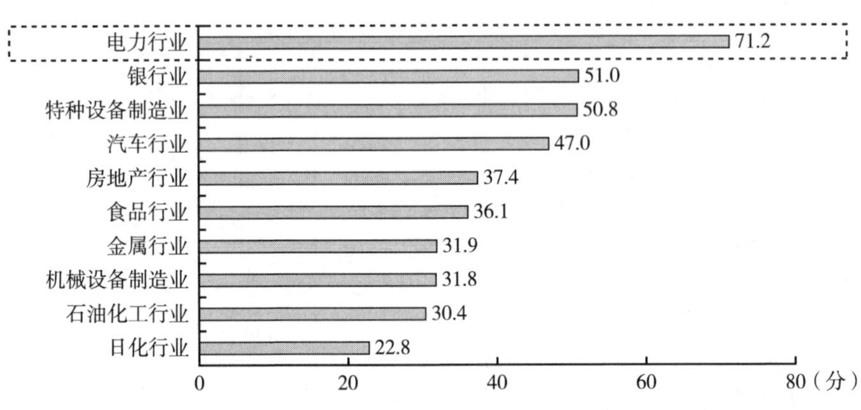

图2　电力行业社会责任发展指数与排名

2. 电力行业责任实践优于责任管理，社会责任表现最佳；电力企业注重责任愿景、股东责任和安全生产，在伙伴责任方面表现欠佳

电力行业责任管理（70.2分）和责任实践（71.0分）两者得分均比较

高，且责任实践略优于责任管理，可见电力企业在社会责任战略管理和实践开展上都进行了卓有成效的探索和实践，且随着责任管理的推进，责任实践进展明显。就责任实践而言，社会责任（74.5 分）表现优于环境责任（69.9 分）及市场责任（68.6 分），体现出电力企业在安全生产、社区责任和精准扶贫等社会绩效方面的信息披露程度优于市场绩效和环境绩效等方面的信息披露程度。

从议题角度来看，电力企业在责任愿景（91.5 分）、股东责任（90.7 分）和安全生产（84.4 分）方面信息披露水平相对较高，可见绝大多数电力企业都注重企业社会责任理念的提炼总结、股东权益维护和员工安全生产。需要指出的是，电力企业在伙伴责任方面（63.4 分）议题表现相对较差，因此，电力企业应加强在行业发展、公平贸易和供应链管理等方面的实践和披露（见表 3）。

表 3　电力行业责任议题发展指数

单位：分

责任板块	责任议题	行业议题指数	行业最高分	最佳实践
责任管理（70.2）	愿景	91.5	100.0	中国华电、中国华能、南方电网、国家电投、国家电网、华润电力、中国大唐
	战略	75.0	100.0	中国华电、中国华能、南方电网、国家电投、国家电网
	组织	64.0	100.0	中国华电、中国华能、南方电网、国家电网、华润电力、中国大唐
	制度	72.2	100.0	中国华电、中国华能、南方电网、国家电网、华润电力、中国大唐、中广核、广东粤电
	文化	58.3	100.0	中国华电、中国华能、南方电网、国家电网、华润电力、中国大唐
	参与	77.8	100.0	中国华电、中国华能、南方电网、国家电网、国家电投、三峡集团
市场责任（68.6）	股东责任	90.7	100.0	中国华电、南方电网、国家电网、华润电力、中国大唐、中广核、广东粤电、国投电力
	客户责任	65.3	100.0	国家电网
	伙伴责任	63.4	91.0	中国华电

续表

责任板块	责任议题	行业议题指数	行业最高分	最佳实践
社会责任（74.5）	政府责任	82.5	100.0	中国华能
	员工责任	73.8	100.0	中国华电
	安全生产	84.4	100.0	华润电力、三峡集团、中国大唐
	社区责任	68.3	100.0	中国华能、国家电网
	精准扶贫	68.6	100.0	中国华电、国家电投
环境责任（69.9）	绿色管理	68.5	100.0	中国华电
	绿色生产	68.3	100.0	中国华电
	绿色运营	76.3	100.0	中国华电、国投电力、南方电网、中国大唐

（三）最佳实践

对电力行业 12 家样本企业的社会责任报告进行综合分析可以看出，电力行业披露的特色议题集中于服务国家战略、保障安全生产、致力低碳环保、助力脱贫攻坚等方面。

1. 服务国家战略

中国华电立足国家战略和企业发展实际，深入学习贯彻习近平新时代中国特色社会主义思想和党的十九大精神，按照“五个坚持　五个转型”的发展思路、“低能耗、低排放、高效率”发展要求和“2218”发展目标，深入推进实施“中国华电　度度关爱”责任品牌实施战略和责任品牌 4C 计划，以“璀璨你我、绿色家园、携爱伙伴、聚善公益”四大工程为实施载体和互动链接，将社会责任工作融入企业发展的各个层面，不断满足人民美好生活的能源需求。

2. 保障安全生产

核安全是国家电投对社会公众的承诺。国家电投秉持安全第一原则，进一步强化“红线”意识、“底线”思维，健全安全发展理念、落实安全责任、普及安全知识、提升安全素质，实现“六不发生、两下降”的年度安全目标。

图 3　中国华电　度度关爱

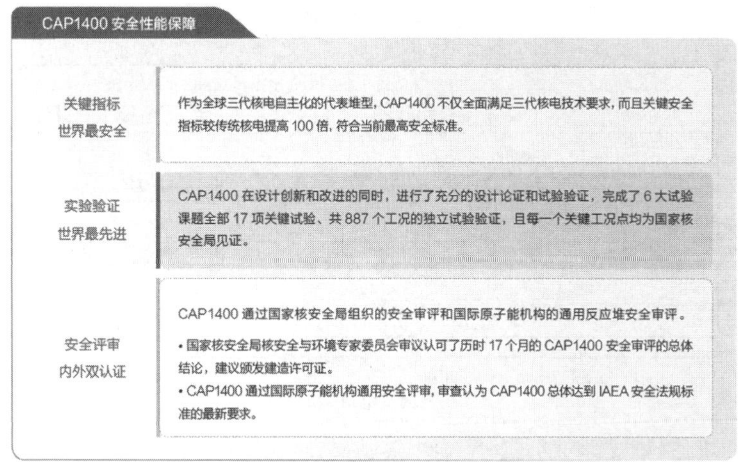

CAP1400 安全性能保障

关键指标 世界最安全	作为全球三代核电自主化的代表堆型，CAP1400 不仅全面满足三代核电技术要求，而且关键安全指标较传统核电提高 100 倍，符合当前最高安全标准。
实验验证 世界最先进	CAP1400 在设计创新和改进的同时，进行了充分的设计论证和试验验证，完成了 6 大试验课题全部 17 项关键试验、共 887 个工况的独立试验验证，且每一个关键工况点均为国家核安全局见证。
安全评审 内外双认证	CAP1400 通过国家核安全局组织的安全审评和国际原子能机构的通用反应堆安全审评。 • 国家核安全局核安全与环境专家委员会审议认可了历时 17 个月的 CAP1400 安全审评的总体结论，建议颁发建造许可证。 • CAP1400 通过国际原子能机构通用安全评审，审查认为 CAP1400 总体达到 IAEA 安全法规标准的最新要求。

图 4　国家电投 CAP1400 安全性能保障

3. 致力低碳环保

南方电网充分发挥电网资源优化配置平台功能，不断优化能源结构，推动能源供给从以传统化石能源为主向以清洁能源为主的绿色低碳模式转变，努力构建人与自然和谐共生的新格局；并持续完善环境保护管理机制和环保预警应急机制，将绿色环保理念融入电网规划设计、建设、运营全过程，建立与利益相关方常态化沟通机制，携手利益相关方共同参与绿色电网建设（见图5）。

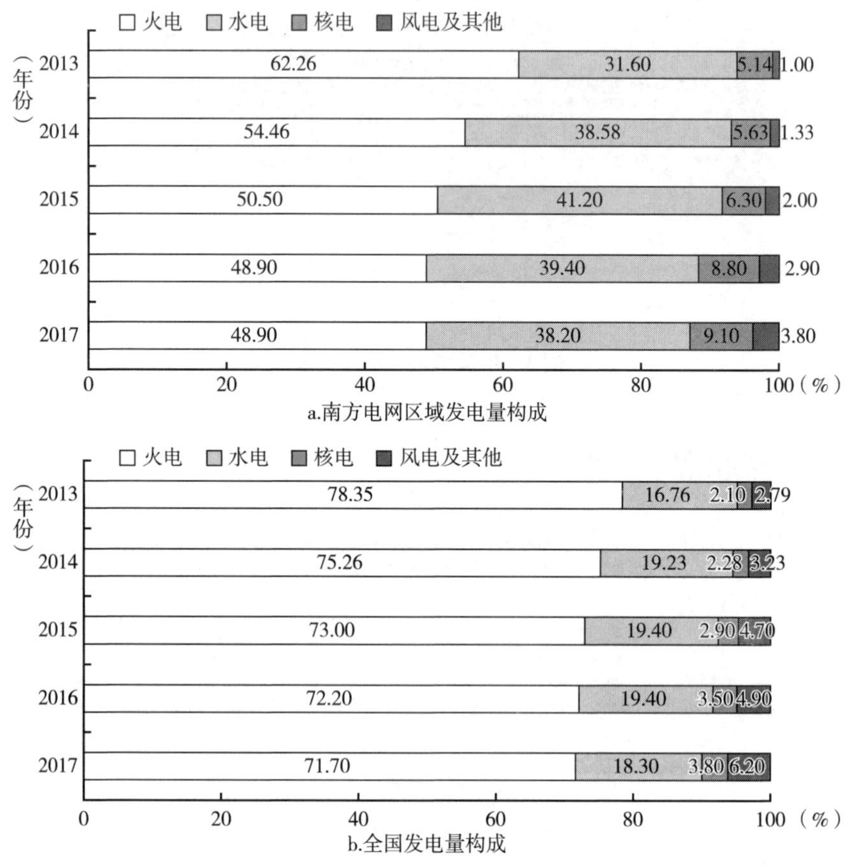

图5 南方电网电力供给结构

4. 助力脱贫攻坚

中国华能坚持用大爱回报社会，造福百姓，充分发挥电力企业优势，将促进贫困地区发展与解决用电难结合起来，因地制宜实施电力扶贫，解决无电人口用电问题，使电力扶贫成为改善贫困地区生产生活条件的关键举措，成为精准脱贫的重要动力。

图6　中国华能别迭里水电站

二　特种设备制造业社会责任发展指数（2018）

（一）评价结果

本部分评价的特种设备制造业主要针对我国 11 家军工设备制造企业。由于行业的特殊性，11 家特种装备行业均为国有企业，且都是中央企业。这 11 家样本企业的社会责任发展指数排名及得分如表 4 所示。

表 4　特种设备制造业社会责任发展指数（2018）

单位：分

排名	企业名称	企业性质	官网是否设有社会责任专栏	是否发布企业社会责任报告	社会责任发展指数
★★★★★(3家)					
1	中国兵器工业集团有限公司	中央企业	有	有	82.7
2	中国电子科技集团有限公司	中央企业	有	有	82.5
3	中国电子信息产业集团有限公司	中央企业	有	有	81.4
★★★★(1家)					
4	中国航空发动机集团有限公司	中央企业	有	有	72.2

续表

排名	企业名称	企业性质	官网是否设有社会责任专栏	是否发布企业社会责任报告	社会责任发展指数
★★★(3家)					
5	中国航空工业集团有限公司	中央企业	有	有	53.4
6	中国航天科工集团有限公司	中央企业	有	有	52.1
7	中国船舶工业集团有限公司	中央企业	有	有	45.5
★★(2家)					
8	中国核工业集团有限公司	中央企业	有	无	33.4
9	中国航天科技集团有限公司	中央企业	有	无	23.6
★(2家)					
10	中国兵器装备集团有限公司	中央企业	有	无	17.4
11	中国船舶重工集团公司	中央企业	有	无	15.0

（二）阶段性特征

1. 特种设备制造业社会责任发展指数平均分为50.8分，总体处于三星级水平

特种设备制造业社会责任发展指数平均得分为50.8分，整体达到三星级水平，处于追赶者阶段。相较于2017年的52.3分有所下降，在评价的10个行业中位列第三（见图7）。在11家样本企业中，五星级企业有3家，分别是中国兵器（82.7分）、中国电科（82.5分）和中国电子（81.4分）；四星级企业1家，是中国航发（72.2分）；三星级企业3家，分别是中航工业（53.4分）、航天科工（52.1分）、中船集团（45.5分）；二星级企业和一星级企业均有2家。

特种设备制造业由于其生产经营往往涉及国防利益和公共安全，故而决定了其特殊性，需要遵循特殊的管理规则。因此，该类企业在社会责任实践中更应注重依法经营、安全生产、环境保护和科研创新等方面。就整体而言，特种设备制造企业在依法经营和安全生产方面表现优秀；但在环境保护方面有所欠缺，企业需进一步增强环保意识、落实环保措施。

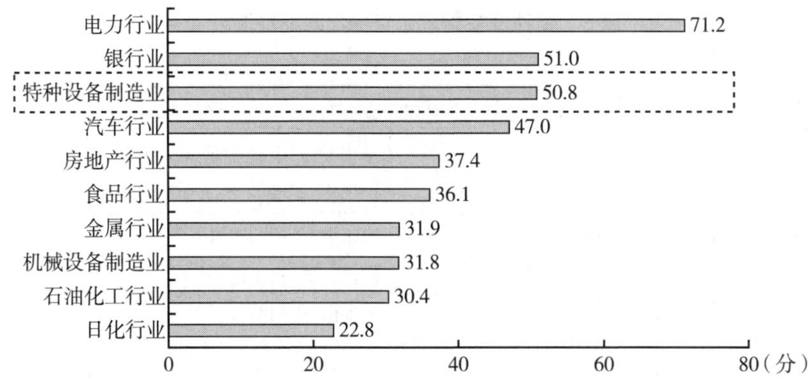

图7　特种设备制造业社会责任发展指数与排名

2. 特种设备制造业责任管理优于责任实践，社会责任表现较好；特种设备制造企业注重设立责任愿景和履行股东责任，在责任文化方面表现欠佳

对比责任管理与责任实践发展指数得分可以看出，责任管理（58.2分）明显高于责任实践（49.4分），可见特种设备制造企业在企业社会责任顶层设计和战略规划方面较为突出，企业社会责任实践和信息披露方面则有所欠缺。就责任实践而言，社会责任（58.2分）和市场责任（47.5分）表现优于环境责任（42.6分），体现出特种设备制造企业在社会责任和市场责任方面的信息披露水平高于环境责任。

从议题角度来看，特种设备制造企业在责任愿景（81.8分）、股东责任（80.7分）方面信息披露水平较高，可见特种设备制造企业大多积极披露企业愿景、使命、价值观及社会责任理念和口号，向相关方展现企业对履行社会责任的美好愿望；企业治理、合规及关键财务指标的高披露率体现了特种设备制造企业对股东权益的积极维护。而在责任文化（31.8分）和绿色生产（38.6分）议题上的表现相对较差（见表5）。

（三）最佳实践

整体上看，特种设备制造业信息披露的特色议题集中于安全生产、精准扶贫、军工研制、军民融合等方面。

表5 特种设备制造业责任议题发展指数

单位：分

责任板块	责任议题	行业议题指数	行业最高分	最佳实践
责任管理（58.2）	愿景	81.8	100.0	中国兵器、中航工业、航天科技、航天科工、中国电子、中国电科、中国航发
	战略	56.4	100.0	中国电子、中国电科
	组织	63.5	100.0	中国兵器、航天科工、中国电子、中国电科、中船集团、中国航发
	制度	57.6	100.0	中国兵器、中航工业、航天科工、中国电子、中国电科、中国航发
	文化	31.8	100.0	中国兵器、中国电科、中国航发
	参与	60.6	100.0	中航工业、航天科工、中国电科、中船集团、中国航发
市场责任（47.5）	股东责任	80.7	100.0	中航工业、航天科工、中国电科、核工业集团、中国航发
	客户责任	42.7	90.0	中国电子
	伙伴责任	41.4	77.0	中国电子
社会责任（58.2）	政府责任	62.0	100.0	中国兵器
	员工责任	59.6	96.0	中国兵器
	安全生产	67.9	100.0	中国兵器、中国电科、中国航发
	社区责任	44.1	93.0	中国电科
	精准扶贫	58.7	79.0	中国电科
环境责任（42.6）	绿色管理	48.9	95.0	中国电科
	绿色生产	38.6	89.0	中国兵器
	绿色运营	45.5	100.0	中国兵器、中国电子

1. 突破核心技术，保障国家网络安全

中国电子明确支撑网络强国建设的总体思路，聚焦突破核心技术，针对网络安全领域存在的芯片“后门”问题、网络“漏洞”问题、国外“断供”问题，坚定推进“本质安全”“过程安全”“产业安全”三大战略，相应推进三大类型核心技术研发，确保“关后门”“堵漏洞”“防断供”。2017 年 12 月 3 日，中国电子正式发布全新绿色开放生态体系——“PK 体系”（P 代表中国电子自主设计的 Phytium 处理器芯片，K 代表 Kylin 操作系统）。“PK 体系”是由中国电子聚合国内产学研领域 400 多家核心企业共同开展关键技术攻关和公共技术服务所形成的丰富的办公和事务处理类应用生态体系，目前已在国家部委、中央企业、地方政府等重要行业领域信息化建设中实现数万套规模应用，为保障国家网络安全构筑坚实屏障。

图 8　中国电子“PK”体系生态树

2. 构建两级安全生产培训体系

中国航发推进两级安全生产专业化培训体系建设。集团年度举办 4 期单位主要负责人及安全生产管理人员培训班，邀请权威专家授课，组织参观交流。各单位积极开展安全生产教育培训 900 余场次，6.5 万人次参与。同时，结合“安全生产月”、《职业病防治法》和《安全生产法》宣传周，充分利用微信公众号、报纸、期刊、电子显示屏等媒体工具开展专项宣传活动，有效促进基层安全管理水平提升和全员安全意识提高。

图 9　中国航发宣讲《安全生产法》及安全常识

3. 基础扶贫，解决“三缺”和“应急难”

近几年来，中国电科所属 21 家成员单位投入专项资金，选派 20 余名优秀干部，在安徽、河北、山西、云南、贵州等 11 个省份的 37 个村，开展扶贫济困工作，成效显著。“2017 年扶贫蓝皮书优秀案例”、2017 年“全国青年志愿服务示范项目”提名奖、2017 年“中国光伏扶贫杰出企业”大奖、“湖南光伏扶贫杰出贡献奖”……沉甸甸的数据和荣誉背后，更展现了中国电科誓要打赢这场脱贫攻坚战的信心和决心。

图 10　中国电科光伏扶贫项目

4. 完成军工研制任务

2017 年 6 月 28 日，由中船集团旗下江南造船承建的我国新型万吨级驱逐舰顺利下水。该舰完全由我国自主研制，是我国海军实现战略转型发展的标志性战舰，其先后突破了大型舰艇总体设计、信息集成、总装建造等一系列关键技术，装备有新型防空、反导、反舰、反潜武器，具备较强的信息感知、防空反导和对海打击能力。该舰的下水，标志着我国驱逐舰发展迈上了一个新的台阶，对于完善海军装备体系结构、全面建设世界一流海军、实现中国梦强军梦具有重要意义。

图 11　首艘国产大型驱逐舰成功下水

5. 推进军民融合深度发展

中国兵器结合自身专业覆盖广、军民互通性强等结构性特点，全方位推进技术、能力、人才、商业模式、新兴领域等多元化军民融合深度发展，着力构建技术相关的多样化市场体系、协同发展的一体化产业体系、军民互动的国际化经营体系，推动兵器工业军民融合向更广范围、更高层次、更深程度上深度发展，初步形成了兵器特色的军民融合发展模式，改革发展在军民融合发展的实践中实现了一系列重大突破。加快建设中国特色先进兵器工业体系和世界一流防务集团，着力成为军民融合发展的“排头兵”。2017 年，集团公司军民融合产业占主营业务收入的比例达到 85%以上。

图 12　北奔货车

三　银行业社会责任发展指数（2018）

（一）评价结果

本部分评价的银行业包含了商业银行和政策性银行。商业银行具体包括国有独资商业银行、股份制银行、城市商业银行、城市信用社、农村信用社等金融机构。政策性银行是指由政府发起、出资成立，为贯彻和配合政府特定经济政策和意图而进行融资和信用活动的银行。银行业 26 家样本的社会责任发展指数排名及得分如表 6 所示。

表 6　银行业社会责任发展指数（2018）

单位：分

排名	企业名称	上市地点	官网是否设置社会责任专栏	是否发布企业社会责任报告	社会责任发展指数
★★★★★(1 家)					
1	中国民生银行股份有限公司	上海、香港	有	有	85. 2
★★★★(10 家)					
2	中国银行股份有限公司	上海、香港	有	有	75. 7
3	兴业银行股份有限公司	上海	有	有	70. 8
4	中国邮政储蓄银行股份有限公司	香港	有	有	70. 1
5	中国农业银行股份有限公司	上海、香港	有	有	68. 8

续表

排名	企业名称	上市地点	官网是否设置社会责任专栏	是否发布企业社会责任报告	社会责任发展指数
6	上海浦东发展银行股份有限公司	上海	有	有	68.0
7	交通银行股份有限公司	上海、香港	有	有	66.7
8	中信银行股份有限公司	上海、香港	有	有	61.5
8	中国工商银行股份有限公司	上海、香港	有	有	61.5
10	中国光大银行股份有限公司	上海、香港	无	有	61.4
11	中国建设银行股份有限公司	上海、香港	有	有	60.7
★★★（9家）					
12	招商银行股份有限公司	上海、香港	有	有	57.1
13	上海银行股份有限公司	上海	有	有	54.5
14	平安银行股份有限公司	深圳	有	有	54.2
14	江苏银行股份有限公司	上海	有	有	54.2
16	天津银行股份有限公司	香港	有	有	51.4
17	渤海银行股份有限公司	—	有	有	49.0
18	华夏银行股份有限公司	上海	有	有	47.9
19	北京银行股份有限公司	上海	有	有	46.5
20	汇丰银行（中国）有限公司	—	有	有	40.9
★★（3家）					
21	南京银行股份有限公司	上海	无	有	32.9
22	花旗银行（中国）有限公司	—	有	有	30.3
23	国家开发银行股份有限公司	—	有	无	22.7
★（3家）					
24	中国进出口银行	—	有	无	12.3
25	三井住友银行（中国）有限公司	—	无	无	11.1
26	法国兴业银行（中国）有限公司	—	无	无	10.3

（二）阶段性特征

1. 银行业社会责任发展指数为51.0分，总体处于三星级水平

银行业社会责任发展指数平均得分为51.0分，整体为三星级水平，处于追赶者阶段，相较于2017年的50.0分有所上升，在评价的10个行业中居于第二位。其中，五星级企业仅有1家，为民生银行（85.2分）；四星级

企业有 10 家；三星级及以上的企业共有 20 家，占样本企业的 76.9%，行业整体社会责任发展水平较高（见图 13）。

2017 年，中国银行业金融机构深入贯彻党中央、国务院的各项决策部署，以供给侧结构性改革为主线，围绕服务实体经济、防控金融风险、深化金融改革三大任务，不断创新，提供强有力的金融支持，在新时代全面助力中国经济实现由高速增长向高质量发展的转变。

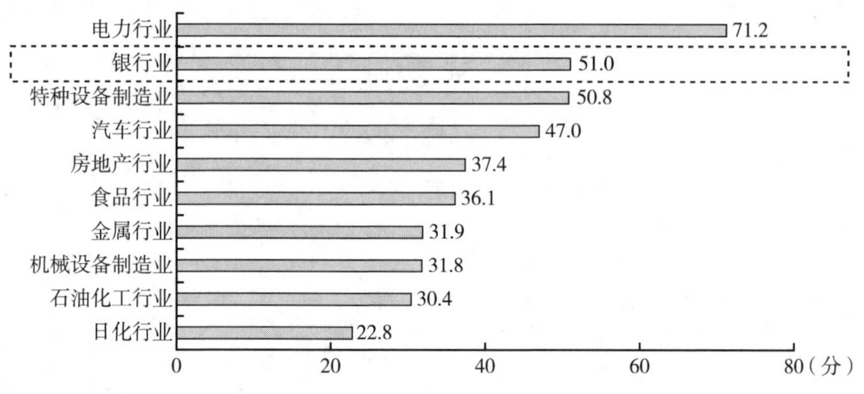

图 13　银行业社会责任发展指数与排名

2. 银行业责任实践优于责任管理，在股东责任、绿色运营、政府责任等方面表现较佳，但在责任制度、责任文化方面有待提升

26 家样本企业中，22 家企业都发布了社会责任报告（占比 84.6%），责任实践得分（51.1 分）远高于责任管理（38.8 分）。可见银行业企业更注重社会责任（55.8 分）、市场责任（54.0 分）、环境责任（43.5 分）等责任实践方面的信息披露工作，而在责任管理方面的信息披露则尚待完善。

从议题角度来看，银行业企业对股东责任（92.3 分）的信息披露水平最高，处于卓越者阶段。而责任文化（11.5 分）、责任制度（23.1 分）及伙伴责任（35.7 分）等议题的披露情况则不太理想，应重点加强对该部分议题的总结及信息披露，以提升社会责任信息披露的完整性，从而进一步强化企业的社会责任管理水平（见表 7）。

表7　银行业责任议题发展指数

单位：分

责任板块	责任议题	行业议题指数	行业最高分	最佳实践
责任管理（38.8）	愿景	76.9	100.0	民生银行、中国银行、兴业银行、邮储银行、农业银行、浦发银行、交通银行、中信银行、工商银行、招商银行、平安银行、江苏银行、天津银行、渤海银行、北京银行
	战略	37.7	100.0	民生银行、中国银行
	组织	40.9	100.0	民生银行、兴业银行、邮储银行、交通银行、招商银行、平安银行
	制度	23.1	100.0	兴业银行、农业银行、建设银行
	文化	11.5	50.0	兴业银行、交通银行、中信银行、光大银行、建设银行、平安银行
	参与	57.8	100.0	民生银行、中国银行、兴业银行、农业银行
市场责任（54.0）	股东责任	92.3	100.0	民生银行、中国银行、兴业银行、邮储银行、农业银行、浦发银行、交通银行、中信银行、工商银行、光大银行、建设银行、上海银行、平安银行、江苏银行、渤海银行、华夏银行、北京银行、汇丰银行、南京银行、花旗银行、法国兴业银行
	客户责任	55.7	88.0	上海银行
	伙伴责任	35.7	86.0	中国银行
社会责任（55.8）	政府责任	65.3	100.0	民生银行、中国银行
	员工责任	55.8	96.0	浦发银行
	安全生产	59.4	91.0	民生银行、邮储银行、建设银行、上海银行
	社区责任	52.5	93.0	民生银行
	精准扶贫	50.4	93.0	交通银行
环境责任（43.5）	绿色管理	44.7	100.0	兴业银行
	绿色生产	37.5	85.0	民生银行
	绿色运营	69.2	100.0	民生银行、中国银行、兴业银行、农业银行、浦发银行、交通银行、工商银行、光大银行、招商银行、平安银行、江苏银行、天津银行、汇丰银行、花旗银行

（三）最佳实践

对标所选取的银行业样本企业可以看出，银行业企业披露的特色议题集中于股东责任、绿色运营、政府责任、风险防控等方面。

1. 完善公司治理

交通银行认真贯彻境内外监管法规，不断完善公司治理结构。2017 年，交通银行修订公司章程，从制度上明确党组织在治理结构中的法定地位，特别是党组织在决策、执行、监督各环节的权责和工作方式，对于完善“党委领导核心、董事会战略决策、高管层授权经营、监事会依法监督”的中国特色大型银行治理机制具有重要意义，公司治理的有效性持续提升。2017 年，交通银行先后修订《股东大会议事规则》《独立董事工作制度》《信息披露管理办法》等，制定《全面风险管理政策》《信息披露暂缓与豁免管理办法》等，持续完善公司治理制度体系。

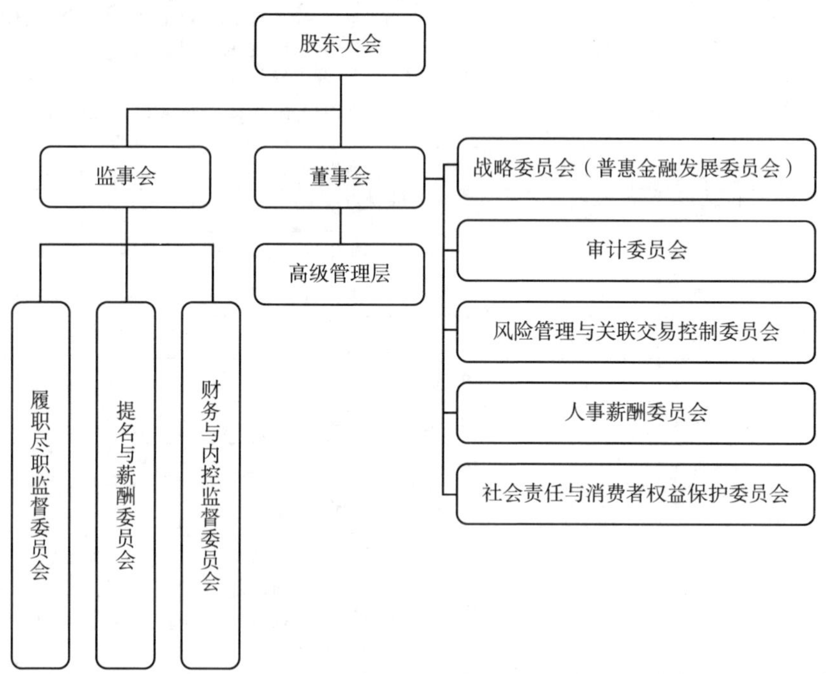

图 14　交通银行治理架构

2. 坚持绿色运营

光大银行在日常运营中积极倡导绿色办公理念，加强绿色运营管理，严格执行《中国光大银行厉行节约反对浪费实施办法》，使用节能技术产品，淘汰高耗能设施设备，应用新能源和可再生能源；倡导使用节水型器具，建设节水型单位；建造废弃水蓄水池，将直饮水过滤掉的废弃水储存到废弃水蓄水池内，加压后二次利用；对非涉密废纸、废弃电器电子产品等废旧物品集中回收处理，促进循环利用；推行无纸化办公，减少一次性办公用品消耗；倡导视频会议，控制现场会议数量；倡导员工节约用水用电、减少垃圾产生，努力打造“绿色银行”。

3. 创新助推小微企业成长

中国民生银行作为国内首家以“做小微企业的银行”为发展战略的金融机构，2017 年持续深耕小微金融业务，进一步强化金融服务实体经济力度。成立小微金融事业部，优化提升小微金融经营管理体制机制；实行矩阵式事业部体制，协调、推进全行小微金融业务的管理和发展；强化产品与渠道创新，持续推进网乐贷、云快贷、云抵押、云账户、二维码收银台等新型产品，满足差异化的小微客户金融需求；持续服务创新，降低小微客户融资成本，推广“转期续贷”业务；通过搭建小微信贷工厂、IPAD 移动端上门作业、房产价值在线评估等，强化流程体系建设，提升小微金融服务效率；积极打造小微企业金融服务专营机构，提供专业化金融服务。

4. 风险管理

2017 年，中国邮政储蓄银行坚决落实中央关于防控金融风险相关要求，坚持审慎稳健的风险偏好，持续健全和完善全面风险管理体系，积极开展监管系列专项治理活动，持续强化重点领域风险防范化解，加快推动风险量化管理工具建设，全面风险管理能力进一步提升。不断深化内控体系建设，梳理内控管理流程，加强合规风险监测，健全问题整改机制，强化违规问责机制。

民生云账户
开户好轻松
民生银行云账户
助力每一个小微的梦想
4008695568
www.cmbc.com.cn
中国民生银行 小微金融
CHINA MINSHENG BANK

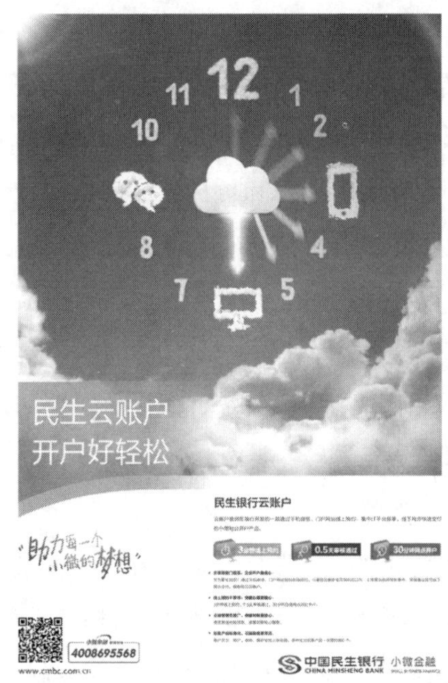

图 15　民生银行创新推出“云账户”业务

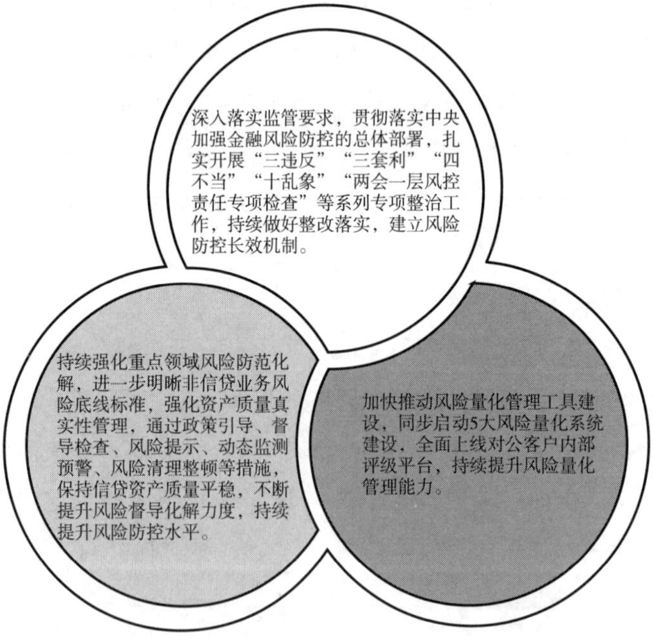
深入落实监管要求，贯彻落实中央加强金融风险防控的总体部署，扎实开展“三违反”“三套利”“四不当”“十乱象”“两会一层风控责任专项检查”等系列专项整治工作，持续做好整改落实，建立风险防控长效机制。
持续强化重点领域风险防范化解，进一步明晰非信贷业务风险底线标准，强化资产质量真实性管理，通过政策引导、督导检查、风险提示、动态监测预警、风险清理整顿等措施，保持信贷资产质量平稳，不断提升风险督导化解力度，持续提升风险防控水平。
加快推动风险量化管理工具建设，同步启动5大风险量化系统建设，全面上线对公客户内部评级平台，持续提升风险量化管理能力。

图 16　中国邮政储蓄银行风险管理工作主要进展

四　汽车行业社会责任发展指数（2018）

（一）评价结果

本部分评价的汽车行业特指生产各类汽车如乘用车、商用车及其零部件等汽车产品的企业。汽车行业 25 家样本企业的社会责任发展指数排名及得分如表 8 所示。

表 8　汽车行业社会责任发展指数（2018）

单位：分

排名	企业名称	企业性质	官网是否设置社会责任专栏	是否发布企业社会责任报告	社会责任发展指数
★★★★★(3家)					
1	现代汽车(中国)投资有限公司	外资企业	有	有	91.6
2	东风汽车集团有限公司	中央企业	有	有	87.1
3	中国第一汽车集团有限公司	中央企业	有	有	80.7
★★★★(6家)					
4	上海汽车集团股份有限公司	其他国有企业	有	有	72.6
5	安徽江淮汽车集团股份有限公司	其他国有企业	有	有	72.2
6	浙江吉利控股集团有限公司	民营企业	有	有	71.7
7	比亚迪股份有限公司	民营企业	有	有	68.4
8	丰田汽车(中国)投资有限公司	外资企业	有	有	62.4
9	广州汽车集团股份有限公司	其他国有企业	有	有	61.1
★★★(5家)					
10	本田汽车(中国)有限公司	外资企业	有	无	55.0
11	长城汽车股份有限公司	民营企业	无	有	53.7
12	江铃汽车集团公司	民营企业	无	有	51.1
13	北京汽车集团有限公司	其他国有企业	有	有	42.1
14	厦门金龙汽车集团股份有限公司	其他国有企业	有	无	40.3
★★(8家)					
15	郑州宇通集团有限公司	民营企业	有	无	39.9
16	大众汽车集团(中国)	外资企业	有	无	33.7
17	陕西汽车控股集团有限公司	其他国有企业	有	无	32.2
18	通用汽车(中国)	外资企业	有	无	29.6
19	奇瑞汽车股份有限公司	其他国有企业	有	无	27.1
20	福特汽车(中国)有限公司	外资企业	有	无	26.9
21	丰田通商(中国)有限公司	外资企业	无	无	25.3
22	日产(中国)投资有限公司	外资企业	有	无	21.0

续表

排名	企业名称	企业性质	官网是否设置社会责任专栏	是否发布企业社会责任报告	社会责任发展指数
★(3家)					
23	宝马中国	外资企业	有	无	14.5
24	戴姆勒中国	外资企业	有	无	10.3
25	铃木(中国)投资有限公司	外资企业	无	无	4.1

（二）阶段性特征

1. 汽车行业社会责任发展指数为47.0分，总体处于三星级水平

2018年汽车行业社会责任发展指数平均得分为47.0分，整体为三星级，处于追赶者阶段，在评价的10个行业中排第四位（见图17）。25家样本企业中，五星级企业3家，分别是现代汽车（中国）（91.6分）、东风汽车（87.1分）以及中国一汽（80.7分）；四星级企业6家；三星级企业5家；二星级及以下的企业共11家。汽车行业样本企业的社会责任发展指数之间差距较大，其中三星级及以上的企业除厦门金龙汽车和本田汽车外均发布企业社会责任报告，而二星级及以下企业均未发布企业社会责任报告，且二星级及以下企业比例占样本总量的44%。由此可以看出，多数车企社会责任信息披露水平不足，且处于较低的发展阶段。

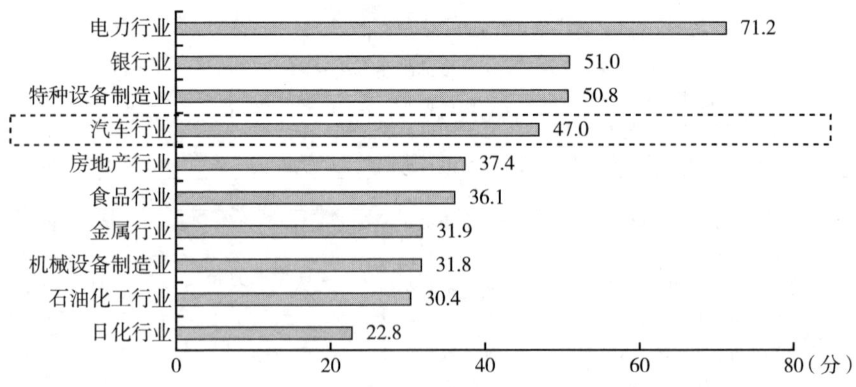

图17　汽车行业社会责任发展指数与排名

2. 汽车行业责任管理与责任实践较为均衡，责任实践表现得分略高于责任管理；汽车企业注重责任愿景、股东责任、责任参与、绿色生产等信息的披露，在责任文化和精准扶贫信息披露方面表现不足

汽车行业的社会责任管理（44.8分）与责任实践（47.3分）两方面的发展较为平衡，责任实践表现得分略高于责任管理。就责任实践层面而言，环境责任（49.9分）得分高于市场责任（46.9分）和社会责任（45.1分），三者得分均为三星级水平，处于追赶者阶段，可见企业在责任实践方面的信息披露上还有待进一步提高。

从议题角度来看，汽车企业在责任愿景（70.0分）、股东责任（62.3分）、责任参与（61.3分）、绿色生产（54.5分）等方面信息披露水平相对较高，可以看出大部分汽车企业均注重社会责任管理与股东权益，并日益重视产品生产环节的环境保护。而汽车企业在责任文化（16.0分）和精准扶贫（26.3分）方面信息披露不足，应强化社会责任文化体系建设，加强相关信息的披露，积极承担社会责任，树立良好的企业形象（见表9）。

表9　汽车行业责任议题发展指数

单位：分

责任板块	责任议题	行业议题指数	行业最高分	最佳实践
责任管理（44.8）	愿景	70.0	100.0	东风、上汽、江淮、吉利、比亚迪、丰田、北汽、宇通、陕汽、通用、福特、日产
	战略	50.4	100.0	东风、比亚迪、本田
	组织	42.7	100.0	现代、东风、一汽、江淮、广汽、本田、大众
	制度	33.3	100.0	现代、东风、一汽
	文化	16.0	100.0	现代、东风、江淮
	参与	61.3	100.0	现代、东风、一汽、比亚迪、丰田、广汽、北汽
市场责任（46.9）	股东责任	62.3	100.0	上汽、江淮、比亚迪、长城、江铃、北汽、金龙、宇通
	客户责任	48.6	91.0	现代
	伙伴责任	38.9	91.0	现代、东风
社会责任（45.1）	政府责任	47.2	100.0	东风、上汽
	员工责任	52.0	100.0	现代
	安全生产	37.4	100.0	东风、一汽、江淮
	社区责任	52.7	86.0	现代、东风
	精准扶贫	26.3	86.0	一汽、广汽

续表

责任板块	责任议题	行业议题指数	行业最高分	最佳实践
环境责任（49.9）	绿色管理	47.0	84.0	现代、东风
	绿色生产	54.5	97.0	现代、东风
	绿色运营	37.0	100.0	现代

（三）最佳实践

通过比较社会责任发展指数排名靠前的汽车行业可以看出，汽车行业企业披露的特色议题集中于重视安全生产、注重绿色产品研发、打造特色公益等方面。

1. 重视安全生产

中国一汽持续完善安全管理体系，按照国家新法规要求和企业改革过程，重新梳理完善制度文件，推进全员岗位安全生产责任落实，编制安全生产责任清单，认真落实企业主体责任；强化源头管控，要求建设项目依法合规开展职业安全健康预评价及安全设施设计、职业病防护设施设计审查，并形成备查材料，统一进行合规性审核、归口备案管理，杜绝项目遗留隐患；重视隐患排查治理和风险管控双重预防工作，自上而下开展较大事故隐患风险辨识，梳理出公司安全风险并监督管理，确保安全风险可控、在控，实现全年死亡事故、重伤事故、火灾均为零的目标。

2. 研发绿色产品

现代汽车集团致力于环保技术的研发与应用，打造更清洁的环保汽车；同时着力创新动力总成技术，优化尾气处理技术，打造更高效的燃油汽车，从源头减少整车生产、制造、使用等环节造成的环境污染，助力绿色生态建设。目前，在中国地区主要推行燃料电池电动车、纯电动汽车、混合动力汽车和插电式混合动力车四类环保产品，助力环保出行，共享绿色生活。2017年，现代汽车集团在全球范围新能源汽车（包含 HEV、PHEV、EV、FCEV）销量位居全球第二。

图 18　NEXO 氢燃料电池车

3. 润美公益事业

东风公司以东风公益基金会为平台，协同旗下企业参与减灾赈灾，促进教育事业发展，支持大众创业、万众创新，促进文明汽车社会构建等，打造特色公益项目，提升东风社会形象。此外，东风公司还专门成立“东风志愿者工作指导委员会”，根据公司社会责任中期行动计划——“润”计划的总体部署，统一规划、组织东风公司志愿服务活动。目前已构建了 150 支“三化四有”（规范化、机制化、常态化，有组织、有制度、有计划、有活动）志愿服务队，注册志愿者 5000 余人。

图 19　东风公益基金会

五 石油化工行业社会责任发展指数（2018）

（一）评价结果

本部分评价的石油化工行业包括油气勘探、油气田开发、钻井工程、采油工程、油气集输、原油储运、石油炼制、化工生产、油品/化工销售等，生产社会需要的汽油、煤油、柴油、润滑油、化工原料、合成树脂、合成橡胶、合成纤维、化肥等多种石油、化工产品。石油化工行业25家样本企业的社会责任发展指数排名及得分如表10所示。

表10 石油化工行业社会责任发展指数（2018）

单位：分

排名	企业名称	企业性质	官网是否设置社会责任专栏	是否发布企业社会责任报告	社会责任发展指数
★★★★★(1家)					
1	中国石油化工集团有限公司	中央企业	有	有	93.3
★★★★(4家)					
2	LG化学(中国)投资有限公司	外资企业	有	有	77.2
3	中国海洋石油总公司	中央企业	有	有	76.5
4	中国石油天然气集团公司	中央企业	有	有	64.7
5	云天化集团有限责任公司	其他国有企业	有	有	61.2
★★★(1家)					
6	中国化工集团有限公司	中央企业	有	有	42.5
★★(5家)					
7	陕西延长石油(集团)有限责任公司	其他国有企业	有	有	39.6
8	中国中化集团有限公司	中央企业	有	无	35.7
9	河南能源化工集团有限公司	其他国有企业	有	无	30.5
10	山东京博控股股份有限公司	民营企业	有	无	27.3
11	BP中国	外资企业	有	无	23.6
★(14家)					
12	壳牌(中国)有限公司	外资企业	有	无	18.0
13	浙江恒逸集团有限公司	民营企业	有	无	17.8

续表

排名	企业名称	企业性质	官网是否设置社会责任专栏	是否发布企业社会责任报告	社会责任发展指数
14	湖北宜化集团有限责任公司	其他国有企业	有	无	16.8
15	山东东明石化集团有限公司	民营企业	有	无	16.7
16	中国平煤神马能源化工集团有限公司	其他国有企业	有	无	16.0
17	埃克森美孚	外资企业	有	无	15.4
18	中国万达集团	民营企业	有	无	13.8
19	道达尔中国	外资企业	有	无	13.4
20	康菲石油中国有限公司	外资企业	有	无	13.2
21	SK 中国	外资企业	有	无	10.3
22	埃尼中国	外资企业	有	无	10.0
23	浙江荣盛控股集团有限公司	民营企业	有	无	9.9
24	雪佛龙中国能源公司	外资企业	有	无	9.4
25	天津渤海化工集团有限责任公司	其他国有企业	无	无	7.6

（二）阶段性特征

1. 石油化工行业社会责任发展指数为30.4分，总体处于二星级水平

石油化工行业社会责任发展指数平均得分为 30.4 分，整体为二星级水平，处于起步者阶段，在评价的 10 个行业中排名第九（见图 20）。25 家样本企业中，五星级企业 1 家，为中国石化（93.3 分）；四星级企业 4 家，分别为 LG 化学（77.2 分）、中国海油（76.5 分）、中国石油（64.7 分）、云天化集团（61.2 分）；三星级企业 1 家，为中国化工（42.5 分）；5 家二星级企业，14 家一星级企业。

石油化工行业是关系国计民生的重要行业，且与消费者息息相关，尤其在保障产品持续供应、节能减排等方面具有义不容辞的责任。从目前来看，石油化工行业近年来社会责任信息披露水平有待提升。石油化工行业应强化意识，加强社会责任信息披露工作。

2. 石油化工行业责任实践优于责任管理，社会责任表现最佳；石油化工企业注重责任愿景、责任参与和社区责任，在责任文化与责任组织方面表现欠佳

对比责任管理与责任实践可以看出，责任实践（30.4 分）高于责任管理

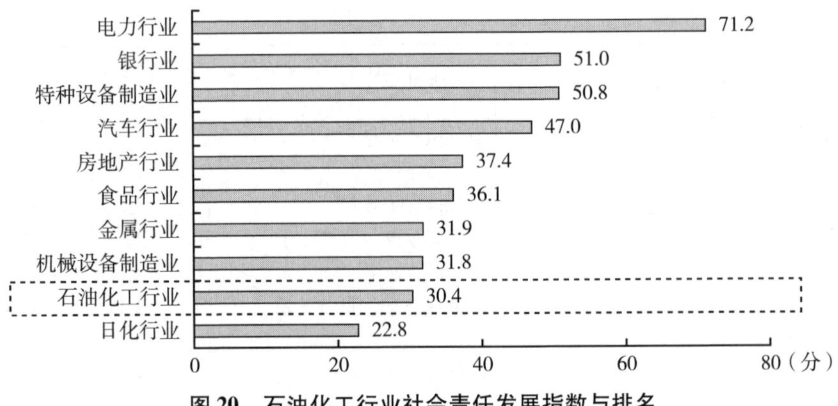

图 20　石油化工行业社会责任发展指数与排名

(25.5 分)，石油化工行业对于社会责任战略管理的推进有待提升，社会责任实践也还需要进一步加强。就责任实践而言，社会责任（34.6 分）和环境责任（29.5 分）的表现优于市场责任（27.1 分)，体现出石油化工企业在社会责任和环境责任方面的信息披露程度高于市场经营绩效的信息披露。

从议题角度来看，石油化工行业在责任愿景（48.0 分)、责任参与（41.3 分）和社区责任（40.9 分）方面信息披露水平相对较高，可见大部分石油化工企业重视利益相关方的沟通，能通过发布报告或网站信息与消费者沟通，并且更加重视社会公益慈善。责任文化（8.0 分）和责任组织（19.9 分）议题表现最差。石油化工企业应加大责任文化建设和组织建设，提升企业内部责任意识与管理能力（见表 11)。

表 11　石油化工行业责任议题发展指数

单位：分

责任板块	责任议题	行业议题指数	行业最高分	最佳实践
责任管理（25.5）	愿景	48.0	100.0	中国石化、中国海油、山东京博
	战略	27.2	100.0	中国石化、LG 化学
	组织	19.9	100.0	中国石化、中国化工、LG 化学
	制度	24.0	100.0	中国石化、中国中化、云天化
	文化	8.0	100.0	中国石化、中国石油
	参与	41.3	100.0	中国石化、中国海油、中国石油

续表

责任板块	责任议题	行业议题指数	行业最高分	最佳实践
市场责任（27.1）	股东责任	35.1	100.0	中国石化、中国海油、中国化工
	客户责任	29.4	92.0	中国石化、LG化学、中国海油
	伙伴责任	23.6	100.0	中国石化、云天化、LG化学
社会责任（34.6）	政府责任	33.9	100.0	中国石化、中国海油、中国石油
	员工责任	38.1	100.0	LG化学、中国海油
	安全生产	35.3	100.0	LG化学、中国海油、中国石化
	社区责任	40.9	100.0	LG化学、中国石油、中国海油
	精准扶贫	22.4	100.0	中国石化、中国石油、中国中化
环境责任（29.5）	绿色管理	37.3	84.0	中国石化、云天化、LG化学
	绿色生产	27.0	89.0	中国石化、LG化学、中国海油
	绿色运营	30.4	100.0	中国石化、中国海油、中国石油

3. 对比2017年石油化工行业社会责任发展指数，2018年石油化工行业社会责任发展指数有所下降，石油化工行业企业责任信息披露仍有待重视与提高

对比2017年石油化工行业社会责任发展指数（42.2分），2018年石油化工行业社会责任发展指数（30.4分）有所下降。其中2017年石油化工行业共有5家企业发布社会责任报告，2018年有7家企业发布社会责任报告，社会责任报告发布数增加。具体到责任板块，2018年石油化工行业社会责任（34.6分）低于2017年社会责任（46.8分）。5家民营企业责任战略、组织、制度、文化得分均为0分，另有9家外资企业责任管理议题同样得分较低。石油化工行业应重视社会责任文化建设，加强社会责任管理，加大社会责任信息披露工作。

（三）最佳实践

通过比较社会责任发展指数排名靠前的石油化工企业可以看出，石油化工企业披露的特色议题集中于低碳环保、安全生产、科技创新等方面。

1. 践行低碳环保

中国石化将“绿色低碳”作为公司发展战略之一，不断完善环境保护管理，加强环境管控，厚植绿色发展基因；推进清洁生产，对生产到消费全

过程进行清洁管理；实施节能减排降碳，减少企业运营对能源的消耗和废弃物排放。此外，中国石化应对气候变化，在碧水蓝天环保活动收官后，启动绿色企业行动计划，从绿色发展、绿色能源、绿色生产、绿色服务、绿色科技等方面制订发展计划，致力于将绿色低碳打造成中国石化的核心竞争力。2017 年，中国石化积极参与碳交易，交易量达 316 万吨。

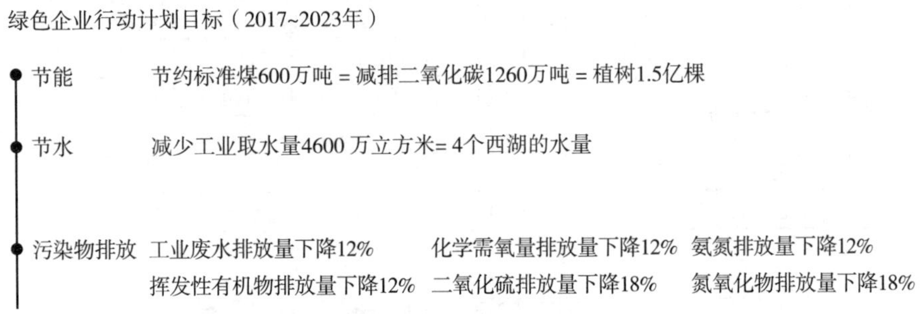

绿色企业行动计划目标（2017~2023年）

- 节能　节约标准煤600万吨 = 减排二氧化碳1260万吨 = 植树1.5亿棵
- 节水　减少工业取水量4600 万立方米= 4个西湖的水量
- 污染物排放　工业废水排放量下降12%　化学需氧量排放量下降12%　氨氮排放量下降12%　挥发性有机物排放量下降12%　二氧化硫排放量下降18%　氮氧化物排放量下降18%

图 21　中国石化绿色企业行动计划目标（2017 ~ 2023 年）

2. 落实安全生产

LG 化学（中国）高度重视安全生产，秉承“我追求安全第一，安全行为，安全工厂，幸福家庭”的安全训言，完善安全生产管理，增强风险防控水平，提高安全应急管理能力，保障企业安全高效运营，确保员工安全健康。LG 化学（中国）安全环境部门负责对 LG 化学安全环境活动的统筹和业务指导，各个生产法人设有专门的安全生产管理部门，并配备专职人员，在法人内的各个车间、部门也设有专、兼职的安全员，负责具体的安全生产业务。此外，LG 化学（中国）注重加强安全生产教育及培训，提升员工安全生产意识和工作能力。

3. 注重科技创新

中国海油坚持创新驱动战略，以油气主业为基石，聚焦核心关键技术，不断探索海洋新型能源，为可持续发展提供不竭动力。公司充分发挥科技创新的引领作用，加强科研项目管理，完善科技创新体系，持续加大关键核心技术攻关力度，实施科研平台建设项目，提升自主研发能力。2017 年，中

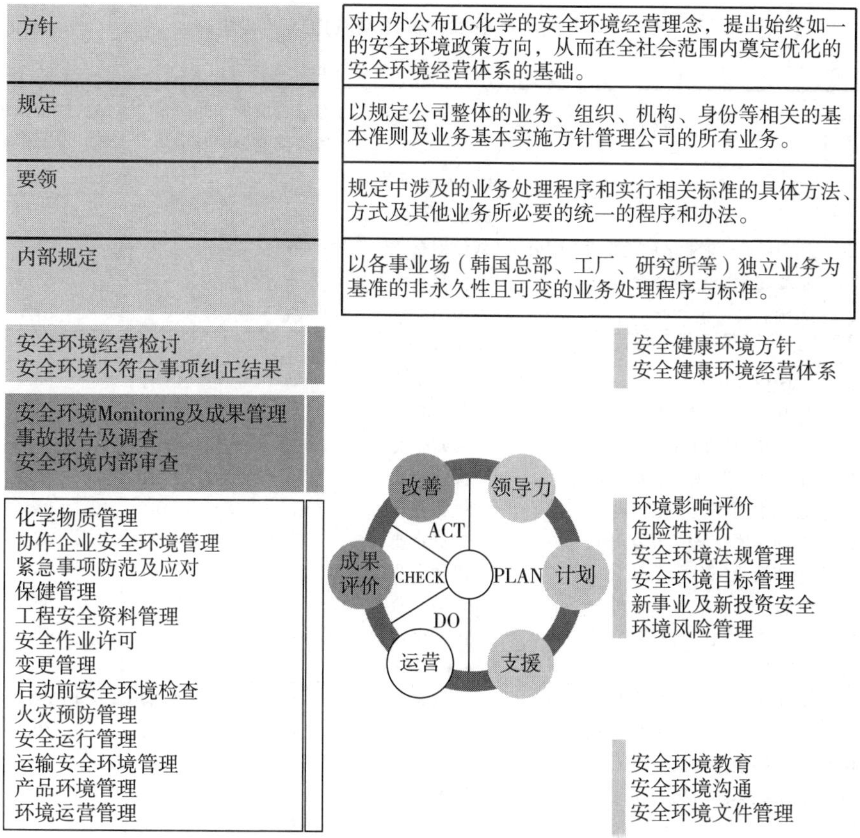

方针	对内外公布LG化学的安全环境经营理念，提出始终如一的安全环境政策方向，从而在全社会范围内奠定优化的安全环境经营体系的基础。
规定	以规定公司整体的业务、组织、机构、身份等相关的基本准则及业务基本实施方针管理公司的所有业务。
要领	规定中涉及的业务处理程序和实行相关标准的具体方法、方式及其他业务所必要的统一的程序和办法。
内部规定	以各事业场（韩国总部、工厂、研究所等）独立业务为基准的非永久性且可变的业务处理程序与标准。

安全环境经营检讨
安全环境不符合事项纠正结果

安全环境Monitoring及成果管理
事故报告及调查
安全环境内部审查

化学物质管理
协作企业安全环境管理
紧急事项防范及应对
保健管理
工程安全资料管理
安全作业许可
变更管理
启动前安全环境检查
火灾预防管理
安全运行管理
运输安全环境管理
产品环境管理
环境运营管理

改善
领导力
ACT
成果评价
CHECK
PLAN
计划
DO
运营
支援

安全健康环境方针
安全健康环境经营体系

环境影响评价
危险性评价
安全环境法规管理
安全环境目标管理
新事业及新投资安全环境风险管理

安全环境教育
安全环境沟通
安全环境文件管理

图 22　LG 化学（中国）安全环境经营体系

国海油科技投入 72.9 亿元，获授权专利 840 件，全年组织实施 14 个科研平台建设项目，全年取得省部级以上获奖成果 48 项。

六　房地产行业社会责任发展指数（2018）

（一）评价结果

本部分评价的房地产行业是指从事基础设施建设、房屋建设，并转让房地产开发项目或者销售、出租商品房的行业。房地产行业 25 家样本企业的社会责任发展指数排名及得分如表 12 所示。

表 12　房地产行业社会责任发展指数（2018）

单位：分

排名	企业名称	企业性质	官网是否设置社会责任专栏	是否发布企业社会责任报告	社会责任发展指数
★★★★(4 家)					
1	华润置地有限公司	其他国有企业	有	有	79.8
2	招商局蛇口工业区控股股份有限公司	其他国有企业	有	有	71.0
3	碧桂园控股有限公司	民营企业	有	有	64.9
4	中国海外发展有限公司	其他国有企业	有	有	61.0
★★★(9 家)					
5	中国恒大集团	民营企业	有	有	53.1
6	保利房地产(集团)股份有限公司	其他国有企业	有	有	53.0
7	万科企业股份有限公司	民营企业	有	有	49.8
8	华夏幸福基业股份有限公司	民营企业	有	有	49.0
9	融创中国控股有限公司	民营企业	有	有	48.5
10	龙湖集团控股有限公司	外资企业	有	有	48.2
11	旭辉控股(集团)有限公司	民营企业	有	有	48.1
12	绿城中国控股有限公司	其他国有企业	有	有	44.7
13	雅戈尔集团股份有限公司	民营企业	有	有	42.1
★★(6 家)					
14	苏宁环球集团有限公司	民营企业	有	有	34.3
15	金地(集团)股份有限公司	其他国有企业	有	有	30.4
16	新城控股集团股份有限公司	民营企业	有	无	24.5
17	新华联集团有限公司	民营企业	有	无	22.2
18	大连万达集团股份有限公司	民营企业	有	无	21.0
19	三胞集团有限公司	民营企业	有	无	20.5
★(6 家)					
20	中天发展控股集团有限公司	民营企业	有	无	19.3
21	新疆广汇实业投资(集团)有限责任公司	民营企业	有	无	14.2
22	南通三建控股有限公司	民营企业	有	无	11.6
23	绿地控股集团有限公司	其他国有企业	有	无	10.2
24	广厦控股集团有限公司	民营企业	有	无	7.6
25	江苏中南建设集团股份有限公司	民营企业	无	无	7.2

（二）阶段性特征

1. 房地产行业社会责任发展指数为37.4分，总体处于二星级水平

房地产行业社会责任发展指数平均得分为 37.4 分，为二星级水平，处于起步者阶段（见图 23）。25 家样本企业中，四星级企业 4 家，分别为华

润置地（79.8 分）、招商局蛇口（71.0 分）、碧桂园（64.9 分）、中国海外发展（61.0 分）；三星级企业 9 家，其中恒大（53.1 分）、保利（53.0 分）、万科（49.8 分）；二星级企业 6 家；一星级企业 6 家，整体得分偏低。

房地产行业是与居民工作生活紧密相关的行业，在保证房屋质量以及客户服务方面具有义不容辞的责任，但从房地产行业自身来看，近几年房地产行业社会责任发展指数提升不明显；与其他行业企业相比，房地产行业排名也无明显进步。因此，房地产行业近年来社会责任信息披露水平还有很大的提升空间，房地产企业应强化责任意识，加强社会责任信息披露工作。

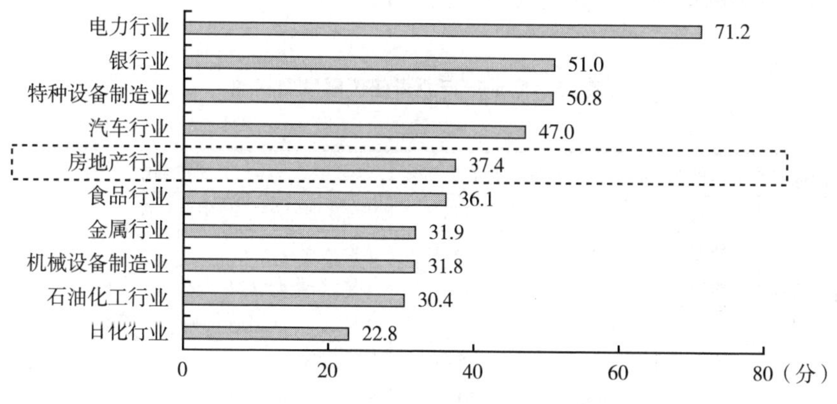

图 23　房地产行业社会责任发展指数与排名

2. 房地产行业责任实践优于责任管理，市场责任表现最佳；房地产行业注重股东责任、政府责任、社区责任、绿色生产，在精准扶贫和绿色管理方面表现欠佳

对比责任管理与责任实践可以看出，责任实践（38.0 分）高于责任管理（30.4 分），可见房地产行业责任管理水平有待提升。就责任实践具体表现而言，市场责任（42.0 分）和社会责任（37.8 分）表现优于环境责任（34.2 分），体现出房地产企业在经营业绩、政府责任、员工责任、社区责任等方面的信息披露程度高于环境保护。

从议题角度来看，房地产行业在股东责任（82.4 分）、责任愿景（76.0 分）、政府责任（52.1 分）、责任参与（46.5 分）、社区责任（44.3 分）等方面信息披露水平相对较高，可见大部分房地产企业对自身企业愿景、规划目标比较明确，并积极参与利益相关方的沟通工作，主动识别和回应利益相关方诉求。

房地产行业在安全生产（30.8 分）和环境责任（34.2 分）方面较 2017 年安全生产（20.5 分）和环境责任（29.0 分）得分有所提高，可见在国家政策响应和号召下，房地产企业不断增强安全生产和环境保护的意识，但是整体水平仍需加强和提升。责任制度（12.0 分）和责任文化（4.0 分）议题表现最差，需要加大社会责任制度和文化建设方面的信息披露，提升企业整体信息披露的全面性和连续性（见表 13）。

表 13　房地产行业责任议题发展指数

单位：分

责任板块	责任议题	行业议题指数	行业最高分	最佳实践
责任管理（30.4）	愿景	76.0	100.0	华润置地、碧桂园、华夏幸福
	战略	39.2	100.0	招商局蛇口
	组织	25.5	100.0	碧桂园、华润置地、保利地产
	制度	12.0	100.0	碧桂园、华润置地
	文化	4.0	100.0	华润置地
	参与	46.5	100.0	碧桂园、华润置地、招商局蛇口
市场责任（42.0）	股东责任	82.4	100.0	华润置地、碧桂园
	客户责任	33.0	80.0	华润置地
	伙伴责任	38.0	90.0	招商蛇口、华润置地
社会责任（37.8）	政府责任	52.1	100.0	碧桂园、华夏幸福、华润置地
	员工责任	38.5	87.0	华润置地
	安全生产	30.8	100.0	华润置地
	社区责任	44.3	86.0	华润置地
	精准扶贫	26.9	79.0	招商局蛇口
环境责任（34.2）	绿色管理	27.3	72.0	招商局蛇口
	绿色生产	38.5	94.0	华润置地
	绿色运营	30.0	87.5	华润置地、保利地产、招商局蛇口

（三）最佳实践

综合优秀房地产企业社会责任信息披露情况可以看出，房地产行业披露的特色议题集中于客户责任、绿色运营、社区责任等方面。

1. 加强产品质量管控

为确保向客户提供安全和健康的产品，华润置地在遵守《中华人民共和国产品质量法》《中华人民共和国城市房地产管理法》等法律法规的同时，制定了《华润置地质量管理体系建设规定》《华润置地工程高品质标准》等上百项内部产品质量管理政策。公司实行全面质量管理战略，从设计、招采、施工、验收、评估等各个环节入手，对产品质量特别是其健康与安全性进行严格的把控。2017 年，华润置地下发《华润置地销售物业项目设计分类管理细则（V1.0 版）》，在“总部 - 大区 - 城市公司”三级管控下加强大区项目关注，通过近一年的运用，实现了项目管理质量与管理效率的双重提升。2017 年，华润置地第三方工程质量检查得分由 2015 年第三季度的 78 分持续稳步上升到 2017 年的 92.52 分，已达到行业标杆水平。

2. 将绿色融入管理

作为城市和园区运营服务商，打造绿色人居是招商局蛇口不变的追求。招商局蛇口坚持用对待生命的方式升级城市，编制并完善相关绿色技术和管理工作的制度及指引，将绿色发展理念融入管理运营全过程，努力建设人与自然和谐共生的现代化城市。公司围绕绿色人居要求，首次编制绿色发展规划，制定绿色发展“163 行动”，以更统一的思想、更明晰的路径实现绿色发展（见图 24）。

3. 积极践行公益责任

中国海外发展围绕希望小学开展“夏令营”“爱心探访”“艺术计划”等各类公益活动，同时发动员工积极参与和投身所在城市的公益活动。中国海外发展秉承“精品”路线，捐建的希望小学也是高规格、高品质，每所希望小学的投入都在数百万元以上，均成为当地硬件条件最好的希望学校，

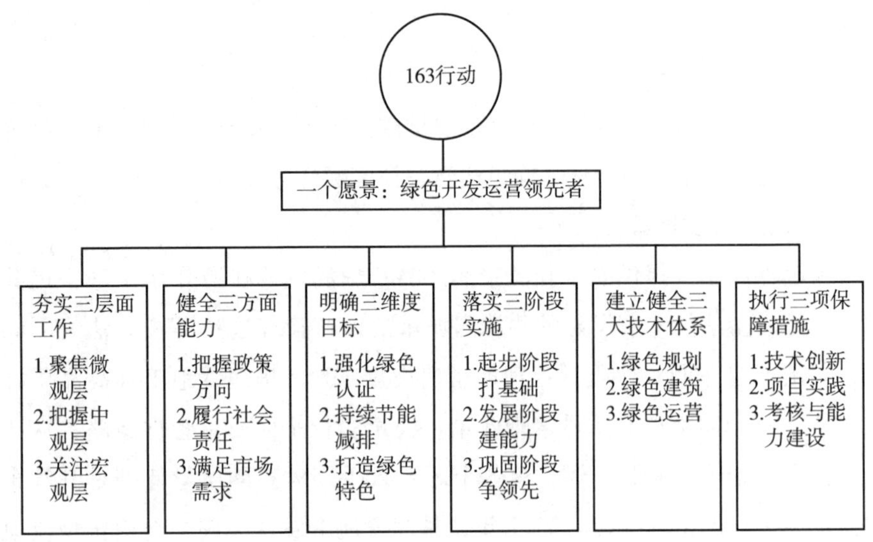

图 24　招商局蛇口绿色发展“163 行动”

其中，四川都江堰中国海外新建特殊教育学校的投入更是超过 3000 万元港币，中国海外三峡希望小学被誉为“中国最美希望小学”。

七　食品行业社会责任发展指数（2018）

（一）评价结果

本部分评价的食品行业是指从事食品和饮料加工生产的行业，主要包括三大类：农副食品加工、食品制造、酒精和饮料酒制造。食品行业 26 家样本企业的社会责任发展指数排名及得分如表 14 所示。

（二）阶段性特征

1. 食品行业社会责任发展指数平均分为36. 1分，总体处于二星级水平

食品行业社会责任发展指数平均得分为 36. 1 分，整体为二星级水平，处于起步者阶段，相较于 2017 年的 35. 6 分有所提升，在评价的 10 个行业

表 14　食品行业社会责任发展指数（2018）

单位：分

排名	企业名称	企业性质	官网是否设置社会责任专栏	是否发布企业社会责任报告	社会责任发展指数
★★★★(8 家)					
1	中国盐业集团有限公司	中央企业	有	有	74. 1
2	内蒙古伊利实业集团股份有限公司	民营企业	有	有	71. 1
3	内蒙古蒙牛乳业集团股份有限公司	其他国有企业	有	有	70. 3
4	华润雪花啤酒(中国)有限公司	其他国有企业	有	有	69. 5
5	中国贵州茅台酒厂(集团)有限责任公司	其他国有企业	有	有	69. 2
6	康师傅控股有限公司	外资企业	有	无	68. 5
7	广东温氏食品集团股份有限公司	民营企业	有	有	64. 4
8	四川省宜宾五粮液集团有限公司	其他国有企业	有	有	61. 9
★★★(2 家)					
9	青岛啤酒股份有限公司	其他国有企业	有	有	58. 9
10	万洲国际有限公司	民营企业	有	有	53. 7
★★(7 家)					
11	光明食品(集团)有限公司	其他国有企业	无	有	38. 5
12	通威集团有限公司	民营企业	有	无	30. 4
13	亿滋中国	外资企业	有	无	26. 5
14	旺旺(中国)投资有限公司	外资企业	无	无	24. 3
14	达能(中国)有限公司	外资企业	有	无	24. 3
16	雀巢中国	外资企业	有	无	21. 6
17	百事(中国)投资有限公司	外资企业	有	无	21. 5
★(9 家)					
18	山东鲁花集团有限公司	民营企业	有	无	14. 5
19	可口可乐(中国)饮料有限公司	外资企业	有	无	14. 4
20	杭州娃哈哈集团有限公司	民营企业	有	无	12. 5
21	百威英博中国	外资企业	有	无	12. 3
22	益海嘉里投资有限公司	外资企业	有	无	11. 9
23	新希望集团有限公司	民营企业	有	无	9. 7
24	农夫山泉股份有限公司	民营企业	无	无	7. 8
25	加多宝集团有限公司	外资企业	有	无	6. 6
26	邦吉公司	外资企业	无	无	0. 0

中排名第六（见图 25），与 2017 年的第八名相比有较大提升。26 家样本企业中，四星级企业有 8 家，分别为中盐集团（74.1 分）、伊利（71.1 分）、蒙牛（70.3 分）、华润雪花（69.5 分）、贵州茅台（69.2 分）、康师傅（68.5 分）、温氏食品（64.4 分）和五粮液（61.9 分）。

食品行业是与消费者密切相关的行业，食品安全直接关系消费者健康。对于食品企业而言，定期披露食品安全信息有助于消除消费者与企业之间的信息壁垒，对解决因信息不对称引起的食品安全问题具有重要意义。就目前来看，食品行业社会责任信息披露水平较 2017 年有所提高，说明食品企业越来越重视社会责任信息披露，但是整体表现欠佳，需要进一步加强社会责任管理，提升信息披露水平。

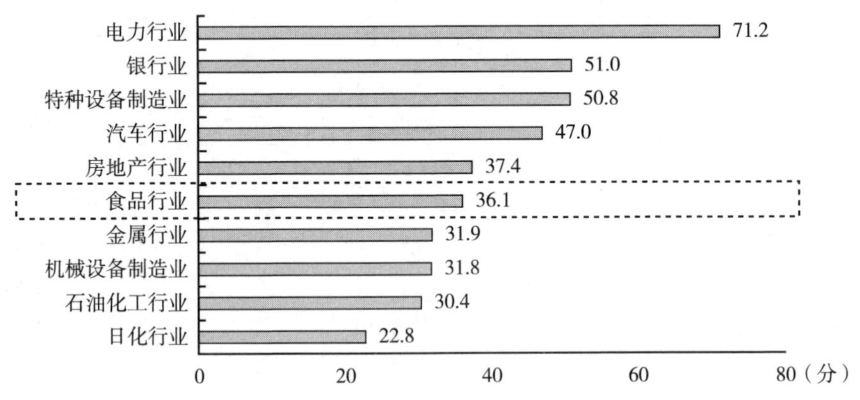

图 25　食品行业社会责任发展指数与排名

2. 乳品企业中，伊利、蒙牛排名前二；酒类企业中，华润雪花、贵州茅台领先

从行业细分的角度来看，乳品企业（46.8 分）与酒类企业（54.4 分）社会责任信息披露得分高于食品行业平均得分，可见，乳品企业及酒类企业相较于其他细分行业在信息披露方面表现更优。乳品企业中，伊利、蒙牛位居前二，其中伊利以 71.1 分位居榜首；酒类企业中，华润雪花以 69.5 分领先，贵州茅台以 69.2 分位居第二（见表 15 和表 16）。

表 15　乳品企业社会责任发展指数（2018）

单位：分

排名	企业名称	社会责任发展指数
1	内蒙古伊利实业集团股份有限公司	71. 1
2	内蒙古蒙牛乳业集团股份有限公司	70. 3
3	达能（中国）有限公司	24. 3
4	雀巢中国	21. 6

表 16　酒类企业社会责任发展指数（2018）

单位：分

排名	企业名称	社会责任发展指数
1	华润雪花啤酒（中国）有限公司	69. 5
2	中国贵州茅台酒厂（集团）有限责任公司	69. 2
3	四川省宜宾五粮液集团有限公司	61. 9
4	青岛啤酒股份有限公司	58. 9
5	百威英博中国	12. 3

3. 食品行业责任实践优于责任管理，市场责任表现最佳；更注重责任愿景、股东责任和责任战略，在责任文化方面表现欠佳

对比责任管理和责任实践可以看出，责任实践（36. 5 分）高于责任管理（33. 0 分），其中责任文化议题指数表现最差，可见食品企业更注重社会责任活动的开展，对于公司内部社会责任氛围的培养相对欠缺。就实践而言，市场责任（38. 6 分）表现优于社会责任（37. 2 分）和环境责任（33. 8 分），体现了食品企业在经营业绩方面的信息披露率高于环境保护及公益慈善等方面的信息披露率（见表 17）。

从议题角度来看，食品企业在责任愿景（67. 3 分）、股东责任（50. 1 分）、责任战略（48. 5 分）及社区责任（45. 5 分）方面信息披露水平相对较高，可见大部分食品企业重视责任愿景、责任战略的梳理，并重视经营业绩，努力加强社区沟通。

（三）最佳实践

对食品行业 26 家样本企业的社会责任报告进行综合分析可以看出，食

表 17　食品行业责任议题得分情况

单位：分

责任板块	责任议题	议题发展指数	行业最高分	最佳实践
责任管理（33.0）	愿景	67.3	100.0	中盐集团、伊利、康师傅、五粮液、万州国际、光明食品、旺旺、达能、娃哈哈、新希望
	战略	48.5	100.0	中盐集团、伊利、康师傅、温氏食品
	组织	29.5	100.0	伊利、蒙牛、康师傅、五粮液、万洲国际
	制度	19.2	100.0	伊利、万州国际
	文化	5.8	100.0	中盐集团
	参与	37.3	100.0	中盐集团
市场责任（38.6）	股东责任	50.1	100.0	伊利、蒙牛、华润雪花、贵州茅台、康师傅、温氏食品、五粮液、青岛啤酒、光明食品、旺旺
	客户责任	39.8	90.0	康师傅
	伙伴责任	33.6	91.0	康师傅
社会责任（37.2）	政府责任	42.0	100.0	中盐集团
	员工责任	39.8	95.0	中盐集团
	安全生产	32.0	100.0	华润雪花、贵州茅台
	社区责任	45.5	86.0	华润雪花
	精准扶贫	27.8	79.0	温氏集团、五粮液、青岛啤酒
环境责任（33.8）	绿色管理	29.7	85.0	贵州茅台
	绿色生产	38.6	88.0	康师傅
	绿色运营	22.6	87.5	蒙牛

品行业披露的特色议题集中于食品安全、绿色经营和供应链管理、倡导健康消费等方面。

1. 食品安全

秉持“让百姓吃上放心盐”的原则，中盐集团始终把食盐质量放在首位，建立并完善质量管理体系，加强食盐质量风险管控，通过立体化的管理方式，重点监控安全源头、生产加工、仓储、出厂检验和销售各环节，完善从盐田到餐桌的全链条食盐质量安全保障体系，保卫“舌尖上的食盐安全”。制定并实施了严于国家标准的《“中盐”牌食用盐内控标准》，监控指标达到 44 项，比国家标准多出 29 项。中盐集团所属食盐生产和商贸企业全部建立了 ISO 9001 质量管理体系、食盐安全 HACCP 体系并通过第三方认证，初步实现了中盐产、供、销全产业链质量安全管控体系目标。

2. 绿色经营

伊利致力于打造可持续发展的乳制品产业，采用“全生命周期环境管理”，坚持“绿色产业链”的发展方向，驱动产业链上的所有环节实现可持续绿色发展；开展并持续投入绿色生产、绿色建筑等项目，从能源、资源、废弃物管理上着手，为消费者提供更环保的产品。2017 年，伊利在环保方面的投资约 1.8 亿元。伊利鼓励使用源自负责任生产的环保包材，如经森林管理委员会（FSC）认证的无菌纸盒包装。伊利从减少包装材料用量、降低包装材料加工能耗、使用绿色包装材料等多个方面进行研究，并进行成果转化，包括对牛奶外包装箱进行结构和生产工艺的优化，保证质量相同的条件下减少包装材料的使用量等。

3. 供应链管理

作为领先的中国乳业品牌，蒙牛在专注营养健康的同时，一直致力于责任供应链伙伴和行业的共同发展，打造责任供应链，推动管理与技术创新，携手合作伙伴共赢。整合供应链资源，加强供应链系统集中管理，开展本地化采购与支持性采购。探索供应链全流程产品溯源，努力打造安全、绿色、高品质的责任供应链。

4. 倡导健康消费

中盐集团依托微信、微博等新媒体手段，密切与消费者沟通，加大食盐科普宣传力度，普及食盐安全知识，倡导“少吃盐多用盐”健康理念，提高全社会食盐安全、健康意识，为实现“健康中国”迈进坚实的一步。

贵州茅台充分利用主流媒体资源，在传统节日前夕发布各省经销商名录，提醒消费者到正规渠道放心购买。在节日期间，组织经销商开展形式多样的优惠和互动活动。在全国专卖店、经销商、自营店开展“3·15”消费者权益日推介活动，提供免费品鉴和鉴定服务。以客观、理性、负责的态度倡导文明、理性饮酒，宣传健康、科学饮酒。

华润雪花通过在酿造工艺、饮酒文化等领域不断推陈出新，培养理性饮酒的社会文化，致力于推动全社会形成理性饮酒的新风尚。同时华润雪花以

更安全

- 对全产业链供应商建立严格的准入及评估制度，对不诚信的供应商纳入黑名单。2017年，23家不合规供应商纳入公司黑名单
- 把具有国际先进水平的食品质量安全认证覆盖到乳品行业的全产业链
- 推进产品溯源，更有效地控制养殖方面安全风险

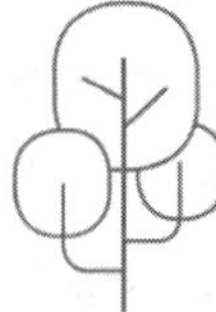

更绿色

- 筛选供应商时，充分考虑供应商在节能环保、降污减排方面的表现
- 帮助供应商加强牧场管理，打造环境友好型牧场

更高质

- 建立健全“全生命周期”管理体系，推动供应链各环节更优质
- 建立供应商考核评价制度，促进履责能力提升

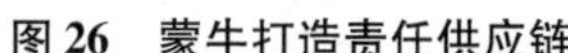

图 26　蒙牛打造责任供应链

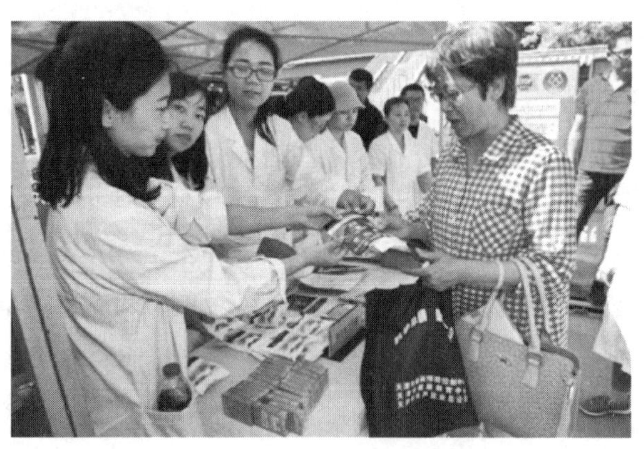

图 27　“每天一点碘，健康多一点”预防碘缺乏病宣传活动

多种创新方式与消费者沟通，积极帮助消费者获得饮酒的相关知识，鼓励消费者理性、适量饮酒。

八 机械设备制造业社会责任发展指数（2018）

（一）评价结果

本部分评价的机械设备制造业包括普通机械制造业和专用设备制造业。机械设备制造业 23 家样本企业的社会责任发展指数排名及得分如表 18 所示。

表 18 机械设备制造业社会责任发展指数（2018）

单位：分

排名	企业名称	企业性质	官网是否设置社会责任专栏	是否发布企业社会责任报告	社会责任发展指数
★★★★★（2 家）					
1	斗山（中国）投资有限公司	外资企业	有	有	89.3
2	中国电力建设集团有限公司	中央企业	有	有	83.0
★★★★（3 家）					
3	新疆金风科技股份有限公司	民营企业	有	有	69.7
4	上海电气集团股份有限公司	其他国有企业	有	有	65.4
5	中国机械工业集团有限公司	中央企业	有	有	60.5
★★★（3 家）					
6	哈尔滨电气集团有限公司	中央企业	有	无	48.2
7	博世（中国）投资有限公司	外资企业	有	有	46.6
8	特变电工股份有限公司	民营企业	有	有	43.3
★★（4 家）					
9	日立（中国）有限公司	外资企业	有	无	34.8
10	亨通集团有限公司	民营企业	有	有	26.5
11	ABB（中国）有限公司	外资企业	有	无	24.8
12	西门子中国	外资企业	有	无	22.5
★（11 家）					
13	山东大海集团有限公司	民营企业	有	无	16.4
14	电装（中国）投资有限公司	外资企业	有	无	14.7
15	中国通用技术（集团）控股有限责任公司	中央企业	有	无	13.9
16	三一集团有限公司	民营企业	有	无	13.6
17	正泰集团股份有限公司	民营企业	无	无	12.3

续表

排名	企业名称	企业性质	官网是否设置社会责任专栏	是否发布企业社会责任报告	社会责任发展指数
18	蒂森克虏伯(中国)投资有限公司	外资企业	有	无	11.1
19	盾安控股集团有限公司	民营企业	有	无	10.8
20	三菱电机(中国)有限公司	外资企业	有	无	10.5
21	卡特彼勒(中国)投资有限公司	外资企业	有	无	7.4
22	采埃孚(中国)投资有限公司	外资企业	有	无	6.5
23	麦格纳中国	外资企业	无	无	0.0

（二）阶段性特征

1. 机械设备制造业社会责任发展指数为31.8分，总体处于二星级水平

机械设备制造业社会责任发展指数平均得分为 31.8 分，整体为二星级水平，仍处于起步者阶段，指数得分相较于 2017 年降低了 2.5 分，在 10 个行业中排名第八（见图 28）。在 23 家样本企业中社会责任发展指数为五星级的企业分别是斗山（中国）（89.3 分）、中国电建（83.0 分）；四星级企业分别为金风科技（69.7 分）、上海电气（65.4 分）、国机集团（60.5 分）。

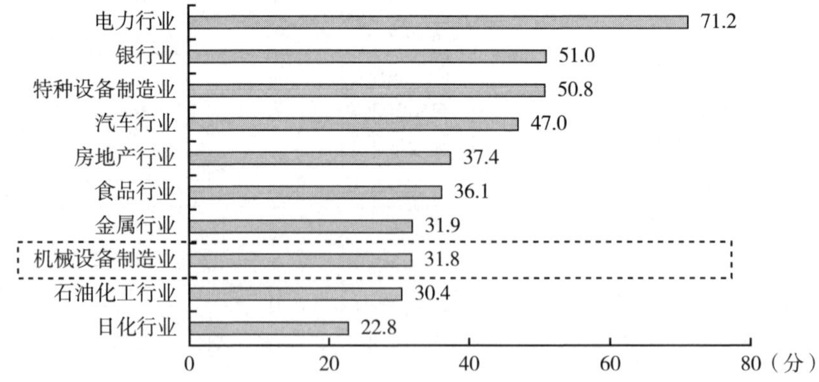

图 28　机械设备制造业社会责任发展指数与排名

从整体来看，机械设备制造业广泛应用于经济社会的建设当中，对国民经济具有重大意义，对国计民生具有重大影响。目前来看，机械设备制造业近年来社会责任信息披露水平呈下降趋势，尤其在市场责任和环境责任方面披露信息不足，说明机械设备制造业应更加重视企业社会责任履责实践和信息披露。

2. 机械设备制造业责任管理略优于责任实践，企业重视责任参与、责任愿景及社区责任，在责任文化与责任制度方面还需努力

2018 年，机械设备制造业 23 家样本企业的责任管理（32.6 分）略高于责任实践（31.4 分），但责任管理与责任实践仍处于起步者阶段，机械设备制造企业在社会责任战略管理和社会责任实践开展上都需要进一步推进，责任管理和责任实践均还存在较大的提升空间。

就责任管理而言，企业注重责任参与（52.1 分），其次为责任愿景（47.8 分）和责任战略（34.8 分）。由此可见，机械设备制造业企业注重识别和回应利益相关方诉求，主动邀请利益相关方参与企业社会责任建设，与利益相关方形成双向、有效的沟通；同时注重社会责任内外部沟通机制建设，包括发布社会责任报告、建立社会责任专栏、组织社会责任知识交流大会等内部机制和参与利益相关方交流会议、工厂开放日等外部机制。

就责任实践而言，社会责任成效最为显著（34.7 分），其次为市场责任（30.0 分）和环境责任（29.6 分）；由此看出，环境、社会和市场三方面的责任实践差距较小，体现出机械设备制造业企业在注重公益慈善等方面的履责实践和信息披露的同时，依然注重经营业绩、客户服务、伙伴责任、绿色管理、节能减排等方面的信息披露，值得肯定（见表 19）。

表 19　机械设备制造业责任议题发展指数

单位：分

责任板块	责任议题	行业议题指数	行业最高分	最佳实践
责任管理（32.6）	愿景	47.8	100.0	斗山（中国）、中国电建、上海电气、特变电工、亨通集团、盾安控股
	战略	34.8	100.0	斗山（中国）、中国电建、国机集团、日立（中国）

续表

责任板块	责任议题	行业议题指数	行业最高分	最佳实践
责任管理(32.6)	组织	29.0	100.0	斗山(中国)、中国电建、国机集团、日立(中国)
	制度	20.3	100.0	斗山(中国)、中国电建、日立(中国)
	文化	19.6	100.0	斗山(中国)、中国电建、金风科技
	参与	52.1	100.0	斗山(中国)、中国电建、金风科技、国机集团、日立(中国)
市场责任(30.0)	股东责任	34.9	100.0	中国电建、金风科技、上海电气、哈尔滨电气、特变电工
	客户责任	29.6	95.0	斗山(中国)
	伙伴责任	28.8	90.0	斗山(中国)
社会责任(34.7)	政府责任	38.3	100.0	斗山(中国)、中国电建
	员工责任	37.7	100.0	斗山(中国)
	安全生产	32.1	100.0	斗山(中国)、中国电建、国机集团、哈尔滨电气
	社区责任	42.0	100.0	斗山(中国)
	精准扶贫	22.7	86.0	中国电建、国机集团
环境责任(29.6)	绿色管理	32.9	95.0	斗山(中国)
	绿色生产	28.5	76.0	斗山(中国)
	绿色运营	27.2	87.5	金风科技、ABB(中国)

（三）最佳实践

从整体上看，机械设备制造业企业披露的特色议题集中于社区责任、政府责任、员工责任、股东责任等方面。

1. 倾情社会贡献

进入中国20多年来，斗山（中国）推进“追求合理利润，积极回报社会”的经营理念，始终牢记“取之社会，回馈社会”的宗旨，将企业利益回报给社会。自2015年起，斗山（中国）推行全球CCI（Corporate Community Involvement）社会贡献指南，全面指导企业承担社会责任，并致力于2025年进入“全球100家CSR领军企业”行列。

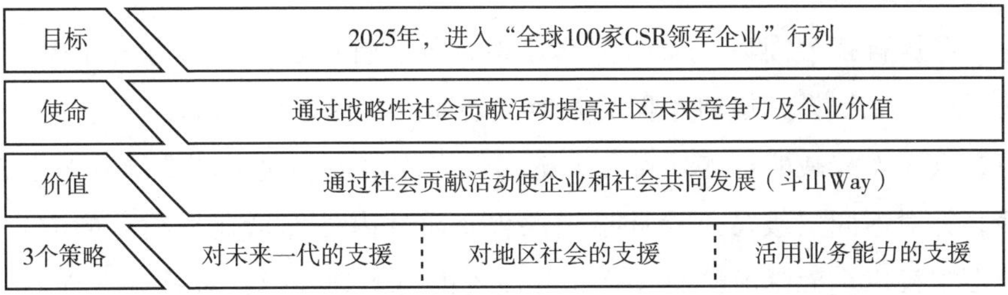

目标	2025年，进入“全球100家CSR领军企业”行列		
使命	通过战略性社会贡献活动提高社区未来竞争力及企业价值		
价值	通过社会贡献活动使企业和社会共同发展（斗山Way）		
3个策略	对未来一代的支援	对地区社会的支援	活用业务能力的支援

图 29　斗山（中国）社会贡献战略

2. 支持雄安新区建设

中国电建积极响应国家提出的“京津冀一体化”战略，大力支持雄安新区规划建设，于 2017 年 5 月成立“雄安新区工作组”，充分对接雄安新区管委会及雄县、容城、安新三县各部门，积极开展劳务用工、技校招生、对口支教和大学生招聘等工作，获得新区管委会的好评与认可。

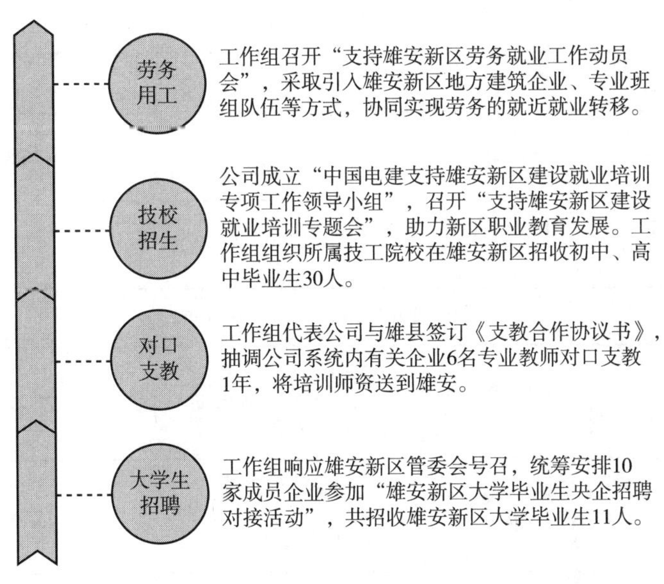

图 30　中国电建支持雄安新区建设

3. 注重员工培训

金风科技公司以“支持战略落地、服务价值创造、助力人才成长”为目标，系统设计培训课程及内容，培训内容涵盖公司战略落地学习项目、人才发展战略培养项目、关键岗位人才培养、通用能力培养四个方面；针对不同层级员工设计培训课程，通过内外部培训相结合的方式，给员工提供全面学习机会。公司开展资助类培训项目，对符合条件的员工在继续教育、学历提高、职业资格证书考取方面给予相应比例的培训资助。

培训项目	培训对象	项目简介	项目期次/参与人次
领导力与管理能力发展 Leadership and Management			
领导力培训班	面向集团基层干部	引入绩效改进理念，帮助团队转变固有管理思维，达成工作绩效，提高团队管理能力和个人管理能力	7期/235人次
百人工程	面向集团一线业务骨干、技术骨干	学历提升的在职教育，提高团队的专业技术能力	1期/47人次
通用能力发展 Individual Competency			
金风大讲堂	面向全体员工	提高员工综合职业能力，拓展个人视野	8期/696人次
内训师培养	针对集团内部储备培训讲师	提高授课及课程开发能力	4期/93人次
关键岗位人才培养 Professionalism			
团队领导力之项目管理培训项目	面向集团中基层干部	帮助提高项目管理能力，并通过国际认证的PMP考试	2期/111人次
应届毕业生培训	校招新员工	宣贯普及企业文化、制度、产品知识等应知应会内容	2期/235人次

图 31　金风科技主要学习培训项目

4. 携手股东，建设价值电气

上海电气依法保障股东的合法权益，通过持续规范的信息披露，增进股东对公司的深入理解。搭建有效的沟通平台，促进股东与公司的良性互动。公司努力为股东创造价值，并持续实施稳定的分红政策。2016～2017 年，上海电气通过两次重大资产重组，置入股权类资产约人民币 72 亿元，实现了上海电气现有产业布局的完善和制造实力的提升；置入的土地类资产可与公司未来的产业规划紧密结合，为上海电气的产业转型提供有力支持，增加上市公司优质资源储备。有利于提升上海电气的盈利水平，降低资产负债率，从而增加每股收益。

	2017年	2005年	增幅
总营业收入	79,543,794	34,556,890	130.18%
归属母公司股东的净利润	2,659,576	1,672,212	59.05%
总资产	199,345,759	55,165,348	261.36%
股东权益合计	55,537,083	21,186,282	162.14%

图 32　上海电气股东分红（单位：千元）

九　金属行业社会责任发展指数（2018）

（一）评价结果

本部分评价的金属行业主要包括黑色金属（钢、铁以及钢铁合金）冶炼及压延加工业和有色金属（包括铜、锡、锑、铝、镁、钛、金等）冶炼及压延加工业。金属行业 25 家样本企业的社会责任发展指数排名及得分如表 20 所示。

（二）阶段性特征

1. 金属行业社会责任发展指数为31. 9分，总体处于二星级水平

金属行业社会责任发展指数平均得分为 31. 9 分，整体为二星级水平，

表 20　金属行业社会责任发展指数（2018）

单位：分

排名	企业名称	企业性质	官网是否设有社会责任专栏	是否发布企业社会责任报告	社会责任发展指数
★★★★★(2 家)					
1	中国铝业集团有限公司	中央企业	有	有	88.1
2	太原钢铁(集团)有限公司	其他国有企业	有	有	80.0
★★★★(3 家)					
3	浦项(中国)投资有限公司	外资企业	有	有	76.1
4	新兴际华集团有限公司	中央企业	有	有	73.5
5	中国有色矿业集团有限公司	中央企业	有	有	66.3
★★★(2 家)					
6	河钢集团有限公司	其他国有企业	有	有	45.2
7	首钢集团有限公司	其他国有企业	有	无	41.9
★★(6 家)					
8	酒泉钢铁(集团)有限责任公司	其他国有企业	有	无	38.3
9	鞍钢集团有限公司	中央企业	有	无	36.6
10	本钢集团有限公司	其他国有企业	有	无	33.5
11	中国五矿集团有限公司	中央企业	有	无	31.6
12	中国宝武钢铁集团有限公司	中央企业	有	无	28.3
13	杭州钢铁集团有限公司	其他国有企业	无	无	22.2
★(12 家)					
14	江苏沙钢集团有限公司	民营企业	有	无	19.8
15	中天钢铁集团有限公司	民营企业	无	无	17.8
16	河北津西钢铁集团股份有限公司	民营企业	有	无	16.7
17	青山控股集团有限公司	民营企业	有	无	16.3
18	金川集团股份有限公司	其他国有企业	有	无	11.8
19	北京建龙重工集团有限公司	民营企业	有	无	11.0
20	唐山瑞丰钢铁(集团)有限公司	民营企业	有	无	10.0
21	天津荣程联合钢铁集团有限公司	民营企业	有	无	9.4
22	正威国际集团有限公司	民营企业	有	无	8.0
23	杭州锦江集团有限公司	民营企业	有	无	6.1
24	南山集团有限公司	民营企业	有	无	4.0
25	河北新华联合冶金控股集团有限公司	民营企业	无	无	3.8

处于起步者阶段，相较于2017年的33.8分略有下降，在评价的10个行业中排名第七（见图33）。25家样本企业中，五星级企业2家，分别为中铝集团（88.1分）、太原钢铁（80.0分）；四星级企业3家，分别是浦项（中国）（76.1分）、新兴际华（73.5分）、中国有色（66.3分）；三星级企业2家，其余18家企业社会责任发展指数均为二星级及以下水平。

金属行业是关系国计民生的基础性行业，在保证信息透明，尤其在节能减排、安全生产等方面的信息透明具有义不容辞的责任。最近两年，金属行业社会责任信息披露水平有所下降，且整体水平较差，25家企业中虽然有近九成企业在官网设置社会责任专栏，但仅有6家企业发布社会责任报告。金属行业应强化社会责任意识，加强社会责任信息披露工作。

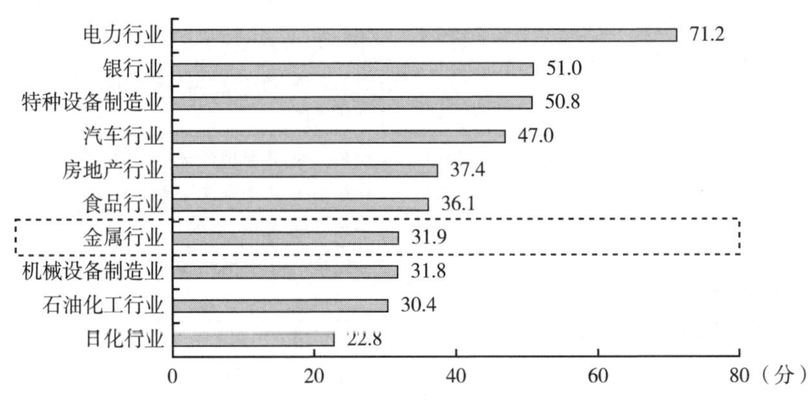

图33　金属行业社会责任发展指数与排名

2. 金属行业责任实践略优于责任管理，社会责任表现最佳；金属行业注重披露责任愿景、股东责任及安全生产，在责任文化和绿色运营方面表现欠佳

对比责任管理与责任实践可以看出，责任实践（31.7分）得分略高于责任管理（30.9分），金属行业应完善责任管理布局，加强责任战略、组织、制度、文化、参与等方面工作；就责任实践而言，社会责任（34.5分）表现优于市场责任（30.9分）和环境责任（29.8分），体现出金属行业企业在安全生产、员工责任等方面的信息披露率高于经营业绩和环境保护有关信息。

从议题角度来看，金属行业企业在愿景（66.0分）、股东责任（46.6

分）、安全生产（41.4分）和员工责任（40.3分）方面信息披露水平相对较高，可见大部分金属行业企业主动披露企业愿景、使命、价值观及社会责任理念和口号，展现出企业的愿景，相当比例的企业能够积极维护股东权益和员工权益，注重保障安全生产。相对而言，文化（14.0分）表现最差，企业在责任培训与相关考核、奖惩机制建立上存在较大不足，该议题的表现亟待提高（见表21）。

表21　金属行业责任议题发展指数

单位：分

责任板块	责任议题	行业议题指数	行业最高分	最佳实践
责任管理（30.9）	愿景	66.0	100.0	中铝集团、浦项（中国）、新兴际华、中国有色、河钢集团、中国五矿、中天钢铁、正威国际
	战略	33.6	100.0	中铝集团、新兴际华
	组织	32.0	100.0	太原钢铁、浦项（中国）、新兴际华、中国有色、河钢集团
	制度	24.0	100.0	中铝集团、太原钢铁、新兴际华、中国有色
	文化	14.0	100.0	中铝集团、太原钢铁、浦项（中国）
	参与	33.8	100.0	中国有色、浦项（中国）
市场责任（30.9）	股东责任	46.6	100.0	中铝集团、太原钢铁、中国有色、首钢集团
	客户责任	31.8	86.0	太原钢铁
	伙伴责任	25.6	91.0	中铝集团
社会责任（34.5）	政府责任	38.0	100.0	太原钢铁、新兴际华
	员工责任	40.3	100.0	太原钢铁
	安全生产	41.4	100.0	中铝集团、太原钢铁、新兴际华
	社区责任	30.4	93.0	浦项（中国）
	精准扶贫	23.9	79.0	太原钢铁
环境责任（29.8）	绿色管理	35.0	95	中铝集团、新兴际华
	绿色生产	28.4	100.0	中铝集团
	绿色运营	21.5	100.0	中铝集团、中国有色

（三）最佳实践

对标所选取的金属行业企业可以看出，金属行业企业披露的特色议题集中于产品质量、绿色发展、安全生产、科技创新等方面。

1. 打造一流产品

为保证产品质量，浦项（中国）以“感动客户灵魂的超一流”目标提出质量管理目标——POSCO Quality 品质宪章，注重挖掘客户内在需求，携手供应链共同打造超一流品质。浦项（中国）始终秉持“不放出任何一件不合格产品到客户公司”的信念，对每一个环节进行严格检测，力求精准。正是因为这种执着，才保证了公司的产品能够真正保质保量地送到客户的手中。

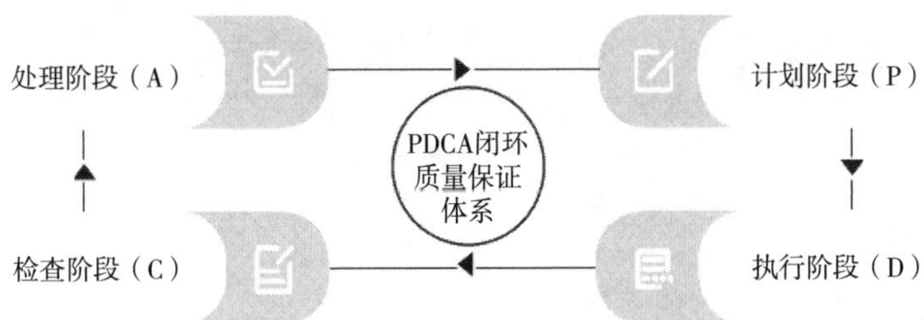

计划阶段（P）：找出存在的质量问题，分析产生问题的各种原因和影响因素并确定主要原因，最后有针对性地制订技术措施方案，提出解决措施的计划并预测预期效果。

执行阶段（D）：将制订的计划和措施进行具体组织实施。

检查阶段（C）：主要是在计划执行过程中或执行之后，检查执行情况是否符合计划的预期结果。

处理阶段（A）：针对问题执行应对措施；保存问题疑点，避免在后续施工过程中出现类似问题；分析调查原因后，将积累的经验应用到下一个工序。

图 34　浦项（中国）构建 PDCA 闭环质量保证体系

2. 加快创新体系与人才队伍建设

太原钢铁持续加强先进不锈钢材料国家重点实验室、山西省不锈钢工程技术研究中心、山西省铁道车辆用钢工程技术研究中心等创新平台建设，实现发展动力转换，全面增强科技创新能力。同时，以产品工程师团队的构建为重点，加强核心研发团队的组建和培育，发挥每名科研人员的创造力和作用，形成团队合力，全面研究且系统深入、高效率地开展科技研发和质量改进工作。积极推进薪酬分配改革，重点围绕岗位能力、敬业度、精细化到人、“515”评聘等评价要素，深入研究制定更加科学的薪酬分配制度，调动广大科技人员的积极性和创造性。

图 35　太原钢铁技术中心

3. 建设生态矿区，共筑美丽中国

中铝集团贯彻十九大提出的“节约优先、保护优先、自然恢复优先”的生态保护方针，坚持“负责任的矿业开发”理念，自觉践行绿色发展理念，推进节能减排和循环利用，追求企业运营与环境保护的和谐共生，严守生态红线，从设计、规划、开发到复垦、绿化、造林，形成生态闭路循环，建设生态中铝。截至 2017 年底，集团共有山西孝义铝矿、平果铝矿、云南铜业（集团）有限公司大红山铜矿等 11 座矿山入选国家级绿色矿山试点单位。

4. 以管理促安全

新兴际华建立完善的安全生产责任制和各类安全管理制度、岗位安全操作规程和事故应急预案，形成安全管理制度体系。2017 年，新兴际华深入推进安全生产标准化，组织建立了标准化评定报告集团备案制度、标准化自评报告二级公司审核机制，组织实施并完善了标准化运行定期现场督导机制；同时不断组织开展安全生产大检查，集团副总带队督导检查 6 次，检查 13 户企业，发现安全隐患 114 项，完成整改 114 项，整改率 100%；组织开

绿色开采

我们坚持边开采边治理，采剥复垦一体化项目，对采空区复垦土地进行合理最优的再利用、再开发，带动当地发展新型绿色矿区农业经济，共享资源开发的成果，做到经济效益、社会效益、生态效益三者兼顾平衡

生态恢复

我们使用的Online Mine在线智能采矿系统，集信息数字化、生产半空程实时化、管理控制、决策处理于一体，促进了矿山开采的全面精准化管理，提升了资源利用效益，也有效降低矿山成本。这一技术在广西分公司三期矿山得到应用，降低矿石损失率0.20%、贫化率0.10%

绿色经营

中铝广西稀土开发稀土矿新型复合浸取剂协同浸取与稀土高效绿色富集与净化技术，使稀土收率大于95%，获得国家绿色制造项目支持

图 36　中铝集团矿区生态闭路循环

展督导检查 4 次，对 47 户企业进行安全检查，查处安全隐患 637 起，完成整改 637 项，整改率 100%。公司还成立应急管理领导小组，负责在重大突发事件发生时，全面领导应急工作；各下属企业建立应急责任体系、应急管理机构，不断推进应急救援队伍建设，开展应急培训教育。

图 37　检查督导安全生产工作现场

十　日化行业社会责任发展指数（2018）

（一）评价结果

本部分评价的日化行业主要包括从事肥皂及合成洗涤剂制造、化妆品制造、口腔清洁用品制造、香料及香精制造等。日化行业 25 家样本企业的社会责任发展指数排名及得分如表 22 所示。

表 22　日化行业社会责任发展指数（2018）

单位：分

排名	企业名称	企业性质	官网是否设置社会责任专栏	是否发布企业社会责任报告	社会责任发展指数
★★★★★(1 家)					
1	爱莱莉太平洋(中国)	外资企业	有	有	86.5
★★★(4 家)					
2	江苏隆力奇生物科技股份有限公司	民营企业	有	有	59.5
3	上海家化联合股份有限公司	民营企业	有	有	54.1
4	玫琳凯(中国)化妆品有限公司	外资企业	有	有	48.5
5	安利(中国)日用品有限公司	外资企业	有	无	46.5
★★(6 家)					
6	伽蓝(集团)股份有限公司	民营企业	有	有	33.3
7	资生堂(中国)投资有限公司	外资企业	有	无	33.3
8	欧莱雅(中国)有限公司	外资企业	有	无	32.2
9	花王(中国)投资有限公司	外资企业	有	无	31.6
10	汉高(中国)投资有限公司	外资企业	有	无	23.7
11	珀莱雅化妆品股份有限公司	民营企业	有	无	22.7
★(14 家)					
12	宝洁(中国)有限公司	外资企业	有	无	19.2
13	纳爱斯集团有限公司	民营企业	有	无	18.6
14	强生(中国)投资有限公司	外资企业	有	有	16.8
15	拜尔斯道夫个人护理用品(中国)有限公司	外资企业	无	无	11.6
16	联合利华(中国)有限公司	外资企业	有	无	11.1
17	高丝化妆品有限公司	外资企业	无	无	7.8

续表

排名	企业名称	企业性质	官网是否设置社会责任专栏	是否发布企业社会责任报告	社会责任发展指数
18	上海上美化妆品有限公司	民营企业	有	无	4.3
19	福建片仔癀化妆品有限公司	其他国有企业	无	无	2.7
20	上海相宜本草化妆品股份有限公司	民营企业	无	无	1.7
21	雅芳(中国)有限公司	外资企业	无	无	1.4
22	浙江欧诗漫集团有限公司	民营企业	无	无	1.0
23	雅诗兰黛集团中国公司	外资企业	无	无	0.4
24	天津郁美净集团有限公司	民营企业	无	无	0.3
25	上海百雀羚日用化学有限公司	民营企业	无	无	0.0

（二）阶段性特征

1. 日化行业社会责任发展指数为22.8分，总体处于二星级水平

整体来看，日化行业社会责任发展指数平均得分为22.8分，处于二星级水平、起步者阶段，相较于2017年的32.4分有大幅降低，在所评价的10个行业中的排名处于末位（见图38）。具体来看，日化行业企业得分悬殊，例如爱茉莉太平洋（中国）得分最高，为86.5分，处于卓越者阶段，上海百雀羚日用化学有限公司的得分为0分，还处于旁观者阶段。

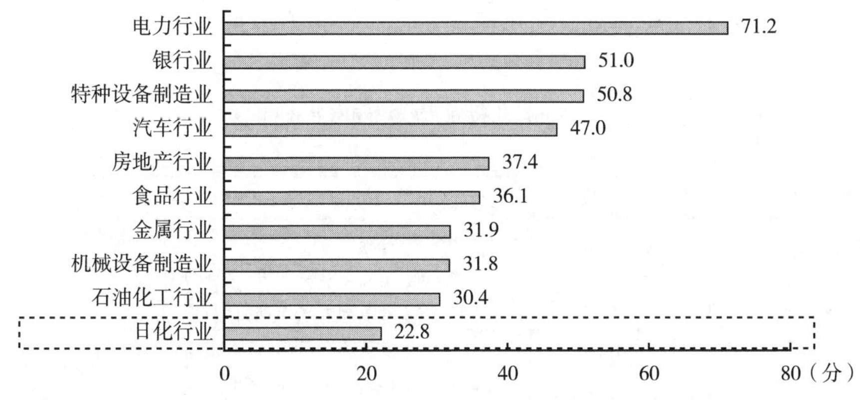

图38　日化行业社会责任发展指数与排名

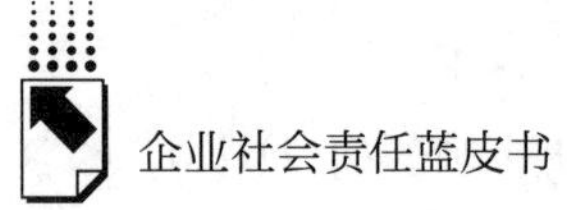

作为与消费者生活健康密切相关的行业，日化行业在保证产品质量方面具有重要的责任，日化行业应进一步加强行业内企业先进履责实践经验的分享和交流，以领先促共赢。

2. 日化行业责任实践优于责任管理，环境责任表现最佳；日化行业企业在责任愿景、责任参与、员工责任、绿色运营等方面信息披露较为完善，但在责任制度、精准扶贫、责任文化等方面表现欠佳

通过将日化行业责任管理与责任实践的得分进行对比，可以看出其责任实践（22.3 分）略优于责任管理（21.5 分），且两者均处于起步者阶段。较之2017 年责任实践的得分（33.5 分）均有较大幅度下降，可见日化行业企业在责任实践的探索方面还需要进一步加强。综合来看，环境责任（23.8 分）表现最佳，市场责任（23.0 分）次之，优于社会责任（20.2 分），但总体差异不大，体现出日化企业在环境保护及经营业绩等方面信息披露率高于公益慈善等方面的信息披露率。

从议题角度来看，日化行业企业在责任愿景（54.0 分）、责任参与（31.8 分）、员工责任（27.6 分）、绿色运营（27.5 分）方面的信息披露水平相对较高，均处于起步者阶段。而在责任制度（13.3 分）、精准扶贫（9.7 分）、责任文化（4.0 分）等议题表现不理想，日化行业中50% 以上的样本企业为外资企业，所以在精准扶贫方面的信息披露有待加强，同时也体现了日化企业在责任制度及文化建设方面的不足（见表23）。

表 23　日化行业责任议题发展指数

单位：分

责任板块	责任议题	行业议题指数	行业最高分	最佳实践
责任管理（21.5）	愿景	54.0	100.0	爱茉莉太平洋、上海家化、玫琳凯、伽蓝、资生堂、珀莱雅、强生、联合利华
	战略	27.2	100.0	爱茉莉太平洋、联合利华
	组织	16.0	100.0	爱茉莉太平洋、玫琳凯、隆力奇、汉高
	制度	13.3	100.0	爱茉莉太平洋、隆力奇
	文化	4.0	50.0	爱茉莉太平洋、汉高
	参与	31.8	100.0	爱茉莉太平洋、隆力奇、玫琳凯、上海家化

续表

责任板块	责任议题	行业议题指数	行业最高分	最佳实践
市场责任（23.0）	股东责任	17.6	100.0	上海家化、珀莱雅
	客户责任	26.9	91.0	爱茉莉太平洋
	伙伴责任	20.7	86.0	爱茉莉太平洋
社会责任（20.2）	政府责任	18.8	100.0	爱茉莉太平洋
	员工责任	27.6	95.0	爱茉莉太平洋
	安全生产	14.3	100.0	爱茉莉太平洋
	社区责任	24.5	100.0	爱茉莉太平洋
	精准扶贫	9.7	58.0	隆力奇、爱茉莉太平洋、上海家化
环境责任（23.8）	绿色管理	20.3	90.0	爱茉莉太平洋
	绿色生产	24.7	82.0	爱茉莉太平洋
	绿色运营	27.5	100.0	爱茉莉太平洋

（三）最佳实践

对标所选取的日化行业企业可以看出，日化行业信息披露的重点集中于重视员工关怀、推动绿色运营、保障产品品质、奉献社会公益等方面。

1. 重视员工关怀

玫琳凯针对工厂制定了专门的《玫琳凯亚太生产中心职业健康管理程序》，对员工在职业健康方面的职责进行了明晰的界定。通过识别作业环境、作业过程中的职业健康危害因素，并将其告知员工，有效预防职业危害。2017 年，玫琳凯对生产场所进行了“职业病危害因素”年度检测，并落实了“职业病控制效果评价”，公布检测评价结果并与员工进行有效沟通。公司义务为员工提供每年一次的健康体检，帮助员工全面了解自己的健康状况，并为工厂员工提供每年两次集中职业健康体检，有效预防职业病。公司积极调研了解员工诉求，在工作场所设置咖啡机、无人超市，并提供下午茶，同时开设员工俱乐部，组织多种员工团队活动，丰富员工业余生活。

2. 推动绿色运营

爱茉莉太平洋（中国）始终秉承节能环保的经营理念，重视在生产过程中的能源资源管理，最大限度降低生产过程中有毒物质的使用量，严格监管废气、废水、废弃物等污染物的排放，致力于打造“绿色工厂”。2017

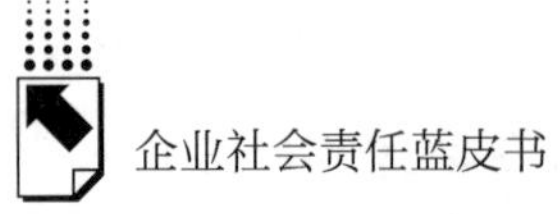

我们确保员工身心健康与安全

- 每季度开展消防灭火演习
- 滚动开展急救知识及应急疏散演练
- 每年组织员工安全技能竞赛
- 组织定期的生活健康培训讲座和健康锻炼活动
- 办公楼设有保健室，备有床、沙发、担架、轮椅等，供不适的员工休息或者紧急情况下使用
- 每层楼设有急救站，配备急救箱并放置安全相关的宣传彩页
- 推动安全志愿者项目，并对其提供进阶培训
- 办公楼室外打造空中花园，使员工亲近自然
- 办公楼内设有设备齐全的健身房，激励员工强身健体
- 提供EAP专线心理咨询服务

图 39　玫琳凯保障员工职业健康与安全

年，爱茉莉上海美丽妆园针对生产设备及系统开展共计 10 项节能改造项目，通过技术改进与设备升级，预计可节约电能 528700 千瓦时，节约用气 51000 立方米；积极提高清洁能源使用率，在建设中的二期工厂投入 150 千瓦太阳能发电设备，供工厂照明使用；在灌装、包装车间排风口末端新增低温等离子废气处理设备，每年减少 VOCs（非甲烷总烃）排放 192 千克，同时有效减少臭气等其他有害气体排放。

图 40　爱茉莉太平洋（中国）采用低温等离子废气处理设备

3. 保障产品品质

上海家化对原料的品质要求非常严格。公司优选国际著名品牌原料，同时采用比国家标准和行业标准更为严格的原料内控标准，通过先进的分析技术，对原料的质量进行全面把控，以确保原料的安全性；另外，由医学博士带领的皮肤生理学研究团队，利用分子生物学和细胞生物学技术，从分子、基因、细胞以及3D皮肤多个层面，对各种活性原料进行全面的功效评估，并对作用机理展开深入探究，以确保功能性原料的有效性。上海家化专门配备了由资深毒理学家领导的专家团队对产品进行安全性测试和评估。原料的启用和更换、配方的安全性评估、最终产品的安全性测试等，都要经过毒理专家的审核，以最大限度地保证产品的安全性；同时，研发中心毒理专家始终紧跟科技前沿，建立了行业内领先的产品安全评测体系，以确保产品更安全。

4. 奉献社会公益

爱茉莉太平洋（中国）围绕女性、文化、自然生态等主要领域，积极开发和实施与品牌理念相契合的精品公益活动，鼓励员工自主自觉自发地承担社会责任，传递企业正能量。爱茉莉太平洋集团自2008年起在韩国启动“妆典生命”项目，最初旨在帮助女性癌症患友重拾健康之美，提升自信心。2011年“妆典生命”项目正式进入中国，并于2016年全新升级，携手中国妇女发展基金会设立“爱茉莉太平洋女性专项基金”。“妆典生命”项

图41　爱茉莉太平洋（中国）举办两癌知识讲座

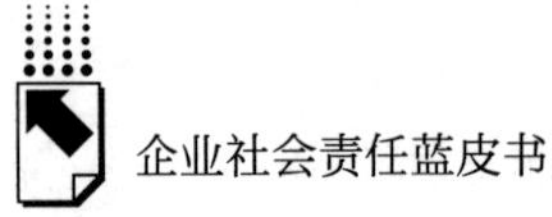

目包括“两癌筛查”“茉莉跑”“焕彩课堂”以及品牌联合义卖等子项目，以女性“两癌”防治为核心，涵盖意识提升、知识传授、预防筛查、术后康复等内容，逐渐发展为覆盖女性健康全程关护的综合性公益项目。2017年“妆典生命”项目共计投入1000万元。

调研报告

Practical Report

B.6 分享责任中国行（2018）

摘　要： “分享责任中国行——中国 CSR 优秀企业调研”是中国社会科学院企业社会责任研究中心 2014 年发起的年度社会责任调研项目，旨在促进社会责任交流，发现优秀企业履行社会责任的先进经验，给予正在探索履责之路的中国企业以借鉴。

关键词： 分享责任中国行　优秀企业　社会责任调研

2014 年 3 ~7 月，由政府、企业、专家学者组成的调研团队走过全国 10 个城市，在广州、深圳、北京、杭州、上海、内蒙古、海口、宜昌等地先后对 17 家企业的社会责任履行情况进行了深入调研，调研概况如表 1 所示。调研收录于《中国企业社会责任研究报告（2014）》，已于 2014 年 11 月出版发布。

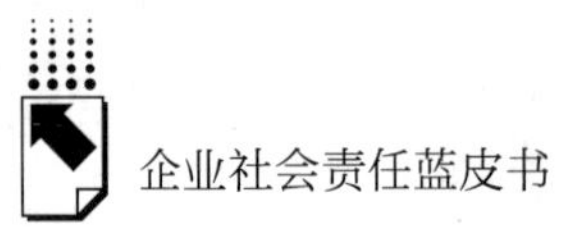

表 1 2014 年“分享责任中国行”调研概况

编号	调研时间	调研地点	企业名称	企业性质	所属行业
1	3 月 3 日	广州	南方电网	中央企业	电力
2		深圳	南方电网下属深圳供电局	中央企业	电力
3	3 月 4 日	深圳	华润集团	中央企业	混业
4		深圳	华为	民营企业	通信设备制造
5	3 月 5 日	深圳	中国广核	中央企业	电力
6		深圳	中国黄金下属中金辐照	中央企业	采矿
7	3 月 13 日	北京	中国移动	中央企业	通信
8	3 月 14 日	北京	中国铝业公司	中央企业	混业
9	3 月 24 日	杭州	阿里巴巴集团	民营企业	互联网
10		上海	中国民生银行	民营企业	银行
11	3 月 25 日	上海	英特尔(中国)	外资企业	电子
12		上海	宝钢集团	中央企业	金属
13	5 月 27 日	鄂尔多斯	神华集团下属神东煤矿	中央企业	采矿
14	5 月 28 ~ 29 日	海口、三亚	海航集团	民营企业	交通运输服务
15	6 月 23 日	北京	北控集团下属燕京啤酒	其他国有企业	食品
16	6 月 24 日	北京	中国建筑	中央企业	建筑
17	7 月 20 日	宜昌	三峡集团	中央企业	电力

2015 年，“分享责任中国行”再次集结。在中国社会科学院社会发展战略研究院的指导下，中国社会科学院企业社会责任研究中心组织调研团队，于 2015 年 3 ~9 月在国内调研了 13 家企业。调研概况如表 2 所示。调研收录于《中国企业社会责任研究报告（2015）》，已于 2015 年 11 月出版发布。

表 2 2015 年“分享责任中国行”调研概况

编号	调研时间	调研地点	企业名称	企业性质	所属行业
1	3 月 26 ~ 28 日	南京、宁波	中国石化扬子石化	中央企业	石油化工
2			LG 甬兴化工公司	外资企业	石油化工
3			中国石化镇海炼化	中央企业	石油化工
4	4 月 22 日	北京	百度	民营企业	互联网
5	4 月 27 ~ 30 日	成都、北川	远洋地产	其他国有企业	房地产
6		西安	中国三星	外资企业	电子
7	5 月 28 ~ 30 日	拉萨	中国黄金华泰龙	中央企业	采矿

续表

编号	调研时间	调研地点	企业名称	企业性质	所属行业
8	7月15日	北京	阿里巴巴	民营企业	互联网
9	8月5~6日	锡林郭勒盟	现代汽车(中国)	外资企业	汽车制造
10	8月16~17日	广西百色	华润集团	中央企业	混业
11	9月12~14日	鄂尔多斯	神华神东煤炭	中央企业	采矿
12			神华煤制油化工公司	中央企业	化工
13		榆林	神华神朔铁路	中央企业	交通运输服务

2016年，“分享责任中国行”调研活动继续深入开展，于2016年4~7月在国内调研了7家企业。调研概况如表3所示。

表3　2016年“分享责任中国行”调研概况

编号	调研时间	调研地点	企业名称	企业性质	所属行业
1	4月19日	四川	加多宝	民营企业	食品
2	5月29日	北京	中国兵器工业下属中国北方车辆研究所	中央企业	特种设备制造
3	6月2日	西藏	中国黄金下属西藏华泰龙	中央企业	采矿
4	6月17日	北京	中国福利彩票	事业单位	一般服务
5	7月21日	甘肃	中节能风电甘肃区域公司	中央企业	电力生产
6	7月24日	甘肃	阿里巴巴	民营企业	互联网
7	7月26日	广西	现代起亚汽车集团	外资企业	汽车

2017年，“分享责任中国行”调研活动继续深入开展，于2017年7~8月在国内调研了3家企业。调研概况如表4所示。

表4　2017年“分享责任中国行”调研概况

编号	调研时间	调研地点	企业名称	企业性质	所属行业
1	7月31日	北京	中国环境保护集团	中央企业	电力生产
2	8月1日	西藏	中国华能藏雅江公司	中央企业	电力生产
3	8月5日	西藏	中国黄金下属西藏华泰龙	中央企业	一般采矿

2018年，“分享责任中国行”调研活动继续深入开展，于2018年6~7月在国内调研了2家企业。调研概况如表5所示。

表 5　2018 年“分享责任中国行”调研概况

编号	调研时间	调研地点	企业名称	企业性质	所属行业
1	6 月 28 日	河北	华夏幸福基业股份有限公司	民营企业	房地产开发
2	7 月 19 日	河北	三星(中国)投资有限公司	外资企业	混业

一　华夏幸福基业股份有限公司：产业新城　助力幸福生活

2018 年 6 月 28 日，“分享责任中国行”活动 2018 年首站起航，由中国社会科学院企业社会责任研究中心、中国社会责任百人论坛和华夏幸福基业股份有限公司（简称“华夏幸福”）主办，责任云社会责任机构承办的“分享责任中国行（2018）——华夏幸福”调研活动在河北固安成功举办。

图 1　分享责任中国行（2018）——华夏幸福调研活动全体合影

华夏幸福秉承“打造产业新城，建设幸福城市，使所开发的区域经济发展、社会和谐、人民幸福”的企业使命，通过创新升级产业新城市场化运作模式，在规划设计、土地整理、基础设施建设、公共配套建设、产业发展、城市运营六大领域，为区域提供可持续发展的全流程综合解决方案。目前，事业版图已遍布北京、广东、江苏、浙江、河南、四川、湖北、河北、湖南、安徽等13个省份以及印度尼西亚、越南等6个国家。

华夏幸福的企业社会责任根植于产业新城，贯穿在产业新城规划、设计、建设与运营的所有环节，并协同产业、城市和人等各方面资源，同时，华夏幸福致力于让产业新城发展所创造的价值，在各相关方之间进行共享并带来幸福感受，最终实现助力区域经济发展、社会和谐、人民幸福。

（一）产业新城 助力幸福生活

2018年6月28日上午9点，来自各大高校和社会责任研究机构的专家代表以及中国兵器工业等知名企业代表组成的10余人调研团抵达固安产业新城。在工作人员的引导讲解下，调研团现场参观固安规划馆、新型显示产业的代表企业维信诺（固安）第6代全柔AMOLED生产线项目、美丽的大湖、蜕变后的北五里社区、官庄回迁的幸福民居，以及多方力量共同参与建设的固安产业新城社区幸福荟等，切实感受产业发展变化、产城融合的城市规划、宜居宜业的城市环境，现场圈粉点赞不断。

（二）源于使命 责任与生俱来

参观结束后，调研团与华夏幸福部分员工一起召开座谈会。会上，中国社会科学院企业社会责任研究中心主任、中国社会责任百人论坛秘书长钟宏武，中共中央党校（国家行政学院）社会文化教研部副主任丁元竹，华夏幸福总裁助理冯燕，华夏幸福固安区域城市规划中心总经理马夏阳一同为“分享责任中国行（2018）——华夏幸福固安产业新城”揭牌。此后，钟宏武主任代表分享责任中国行主办方向华夏幸福基业股份有限公司授予“社会责任示范基地”称号。

作为中国领先的产业新城运营商，华夏幸福认为社会责任是企业与生俱来的使命，也是长远成功的关键。华夏幸福相关负责人以“产业新城助力

图 2　调研团参观维信诺（固安）第 6 代全柔 AMOLED 生产线项目

图 3　调研团走进固安产业新城社区幸福荟

幸福生活”为主题，介绍与企业使命高度融合统一的华夏幸福社会责任理念、“幸福 DNA”社会责任模型，并从责任成果、责任担当、社会帮扶等方面介绍华夏幸福的履责理念和实践，同时介绍固安产业新城及其责任实践。

图4　“分享责任中国行（2018）——华夏幸福固安产业新城”揭牌仪式

图5　“分享责任中国行（2018）——华夏幸福固安产业新城”授牌仪式

（三）交流研讨 碰撞思想火花

研讨环节，调研团一行与华夏幸福就履行社会责任进行深层次交流，大家一致肯定华夏幸福建设产业新城的突出贡献，从参观感受、责任管理、责任沟通、参观建议等方面分享各自的所见所想。

> 社会责任最主要就是要把企业经营到极致。华夏幸福通过“打造产业新城”，在社会公共服务、民生保障等方面做了很多有益的探索，对城市可持续发展非常重要。
>
> ——中共中央党校（国家行政学院）社会文化教研部副主任、教授丁元竹
>
> 习近平总书记提出“中国智慧”“中国方案”，华夏幸福走的路充分体现了中国智慧，打造人类命运共同体，最终推动全球可持续发展，很多实践与联合国可持续发展17个目标（SDGs）不谋而合。
>
> ——联合国全球契约中国网络执行秘书长韩斌
>
> 华夏幸福的社会责任理念深植于公司的运营中，尤其是幸福DNA模型链条的元素特别形象。华夏幸福把文化和理念深植于各个方面，通过产业新城的运营，涵盖拉动地方经济、产业规划、产业布局、产业升级，带动当地就业、环保、养老、社区建设等方方面面。
>
> ——北方工业大学经济管理学院副教授黄晓蓓
>
> 华夏幸福首次创新性地提出“产业新城 助力幸福生活”的责任理念，创新建立幸福DNA责任模型，并将自身发展战略融合到党的十九大提出的区域协调发展战略之中，实施创新发展战略，坚持新理念新思维，勇于担当“打造产业新城，建设幸福城市，使所开发的区域经济发展、社会和谐、人民幸福”的企业使命，创造非凡业绩，取得巨大成就。
>
> ——中国社会科学院企业社会责任研究中心主任、中国社会责任百人论坛秘书长钟宏武

在决胜全面建成小康社会的征程上，华夏幸福深扎责任实践，聚焦产业优势，深耕精准扶贫，不断深化“产业新城 助力幸福生活”的责任理念，建责任体系，抓责任沟通，在业内树立了可持续发展的标杆和典范，发挥了很好的引领作用。

二　中国三星“麻麻花的山坡”：精准扶贫　责任楷模

2018 年 7 月 19 日，由中国社会科学院企业社会责任研究中心、中国社会责任百人论坛和中国三星主办，责任云社会责任机构承办的“分享责任中国行（2018）——中国三星‘麻麻花的山坡’”调研活动在河北省涞水县南峪村成功举办。

图 6　“分享责任中国行（2018）——中国三星‘麻麻花的山坡’”调研活动全体成员合影

（一）授人以渔，助力精准脱贫攻坚战

河北省保定市涞水县南峪村地处偏僻、交通不便、贫困户数量集中、生

活条件差、文化观念落后、收入多靠天吃饭，是典型的贫困山区农村。由于村内耕地不足与产业缺失，村民收入结构单一；村庄教育及培训设施缺乏，年轻劳动力大量外流，村落出现空洞化，部分房屋闲置、毁坏。中国三星紧跟国家“精准扶贫”的重大战略，与中国扶贫基金会一起携手涞水县人民政府，于2015年发起了精准扶贫项目——“美丽乡村分享村庄”，借鉴中国扶贫基金会十余年乡村建设经验及韩国乡村建设的理念，在我国贫困地区通过合作社的形式高效整合乡村资源，带动乡村优势产业发展，为村民带来稳定的、可持续的收入，推动贫困地区乡村的脱贫与发展。

南峪分享村庄项目“麻麻花的山坡”自启动以来，中国三星每年投入1000万元，将村庄内闲置、毁坏的废弃老旧房屋改建成精品民宿，并对当地村民进行“管家培训”，围绕客房服务、餐饮服务、接待礼仪等方面进行全面培训，为村民提供可在家门口工作的就业机会。“麻麻花的山坡”通过项目运营，将村庄生产生活环境改善与乡村旅游有效结合、村庄分散资源与合作社集中经营有效结合，实现村庄经济发展与扶贫开发的双赢目标。截至2017年底，南峪村人均年收入增加到3450元，增长近一倍。贫困户和贫困人数也分别下降88%和80%，预计2018年将提前实现全面脱贫。

（二）交流研讨，共商企业履责良策

参观后，调研团一行与中国扶贫基金会、中国三星的领导，“麻麻花的山坡”相关项目负责人及南峪村的村民坐在一起，进行友好亲切的交流座谈。会上，中国扶贫基金会常务副秘书长陈红涛、中国三星对外事务部高级总监孙贵峰、中国社会科学院企业社会责任研究中心常务副主任张蒽、中共河北省涞水县南峪村党支部书记段春亭一同为“分享责任中国行（2018）——中国三星‘麻麻花的山坡’”揭牌插旗。

插旗仪式后，中国三星对外事务部高级总监孙贵峰代表中国三星首席副总裁王彤致辞，并表示“三星通过分享村庄模式成功打造出‘麻麻花的山坡’，希望能为精准扶贫提供一个可供参考的模本，与各位企业同仁共商共讨、共同进步”。随后，中国扶贫基金会常务副秘书长陈红涛发表讲话，回顾

十余年在乡村发展方面的探索，并介绍在南峪村获得成功的乡村发展模式。中国三星对外事务部高级经理杨洪跃为大家介绍“麻麻花的山坡”项目开展经验，详细阐述中国三星在未来三年内的脱贫攻坚计划和对脱贫工作的思考。

研讨环节，参会人员积极踊跃、畅所欲言，对中国三星在精准扶贫方面的实践给予高度评价，并就企业如何更好地履行社会责任进行深层次的交流讨论。

我的感受是，分享责任中国行其实更多的应该是分担责任中国行，中国的扶贫攻坚和企业履行社会责任是很艰巨的任务，今天我看到了一个非常好的成果。

——国家开发投资集团有限公司党群工作部主任刘洋河

精准扶贫要让专业的人干专业的事儿，发挥当地的资源优势，发挥我们自己的行业优势，发挥村民的积极性，让贫困人口有尊严地脱贫。

——中国兵器工业集团有限公司社会责任部
（科技与安全环保部）副巡视员包斯

精准扶贫，重点在“精准”，只有适合才是好的。“麻麻花的山坡”项目找到了一条合适的道路，从根本上解决了山村的贫困问题。

——中国黄金企业管理部社会责任处处长朱念锐

“麻麻花的山坡”之所以能够成功，就是因为项目本身非常注重细节，各方面的配套布置都非常契合项目本身的定位。

——中国石化宣传工作部社会责任主管王李甜子

中国三星是外企在精准扶贫方面的一个榜样，我们也希望能够开发一个相关的扶贫项目，多多与在座各位 CSR 同仁互相学习、交流。

——现代汽车（中国）投资有限公司社会贡献部经理金英

感谢中国三星的帮助与支持。乡村振兴离不开文化的振兴，下一步我们要重点抓文化发展，激发村庄发展的内生动力，把产业做大做强，让乡村发展走上可持续道路。

——中共河北省涞水县南峪村党支部书记段春亭

研讨结束后，中国社会科学院企业社会责任研究中心常务副主任张蒽进行总结发言："整个项目设计非常精巧，从项目的规划、设计到实施，细节之处特别精准，可以感受到不管是中国三星，还是扶贫基金会，还有我们段春亭书记，都倾注了特别多的心血……我们分享责任中国行的初衷也就是希望能创造一个交流学习的机会，让从事社会责任工作的同志们能够将这些经验分享传递给企业、社会，共同推进社会责任工作的开展，让整个社会越来越好、越来越进步。"

张蒽总结道，中国三星秉承"做中国人民喜爱的企业，贡献于中国社会的企业"这一社会责任理念，坚持"分享经营"，将经营成果与身边困难的人们共同分享，为社会大众带去梦想和希望，积极助力建设美丽中国，堪称责任楷模、业界典范。

B.7
分享责任世界行（2018）

摘　要： “分享责任世界行——跨国 CSR 优秀企业调研”是中国社会科学院企业社会责任研究中心2015年发起的年度社会责任调研项目，旨在促进社会责任交流，发现优秀企业履行社会责任的先进经验，给予正在探索履责之路的中国企业以借鉴。

关键词： 分享责任世界行　优秀企业　社会责任调研

2015年，“分享责任世界行——全球 CSR 优秀企业调研”首次起航。在中国社会科学院社会发展战略研究院的指导下，中国社会科学院企业社会责任研究中心组织调研团队，于2015年5月赴日本、韩国，调研了三星集团、现代汽车、松下电器等优秀跨国公司的社会责任领先实践。调研概况如表1所示。调研收录于《中国企业社会责任研究报告（2015）》，已于2015年11月出版发布。

表1　2015年“分享责任世界行”调研概况

编号	调研时间	调研地点	企业名称	企业性质	行业
1	5月5～12日	韩国	三星集团	跨国公司	混业
2		韩国	现代汽车	跨国公司	汽车制造
3		日本	松下电器	跨国公司	家用电器

2016年，“分享责任世界行”调研活动继续深入开展，于2016年6月赴韩国，调研了 LG 化学、爱茉莉太平洋集团等优秀跨国公司的社会责任领先实践。调研概况如表2所示。调研收录于《中国企业社会责任研究报告（2016）》，已于2016年11月出版发布。

表 2　2016 年“分享责任世界行”调研概况

编号	调研时间	调研地点	企业名称	企业性质	所属行业
1	6 月 13 日	韩国	LG 化学	跨国企业	石油化工
2	6 月 15 日	韩国	爱茉莉太平洋集团	跨国企业	日化

2017 年，“分享责任世界行”调研活动继续深入开展，于 2017 年 8～9 月赴泰国、印度尼西亚、韩国，调研了三星集团、现代汽车集团等优秀跨国企业的社会责任领先实践。调研概况如表 3 所示。

表 3　2017 年“分享责任世界行”调研概况

编号	调研时间	调研地点	企业名称	企业性质	所属行业
1	8 月 29 日～9 月 2 日	泰国	三星泰国生产法人	跨国企业	混业
2		印度尼西亚	三星印尼生产法人	跨国企业	混业
3	9 月 18 日	韩国	现代汽车	跨国企业	汽车制造业

一　中国电力建设集团：走进湄公河畔的千佛古都

2018 年 9 月 28 日，由中国社会科学院企业社会责任研究中心指导，中国电力建设集团有限公司主办、中国电建海外投资有限公司和责任云社会责任机构承办的“分享责任世界行 2018——中国电建老挝站”走进中国电建海外投资老挝公司，深入了解中国电建在海外的社会责任履责实践。通过成果发布会、调研参观、座谈交流，调研团切身体会到中国电建作为国际化经营的排头兵，在海外项目工程建设的影响力和美誉度，并对公司在海外经济发展、就业、生态、改善民生等方面做出的积极贡献给予了高度赞誉。

（一）首个中国企业海外社会责任示范基地落地

当天上午，调研团召开了“分享责任世界行 2018——中国电建老挝站”中国电建社会责任成果发布会，来自琅勃拉邦省政府、中国驻琅勃拉邦总领

图 1　调研团合影留念

事馆、中国电力建设集团公司、中国电建海外投资有限公司以及中国电建在老相关企业代表等 70 余人出席了本次会议。

会上，中国电建的工会主席王禹和电建海投公司董事长盛玉明首先做了精彩致辞。王禹主席谈道，“中国电建作为全球能源电力、水资源与环境、基础设施及房地产领域提供全产业链集成、整体解决方案服务的综合性特大型建筑集团，在‘一带一路’沿线的 57 个国家都有合作项目。在严格履行合同促进当地经济发展的同时，不断提升企业海外履行社会责任的水平，形成了自己独特的风格，成为‘一带一路’沿线国家值得信任的合作伙伴”。

盛玉明董事长谈道，电建海投公司一直秉承“开发清洁能源，投创美好生活”的战略使命，坚持做“全球绿色清洁能源的优质开发者、项目属地经济社会的责任分担者、中外多元文化融合的积极推动者”，在老挝相继建设南俄五水电站、南欧江梯级水电站等一大批清洁电力能源项目的同时，积极助力项目所在地经济、技术和社会发展，积极开展义务捐赠、抗洪抢险等公益活动，为当地教育、民生改善做出了巨大贡献。

图2　中国电力建设集团有限公司工会主席王禹发言

图3　中国电建海外投资有限公司董事长盛玉明发言

参加会议的老挝琅勃拉邦省委党委、省人民议会副主席星丹·赛乐颂，中国驻琅勃拉邦总领事馆副总领事王珞，电建集团工会王禹主席，电建海投公司盛玉明董事长，电建集团办公厅刘庆华副主任和中国社会科学院企业社会责任研究中心领导共同为“分享责任世界行 2018——中国电建老挝站”插旗、揭幕。

图 4　“分享责任世界行 2018——中国电建老挝站”揭幕仪式

会上，中国社会科学院企业社会责任研究中心代表向中国电建集团海外投资老挝公司授予“企业社会责任示范基地”称号。这是“分享责任中国行/世界行”项目在海外设立的首个“企业社会责任示范基地”，对推进中国企业海外履责具有深远意义。

图 5　授予中国电建集团海外投资老挝公司
“企业社会责任示范基地”奖牌

《中国电建老挝可持续发展报告（英文版）》作为中国电建继赞比亚、印尼国别报告之后又一海外社会责任成果，在此次会上正式发布。

图6 《中国电建老挝可持续发展报告（英文版）》发布仪式

随后，中国电建海外投资有限公司总经理助理、老挝公司总经理、老挝南欧江发电公司总经理黄彦德就中国电建在老挝的履责具体情况向调研团做了汇报。汇报中详细介绍了中国电建在老挝的履责行动和成效，尤其以南欧江全流域开发中的社会责任工作作为典型推介，介绍了高标准的移民工程建设、生态环保、社区沟通、人文关怀等特色做法。与会嘉宾一同观看了《中国电建在老挝社会责任影像志》。

图7 黄彦德总经理发言

《中国电建在老挝社会责任影像志》以更为浓缩精炼、易于传播的方式，用影像生动地记录下公司在老挝履行社会责任的履责实践。影像志包含“责任电建”、“绿色电建”、“人文电建”、“公益电建”以及“倾听声音”五大部分，先后共有20余位相关方出镜，从经济、环境、社会等不同角度，讲述中国电建在老挝的责任品牌故事。

会议最后，老挝琅勃拉邦省委党委、省人民议会副主席星丹·赛乐颂先生和中国驻琅勃拉邦总领事馆副总领事王珞女士在会上做了精彩发言。他们高度评价了中国电建不断推进海外履责在老挝所取得的成就和做出的积极贡献。

图8　星丹·赛乐颂副主席在会上发言

中国电建社会责任成果发布会的召开，标志着中国电建海外社会责任工作新的定位和新的起点，将更进一步促进中国与世界的和谐，紧密加强和深化老中之间长久以来的全面合作伙伴关系，让两党和两国人民实现互利共赢，给两国人民带来更多福祉。

——老挝琅勃拉邦省委党委、省人民议会副主席星丹·赛乐颂

图9　王珞副总领事在会上发言

中国电建用实际行动向老挝社会各界展示中国负责任的国际化企业形象，我为你们切实履行社会责任的行为由衷“点赞”！

——中国驻琅勃拉邦总领事馆副总领事王珞

（二）参观南欧江梯级水电站项目

当天下午，调研团一行来到南欧江一级水电站参观当地工程建设情况。

图10　南欧江一级水电站现场合影

南欧江，发源于中国云南与老挝北部丰沙里接壤地区，是湄公河左岸老挝境内最大的一条支流，流域面积 2.56 万平方公里，河道全长 475 公里，天然落差 430 米，是老挝政府极力推进的“中南半岛蓄电池”战略中重要的水能资源基地之一。

2011 年 4 月，中国电力建设集团与老挝政府签订《南欧江流域梯级水电开发项目特许经营框架协议》，获得南欧江整条流域开发权。该项目成为中国电建在海外推进全产业链一体化战略实施的首个投资项目，也是唯一的中资公司在老挝获得以全流域整体规划和投资开发的水电项目。

图 11　南欧江梯级水电站工程

南欧江梯级电站项目负责人介绍说，老挝南欧江梯级电站项目创新采用的“一库七级”开发方案将工程施工带来的环境影响降到最低，最大限度保护流域的生态系统平衡，得到老挝政府和国际环境组织的认可。公司同时注重当地社区发展，统一为库区移民修建宽敞明亮、设施齐全的移民新村，每个移民村配套建设了学校、医院及寺庙，极大改善了民众居住条件，提升了当地教育、医疗等公共服务水平。移民新村的建设成为南欧江畔一道亮丽的风景线，点缀了老挝南北干线 13 号公路，堪称移民项目的典范。

最后，调研团参观了 2017 年交付的一级电站移民新村——惠娄新村，

图 12　调研团与南欧江一级电站项目部公司员工合影

并到移民新村配套的学校看望老师和学生，为学生捐赠了足球、课本等一系列教学用品，受到了同学们的欢迎，学校校长对中国电建长期以来对学校师生的关怀表示衷心的感谢。

图 13　调研团与当地学生合影

二　现代汽车集团：携手共创更好未来

（一）现代汽车集团简介

1967 年，韩国历史上最富传奇色彩的商业巨子郑周永先生一手创办现代汽车。与其他全球领先的汽车公司相比，现代汽车历史虽短，却浓缩了汽车产业的发展史，它从建立工厂到能够独立自主开发车型仅用了 18 年，并成为韩国最大的汽车集团，跻身全球五大汽车厂商之一。现代汽车集团由现代汽车、起亚汽车、现代摩比斯、现代制铁、现代建设等核心企业组成，截至 2017 年底，集团在中国已投资设立包括北京现代汽车有限公司、东风悦达起亚汽车有限公司等在内的 63 个法人企业，在华投资总额累计达 155.5 亿美元，创造就业岗位 4 万个。自进入中国以来，现代汽车集团始终坚持“通过创意思维与不断挑战，创造全新未来，实现人类社会的梦想”的经营哲学，坚守“携手共创更好未来”的企业社会责任愿景，在“Green Move 共护绿色”“Safe Move 共建安全”“Happy Move 共献关爱”“Dream Move 共筑梦想”四大板块构成的社会贡献活动体系支撑下，持续开展公益实践活动，积极投身中国地区经济、环境和社会可持续发展中，为中国社会繁荣昌盛贡献一己之力。

现代汽车集团向着“携手共创更好未来”（Together for a better future）的梦想，与利益相关方共同践行社会公益。

1. 社会贡献愿景

Trustworthy Partner for Today & Tomorrow（永远值得信赖的伙伴）

2. 社会贡献口号

携手（together）——作为企业公民建立与社会和谐发展的伙伴关系

共进的（moving）——汽车企业“移动”的行业特点，体现了发展和持续的变化

世界（world）——向全社会普及社会贡献理念并在全球领域开展社会贡献活动

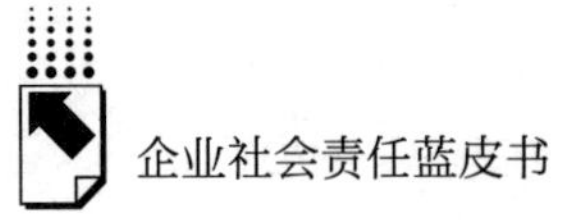

图 14　现代汽车集团在全球介绍

3. 社会贡献体系

2017 年，现代汽车集团结合中国本土化情况，在“Green Move 共护绿色”“Safe Move 共建安全”“Happy Move 共献关爱”“Dream Move 共筑梦想”四个板块构成的社会贡献活动体系的支撑下，积极参与环保、安全、教育、慈善和文化等公益实践活动。

（二）行程概述

2018 年 9 月 11 日，由中国社会科学院企业社会责任研究中心指导，中国社会责任百人论坛主办、现代汽车（中国）投资有限公司与责任云社会责任机构承办的“分享责任世界行（2018）——现代汽车集团捷克法人站”

现代汽车集团在中国

现代汽车集团进入中国后，不断完善产业链条。目前，集团在中国已经形成涵盖整车、零部件、钢铁、建设、物流、金融等业务的完整产业链条。

截至2017年底，现代汽车集团在中国共设立63个法人，投资总额累计达155.5亿美元，创造就业岗位4万个。

现代汽车集团中国地区子公司状况

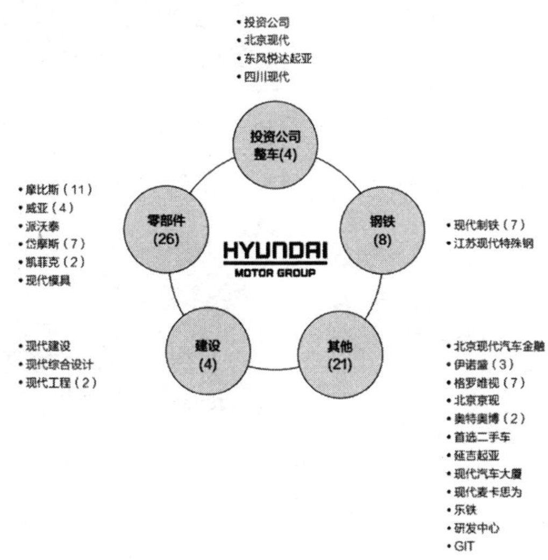

图 15　现代汽车集团在中国介绍

图 16　现代汽车集团社会贡献口号 LOGO

走进现代汽车集团捷克工厂，开始了为期两天的社会责任调研。调研团一行七人来到古典与现代魅力兼备的捷克，调研访问现代汽车集团位于捷克俄斯特拉发工厂的社会责任实践，深入了解现代汽车集团作为全球领先企业，在海外是如何适应在地化特征，积极履行社会责任，实现企业与人及社会、环

环境问题与气候变化是现代汽车集团一直以来关注的问题。现代汽车集团于2008年开始启动的“内蒙古盐碱干湖盆治理项目”，得到社会各界的高度认可和广泛好评。

Safe Move是现代汽车集团全球性公益项目，旨在向社会普及安全知识，包括交通安全、社会安全、灾难救助等与“安全”相关的项目。

Happy Move主要包含现代汽车集团以志愿者身份，如大学生志愿者、员工志愿者为行动主体的社会关爱活动。我们通过搭建志愿者服务平台汇聚社会力量，携手利益相关方奉献关爱。

共同进步、铸就梦想是现代汽车集团与社会的共同期望。现代汽车集团致力于在教育、文化、体育等领域开展支持与帮扶活动，推动社会进步，助力梦想实现。

图17　现代汽车集团社会贡献体系介绍

境的共赢发展，如何怀抱“携手共创更好未来”的责任愿景，实现价值最大化并努力推动与所有利益相关方的和谐发展。

图 18　调研团在现代汽车集团捷克工厂合影

此次分享责任世界行，调研团首先前往现代汽车集团位于捷克俄斯特拉发的生产工厂进行社会责任交流，其后集中考察了捷克工厂生产车间、捷克法人公益实践项目及其在当地的公益合作方 SOS 儿童村国际组织。通过一系列交流分享以及实践项目实地访问，调研团切实感受到现代汽车集团持续秉承着“携手共创更好未来”的企业社会责任愿景，与顾客、伙伴、员工等相关方携手前行，为社会和谐发展贡献力量的珍贵初心。

（三）现代汽车集团捷克法人社会责任调研

1. 现代汽车集团捷克工厂交流

9 月 11 日下午，调研团与现代汽车集团捷克工厂领导和同仁就现代汽车的社会责任进行了沟通交流。会上，现代汽车集团捷克工厂对自身社会责任体系和实践进行了介绍，并分享了现代汽车集团捷克工厂的基本情况及社会贡献活动。

现代汽车集团捷克工厂的启动标志着现代汽车继在美国、中国、印度之后，在欧洲正式建立了研发、生产、销售、营销、售后等一系列的经营体

图 19　调研团与现代汽车集团捷克法人同仁交流会现场

制，并完成了本地化管理。现代汽车集团捷克工厂位于捷克俄斯特拉发市，占地面积 200 万平方米，总投资金额达 1.12 兆韩元，是捷克历史上最高金额投资项目。工厂包括冲压车间、焊接车间、涂装车间及总装车间，目前，生产包括 i30、ix35、第三代途胜在内四个系列车型，生产效率为 66 辆/小时，生产能力达 35 万辆/年，2016 年已经完成了第 200 万辆整车生产，在保证生产效率的同时现代汽车集团捷克工厂也注重产品品质，被捷克共和国授予“国家品质奖”最高奖。

图 20　现代汽车集团捷克法人代表介绍社会贡献活动情况

交流会上，现代汽车集团捷克法人代表表示，捷克工厂在集团社会贡献体系四大板块的统领下，以“Green Move”“Safe Move”“Happy Move”“Dream Move”“Easy Move”五大板块为社会贡献活动支撑体系，持续开展社会责任实践活动。主要体现在以下几方面。

- Happy Move：在社区方面，根据当地社区，包括非政府组织和合作伙伴的需求，提供支持和合作活动，如“好邻居+好邻居”社区支持项目。
- Green Move：在环保方面，开发环保产品，回收资源和其他活动以减少环境污染，如 Nexo 作为替代燃料电池技术的领导者，积极实施环保生态措施到日常生活之中；开展“ECO 友好活动”，与员工一起开展环保志愿活动。
- Easy Move：在移动创新方面，为出行移动便利性提供边缘化人群和孤立地区的解决方案。
- Safe Move：在交通安全方面，开发新的安全技术和活动，以防止交通事故，如开展青少年自行车运动员交通安全比赛，提高儿童对交通安全教育的兴趣，引导儿童适应道路交通行为。
- Dream Move：在关爱未来方面，积极为子孙后代的成长提供机会，并为他们提供支持，如组织开展国际氢能 RC 模型锦标赛，支持学生们自己设计和制造自己的氢燃料电池汽车，使他们了解 STEM 职业的潜力。

随行专家认为，“现代汽车作为全球领先的汽车企业，长期致力于可持续发展和创造共享价值的实践，形成了完善的、具有自身特色的社会责任体系，值得学习和借鉴”“通过本次学习调研，我们希望能够汲取现代汽车集团捷克工厂在可持续发展和创造共享价值方面的优秀理论和实践，借以为正在探索履责之路的中国企业提供参考”。

2. 参观现代汽车集团捷克工厂生产车间

交流会议后，调研团一行参观了捷克工厂的生产车间，对于现代汽车集团捷克工厂的生产模式和公司在生产制造过程中如何保障产品品质、践行社会责任有了深入了解。

现代汽车集团捷克工厂于 2008 年投入使用，分为四个车间，现有 3300 名员工，其中男性员工占 83%，女性员工占 17%，大多来自捷克本地，工

图 21　调研团参观现代汽车集团捷克工厂生产车间

厂为带动当地就业，平均每年提供超过 12000 个工作岗位。与此同时，工厂注重保障员工权益，积极改善员工工作环境，关注员工身心健康，实现生活工作平衡、福利待遇优厚，为确保员工的薪酬水平具有市场竞争力，员工平均工资高于捷克平均工资水平 50% 。

在车间生产制造全过程中，捷克工厂严格遵循国家要求，各项指标均达到标准。为保证安全，调研团进入车间时需佩戴护目镜，进入车间可以看到车间干净整洁，整体分上下两层，一层有超过 350 架机器人工作，二层用于存放物资材料。在焊接车间，各种各样的车身零部件在这里结合到一起，每一道焊接工序都是由机器人完成，一部分机器人还采用恐龙形象，活泼可爱。

调研团首先进入的是主要负责生产车身及各部分零部件的冲压车间。进入车间后，映入眼帘的是被整齐码放的一卷卷汽车专用钢板。钢板经过冲压工序会发生神奇变化，首先把整块钢板切割成大小不等的几块，将切割好的部分分类整理运输至仓库存放。随后对钢板进行清洗打磨，经过切边工序后钢板被分配到冲压机上，进行重新塑造，每个部件都要经过四道工序，这些工作都是由机器人智能完成。为保证切割质量，工厂专设两名员工在最后环节进行抽样把关，每二十个部件抽一个进行检测。

虽然没有进到涂装车间，但调研团从外面看到了组装完成的车身被吊装到喷漆车间，工作人员介绍，车辆在涂装车间停留时间长达 10 小时，是最耗时的一道工序。路过涂装车间时，调研团在车间外部看到一排排绿植，经工作人员介绍了解到，为最大限度地保护厂区生态环境，建设绿色工厂，工厂建设之前移除了很多树木，建设完成之后又将原有树木移回至厂区内，使工厂与厂区生态和谐，充分践行绿色环保理念。

图 22　车间外部围绕着的绿植

随后，调研团在工作人员的带领下进入总装车间参观。总装车间负责将车身、底盘和内饰等部件组装到一起，占地面积相当于 16 个足球场。总装车间工作人员最多，所以在车间中设立多个休息区，以供员工娱乐休息。同时车间中还设立保健医疗中心，确保在意外发生时员工可以第一时间得到救援，医疗中心配备专业的心理医生为员工提供心理治疗服务，充分体现捷克工厂对员工的关怀。工厂也会根据工作轻重配置员工，例如安装车门的生产线上多为女性员工。与此同时，为使员工在机械单调的工作中保证效率，工厂实行轮岗制，根据员工工作量数据进行自动调配，使员工每两小时进行一次轮换。

完成组装后的车辆会被去除车体保护膜并安装上车门，车辆制作工序就算完成。随后车辆会被开往 3 公里的测试跑道上进行各项测试，没有通过测试的车辆会入厂返工，通过测试的车辆才会被投入市场。

3. 参观“儿童交通安全营”公益项目场地

结束了生产车间的参观后，调研团马不停蹄地来到现代汽车集团捷克工厂在地公益项目“儿童交通安全营”的活动场地。

图23 调研团参观“儿童交通安全营”公益项目场地

现代汽车集团大力研发车辆安全性技术的同时，秉承“携手共进”和“关注儿童安全成长”的公益理念，开展交通安全和消防安全知识普及、社会安全救助等一系列扩展性安全项目，提高公众的安全意识，助力儿童安全成长，为社会安全提供支持。在捷克，交通教育是所有小学生们的必修课，现代汽车集团捷克工厂作为在地合作企业，秉承“关注儿童安全成长”的公益理念，建设了儿童交通安全营，每年为捷克本地学生提供交通安全培训，通过体验式课程，传递交通安全知识，培养儿童交通安全意识。教室设置全景道路交通环境模拟、交通标识广场、3D体验室、安全碰撞教育系统、视角盲区体验、驾乘体验等项目，通过寓教于乐的方式向儿童传递交通安全知识，增强儿童对交通安全的认识。儿童交通安全营除了为学校提供上课场地外也承办社区性活动，从而引起更多人关注和重视儿童交通安全。

4. 前往现代汽车集团捷克法人在地公益伙伴——SOS儿童村交流

9月12日上午，调研团一行在现代汽车集团捷克法人代表的带领下，前往其在地公益伙伴SOS儿童村进行交流参观，以进一步了解现代汽车在捷克当地开展的公益实践活动以及携手公益伙伴践行社会贡献体系的实践内容。

SOS儿童村为国际性非营利慈善组织，起源于第二次世界大战时期的奥地利，机构服务特色在于采用家庭模式收养儿童，让儿童重新享有母爱和家庭温暖，机构名称采用SOS这个国际通用的求救信号，呼吁全社会都来关心和帮助那些父母角色缺失的孩子。儿童村采用小家庭分养方式，每个家庭

图 24　调研团与现代汽车集团捷克法人公益合作伙伴交流

有 6～8 名不同年龄、不同性别的孩子，他们之间以兄弟姐妹相称，由一位女性充当家庭妈妈的角色，该女性要有献身精神，喜欢孩子，爱护孩子，并能教育孩子，使他们的身心健康成长。

图 25　调研团与参观 SOS 儿童帮扶救助项目实地空间

SOS 儿童村经过 50 多年发展，这种模式已得到广泛的承认和推广。全世界 130 多个国家和地区建立了 400 多个儿童村和 1000 多个附属机构。这些机构的国际管理组织——国际 SOS 儿童村组织也逐步成为具有良好国际声誉、有号召力和影响力的世界性慈善机构。1999 年，国际 SOS 儿童村组织获诺贝尔和平奖提名；2002 年，国际 SOS 儿童村组织荣获了奖金高达 100 万美元的全球人道主义最高奖项——希尔顿奖。

在捷克，SOS 儿童村救助分多种形式，包括寄养、收容、监管等。主要救助对象为家庭中家长责任缺失或受虐待、欺凌的孩子，截至目前，在现代汽车集团等企业以及个人的资助支持上，SOS 捷克儿童村共救助超过 1200 个孩子，作为非政府组织，其活动资金的 65% 来自包括现代汽车集团在内的企业及个人的捐赠。现代汽车集团捷克法人公司代表表示，在选择公益合作组织时，会充分考虑到组织的影响力、诚信经营状况、体制规范程度、服务的专业性等多维度并进行综合判断。SOS 儿童村经过系列考察符合现代汽车集团的标准，已经携手合作多年，共同开展救助儿童的服务，同时两者的合作也体现了携手共赢的宗旨，如 SOS 儿童村办公用车由现代汽车提供，利用公司最优资源尽力与社会贡献活动相结合，充分体现了现代汽车集团的慈善实践，同时现代汽车集团在媒体宣传时也积极呼吁群众关注儿童群体，并将 SOS 儿童村 LOGO 嵌入广告中，号召更多的人加入帮助儿童的队伍之中。

（四）现代汽车集团捷克法人社会责任调研小结

通过此次“分享责任世界行”活动，调研团切实感受到了现代汽车集团奉献地区、社会以及对绿色、低碳、环保出行方式所做的努力。现代汽车集团在全球范围内以社会贡献体系为指引，积极开展社会贡献活动，统一的社会责任规划结合具有在地化差异性的社会责任战略是实现集团本土化管理的重要措施，在减少履责探索成本的同时又能提高社会责任绩效。与此同时，进入中国十多年来，现代汽车集团始终秉承可持续的发展理念，致力承担起所肩负的社会责任，积极参与环保、慈善、体育、教育和文化等各项公益事业和活动，建立了由“Green Move 共护绿色”、“Safe Move 共建安全”、“Happy Move 共献关爱”和“Dream Move 共筑梦想”四大板块构成的社会贡献活动体系。通过开展荒漠化治理、儿童交通安全教育、关爱留守儿童等一系列公益活动，持续深化集团公益体系，全面贡献于当地社会发展，在“携手共创更好未来”愿景的指引下不断前行。我们相信在未来，现代汽车集团还将持续开展更具创新性与实践性的公益活动，积极推动中国企业社会责任领域的发展，努力成为中国人民信赖的企业。

附　　录

Appendix

B.8

附录一：《中国企业社会责任研究报告》十年之路回顾

2018 年是“企业社会责任蓝皮书”发布的第十年。十年来，“企业社会责任蓝皮书”客观记录、分析中国企业社会责任发展阶段性特征，总结企业社会责任管理和实践，为政府和行业完善社会责任相关指引提供参考，为企业加强社会责任管理、规范社会责任信息披露、提升综合履责能力提供方向，助力中国企业社会责任向着更高质量、更快速度方向前行。十年来，“企业社会责任蓝皮书”也得到了行业内外的高度认可，中央电视台、央视网、人民网、中国网、中国新闻网、中国经济网等多家主流媒体争相对“企业社会责任蓝皮书”进行报道并给予广泛好评。

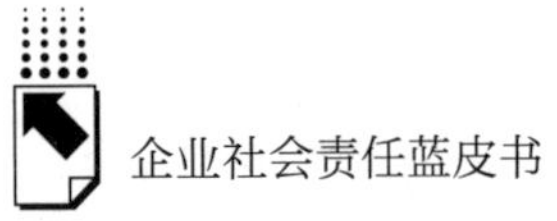

一　央视报道

1. 2010年：央视报道《中国企业社会责任研究报告（2010）》

附图 1　CCTV 央视新闻报道 2010 “企业社会责任蓝皮书” 发布会

2. 2013年：央视报道《中国企业社会责任研究报告（2013）》

附图 2　CCTV 央视新闻报道 2013 “企业社会责任蓝皮书” 发布会

3. 2014年：央视报道《中国企业社会责任研究报告（2014）》

附图3 CCTV 央视新闻报道 2014 “企业社会责任蓝皮书”

附图4 CCTV 中文国际报道 2014 “企业社会责任蓝皮书”

4. 2015年：央视报道《中国企业社会责任研究报告（2015）》

附图5 CCTV 央视新闻报道 2015 “企业社会责任蓝皮书”发布会

二 媒体报道

1. 2009年

	中国社会科学院发布《中国企业社会责任研究报告(2009)》，公布中国100强企业社会责任发展指数(2009)，评价中国100强企业的社会责任发展水平，辨析中国企业社会责任发展进程的阶段性特征

2. 2010年

	中国社会科学院发布《中国企业社会责任研究报告（2010）》并指出，从整体上看，2010 年中国企业 100 强的社会责任整体水平依然较低，社会责任发展指数平均分仅为 17.0 分，整体处于旁观者阶段

3. 2011年

中国新闻网 中新网 WWW.CHINANEWS.COM	中国社会科学院企业社会责任研究中心发布《中国企业社会责任研究报告（2011）》，对最具规模的 300 家国有、民营和外资企业进行排名，结果显示，中国企业平均的社会责任发展指数只有 19.7 分，虽然较 2010 年的 17.0 分稍有进步，但整体水平仍然偏低

4. 2012年

	中国社会科学院发布《中国企业社会责任研究报告（2012）》并指出，2012 年中国企业 100 强社会责任发展指数平均分由 19.7 分上升为 23.1 分，整体由旁观者阶段进入起步者阶段，但社会责任整体水平仍然较低，我国多数民营百强企业仍属于旁观者，约占八成，社会责任发展指数平均分仅为 15.2 分

5. 2013年

	中国社会科学院发布的《中国企业社会责任研究报告（2013）》显示，我国企业社会责任发展指数为 26.4 分，整体处于起步者阶段，超过一半的企业仍在“旁观”。国企履行社会责任的状况优于民企和外企，国家电网、南方电网、中国石油等大型央企的社会责任表现一直领先，外企社会责任指数首次超过民企

6. 2014年

	中国社会科学院企业社会责任研究中心连续第六年编著的“企业社会责任蓝皮书”系统披露了国有企业 100 强、民营企业 100 强和外资企业 100 强，以及电力、医药、房地产、食品等 14 个重点行业的社会责任发展指数，同时汇编了“分享责任中国行”系列调研的阶段性成果，客观生动地呈现我国 300 强企业在 2013 ~ 2014 年社会责任管理现状和社会/环境信息披露水平

7. 2015年

	中国社会科学院企业社会责任研究中心发布的《中国企业社会责任研究报告（2015）》指出，2015 年中国企业 300 强社会责任发展指数为 34.4 分，与 2014 年相比，同比提高 1.5 分；社会责任指数达到五星级的企业数量明显增加，显示了我国企业 300 强社会责任不断发展、优秀企业不断增多的态势

8. 2016年

	中国社会科学院企业社会责任研究中心发布的《中国企业社会责任研究报告（2016）》显示，国有企业的社会责任发展指数得分最高，为 56.1 分，央企社会责任指数得分达到 67.0 分。综合近年来多个企业社会责任评价体系的成果来看，国企尤其是央企"领跑"企业社会责任已是趋势，这是诸多内外因综合作用的结果

9. 2017年

	中国社会科学院企业社会责任研究中心发布的《中国企业社会责任研究报告（2017）》显示，2017 年中国企业 300 强社会责任发展指数达到 37.4 分，同比提升 2.3 分，整体仍处于起步者阶段。面对国内外经济社会环境的变化和企业自身重视程度的增强，我国企业社会责任发展指数得分持续增长且增速呈现企稳回升的态势

三　多方评价

（1）人民网：作为国家权威的智囊机构，中国社会科学院从 2009 年开始发布的企业社会责任指数是分析企业责任、市场责任、社会责任、环境责任等分数后进行的评价体系。"企业社会责任蓝皮书"作为 CSR 领域里国内最权威、最全面的研究报告，在指导和促进中国企业的社会责任工作中发挥了不可替代的作用（2014 年 11 月 17 日）。

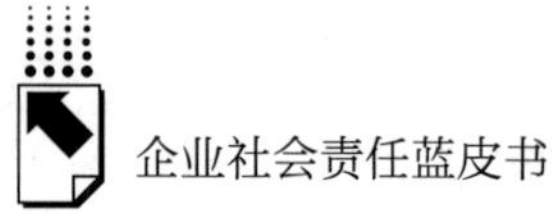

（2）新华网："企业社会责任蓝皮书"由中国社会科学院企业社会责任研究中心编制，是中国企业社会责任领域最具影响力、权威性的研究成果之一。报告从责任管理、市场责任、社会责任、环境责任四大板块，对中国企业 300 强、国企 100 强、民企 100 强、外企 100 强以及多个重点行业的社会责任发展指数进行了系统研究（2017 年 11 月 8 日）。

（3）南方网："企业社会责任蓝皮书"由中国社会科学院企业社会责任研究中心编制。此报告从 2009 年开始发布，是目前中国企业社会责任领域最具影响力的研究成果，受到政府部门、行业机构以及国内外企业的高度关注和广泛认可（2017 年 11 月 9 日）。

B.9

附录二：中国企业300强2009～2018十年社会责任发展指数

单位：分

十年指数排名	企业名称	公司性质	行业名称	十年指数	2018指数	2017指数	2016指数	2015指数	2014指数	2013指数	2012指数	2011指数	2010指数	2009指数
1	中国移动通信集团有限公司	中央企业	通信服务业	827.1	84.8	87.0	91.7	90.5	87.8	81.5	71.5	78.5	79.3	74.5
2	国家电网有限公司	中央企业	电力供应业	823.9	79.7	81.7	85.2	84.0	86.7	89.3	85.0	76.8	78.5	77.0
3	中国南方电网有限责任公司	中央企业	电力供应业	822.0	90.9	91.6	95.0	88.4	89.5	88.3	81.3	75.5	67.5	54.0
4	中国石油化工集团有限公司	中央企业	石油和天然气开采业与加工业	813.2	93.3	91.9	91.0	86.0	84.3	86.6	78.0	74.3	67.5	60.3
5	中国华能集团有限公司	中央企业	电力生产业	804.8	91.1	92.5	89.0	87.6	84.3	80.0	74.5	69.8	63.0	73.0
6	中国华电集团有限公司	中央企业	电力生产业	795.6	93.4	95.3	94.0	89.8	85.7	81.6	73.5	69.5	58.3	54.5
7	中国民生银行股份有限公司	民营企业	银行业	767.5	85.2	88.7	83.9	82.7	80.9	79.8	72.5	72.3	62.5	59.0
8	华为投资控股有限公司	民营企业	通信设备制造业	719.9	71.4	90.8	88.6	86.9	83.5	74.6	74.0	58.8	51.3	40.0

续表

十年指数排名	企业名称	公司性质	行业名称	十年指数	2018指数	2017指数	2016指数	2015指数	2014指数	2013指数	2012指数	2011指数	2010指数	2009指数
9	华润（集团）有限公司	中央企业	混业	703.1	95.9	96.8	89.2	87.0	79.5	80.7	74.0	35.9	12.6	51.5
10	东风汽车集团有限公司	中央企业	交通运输设备制造业	698.0	87.1	89.4	85.5	83.8	78.8	61.6	58.0	44.3	53.5	56.0
11	中国铝业集团有限公司	中央企业	混业（金属冶炼及压延加工业；一般采矿业；批发贸易业）	693.4	88.1	89.6	80.3	80.7	78.9	78.8	72.0	58.4	37.6	29.0
12	中国海洋石油集团有限公司	中央企业	石油和天然气开采业与加工业	679.5	76.5	84.7	84.9	82.5	74.0	60.0	40.3	47.3	60.3	69.0
13	中国电信集团有限公司	中央企业	通信服务业	666.0	68.2	82.2	83.7	80.6	79.3	74.9	71.0	53.8	37.3	35.0
14	中国建筑集团有限公司	中央企业	建筑业	663.1	80.6	86.7	89.1	87.2	83.0	76.7	67.7	55.8	13.3	23.0
15	中国交通建设集团有限公司	中央企业	建筑业	648.9	79.7	85.4	81.9	77.5	68.3	54.8	52.5	48.0	57.8	43.0
16	中国石油天然气集团有限公司	中央企业	石油和天然气开采业与加工业	642.4	64.7	71.6	74.5	75.3	56.3	55.9	60.3	61.3	60.5	62.0
17	中国五矿集团有限公司	中央企业	混业（一般采矿业；批发贸易业；金属冶炼及压延加工业）	639.5	31.6	78.6	80.3	81.5	81.1	72.6	66.9	55.3	55.1	36.5
18	交通银行股份有限公司	国有金融企业	银行业	633.1	66.7	77.3	74.6	65.6	72.0	61.4	67.2	47.0	43.8	57.5

续表

十年指数排名	企业名称	公司性质	行业名称	十年指数	2018指数	2017指数	2016指数	2015指数	2014指数	2013指数	2012指数	2011指数	2010指数	2009指数
19	中兴通讯股份有限公司	民营企业	通信设备制造业	625.6	72.1	78.1	75.2	72.8	77.0	61.8	55.5	57.8	48.3	27.0
20	三星（中国）投资有限公司	外资企业	混业（电子产品及电子元件制造业；家用电器制造业；计算机及相关设备制造业）	624.0	93.0	92.0	91.3	87.5	80.2	70.5	49.0	18.7	11.3	30.5
21	中国宝武钢铁集团有限公司	中央企业	金属冶炼及压延加工业	620.8	28.3	34.5	72.0	68.1	74.7	63.9	69.0	70.0	68.8	71.5
22	中国平安保险（集团）股份有限公司	民营企业	保险业	620.2	62.8	73.6	73.2	50.6	56.5	64.4	57.5	59.8	57.8	64.0
23	中国工商银行股份有限公司	国有金融企业	银行业	617.3	61.5	71.3	68.8	60.0	59.5	63.1	55.0	64.3	51.3	62.5
24	兴业银行股份有限公司	民营企业	银行业	616.9	70.8	61.9	61.8	59.0	69.8	71.8	66.3	61.5	64.5	29.5
25	中国南方航空集团有限公司	中央企业	交通运输服务业	616.1	64.6	67.8	63.7	73.2	63.0	52.2	57.8	66.5	52.3	55.0
26	英特尔（中国）有限公司	外资企业	电子产品及电子元件制造业	604.1	9.0	86.6	84.1	84.7	80.0	62.4	68.5	53.8	37.5	37.5
27	中国联合网络通信集团有限公司	中央企业	通信服务业	597.6	78.6	82.6	81.1	79.5	76.5	70.5	26.8	33.0	35.5	33.5
28	国家能源投资集团有限责任公司	中央企业	煤炭开采与洗选业	567.8	79.2	67.1	61.0	72.6	53.3	50.0	41.0	47.3	44.3	52.0

续表

十年指数排名	企业名称	公司性质	行业名称	十年指数	2018指数	2017指数	2016指数	2015指数	2014指数	2013指数	2012指数	2011指数	2010指数	2009指数
29	中国东方航空集团有限公司	中央企业	交通运输服务业	567.4	69.9	75.5	66.2	71.4	64.5	28.4	59.0	62.5	48.0	22.0
30	万科企业股份有限公司	民营企业	房地产开发业	559.9	49.8	73.6	73.0	67.1	57.0	55.4	52.0	51.0	53.0	28.0
31	中国太平洋保险（集团）股份有限公司	国有金融企业	保险业	556.9	57.3	66.1	60.8	48.7	66.0	60.9	64.5	59.3	52.3	21.0
32	佳能（中国）有限公司	外资企业	混业（电子产品及电子元件制造业；计算机及相关设备制造业；计算机服务业）	556.4	61.3	84.0	80.5	73.2	71.5	46.5	64.2	23.4	30.8	21.0
33	中国中化集团有限公司	中央企业	石油和天然气开采业与加工业	556.0	35.7	62.8	60.1	70.3	66.7	46.9	39.5	59.0	56.5	58.5
34	中国远洋海运集团有限公司	中央企业	交通运输服务业	553.8	8.6	3.7	4.8	39.7	79.0	80.4	86.3	82.0	84.8	84.5
35	中国农业银行股份有限公司	国有金融企业	银行业	550.0	68.8	73.2	63.7	37.1	55.0	64.6	49.3	49.8	45.0	43.5
36	中国机械工业集团有限公司	中央企业	混业（机械设备制造业；建筑业；批发贸易业）	542.8	60.5	76.4	82.8	76.1	62.3	55.8	53.2	28.6	29.1	18.0
37	中国银行股份有限公司	国有金融企业	银行业	536.4	75.7	62.9	48.5	38.8	56.2	52.2	48.8	53.3	49.0	51.0
38	中国大唐集团有限公司	中央企业	电力生产业	532.3	75.8	72.9	66.6	56.3	21.5	17.3	9.8	67.8	70.8	73.5

续表

十年指数排名	企业名称	公司性质	行业名称	十年指数	2018指数	2017指数	2016指数	2015指数	2014指数	2013指数	2012指数	2011指数	2010指数	2009指数
39	中粮集团有限公司	中央企业	混业(食品饮料业;房地产开发业;批发贸易业)	528.7	57.5	64.4	68.9	69.5	54.9	34.2	37.0	62.0	41.8	38.5
40	中国建设银行股份有限公司	国有金融企业	银行业	527.9	60.7	54.4	48.9	48.7	53.8	52.6	47.5	54.8	51.5	55.0
41	鞍钢集团有限公司	中央企业	金属冶炼及压延加工业	525.8	36.6	72.2	60.6	19.0	63.6	17.5	68.7	67.8	62.3	57.5
42	上海汽车集团股份有限公司	其他国有企业	交通运输设备制造业	522.7	72.6	80.4	78.4	76.5	69.3	61.2	36.5	14.3	1.0	32.5
43	联想控股股份有限公司	民营企业	电子产品及电子元件制造业	501.7	54.9	51.1	27.7	62.2	64.5	69.2	64.8	1.8	25.0	70.5
44	索尼(中国)有限公司	外资企业	混业(电子产品及电子元件制造业;家用电器制造业)	500.8	33.8	39.1	75.0	58.2	64.2	46.7	52.6	53.2	35.0	43.0
45	松下电器(中国)有限公司	外资企业	混业(电子产品及电子元件制造业;家用电器制造业)	493.7	81.3	36.1	83.0	77.9	71.7	51.3	22.1	1.3	1.0	18.0
46	海航集团有限公司	民营企业	交通运输服务业	477.4	72.9	78.7	73.8	59.8	62.7	24.4	47.3	34.8	11.5	11.5
47	中国第一汽车集团有限公司	中央企业	交通运输设备制造业	474.8	80.7	84.9	80.2	75.7	16.5	26.7	5.8	13.0	55.8	35.5
48	现代汽车(中国)投资有限公司	外资企业	交通运输设备制造业	468.2	91.6	91.4	87.5	78.9	66.0	16.5	10.5	7.3	9.0	9.5
49	浦项(中国)投资有限公司	外资企业	金属冶炼及压延加工业	463.2	76.1	84.1	80.6	77.5	70.5	58.9	3.5	5.5	0.0	6.5

续表

十年指数排名	企业名称	公司性质	行业名称	十年指数	2018指数	2017指数	2016指数	2015指数	2014指数	2013指数	2012指数	2011指数	2010指数	2009指数
50	丰田汽车(中国)投资有限公司	外资企业	交通运输设备制造业	456.0	62.4	68.2	64.3	73.8	63.0	34.3	22.0	27.0	8.5	32.5
51	台达(中国)	外资企业	电子产品及电子元件制造业	447.0	80.1	85.2	82.6	73.2	57.5	48.3	6.3	0.0	4.3	9.5
52	上海电气集团股份有限公司	其他国有企业	机械设备制造业	411.1	65.4	71.0	65.8	49.1	42.0	50.4	27.8	26.8	12.8	0.0
53	比亚迪股份有限公司	民营企业	交通运输设备制造业	400.3	68.4	74.7	69.2	46.3	37.0	24.2	39.5	22.0	6.5	12.5
54	内蒙古伊利实业集团股份有限公司	民营企业	食品饮料业	392.6	71.1	79.3	24.1	54.4	19.7	29.7	40.0	25.3	26.5	22.5
55	巴斯夫(中国)有限公司	外资企业	工业化学品制造业	386.2	49.2	59.1	46.2	49.3	43.0	31.7	28.7	31.5	9.0	38.5
56	美的集团股份有限公司	民营企业	家用电器制造业	377.8	43.5	51.6	39.7	52.9	40.2	15.6	35.8	26.5	32.5	39.5
57	中国人寿保险(集团)公司	国有金融企业	保险业	374.2	45.8	18.7	58.0	56.5	23.5	11.9	34.0	38.0	39.3	48.5
58	中国人民保险集团股份有限公司	国有金融企业	保险业	372.6	65.0	74.8	68.0	45.5	24.0	17.8	4.5	7.5	27.5	38.0
59	苏宁易购集团股份有限公司	民营企业	零售业	370.6	51.9	13.5	8.1	60.1	25.5	6.2	64.0	57.3	52.5	31.5
60	中国化工集团有限公司	中央企业	工业化学品制造业	361.5	24.7	25.5	68.9	46.8	58.2	26.6	37.0	42.3	11.5	20.0

续表

十年指数排名	企业名称	公司性质	行业名称	十年指数	2018指数	2017指数	2016指数	2015指数	2014指数	2013指数	2012指数	2011指数	2010指数	2009指数
61	日立（中国）有限公司	外资企业	混业（机械设备制造业；家用电器制造业；计算机及相关设备制造业）	350.6	34.8	44.5	52.9	59.1	42.5	33.4	30.7	21.3	8.4	23.0
62	陕西延长石油（集团）有限责任公司	其他国有企业	石油和天然气开采业与加工业	343.0	39.6	25.5	55.6	49.5	59.4	44.2	28.3	6.3	6.3	28.3
63	海亮集团有限公司	民营企业	混业（金属制品业；房地产开发业）	321.2	53.2	68.3	46.8	51.9	12.8	9.3	8.9	13.1	23.9	33.0
64	雅戈尔集团股份有限公司	民营企业	混业（服装鞋帽制造业；房地产开发业）	320.5	42.1	45.7	43.8	43.2	39.8	23.9	29.9	3.4	16.7	32.0
65	首钢集团有限公司	其他国有企业	金属冶炼及压延加工业	316.5	41.9	55.4	19.6	5.5	41.2	33.6	32.8	15.5	22.5	48.5
66	中国航空油料集团有限公司	其他国有企业	批发贸易业	285.4	55.7	48.0	5.0	9.0	54.5	44.4	38.3	14.0	5.0	11.5
67	国际商业机器（中国）有限公司	外资企业	混业（互联网服务业；电子产品及电子元件制造业）	284.1	16.2	56.6	60.2	49.4	33.8	26.0	6.3	12.8	9.8	13.0
68	日产（中国）投资有限公司	外资企业	交通运输设备制造业	283.8	21.0	41.3	62.2	53.3	63.0	16.2	6.5	7.8	3.0	9.5
69	麦德龙（中国）	外资企业	零售业	274.3	47.4	55.6	51.4	45.2	34.7	8.7	4.5	10.0	2.8	14.0
70	北京汽车集团有限公司	其他国有企业	交通运输设备制造业	273.3	42.1	60.8	24.3	24.4	32.2	62.7	10.5	10.3	4.0	2.0
71	本田中国投资有限公司	外资企业	交通运输设备制造业	268.9	55.0	56.7	43.7	20.8	28.0	18.9	12.3	19.5	7.0	7.0

续表

十年指数排名	企业名称	公司性质	行业名称	十年指数	2018指数	2017指数	2016指数	2015指数	2014指数	2013指数	2012指数	2011指数	2010指数	2009指数
72	通用汽车(中国)	外资企业	交通运输设备制造业	264.4	29.6	30.1	16.8	18.3	34.5	22.3	16.5	25.8	27.0	43.5
73	可口可乐(中国)饮料有限公司	外资企业	食品饮料业	242.5	14.4	45.5	15.2	13.8	20.1	27.0	27.5	0.0	38.0	41.0
74	普利司通(中国)投资有限公司	外资企业	一般制造业	237.8	37.0	48.1	47.9	23.0	18.0	12.6	23.7	18.0	2.0	7.5
75	福特汽车(中国)有限公司	外资企业	交通运输设备制造业	232.8	26.9	26.7	28.8	29.6	28.5	14.3	12.7	21.8	16.0	27.5
76	上海建工集团股份有限公司	其他国有企业	建筑业	226.9	53.3	55.9	17.3	23.3	19.3	7.2	8.5	10.8	13.3	18.0
77	宝洁(中国)有限公司	外资企业	日用化学品制造业	225.9	19.2	18.8	39.6	23.6	23.5	21.3	21.8	24.8	13.8	19.5
78	西门子中国	外资企业	机械设备制造业	225.2	22.5	31.7	24.6	29.6	27.3	14.9	12.4	26.5	12.2	23.5
79	中国中信集团有限公司	国有金融企业	混业(银行业;证券期货基金及其他金融服务业;房地产开发业)	220.7	29.0	21.4	16.6	3.4	18.5	15.8	25.9	39.7	37.9	12.5
80	ABB(中国)有限公司	外资企业	机械设备制造业	218.7	24.8	14.0	22.0	32.6	30.0	14.9	14.3	17.8	16.3	32.0
81	中天钢铁集团有限公司	民营企业	金属冶炼及压延加工业	214.9	17.8	33.4	17.2	19.3	22.3	20.1	12.8	18.0	23.5	30.5
82	富士康科技集团	外资企业	电子产品及电子元件制造业	214.7	21.5	23.9	12.5	19.6	50.2	37.2	31.8	11.5	2.5	4.0

续表

十年指数排名	企业名称	公司性质	行业名称	十年指数	2018指数	2017指数	2016指数	2015指数	2014指数	2013指数	2012指数	2011指数	2010指数	2009指数
83	物产中大集团股份有限公司	其他国有企业	批发贸易业	205.8	54.0	50.1	20.5	14.3	3.5	9.4	20.7	1.5	7.3	24.5
84	雀巢中国	外资企业	食品饮料业	202.6	21.6	36.6	15.9	25.5	29.7	16.7	11.5	10.8	17.8	16.5
85	沃尔玛（中国）投资有限公司	外资企业	零售业	191.1	18.0	41.7	13.1	6.2	23.0	11.3	16.3	18.0	19.5	24.0
86	新华联集团有限公司	民营企业	混业（房地产开发业；一般采矿业；工业化学品制造业）	183.3	22.2	18.3	16.2	33.1	17.0	1.9	4.8	27.0	6.8	36.0
87	联合利华（中国）有限公司	外资企业	混业（日用化学品制造业；食品饮料业）	176.8	11.1	16.9	12.7	18.3	26.5	32.7	21.3	12.8	11.0	13.5
88	恒力集团有限公司	民营企业	混业（工业化学品制造业；纺织业）	174.9	30.8	30.0	28.0	18.0	18.3	12.3	9.5	9.6	9.4	9.0
89	国美零售控股有限公司	民营企业	零售业	173.9	38.7	38.2	29.5	9.1	18.0	17.6	3.0	3.3	2.0	14.5
90	红豆集团有限公司	民营企业	服装鞋帽制造业	172.3	23.9	20.9	27.7	27.1	5.0	9.8	4.3	16.7	15.4	21.5
91	杭州娃哈哈集团有限公司	民营企业	食品饮料业	171.5	12.5	12.3	21.2	31.6	31.8	20.3	20.3	7.0	4.0	10.5
92	宝马中国	外资企业	交通运输设备制造业	170.0	14.5	13.5	15.0	18.2	19.2	21.0	23.5	16.3	11.8	17.0
93	新希望集团有限公司	民营企业	混业（食品饮料业；工业化学品制造业）	169.4	9.7	11.7	12.5	22.1	20.8	10.6	6.2	10.0	15.8	50.0
94	壳牌（中国）有限公司	外资企业	石油和天然气开采业与加工业	159.5	18.0	15.7	11.9	16.4	21.3	18.3	10.0	8.8	11.8	27.3

续表

十年指数排名	企业名称	公司性质	行业名称	十年指数	2018指数	2017指数	2016指数	2015指数	2014指数	2013指数	2012指数	2011指数	2010指数	2009指数
95	BP中国	外资企业	石油和天然气开采业与加工业	156.6	23.6	36.3	11.6	19.4	14.1	4.8	8.5	9.0	8.3	21.0
96	通威集团有限公司	民营企业	农林牧渔业	148.2	30.4	20.3	18.3	15.8	11.3	13.5	17.0	9.3	2.8	9.5
96	大众汽车集团（中国）	外资企业	交通运输设备制造业	148.2	33.7	23.8	15.2	11.7	17.5	7.0	5.0	9.3	4.5	20.5
98	三一集团有限公司	民营企业	机械设备制造业	140.7	13.6	15.1	18.2	12.7	14.0	10.3	11.5	5.0	18.8	21.5
99	江苏沙钢集团有限公司	民营企业	金属冶炼及压延加工业	136.5	19.8	34.3	13.6	12.4	15.2	4.5	3.7	4.0	16.5	12.5
100	东岭集团股份有限公司	民营企业	混业（批发贸易业；一般采矿业；金属冶炼及压延加工业）	128.9	9.4	10.4	20.4	15.3	9.0	6.0	7.7	6.3	15.4	29.0
101	中国惠普有限公司	外资企业	电子产品及电子元件制造业	117.5	3.0	3.0	5.0	5.0	3.8	13.4	11.3	21.0	23.0	29.0
102	新疆广汇实业投资（集团）有限责任公司	民营企业	混业（煤炭开采与洗选业；一般采矿业；房地产开发业）	116.2	14.2	21.8	20.2	18.6	11.0	5.3	5.5	1.6	12.0	6.0
103	卡特彼勒（中国）投资有限公司	外资企业	机械设备制造业	115.6	7.4	4.1	22.6	15.6	22.5	8.1	13.8	6.0	7.5	8.0
104	三胞集团有限公司	民营企业	混业（零售业；房地产开发业）	108.3	20.5	20.1	14.2	5.5	9.7	9.0	7.1	6.9	5.8	9.5
105	微软中国	外资企业	互联网服务业	107.7	3.2	8.9	10.5	9.5	14.5	7.6	11.2	32.3	5.0	5.0
106	中天发展控股集团有限公司	民营企业	混业（建筑业；房地产开发业）	104.5	19.3	8.3	6.8	7.2	9.5	11.3	9.6	11.1	6.9	14.5

续表

十年指数排名	企业名称	公司性质	行业名称	十年指数	2018指数	2017指数	2016指数	2015指数	2014指数	2013指数	2012指数	2011指数	2010指数	2009指数
106	广厦控股集团有限公司	民营企业	混业（建筑业；房地产开发业）	104.5	7.6	7.9	13.7	6.9	15.0	5.5	3.8	8.0	16.1	20.0
108	浙江荣盛控股集团有限公司	民营企业	混业（工业化学品制造业；房地产开发业）	104.4	9.9	18.6	0.0	17.6	16.0	11.0	6.7	3.7	10.9	10.0
108	中国邮政集团公司	其他国有企业	交通运输服务业	104.4	13.8	13.2	15.6	8.7	20.3	2.5	7.0	4.8	7.5	11.0
110	奥克斯集团有限公司	民营企业	家用电器制造业	102.2	9.1	10.4	12.8	6.9	11.0	10.1	10.8	5.3	14.8	11.0
111	三菱商事（中国）有限公司	外资企业	批发贸易业	85.4	36.7	9.2	11.7	6.7	7.5	7.6	2.5	0.0	1.0	2.5
112	北京建龙重工集团有限公司	民营企业	混业（金属冶炼及压延加工业；一般采矿业）	83.4	11.0	18.8	4.1	5.1	17.1	7.9	6.9	6.0	-2.0	8.5
113	天津荣程联合钢铁集团有限公司	民营企业	金属冶炼及压延加工业	83.1	9.4	15.3	0.0	8.1	8.5	10.0	9.8	4.5	1.5	16.0
114	浙江恒逸集团有限公司	民营企业	工业化学品制造业	81.1	17.8	8.2	0.0	8.2	10.7	3.8	9.3	7.8	3.3	12.0
115	大商集团有限公司	民营企业	零售业	69.9	3.3	14.6	8.0	10.8	2.0	3.4	5.5	1.0	10.8	10.5
116	百联集团有限公司	其他国有企业	零售业	68.9	10.3	4.8	4.9	9.1	1.5	2.5	4.5	2.3	10.5	18.5
117	SK 中国	外资企业	混业（电子产品及电子元件制造业；石油和天然气开采业与加工业；工业化学品制造业）	68.8	10.3	6.9	7.6	14.8	7.4	4.8	3.8	4.6	4.1	4.5

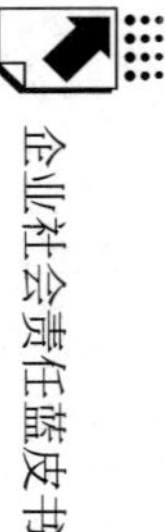

续表

十年指数排名	企业名称	公司性质	行业名称	十年指数	2018指数	2017指数	2016指数	2015指数	2014指数	2013指数	2012指数	2011指数	2010指数	2009指数
118	江阴澄星实业集团有限公司	民营企业	工业化学品制造业	58.9	6.5	5.0	15.1	9.1	9.5	2.2	2.0	0.5	2.5	6.5
119	山东魏桥创业集团有限公司	民营企业	纺织业	49.5	13.4	8.5	7.0	3.7	4.0	2.6	4.0	6.3	0.0	0.0
120	河北新华联合冶金控股集团有限公司	民营企业	金属冶炼及压延加工业	31.2	3.8	1.4	0.7	0.7	3.0	2.9	3.7	3.0	4.0	8.0
121	耐克体育（中国）有限公司	外资企业	服装鞋帽制造业	18.0	10.0	0.0	2.1	1.4	1.0	4.5	-2.0	1.0	0.0	0.0

B.10

附录三：2018中国企业300强社会责任发展指数及2009～2018排名

单位：分

2018排名	企业名称	公司性质	行业名称	2018指数	2018星级	2017排名	2016排名	2015排名	2014排名	2013排名	2012排名	2011排名	2010排名	2009排名
1	华润（集团）有限公司	中央企业	混业	95.9	★★★★★	1	6	7	15	6	6	67	118	27
2	中国华电集团有限公司	中央企业	电力生产业	93.4	★★★★★	2	2	2	4	4	8	9	15	24
3	中国石油化工集团有限公司	中央企业	石油和天然气开采业与加工业	93.3	★★★★★	5	5	9	5	3	4	5	6	14
4	三星（中国）投资有限公司	外资企业	混业（电子产品及电子元件制造业；家用电器制造业；计算机及相关设备制造业）	93.0	★★★★★	4	4	5	13	21	56	99	131	67
5	现代汽车（中国）投资有限公司	外资企业	交通运输设备制造业	91.6	★★★★★	8	10	27	51	150	163	187	158	199
6	中国华能集团有限公司	中央企业	电力生产业	91.1	★★★★★	3	8	4	5	9	5	8	9	5

续表

2018排名	企业名称	公司性质	行业名称	2018指数	2018星级	2017排名	2016排名	2015排名	2014排名	2013排名	2012排名	2011排名	2010排名	2009排名
7	中国南方电网有限责任公司	中央企业	电力供应业	90.9	★★★★★	7	1	3	1	2	3	4	6	25
8	国家开发投资集团有限公司	中央企业	混业（电力生产业；一般采矿业；交通运输业）	89.1	★★★★★	10	53	49	67	80	80	55	44	—
9	中国建材集团有限公司	中央企业	非金属矿物制品业	88.4	★★★★★	6	12	11	10	7	14	15	108	—
10	中国铝业集团有限公司	中央企业	混业（金属冶炼及压延加工业；一般采矿业；批发贸易业）	88.1	★★★★★	12	34	22	19	12	10	30	52	74
11	东风汽车集团有限公司	中央企业	交通运输设备制造业	87.1	★★★★★	13	14	16	20	37	36	54	23	20
12	中国黄金集团有限公司	中央企业	一般采矿业	85.3	★★★★★	14	18	13	9	10	12	16	152	—
13	中国民生银行股份有限公司	民营企业	银行业	85.2	★★★★★	15	21	17	12	11	9	6	10	16
14	中国移动通信集团有限公司	中央企业	通信服务业	84.8	★★★★★	20	3	1	2	5	11	2	2	3
15	中国电力建设集团有限公司	中央企业	混业（建筑业；机械设备制造业）	83.0	★★★★★	16	22	29	58	74	171	—	—	—
16	LG 中国	外资企业	混业（电子产品及电子元件制造业；家用电器制造业；工业化学品制造业；计算机及相关设备制造业）	82.5	★★★★★	17	17	19	26	—	—	—	—	—

续表

2018排名	企业名称	公司性质	行业名称	2018指数	2018星级	2017排名	2016排名	2015排名	2014排名	2013排名	2012排名	2011排名	2010排名	2009排名
17	中国电子信息产业集团有限公司	中央企业	电子产品及电子元件制造业	81.4	★★★★★	19	18	20	21	17	21	—	—	—
18	松下电器（中国）有限公司	外资企业	混业（电子产品及电子元件制造业；家用电器制造业）	81.3	★★★★★	23	25	29	39	59	108	263	250	131
19	国家电力投资集团有限公司	中央企业	电力生产业	81.1	★★★★★	65	88	37	68	84	154	42	83	—
20	中国第一汽车集团有限公司	中央企业	交通运输设备制造业	80.7	★★★★★	27	36	38	189	110	225	125	21	54
21	中国建筑集团有限公司	中央企业	建筑业	80.6	★★★★★	21	7	6	8	13	22	33	112	101
22	北京控股集团有限公司	其他国有企业	混业（环保产业；公用事业和基础设施；酒精及饮料制造）	80.3	★★★★★	40	45	—	—	—	—	—	—	—
23	台达（中国）	外资企业	电子产品及电子元件制造业	80.1	★★★★★	26	29	43	75	67	218	275	209	199
24	中国交通建设集团有限公司	中央企业	建筑业	79.7	★★★★	25	30	32	47	52	48	46	17	36
24	国家电网有限公司	中央企业	电力供应业	79.7	★★★★	41	15	15	3	1	2	3	3	2
26	国家能源投资集团有限责任公司	中央企业	煤炭开采与洗选业	79.2	★★★★	71	82	47	87	65	67	48	42	26
27	中国联合网络通信集团有限公司	中央企业	通信服务业	78.6	★★★★	37	31	26	23	21	101	70	55	58

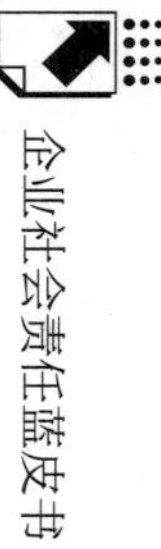

续表

2018排名	企业名称	公司性质	行业名称	2018指数	2018星级	2017排名	2016排名	2015排名	2014排名	2013排名	2012排名	2011排名	2010排名	2009排名
28	中国旅游集团有限公司	中央企业	旅游业	77.4	★★★★	29	48	61	53	123	66	168	199	—
29	中国海洋石油集团有限公司	中央企业	石油和天然气开采业与加工业	76.5	★★★★	28	16	18	32	42	70	48	14	8
30	浦项（中国）投资有限公司	外资企业	金属冶炼及压延加工业	76.1	★★★★	30	32	32	42	46	261	208	263	232
31	中国大唐集团有限公司	中央企业	电力生产业	75.8	★★★★	60	65	80	151	144	169	10	4	4
32	中国银行股份有限公司	国有金融企业	银行业	75.7	★★★★	77	102	114	79	57	58	39	35	28
33	中国盐业集团有限公司	中央企业	混业（食品饮料业；工业化学品制造业）	74.1	★★★★	44	—	—	—	—	—	—	—	—
34	新兴际华集团有限公司	中央企业	金属冶炼及压延加工业	73.5	★★★★	33	50	70	237	116	145	142	61	—
35	海航集团有限公司	民营企业	交通运输服务业	72.9	★★★★	46	47	73	62	115	63	68	127	181
36	上海汽车集团股份有限公司	其他国有企业	交通运输设备制造业	72.6	★★★★	43	38	35	46	39	83	117	250	61
37	TCL集团股份有限公司	民营企业	家用电器制造业	72.1	★★★★	34	68	—	—	—	—	—	—	40

续表

2018排名	企业名称	公司性质	行业名称	2018指数	2018星级	2017排名	2016排名	2015排名	2014排名	2013排名	2012排名	2011排名	2010排名	2009排名
37	中兴通讯股份有限公司	民营企业	通信设备制造业	72.1	★★★★	48	40	46	22	36	40	31	36	83
39	广州医药集团有限公司	其他国有企业	医药生物制造业	72.0	★★★★	—	—	—	—	—	—	—	—	—
40	浙江吉利控股集团有限公司	民营企业	交通运输设备制造业	71.7	★★★★	51	54	67	50	69	179	95	—	—
41	华为投资控股有限公司	民营企业	通信设备制造业	71.4	★★★★	9	9	8	7	15	6	28	31	42
42	内蒙古伊利实业集团股份有限公司	民营企业	食品饮料业	71.1	★★★★	45	145	81	164	103	73	85	70	105
43	兴业银行股份有限公司	民营企业	银行业	70.8	★★★★	82	80	75	43	20	25	21	8	72
44	中国东方航空集团有限公司	中央企业	交通运输服务业	69.9	★★★★	52	66	48	54	105	33	19	38	107
45	中国铁道建筑有限公司	中央企业	建筑业	69.2	★★★★	—	—	—	—	—	—	—	—	—
46	中国农业银行股份有限公司	国有金融企业	银行业	68.8	★★★★	59	71	116	80	27	54	42	41	34
47	比亚迪股份有限公司	民营企业	交通运输设备制造业	68.4	★★★★	54	59	103	111	117	76	90	183	167

续表

2018排名	企业名称	公司性质	行业名称	2018指数	2018 星级	2017排名	2016排名	2015排名	2014排名	2013排名	2012排名	2011排名	2010排名	2009排名
48	中国电信集团有限公司	中央企业	通信服务业	68.2	★★★★	39	23	23	16	14	13	37	54	55
49	上海浦东发展银行股份有限公司	国有金融企业	银行业	68.0	★★★★	68	—	—	—	—	—	—	—	—
50	交通银行股份有限公司	国有金融企业	银行业	66.7	★★★★	49	42	64	38	38	23	50	43	18
51	中国有色矿业集团有限公司	中央企业	混业（一般采矿业；金属冶炼及压延加工业；建筑业）	66.3	★★★★	34	26	209	41	54	51	—	—	—
52	上海电气集团股份有限公司	其他国有企业	机械设备制造业	65.4	★★★★	64	67	97	103	63	98	80	117	268
53	中国人民保险集团股份有限公司	国有金融企业	保险业	65.0	★★★★	53	64	105	140	141	248	184	67	49
54	碧桂园控股有限公司	民营企业	房地产开发业	64.9	★★★★	115	138	120	199	139	193	—	—	—
55	中国石油天然气集团有限公司	中央企业	石油和天然气开采业与加工业	64.7	★★★★	62	44	39	78	47	32	22	13	12
56	中国南方航空集团有限公司	中央企业	交通运输服务业	64.6	★★★★	69	71	43	59	57	37	14	27	22
57	广东温氏食品集团股份有限公司	民营企业	农林牧渔业	64.4	★★★★	72	—	—	—	—	—	—	—	—

续表

2018排名	企业名称	公司性质	行业名称	2018指数	2018星级	2017排名	2016排名	2015排名	2014排名	2013排名	2012排名	2011排名	2010排名	2009排名
58	上海医药集团股份有限公司	其他国有企业	医药生物制造业	64.0	★★★★	75	—	—	—	—	—	—	—	—
59	中国平安保险（集团）股份有限公司	民营企业	保险业	62.8	★★★★	57	51	91	77	28	38	25	17	10
60	丰田汽车（中国）投资有限公司	外资企业	交通运输设备制造业	62.4	★★★★	67	69	42	59	95	109	78	162	61
61	中国工商银行股份有限公司	国有金融企业	银行业	61.5	★★★★	63	63	72	70	32	42	17	31	11
62	佳能（中国）有限公司	外资企业	混业（电子产品及电子元件制造业；计算机及相关设备制造业；计算机服务业）	61.3	★★★★	31	33	43	40	75	29	87	60	114
63	广州汽车集团股份有限公司	其他国有企业	交通运输设备制造业	61.1	★★★★	70	75	58	93	69	—	—	—	—
64	中国建设银行股份有限公司	国有金融企业	银行业	60.7	★★★★	100	100	99	86	56	60	36	30	22
65	中国机械工业集团有限公司	中央企业	混业（机械设备制造业；建筑业；批发贸易业）	60.5	★★★★	50	27	36	65	48	46	77	62	131
66	中国铁路工程集团有限公司	中央企业	建筑业	59.3	★★★	—	—	—	—	—	—	—	—	—
67	中粮集团有限公司	中央企业	混业（食品饮料业；房地产开发业；批发贸易业）	57.5	★★★	74	60	54	81	96	81	20	46	45

续表

2018排名	企业名称	公司性质	行业名称	2018指数	2018 星级	2017排名	2016排名	2015排名	2014排名	2013排名	2012排名	2011排名	2010排名	2009排名
68	中国太平洋保险（集团）股份有限公司	国有金融企业	保险业	57.3	★★★	73	83	99	51	40	28	26	27	114
69	招商银行股份有限公司	国有金融企业	银行业	57.1	★★★	—	74	90	62	35	49	53	36	38
70	上海复星高科技（集团）有限公司	民营企业	混业（医药生物制造业；旅游业；文化娱乐业）	56.7	★★★	—	114	—	—	—	—	—	—	88
71	苹果公司	外资企业	电子产品及电子元件制造业	56.5	★★★	90	141	156	157	168	214	—	—	—
72	中国航空油料集团有限公司	其他国有企业	批发贸易业	55.7	★★★	112	258	236	83	77	79	119	193	181
73	本田汽车（中国）有限公司	外资企业	交通运输设备制造业	55.0	★★★	92	112	164	125	136	143	96	176	228
74	联想控股股份有限公司	民营企业	电子产品及电子元件制造业	54.9	★★★	84	135	69	54	23	27	260	72	7
75	物产中大集团股份有限公司	其他国有企业	批发贸易业	54.0	★★★	106	160	204	282	208	113	262	175	91
76	万洲国际有限公司	民营企业	食品饮料业	53.7	★★★	80	117	—	—	—	—	—	—	—
76	长城汽车股份有限公司	民营企业	交通运输设备制造业	53.7	★★★	—	112	121	107	114	126	—	—	—
78	上海建工集团股份有限公司	其他国有企业	建筑业	53.3	★★★	96	172	151	167	228	190	142	112	131

续表

2018排名	企业名称	公司性质	行业名称	2018指数	2018星级	2017排名	2016排名	2015排名	2014排名	2013排名	2012排名	2011排名	2010排名	2009排名
79	海亮集团有限公司	民营企业	混业（金属制品业；房地产开发业）	53.2	★★★	66	105	88	219	209	187	123	74	60
80	中国恒大集团	民营企业	房地产开发业	53.1	★★★	86	139	128	118	155	177	—	—	—
81	台积电	外资企业	电子产品及电子元件制造业	52.9	★★★	88	78	—	—	—	—	—	—	—
82	和硕联合科技股份有限公司	外资企业	混业（电子产品及电子元件制造业；计算机及相关设备制造业）	52.0	★★★	160	—	—	—	—	—	—	—	—
83	苏宁易购集团股份有限公司	民营企业	零售业	51.9	★★★	203	238	71	134	240	30	32	26	65
84	超威电源有限公司	民营企业	电子产品及电子元件制造业	51.1	★★★	76	146	—	—	—	—	—	—	—
84	江铃汽车集团公司	民营企业	交通运输设备制造业	51.1	★★★	—	251	189	224	248	240	—	—	—
86	中国中车集团有限公司	中央企业	交通运输设备制造业	50.5	★★★	94	89	57	—	—	—	—	—	—
87	万科企业股份有限公司	民营企业	房地产开发业	49.8	★★★	57	52	59	76	49	50	41	25	80
87	腾讯控股有限公司	民营企业	互联网服务业	49.8	★★★	114	208	82	—	—	—	—	—	—
89	巴斯夫（中国）有限公司	外资企业	工业化学品制造业	49.2	★★★	88	108	96	101	101	96	72	158	45
90	华夏幸福基业股份有限公司	民营企业	房地产开发业	49.0	★★★	102	—	—	—	—	—	—	—	—

续表

2018排名	企业名称	公司性质	行业名称	2018指数	2018星级	2017排名	2016排名	2015排名	2014排名	2013排名	2012排名	2011排名	2010排名	2009排名
91	珠海格力电器股份有限公司	其他国有企业	家用电器制造业	48.2	★★★	—	103	60	—	—	—	—	—	—
92	陕西煤业化工集团有限责任公司	其他国有企业	煤炭开采与洗选业	48.1	★★★	80	86	—	—	—	—	—	—	—
93	华夏银行股份有限公司	民营企业	银行业	47.9	★★★	—	57	68	90	69	75	60	40	32
94	麦德龙（中国）	外资企业	零售业	47.4	★★★	97	99	106	112	213	248	148	229	152
95	博世（中国）投资有限公司	外资企业	混业（机械设备制造业；家用电器制造业）	46.6	★★★	180	105	265	137	179	231	—	—	—
96	北京银行股份有限公司	国有金融企业	银行业	46.5	★★★	101	92	—	—	—	—	—	—	—
96	安利（中国）日用品有限公司	外资企业	日用化学品制造业	46.5	★★★	—	—	119	189	147	129	50	92	94
98	富士通（中国）有限公司	外资企业	电子产品及电子元件制造业	46.4	★★★	—	—	—	—	—	—	—	—	—
99	中国人寿保险（集团）公司	国有金融企业	保险业	45.8	★★★	176	90	79	141	180	88	66	48	30
100	阿里巴巴集团控股有限公司	民营企业	互联网服务业	45.2	★★★	11	11	10	—	—	—	—	—	—
100	河钢集团有限公司	其他国有企业	金属冶炼及压延加工业	45.2	★★★	94	98	52	74	108	69	46	68	—
102	九州通医药集团股份有限公司	民营企业	批发贸易业	45.1	★★★	110	—	—	—	—	—	72	144	205

续表

2018排名	企业名称	公司性质	行业名称	2018指数	2018星级	2017排名	2016排名	2015排名	2014排名	2013排名	2012排名	2011排名	2010排名	2009排名
103	浙江省交通投资集团有限公司	其他国有企业	建筑业	44.7	★★★	—	—	—	—	—	—	—	—	—
104	美的集团股份有限公司	民营企业	家用电器制造业	43.5	★★★	105	118	85	108	154	85	81	58	43
105	特变电工股份有限公司	民营企业	机械设备制造业	43.3	★★★	291	—	—	—	—	—	—	—	—
106	北京汽车集团有限公司	其他国有企业	交通运输设备制造业	42.1	★★★	85	144	148	116	33	163	146	211	262
106	山西潞安矿业（集团）有限责任公司	其他国有企业	煤炭开采与洗选业	42.1	★★★	91	—	—	—	—	—	—	—	—
106	雅戈尔集团股份有限公司	民营企业	混业（服装鞋帽制造业；房地产开发业）	42.1	★★★	116	111	109	109	119	94	239	94	63
109	首钢集团有限公司	其他国有企业	金属冶炼及压延加工业	41.9	★★★	98	165	268	105	98	90	113	78	30
110	汇丰银行（中国）有限公司	外资企业	银行业	40.9	★★★	120	115	118	106	120	120	—	—	—
111	京东集团	民营企业	互联网服务业	39.7	★★	195	284	220	—	—	—	—	—	—
112	中国航空集团有限公司	中央企业	交通运输服务业	39.6	★★	108	—	29	30	31	56	24	29	107
112	陕西延长石油（集团）有限责任公司	其他国有企业	石油和天然气开采业与加工业	39.6	★★	153	93	94	71	78	97	198	184	79
114	赛诺菲中国	外资企业	医药生物制造业	39.3	★★	258	—	149	—	—	—	—	—	—

续表

2018排名	企业名称	公司性质	行业名称	2018指数	2018星级	2017排名	2016排名	2015排名	2014排名	2013排名	2012排名	2011排名	2010排名	2009排名
115	国美零售控股有限公司	民营企业	零售业	38.7	★★	129	128	233	179	142	264	240	239	149
116	光明食品（集团）有限公司	其他国有企业	食品饮料业	38.5	★★	107	148	—	—	—	—	—	—	141
117	海尔集团有限公司	民营企业	家用电器制造业	38.0	★★	130	91	78	122	79	70	—	—	—
118	阳光保险集团股份有限公司	民营企业	保险业	37.7	★★	109	—	—	—	—	—	—	—	—
119	大同煤矿集团有限责任公司	其他国有企业	煤炭开采与洗选业	37.1	★★	113	—	—	—	—	—	240	215	119
120	中国节能环保集团有限公司	中央企业	废弃资源及废旧材料回收加工业	37.0	★★	24	24	25	27	50	111	—	—	—
120	普利司通（中国）投资有限公司	外资企业	一般制造业	37.0	★★	110	103	152	179	173	104	101	239	224
122	三菱商事（中国）有限公司	外资企业	批发贸易业	36.7	★★	237	219	260	257	222	269	275	250	261
123	鞍钢集团有限公司	中央企业	金属冶炼及压延加工业	36.6	★★	61	84	175	57	143	18	11	11	18
124	中国能源建设集团有限公司	中央企业	建筑业	35.9	★★	191	27	216	44	—	—	—	—	—
125	中国中化集团有限公司	中央企业	石油和天然气开采业与加工业	35.7	★★	79	86	50	49	72	76	27	19	17

续表

2018排名	企业名称	公司性质	行业名称	2018指数	2018星级	2017排名	2016排名	2015排名	2014排名	2013排名	2012排名	2011排名	2010排名	2009排名
126	日立（中国）有限公司	外资企业	混业（机械设备制造业；家用电器制造业；计算机及相关设备制造业）	34.8	★★	118	96	74	102	99	93	93	164	101
127	苏宁环球集团有限公司	民营企业	房地产开发业	34.3	★★	222	—	—	134	240	193	—	—	—
128	索尼（中国）有限公司	外资企业	混业（电子产品及电子元件制造业；家用电器制造业）	33.8	★★	127	41	76	56	73	47	40	56	36
129	大众汽车集团（中国）	外资企业	交通运输设备制造业	33.7	★★	159	191	219	184	233	240	157	199	117
130	中国华信能源有限公司	民营企业	批发贸易业	33.3	★★	212	190	—	—	—	—	—	—	—
131	江西铜业集团有限公司	其他国有企业	一般采矿业	32.2	★★	137	116	188	—	—	—	101	88	181
132	天能集团有限公司	民营企业	电子产品及电子元件制造业	32.0	★★	122	80	50	165	—	—	—	—	—
133	长江和记实业有限公司	外资企业	混业（交通运输服务业；零售业；通信服务业等）	31.8	★★	104	122	—	—	—	—	—	—	—
134	中国五矿集团有限公司	中央企业	混业（一般采矿业；批发贸易业；金属冶炼及压延加工业）	31.6	★★	47	34	21	11	18	24	34	22	51
135	恒力集团有限公司	民营企业	混业（工业化学品制造业；纺织业）	30.8	★★	144	134	182	178	177	175	153	156	205

续表

2018排名	企业名称	公司性质	行业名称	2018指数	2018星级	2017排名	2016排名	2015排名	2014排名	2013排名	2012排名	2011排名	2010排名	2009排名
136	河南能源化工集团有限公司	其他国有企业	混业（电力生产业；煤炭开采与洗选业；证券期货基金及其他金融服务业）	30.5	★★	—	—	—	—	—	—	213	124	—
137	通威集团有限公司	民营企业	农林牧渔业	30.4	★★	169	169	190	227	163	121	156	229	199
138	花旗银行（中国）有限公司	外资企业	银行业	30.3	★★	140	132	131	115	113	143	—	—	—
139	兖矿集团有限公司	其他国有企业	煤炭开采与洗选业	30.1	★★	—	—	—	—	—	—	—	—	51
140	通用汽车（中国）	外资企业	交通运输设备制造业	29.6	★★	143	176	178	113	124	122	84	68	34
141	中国中信集团有限公司	国有金融企业	混业（银行业；证券期货基金及其他金融服务业；房地产开发业）	29.0	★★	166	178	283	176	153	103	61	51	167
141	英国葛兰素史克（中国）投资有限公司	外资企业	医药生物制造业	29.0	★★	247	219	241	254	—	—	—	—	—
143	中国宝武钢铁集团有限公司	中央企业	金属冶炼及压延加工业	28.3	★★	136	55	56	30	30	17	7	5	6
144	家乐福（中国）	外资企业	零售业	27.5	★★	156	151	145	156	120	264	—	—	—
145	山东京博控股股份有限公司	民营企业	石油和天然气开采业与加工业	27.3	★★	132	—	—	—	—	—	—	—	—
145	3M 中国有限公司	外资企业	一般制造业	27.3	★★	181	189	125	197	—	—	—	—	—
147	福特汽车（中国）有限公司	外资企业	交通运输设备制造业	26.9	★★	151	130	133	124	161	139	91	98	81

续表

2018排名	企业名称	公司性质	行业名称	2018指数	2018星级	2017排名	2016排名	2015排名	2014排名	2013排名	2012排名	2011排名	2010排名	2009排名
148	招商局集团有限公司	中央企业	混业（交通运输服务业；房地产开发业；银行业）	26.8	★★	32	37	40	62	81	86	23	47	—
149	亨通集团有限公司	民营企业	通信设备制造业	26.5	★★	121	—	—	—	—	—	—	—	—
150	山西晋城无烟煤矿业集团有限责任公司	其他国有企业	煤炭开采与洗选业	25.9	★★	162	—	—	—	—	—	—	—	—
151	阳泉煤业（集团）有限责任公司	其他国有企业	煤炭开采与洗选业	25.6	★★	149	—	—	—	—	—	—	—	—
152	万向集团公司	民营企业	交通运输设备制造业	25.3	★★	—	286	198	207	257	225	194	115	215
152	丰田通商（中国）有限公司	外资企业	交通运输设备制造业	25.3	★★	—	—	—	—	—	—	—	—	—
154	东浩兰生（集团）有限公司	其他国有企业	一般服务业	25.2	★★	—	—	—	—	—	—	—	—	—
155	ABB（中国）有限公司	外资企业	机械设备制造业	24.8	★★	200	152	124	120	158	132	105	96	63
155	新奥集团股份有限公司	民营企业	燃气的生产和供应业	24.8	★★	233	—	—	—	—	—	—	—	—
157	中国化工集团有限公司	中央企业	工业化学品制造业	24.7	★★	153	60	102	73	111	81	58	127	119
158	红豆集团有限公司	民营企业	服装鞋帽制造业	23.9	★★	168	135	140	268	201	252	109	103	110
159	BP中国	外资企业	石油和天然气开采业与加工业	23.6	★★	134	221	172	209	254	190	159	165	114

续表

2018排名	企业名称	公司性质	行业名称	2018指数	2018星级	2017排名	2016排名	2015排名	2014排名	2013排名	2012排名	2011排名	2010排名	2009排名
160	冀中能源集团有限责任公司	其他国有企业	煤炭开采与洗选业	23.5	★★	267	243	66	97	84	—	—	—	—
161	西门子中国	外资企业	机械设备制造业	22.5	★★	141	143	133	128	158	142	81	121	98
162	空中客车中国有限公司	外资企业	交通运输设备制造业	22.4	★★	194	—	—	—	—	—	—	—	—
163	永旺（中国）投资有限公司	外资企业	零售业	22.2	★★	152	137	159	—	—	—	—	—	—
163	新华联集团有限公司	民营企业	混业（房地产开发业；一般采矿业；工业化学品制造业）	22.2	★★	178	183	123	188	282	242	78	181	53
165	GE 中国	外资企业	混业（机械设备制造业；家用电器制造业；电子产品及电子元件制造业）	21.8	★★	156	163	205	170	157	217	88	—	—
166	辉瑞中国	外资企业	医药生物制造业	21.7	★★	163	133	130	—	—	—	—	—	—
167	华勤橡胶工业集团有限公司	民营企业	一般制造业	21.6	★★	—	—	—	—	—	—	—	—	—
167	雀巢中国	外资企业	食品饮料业	21.6	★★	133	186	145	121	148	154	142	91	140
169	富士康科技集团	外资企业	电子产品及电子元件制造业	21.5	★★	158	215	170	92	89	91	135	233	253
169	百事（中国）投资有限公司	外资企业	食品饮料业	21.5	★★	199	222	139	130	135	113	—	—	—
171	日产（中国）投资有限公司	外资企业	交通运输设备制造业	21.0	★★	125	76	83	59	151	215	180	224	199

续表

2018排名	企业名称	公司性质	行业名称	2018指数	2018星级	2017排名	2016排名	2015排名	2014排名	2013排名	2012排名	2011排名	2010排名	2009排名
171	大连万达集团股份有限公司	民营企业	房地产开发业	21.0	★★	142	178	167	134	103	106	76	—	—
173	三胞集团有限公司	民营企业	混业（零售业；房地产开发业）	20.5	★★	170	198	268	238	211	205	191	189	199
174	思科中国	外资企业	通信设备制造业	20.0	★★	254	191	178	170	257	181	—	—	—
175	江苏沙钢集团有限公司	民营企业	金属冶炼及压延加工业	19.8	★	138	205	214	199	257	259	230	95	167
176	住友商事（中国）有限公司	外资企业	批发贸易业	19.4	★	188	150	211	176	163	147	—	—	—
177	中天发展控股集团有限公司	民营企业	混业（建筑业；房地产开发业）	19.3	★	243	249	255	240	184	173	140	180	149
178	山东能源集团有限公司	其他国有企业	煤炭开采与洗选业	19.2	★	148	147	—	—	—	—	—	—	—
178	宝洁（中国）有限公司	外资企业	日用化学品制造业	19.2	★	174	119	150	141	127	110	86	111	122
178	拜耳（中国）	外资企业	混业（医药生物制造业；工业化学品制造业）	19.2	★	227	178	169	209	221	221	179	—	—
181	罗氏中国	外资企业	医药生物制造业	19.0	★	217	—	—	—	—	—	—	—	—
182	路易达孚（中国）贸易有限责任公司	外资企业	批发贸易业	18.6	★	—	—	—	—	—	—	—	—	—
183	沃尔玛（中国）投资有限公司	外资企业	零售业	18.0	★	124	210	263	143	184	123	101	84	94

续表

2018排名	企业名称	公司性质	行业名称	2018指数	2018 星级	2017排名	2016排名	2015排名	2014排名	2013排名	2012排名	2011排名	2010排名	2009排名
183	壳牌（中国）有限公司	外资企业	石油和天然气开采业与加工业	18.0	★	190	218	186	154	137	167	164	124	82
185	中天钢铁集团有限公司	民营企业	金属冶炼及压延加工业	17.8	★	139	174	173	147	133	138	101	76	67
185	浙江恒逸集团有限公司	民营企业	工业化学品制造业	17.8	★	244	286	248	234	265	177	180	220	177
187	戴尔（中国）有限公司	外资企业	混业（计算机及相关设备制造业；计算机服务业）	17.5	★	189	—	232	214	187	248	240	297	205
188	正邦集团有限公司	民营企业	农林牧渔业	17.4	★	209	—	—	—	—	—	—	—	—
188	中国光大集团股份公司	国有金融企业	混业（银行业；证券期货基金及其他金融服务业；房地产开发业）	17.4	★	255	—	—	—	—	—	—	—	—
190	强生（中国）投资有限公司	外资企业	混业（医药生物制造业；日用化学品制造业）	16.8	★	224	76	142	126	227	247	—	—	—
191	河北津西钢铁集团股份有限公司	民营企业	金属冶炼及压延加工业	16.7	★	186	—	—	275	229	133	—	—	—
191	山东东明石化集团有限公司	民营企业	石油和天然气开采业与加工业	16.7	★	277	—	—	—	—	—	—	—	—
193	山东大海集团有限公司	民营企业	混业（纺织业；金属冶炼及压延加工业）	16.4	★	196	—	—	—	—	—	—	—	—
194	青山控股集团有限公司	民营企业	金属冶炼及压延加工业	16.3	★	164	—	—	—	—	—	—	—	—

续表

2018排名	企业名称	公司性质	行业名称	2018指数	2018星级	2017排名	2016排名	2015排名	2014排名	2013排名	2012排名	2011排名	2010排名	2009排名
195	国际商业机器（中国）有限公司	外资企业	混业（互联网服务业；电子产品及电子元件制造业）	16.2	★	93	85	95	114	112	218	128	152	160
196	中国医药集团有限公司	中央企业	医药生物制造业	15.8	★	118	158	34	182	128	35	125	131	—
197	联合技术	外资企业	交通运输设备制造业	15.5	★	291	286	294	—	—	—	—	—	—
198	埃克森美孚	外资企业	石油和天然气开采业与加工业	15.4	★	155	203	187	—	—	—	—	—	—
199	摩根大通中国	外资企业	证券、期货、基金等其他金融业	14.9	★	173	—	—	—	—	—	—	—	—
199	力拓中国	外资企业	一般采矿业	14.9	★	251	—	—	—	—	—	—	—	—
201	电装（中国）投资有限公司	外资企业	机械设备制造业	14.7	★	—	—	—	—	—	—	—	—	—
202	宝马中国	外资企业	交通运输设备制造业	14.5	★	204	196	181	170	130	105	111	124	137
203	可口可乐（中国）饮料有限公司	外资企业	食品饮料业	14.4	★	117	191	208	161	109	100	275	50	41
204	新疆广汇实业投资（集团）有限责任公司	民营企业	混业（煤炭开采与洗选业；一般采矿业；房地产开发业）	14.2	★	165	162	177	229	251	231	261	122	237
204	圣戈班（中国）投资有限公司	外资企业	一般制造业	14.2	★	—	—	—	—	—	—	—	—	—
206	中国通用技术（集团）控股有限责任公司	中央企业	混业（机械设备制造业；医药生物制造业；批发贸易业）	13.9	★	210	127	211	250	251	150	158	218	—

续表

2018排名	企业名称	公司性质	行业名称	2018指数	2018 星级	2017排名	2016排名	2015排名	2014排名	2013排名	2012排名	2011排名	2010排名	2009排名
207	中国万达集团	民营企业	石油和天然气开采业与加工业	13. 8	★	171	—	—	—	—	—	—	—	—
207	中国邮政集团公司	其他国有企业	交通运输服务业	13. 8	★	206	188	241	160	275	207	221	171	186
209	庞大汽贸集团股份有限公司	民营企业	一般服务业	13. 7	★	—	156	222	238	183	125	141	181	160
210	三一集团有限公司	民营企业	机械设备制造业	13. 6	★	193	170	211	211	195	154	216	85	110
211	深圳市大生农业集团有限公司	民营企业	农林牧渔业	13. 4	★	212	—	—	—	—	—	—	—	—
211	道达尔中国	外资企业	石油和天然气开采业与加工业	13. 4	★	225	238	129	182	134	147	—	—	—
211	山东魏桥创业集团有限公司	民营企业	纺织业	13. 4	★	241	248	280	275	274	255	198	263	268
214	康菲石油中国有限公司	外资企业	石油和天然气开采业与加工业	13. 2	★	—	—	—	—	—	—	—	—	—
215	西安迈科金属国际集团有限公司	民营企业	批发贸易业	12. 7	★	219	—	—	—	—	—	—	—	—
216	银亿集团有限公司	民营企业	混业（机械设备制造业；房地产开发业）	12. 6	★	215	—	—	—	—	—	—	—	—
217	杭州娃哈哈集团有限公司	民营企业	食品饮料业	12. 5	★	215	155	127	117	131	115	190	211	192

续表

2018排名	企业名称	公司性质	行业名称	2018指数	2018 星级	2017排名	2016排名	2015排名	2014排名	2013排名	2012排名	2011排名	2010排名	2009排名
218	诺华中国	外资企业	医药生物制造业	12.4	★	252	177	163	—	—	—	—	—	—
219	百威英博中国	外资企业	食品饮料业	12.3	★	233	206	—	—	—	—	—	—	—
220	陶氏化学(中国)有限公司	外资企业	工业化学品制造业	12.2	★	274	217	185	221	224	179	—	—	—
221	东芝电子(中国)有限公司	外资企业	混业(电子产品及电子元件制造业;家用电器制造业;计算机及相关设备制造业)	12.1	★	—	56	93	84	83	92	123	161	137
222	益海嘉里投资有限公司	外资企业	食品饮料业	11.9	★	—	212	152	199	—	—	206	179	205
223	金川集团股份有限公司	其他国有企业	金属冶炼及压延加工业	11.8	★	—	—	—	—	—	—	131	154	—
224	四川长虹电子控股集团有限公司	其他国有企业	家用电器制造业	11.7	★	237	258	—	—	—	—	—	—	—
225	南通三建控股有限公司	民营企业	房地产开发业	11.6	★	272	—	—	—	—	—	—	—	—
226	深圳市爱施德股份有限公司	民营企业	计算机服务业	11.4	★	233	—	—	—	—	—	—	—	—
227	联合利华(中国)有限公司	外资企业	混业(日用化学品制造业;食品饮料业)	11.1	★	185	214	178	131	100	111	128	136	156
227	蒂森克虏伯(中国)投资有限公司	外资企业	机械设备制造业	11.1	★	278	—	—	—	—	—	—	—	—

续表

2018排名	企业名称	公司性质	行业名称	2018指数	2018星级	2017排名	2016排名	2015排名	2014排名	2013排名	2012排名	2011排名	2010排名	2009排名
227	三井住友银行（中国）有限公司	外资企业	银行业	11.1	★	—	—	—	—	—	—	—	—	—
230	北京建龙重工集团有限公司	民营企业	混业（金属冶炼及压延加工业；一般采矿业）	11.0	★	174	266	275	187	219	212	202	299	210
230	盛虹控股集团有限公司	民营企业	工业化学品制造业	11.0	★	202	—	—	—	—	—	—	—	—
232	盾安控股集团有限公司	民营企业	机械设备制造业	10.8	★	197	—	—	—	—	—	—	—	—
233	泰康人寿保险股份有限公司	民营企业	保险业	10.6	★	207	274	144	211	191	117	174	85	—
234	三菱电机（中国）有限公司	外资企业	机械设备制造业	10.5	★	—	—	—	—	—	—	—	—	—
235	厦门国贸控股集团有限公司	其他国有企业	混业（房地产开发；批发贸易业；一般制造业）	10.3	★	123	—	—	—	—	—	—	—	—
235	SK 中国	外资企业	混业（电子产品及电子元件制造业；石油和天然气开采业与加工业；工业化学品制造业）	10.3	★	253	243	199	258	254	257	223	210	250
235	百联集团有限公司	其他国有企业	零售业	10.3	★	268	261	233	291	275	248	255	142	128
235	戴姆勒中国	外资企业	交通运输设备制造业	10.3	★	286	286	—	—	—	—	298	263	268

续表

2018排名	企业名称	公司性质	行业名称	2018指数	2018 星级	2017排名	2016排名	2015排名	2014排名	2013排名	2012排名	2011排名	2010排名	2009排名
235	法国兴业银行(中国)有限公司	外资企业	银行业	10.3	★	289	266	199	203	235	207	—	—	—
240	绿地控股集团有限公司	其他国有企业	房地产开发业	10.2	★	184	153	165	216	—	—	—	—	—
241	埃尼中国	外资企业	石油和天然气开采业与加工业	10.0	★	244	—	—	—	—	—	—	—	—
241	亚马逊中国	外资企业	零售业	10.0	★	260	266	251	235	219	278	—	—	—
241	天津物产集团有限公司	其他国有企业	混业(批发贸易业)	10.0	★	270	243	270	261	—	—	—	—	—
241	耐克体育(中国)有限公司	外资企业	服装鞋帽制造业	10.0	★	291	279	292	294	257	298	264	263	268
241	唐山瑞丰钢铁(集团)有限公司	民营企业	金属冶炼及压延加工业	10.0	★	—	286	294	264	265	253	253	263	253
246	浙江荣盛控股集团有限公司	民营企业	混业(工业化学品制造业；房地产开发业)	9.9	★	177	286	183	192	189	213	235	140	195
247	波音中国	外资企业	交通运输设备制造业	9.7	★	201	210	217	—	—	—	—	—	—
247	新希望集团有限公司	民营企业	混业(食品饮料业；工业化学品制造业)	9.7	★	221	215	158	158	193	220	148	100	29
249	海信集团有限公司	民营企业	家用电器制造业	9.6	★	—	—	—	—	—	—	—	—	239
250	费森尤斯医疗投资(中国)有限公司	外资企业	医药生物制造业	9.5	★	—	—	—	—	—	—	—	—	—

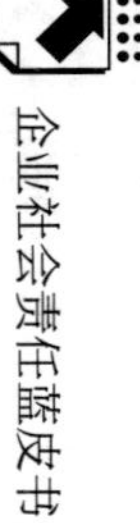

续表

2018排名	企业名称	公司性质	行业名称	2018指数	2018星级	2017排名	2016排名	2015排名	2014排名	2013排名	2012排名	2011排名	2010排名	2009排名
251	厦门建发集团有限公司	其他国有企业	混业(房地产开发;酒店业;批发贸易业)	9.4	★	128	—	77	—	—	—	—	—	—
251	天津荣程联合钢铁集团有限公司	民营企业	金属冶炼及压延加工业	9.4	★	192	286	249	247	198	169	224	247	141
251	东岭集团股份有限公司	民营企业	混业(批发贸易业;一般采矿业;金属冶炼及压延加工业)	9.4	★	228	161	197	242	245	199	198	103	74
251	雪佛龙中国能源公司	外资企业	石油和天然气开采业与加工业	9.4	★	247	225	—	—	—	—	—	—	—
251	云南省建设投资控股集团有限公司	其他国有企业	建筑业	9.4	★	—	—	—	—	—	—	—	—	—
256	利华益集团股份有限公司	民营企业	混业(石油和天然气开采业与加工业;医药生物制造业;纺织业)	9.3	★	291	—	—	—	—	—	—	—	—
257	奥克斯集团有限公司	民营企业	家用电器制造业	9.1	★	228	213	258	229	196	162	213	106	186
258	英特尔(中国)有限公司	外资企业	电子产品及电子元件制造业	9.0	★	22	18	12	14	34	20	37	53	50
259	厦门象屿集团有限公司	其他国有企业	混业(房地产开发;互联网服务业)	8.9	★	—	—	—	—	—	—	—	—	—
260	中国远洋海运集团有限公司	中央企业	交通运输服务业	8.6	★	276	263	113	18	8	1	1	1	1

续表

2018排名	企业名称	公司性质	行业名称	2018指数	2018星级	2017排名	2016排名	2015排名	2014排名	2013排名	2012排名	2011排名	2010排名	2009排名
261	浪潮集团有限公司	民营企业	混业（互联网服务业；电子产品及电子元件制造业）	8.2	★	—	266	226	247	214	116	—	—	—
261	默沙东（中国）有限公司	外资企业	医药生物制造业	8.2	★	—	—	—	—	—	—	—	—	—
263	正威国际集团有限公司	民营企业	混业（金属冶炼及压延加工业；电子产品及电子元件制造业）	8.0	★	218	266	230	229	256	236	—	—	—
264	高盛（中国）	外资企业	证券、期货、基金等其他金融业	7.9	★	207	266	247	253	212	196	—	—	—
265	修正药业集团股份有限公司	民营企业	医药生物制造业	7.7	★	167	167	—	—	—	—	—	—	—
266	广厦控股集团有限公司	民营企业	混业（建筑业；房地产开发业）	7.6	★	246	203	258	203	248	257	174	97	119
267	卡特彼勒（中国）投资有限公司	外资企业	机械设备制造业	7.4	★	272	149	192	145	216	133	202	171	215
268	江苏中南建设集团股份有限公司	民营企业	房地产开发业	7.2	★	232	—	—	—	—	—	—	—	—
269	腾邦集团有限公司	民营企业	混业（旅游业；交通运输服务业）	7.0	★	212	—	—	—	—	—	—	—	—
270	中国太平洋建设集团有限公司	民营企业	建筑业	6.7	★	270	264	289	294	—	—	—	—	—

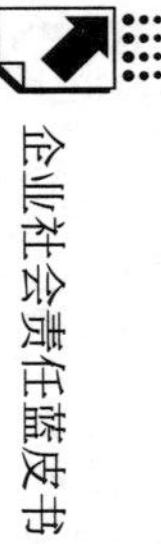

续表

2018排名	企业名称	公司性质	行业名称	2018指数	2018星级	2017排名	2016排名	2015排名	2014排名	2013排名	2012排名	2011排名	2010排名	2009排名
271	江阴澄星实业集团有限公司	民营企业	工业化学品制造业	6.5	★	266	194	233	240	279	275	271	233	232
271	采埃孚（中国）投资有限公司	外资企业	机械设备制造业	6.5	★	—	—	—	—	—	—	—	—	—
273	阳光龙净集团有限公司	民营企业	混业（证券、期货、基金等其他金融业；房地产开发业；一般服务业）	6.4	★	264	—	—	—	—	—	—	—	—
274	摩根士丹利	外资企业	证券、期货、基金等其他金融业	6.3	★	262	206	223	282	—	—	—	—	—
275	杭州锦江集团有限公司	民营企业	金属冶炼及压延加工业	6.1	★	225	—	—	—	—	—	—	—	—
276	中国太平保险集团有限责任公司	国有金融企业	保险业	5.8	★	—	—	—	—	—	—	—	—	—
277	远大物产集团有限公司	民营企业	批发贸易业	5.7	★	261	—	—	—	—	—	224	224	250
278	海澜集团有限公司	民营企业	服装鞋帽制造业	5.5	★	220	183	236	259	238	207	—	—	—
279	科创控股集团有限公司	民营企业	医药生物制造业	5.1	★	279	—	—	—	—	—	—	—	—
280	上海均和集团有限公司	民营企业	混业（交通运输服务业；证券、期货、基金等其他金融业）	5.0	★	247	—	—	—	—	—	—	—	—

续表

2018排名	企业名称	公司性质	行业名称	2018指数	2018星级	2017排名	2016排名	2015排名	2014排名	2013排名	2012排名	2011排名	2010排名	2009排名
281	铃木（中国）投资有限公司	外资企业	交通运输设备制造业	4.1	★	286	286	294	296	289	296	—	—	—
282	南山集团有限公司	民营企业	混业（金属冶炼及压延加工业；纺织业；房地产开发业）	4.0	★	—	201	246	290	229	205	173	135	122
283	河北新华联合冶金控股集团有限公司	民营企业	金属冶炼及压延加工业	3.8	★	286	285	293	284	272	259	245	211	215
283	华晨汽车集团控股有限公司	其他国有企业	交通运输设备制造业	3.8	★	—	—	—	—	—	—	—	—	268
285	大商集团有限公司	民营企业	零售业	3.3	★	198	241	225	288	268	231	264	141	192
286	微软中国	外资企业	互联网服务业	3.2	★	240	224	230	207	222	160	71	193	244
287	中国惠普有限公司	外资企业	电子产品及电子元件制造业	3.0	★	280	258	276	279	165	157	94	77	74
287	欧尚（中国）投资有限公司	外资企业	零售业	3.0	★	283	257	252	259	280	281	—	—	—
289	百度股份有限公司	民营企业	互联网服务业	2.0	★	126	202	101	—	—	—	—	—	—
290	埃森哲（中国）有限公司	外资企业	一般服务业	1.3	★	230	230	195	224	229	181	—	—	—
291	亚邦投资控股集团有限公司	民营企业	混业（医药生物制造业；工业化学品制造业）	1.1	★	290	—	—	—	—	—	—	—	—
291	霍尼韦尔（中国）投资有限公司	外资企业	混业（一般制造业；机械设备制造业）	1.1	★	—	—	—	—	—	—	—	—	—

续表

2018排名	企业名称	公司性质	行业名称	2018指数	2018 星级	2017排名	2016排名	2015排名	2014排名	2013排名	2012排名	2011排名	2010排名	2009排名
293	华特迪士尼（中国）有限公司	外资企业	混业（旅游业；文化娱乐业；零售业）	0.9	★	291	286	—	—	291	298	—	—	—
294	安邦保险集团股份有限公司	民营企业	保险业	0.3	★	233	—	—	—	—	—	—	—	—
295	中国保利集团有限公司	中央企业	混业（房地产开发；文化娱乐业；一般服务业）	0.0	★	99	101	—	—	—	—	—	—	—
295	邦吉公司	外资企业	食品饮料业	0.0	★	256	235	250	—	—	—	—	—	—
295	Seven & I 控股公司	外资企业	零售业	0.0	★	283	280	294	—	—	—	—	—	—
295	软银中国资本	外资企业	证券、期货、基金等其他金融业	0.0	★	291	286	279	291	—	—	—	—	—
295	甲骨文（中国）	外资企业	互联网服务业	0.0	★	291	280	287	244	285	286	—	—	—
295	麦格纳中国	外资企业	机械设备制造业	0.0	★	—	—	—	—	—	—	—	—	—

B.11

附录四：2018国有企业100强社会责任发展指数及2009～2018排名

单位：分

2018排名	企业名称	公司性质	行业名称	2018指数	2018星级	2017排名	2016排名	2015排名	2014排名	2013排名	2012排名	2011排名	2010排名	2009排名
1	华润（集团）有限公司	中央企业	混业	95.9	★★★★★	1	5	6	11	6	6	48	61	24
2	中国华电集团有限公司	中央企业	电力生产业	93.4	★★★★★	2	2	2	4	4	7	8	13	21
3	中国石油化工集团有限公司	中央企业	石油和天然气开采业与加工业	93.3	★★★★★	4	4	7	5	3	4	5	6	12
4	中国华能集团有限公司	中央企业	电力生产业	91.1	★★★★★	3	7	4	5	9	5	7	8	5
5	中国南方电网有限责任公司	中央企业	电力供应业	90.9	★★★★★	6	1	3	1	2	3	4	6	22
6	国家开发投资集团有限公司	中央企业	混业（电力生产业；一般采矿业；交通运输业）	89.1	★★★★★	7	37	35	47	56	57	41	33	—
7	中国建材集团有限公司	中央企业	非金属矿物制品业	88.4	★★★★★	5	8	8	9	7	12	14	57	—

续表

2018排名	企业名称	公司性质	行业名称	2018指数	2018星级	2017排名	2016排名	2015排名	2014排名	2013排名	2012排名	2011排名	2010排名	2009排名
8	中国铝业集团有限公司	中央企业	混业(金属冶炼及压延加工业;一般采矿业;批发贸易业)	88.1	★★★★★	8	23	16	15	11	8	25	39	45
9	东风汽车集团有限公司	中央企业	交通运输设备制造业	87.1	★★★★★	9	10	12	16	28	28	40	19	17
10	中国黄金集团有限公司	中央企业	一般采矿业	85.3	★★★★★	10	13	9	8	10	10	15	72	—
11	中国移动通信集团有限公司	中央企业	通信服务业	84.8	★★★★★	14	3	1	2	5	9	2	2	3
12	中国电力建设集团有限公司	中央企业	混业(建筑业;机械设备制造业)	83.0	★★★★★	11	15	21	42	52	87	—	—	—
13	中国电子信息产业集团有限公司	中央企业	电子产品及电子元件制造业	81.4	★★★★★	13	13	14	17	15	18	—	—	—
14	国家电力投资集团有限公司	中央企业	电力生产业	81.1	★★★★★	45	59	27	48	58	83	31	51	—
15	中国第一汽车集团有限公司	中央企业	交通运输设备制造业	80.7	★★★★★	18	25	28	86	70	93	65	17	38
16	中国建筑集团有限公司	中央企业	建筑业	80.6	★★★★★	15	6	5	7	12	19	26	58	55
17	北京控股集团有限公司	其他国有企业	混业(环保产业;公用事业和基础设施;酒精及饮料制造)	80.3	★★★★★	28	32	—	—	—	—	—	—	—

续表

2018排名	企业名称	公司性质	行业名称	2018指数	2018星级	2017排名	2016排名	2015排名	2014排名	2013排名	2012排名	2011排名	2010排名	2009排名
18	中国交通建设集团有限公司	中央企业	建筑业	79.7	★★★★	17	21	23	36	39	37	35	15	30
18	国家电网有限公司	中央企业	电力供应业	79.7	★★★★	29	11	11	3	1	2	3	3	2
20	国家能源投资集团有限责任公司	中央企业	煤炭开采与洗选业	79.2	★★★★	49	54	33	62	47	51	37	31	23
21	中国联合网络通信集团有限公司	中央企业	通信服务业	78.6	★★★★	25	22	19	18	18	70	49	41	41
22	中国旅游集团有限公司	中央企业	旅游业	77.4	★★★★	20	34	43	39	74	50	77	89	—
23	中国海洋石油集团有限公司	中央企业	石油和天然气开采业与加工业	76.5	★★★★	19	12	13	26	32	53	37	12	7
24	中国大唐集团有限公司	中央企业	电力生产业	75.8	★★★★	40	45	53	76	79	86	9	4	4
25	中国银行股份有限公司	国有金融企业	银行业	75.7	★★★★	53	70	67	56	43	44	30	28	25
26	中国盐业集团有限公司	中央企业	混业（食品饮料业；工业化学品制造业）	74.1	★★★★	32	—	—	—	—	—	—	—	—
27	新兴际华集团有限公司	中央企业	金属冶炼及压延加工业	73.5	★★★★	22	36	49	93	72	79	70	43	—
28	上海汽车集团股份有限公司	其他国有企业	交通运输设备制造业	72.6	★★★★	31	27	25	35	30	60	62	97	43

续表

2018排名	企业名称	公司性质	行业名称	2018指数	2018星级	2017排名	2016排名	2015排名	2014排名	2013排名	2012排名	2011排名	2010排名	2009排名
29	广州医药集团有限公司	其他国有企业	医药生物制造业	72.0	★★★★	—	—	—	—	—	—	—	—	—
30	中国东方航空集团有限公司	中央企业	交通运输服务业	69.9	★★★★	36	46	34	40	67	25	18	29	56
31	中国铁道建筑有限公司	中央企业	建筑业	69.2	★★★★	—	—	—	—	—	—	—	—	—
32	中国农业银行股份有限公司	国有金融企业	银行业	68.8	★★★★	39	49	68	57	22	41	31	30	29
33	中国电信集团有限公司	中央企业	通信服务业	68.2	★★★★	27	16	17	12	13	11	29	40	39
34	上海浦东发展银行股份有限公司	国有金融企业	银行业	68.0	★★★★	46	—	—	—	—	—	—	—	—
35	交通银行股份有限公司	国有金融企业	银行业	66.7	★★★★	34	29	46	31	29	20	39	32	15
36	中国有色矿业集团有限公司	中央企业	混业（一般采矿业；金属冶炼及压延加工业；建筑业）	66.3	★★★★	23	18	84	32	40	38	—	—	—
37	上海电气集团股份有限公司	其他国有企业	机械设备制造业	65.4	★★★★	44	47	57	68	45	68	52	60	93
38	中国人民保险集团股份有限公司	国有金融企业	保险业	65.0	★★★★	37	44	63	73	77	95	80	46	35
39	中国石油天然气集团有限公司	中央企业	石油和天然气开采业与加工业	64.7	★★★★	42	31	29	55	35	24	20	11	10

续表

2018排名	企业名称	公司性质	行业名称	2018指数	2018星级	2017排名	2016排名	2015排名	2014排名	2013排名	2012排名	2011排名	2010排名	2009排名
40	中国南方航空集团有限公司	中央企业	交通运输服务业	64.6	★★★★	47	49	32	43	43	29	13	21	19
41	上海医药集团股份有限公司	其他国有企业	医药生物制造业	64.0	★★★★	52	—	—	—	—	—	—	—	—
42	中国工商银行股份有限公司	国有金融企业	银行业	61.5	★★★★	43	43	50	50	26	32	16	25	9
43	广州汽车集团股份有限公司	其他国有企业	交通运输设备制造业	61.1	★★★★	48	52	42	64	50	—	—	—	—
44	中国建设银行股份有限公司	国有金融企业	银行业	60.7	★★★★	65	68	59	61	42	46	28	24	19
45	中国机械工业集团有限公司	中央企业	混业（机械设备制造业；建筑业；批发贸易业）	60.5	★★★★	35	19	26	45	36	36	51	44	66
46	中国铁路工程集团有限公司	中央企业	建筑业	59.3	★★★	—	—	—	—	—	—	—	—	—
47	中粮集团有限公司	中央企业	混业（食品饮料业；房地产开发业；批发贸易业）	57.5	★★★	51	40	38	58	63	58	19	35	32
48	中国太平洋保险（集团）股份有限公司	国有金融企业	保险业	57.3	★★★	50	55	59	38	31	23	23	21	59
49	招商银行股份有限公司	国有金融企业	银行业	57.1	★★★	—	—	—	—	—	—	—	—	—
50	中国航空油料集团有限公司	其他国有企业	批发贸易业	55.7	★★★	70	96	90	60	54	56	63	84	79

续表

2018排名	企业名称	公司性质	行业名称	2018指数	2018星级	2017排名	2016排名	2015排名	2014排名	2013排名	2012排名	2011排名	2010排名	2009排名
51	物产中大集团股份有限公司	其他国有企业	批发贸易业	54.0	★★★	67	83	82	99	92	73	95	—	51
52	上海建工集团股份有限公司	其他国有企业	建筑业	53.3	★★★	62	85	71	81	94	89	70	58	66
53	中国中车集团有限公司	中央企业	交通运输设备制造业	50.5	★★★	60	60	41	—	—	—	—	—	—
54	珠海格力电器股份有限公司	其他国有企业	家用电器制造业	48.2	★★★	—	—	—	—	—	—	—	—	—
55	陕西煤业化工集团有限责任公司	其他国有企业	煤炭开采与洗选业	48.1	★★★	56	57	—	—	—	—	—	—	—
56	北京银行股份有限公司	国有金融企业	银行业	46.5	★★★	66	62	—	—	—	—	—	—	—
57	中国人寿保险（集团）公司	国有金融企业	保险业	45.8	★★★	88	61	52	74	84	63	47	37	26
58	河钢集团有限公司	其他国有企业	金属冶炼及压延加工业	45.2	★★★	60	67	37	54	69	52	35	47	—
59	浙江省交通投资集团有限公司	其他国有企业	建筑业	44.7	★★★	—	—	—	—	—	—	—	—	—
60	北京汽车集团有限公司	其他国有企业	交通运输设备制造业	42.1	★★★	58	77	70	72	27	85	72	92	91

续表

2018排名	企业名称	公司性质	行业名称	2018指数	2018星级	2017排名	2016排名	2015排名	2014排名	2013排名	2012排名	2011排名	2010排名	2009排名
60	山西潞安矿业（集团）有限责任公司	其他国有企业	煤炭开采与洗选业	42.1	★★★	59	—	—	—	—	—	—	—	—
62	首钢集团有限公司	其他国有企业	金属冶炼及压延加工业	41.9	★★★	63	84	97	70	65	65	59	49	26
63	中国航空集团有限公司	中央企业	交通运输服务业	39.6	★★	69	—	21	24	25	43	22	23	56
63	陕西延长石油（集团）有限责任公司	其他国有企业	石油和天然气开采业与加工业	39.6	★★	82	63	56	51	55	67	83	79	47
65	光明食品（集团）有限公司	其他国有企业	食品饮料业	38.5	★★	68	79	—	—	—	—	—	—	70
66	大同煤矿集团有限责任公司	其他国有企业	煤炭开采与洗选业	37.1	★★	71	—	—	—	—	—	92	93	61
67	中国节能环保集团有限公司	中央企业	废弃资源及废旧材料回收加工业	37.0	★★	16	17	18	21	37	72	—	—	—
68	鞍钢集团有限公司	中央企业	金属冶炼及压延加工业	36.6	★★	41	56	79	41	78	16	9	9	15
69	中国能源建设集团有限公司	中央企业	建筑业	35.9	★★	90	19	87	33	—	—	—	—	—
70	中国中化集团有限公司	中央企业	石油和天然气开采业与加工业	35.7	★★	55	57	36	37	51	55	24	16	14
71	江西铜业集团有限公司	其他国有企业	一般采矿业	32.2	★★	78	73	80	—	—	—	56	53	79

续表

2018排名	企业名称	公司性质	行业名称	2018指数	2018星级	2017排名	2016排名	2015排名	2014排名	2013排名	2012排名	2011排名	2010排名	2009排名
72	中国五矿集团有限公司	中央企业	混业（一般采矿业；批发贸易业；金属冶炼及压延加工业）	31.6	★★	33	23	15	10	16	21	27	18	36
73	河南能源化工集团有限公司	其他国有企业	混业（电力生产业；煤炭开采与洗选业；证券期货基金及其他金融服务业）	30.5	★★	—	—	—	—	—	—	86	62	—
74	兖矿集团有限公司	其他国有企业	煤炭开采与洗选业	30.1	★★	—	—	—	—	—	—	—	—	36
75	中国中信集团有限公司	国有金融企业	混业（银行业；证券期货基金及其他金融服务业；房地产开发业）	29.0	★★	86	87	100	83	81	71	44	38	74
76	中国宝武钢铁集团有限公司	中央企业	金属冶炼及压延加工业	28.3	★★	77	38	40	24	24	15	6	5	6
77	招商局集团有限公司	中央企业	混业（交通运输服务业；房地产开发业；银行业）	26.8	★★	21	26	30	44	57	61	21	36	—
78	山西晋城无烟煤矿业集团有限责任公司	其他国有企业	煤炭开采与洗选业	25.9	★★	85	—	—	—	—	—	—	—	—
79	阳泉煤业（集团）有限责任公司	其他国有企业	煤炭开采与洗选业	25.6	★★	81	—	—	—	—	—	—	—	—
80	东浩兰生（集团）有限公司	其他国有企业	一般服务业	25.2	★★	—	—	—	—	—	—	—	—	—

续表

2018排名	企业名称	公司性质	行业名称	2018指数	2018星级	2017排名	2016排名	2015排名	2014排名	2013排名	2012排名	2011排名	2010排名	2009排名
81	中国化工集团有限公司	中央企业	工业化学品制造业	24.7	★★	82	40	61	53	71	58	43	63	61
82	冀中能源集团有限责任公司	其他国有企业	煤炭开采与洗选业	23.5	★★	97	93	48	65	58	—	—	—	—
83	山东能源集团有限公司	其他国有企业	煤炭开采与洗选业	19.2	★	80	78	—	—	—	—	—	—	—
84	中国光大集团股份公司	国有金融企业	混业（银行业；证券期货基金及其他金融服务业；房地产开发业）	17.4	★	95	—	—	—	—	—	—	—	—
85	中国医药集团有限公司	中央企业	医药生物制造业	15.8	★	72	82	24	85	75	27	65	64	—
86	中国通用技术（集团）控股有限责任公司	中央企业	混业（机械设备制造业；医药生物制造业；批发贸易业）	13.9	★	92	75	85	95	96	81	75	95	—
87	中国邮政集团公司	其他国有企业	交通运输服务业	13.8	★	91	89	91	79	97	90	89	77	82
88	金川集团股份有限公司	其他国有企业	金属冶炼及压延加工业	11.8	★	—	—	—	—	—	—	68	73	—
89	四川长虹电子控股集团有限公司	其他国有企业	家用电器制造业	11.7	★	94	96	—	—	—	—	—	—	—
90	厦门国贸控股集团有限公司	其他国有企业	混业（房地产开发；批发贸易业；一般制造业）	10.3	★	73	—	—	—	—	—	—	—	—

续表

2018排名	企业名称	公司性质	行业名称	2018指数	2018星级	2017排名	2016排名	2015排名	2014排名	2013排名	2012排名	2011排名	2010排名	2009排名
90	百联集团有限公司	其他国有企业	零售业	10.3	★	98	98	89	100	97	95	93	68	65
92	绿地控股集团有限公司	其他国有企业	房地产开发业	10.2	★	89	80	75	91	—	—	—	—	—
93	天津物产集团有限公司	其他国有企业	混业（批发贸易业）	10.0	★	99	93	98	98	—	—	—	—	—
94	厦门建发集团有限公司	其他国有企业	混业（房地产开发；酒店业；批发贸易业）	9.4	★	74	—	51	—	—	—	—	—	—
94	云南省建设投资控股集团有限公司	其他国有企业	建筑业	9.4	★	—	—	—	—	—	—	—	—	—
96	厦门象屿集团有限公司	其他国有企业	混业（房地产开发；互联网服务业）	8.9	★	—	—	—	—	—	—	—	—	—
97	中国远洋海运集团有限公司	中央企业	交通运输服务业	8.6	★	100	99	66	14	8	1	1	1	1
98	中国太平保险集团有限责任公司	国有金融企业	保险业	5.8	★	—	—	—	—	—	—	—	—	—
99	华晨汽车集团控股有限公司	其他国有企业	交通运输设备制造业	3.8	★	—	—	—	—	—	—	—	—	93
100	中国保利集团有限公司	中央企业	混业（房地产开发；文化娱乐业；一般服务业）	0.0	★	64	69	—	—	—	—	—	—	—

B.12 附录五：2018民营企业100强社会责任发展指数及2009～2018排名

单位：分

2018排名	企业名称	行业名称	2018指数	2018星级	2017排名	2016排名	2015排名	2014排名	2013排名	2012排名	2011排名	2010排名	2009排名
1	中国民生银行股份有限公司	银行业	85.2	★★★★★	3	3	3	2	1	2	1	2	3
2	海航集团有限公司	交通运输服务业	72.9	★★★★	6	5	14	9	20	10	12	41	60
3	TCL 集团股份有限公司	家用电器制造业	72.1	★★★★	4	11	—	—	—	—	—	—	—
3	中兴通讯股份有限公司	通信设备制造业	72.1	★★★★	7	4	5	3	7	7	6	8	22
5	浙江吉利控股集团有限公司	交通运输设备制造业	71.7	★★★★	8	8	10	7	12	44	20	—	—
6	华为投资控股有限公司	通信设备制造业	71.4	★★★★	1	1	1	1	2	1	4	7	7
7	内蒙古伊利实业集团股份有限公司	食品饮料业	71.1	★★★★	5	33	17	32	17	14	17	15	32

续表

2018排名	企业名称	行业名称	2018指数	2018 星级	2017排名	2016排名	2015排名	2014排名	2013排名	2012排名	2011排名	2010排名	2009排名
8	兴业银行股份有限公司	银行业	70.8	★★★★	17	13	15	5	3	3	2	1	17
9	比亚迪股份有限公司	交通运输设备制造业	68.4	★★★★	9	10	26	18	21	16	18	59	55
10	碧桂园控股有限公司	房地产开发业	64.9	★★★★	27	30	29	45	26	48	—	—	—
11	广东温氏食品集团股份有限公司	农林牧渔业	64.4	★★★★	14	—	—	—	—	—	—	—	—
12	中国平安保险(集团)股份有限公司	保险业	62.8	★★★★	11	6	24	12	5	6	3	3	2
13	上海复星高科技(集团)有限公司	混业(医药生物制造业;旅游业;文化娱乐业)	56.7	★★★	—	20	—	—	—	—	—	—	24
14	联想控股股份有限公司	电子产品及电子元件制造业	54.9	★★★	18	28	12	8	4	4	91	17	1
15	万洲国际有限公司	食品饮料业	53.7	★★★	16	21	—	—	—	—	—	—	—
15	长城汽车股份有限公司	交通运输设备制造业	53.7	★★★	—	19	30	15	19	26	—	—	—
17	海亮集团有限公司	混业(金属制品业;房地产开发业)	53.2	★★★	13	17	21	52	52	46	24	18	10
18	中国恒大集团	房地产开发业	53.1	★★★	19	31	34	20	31	42	—	—	—
19	苏宁易购集团股份有限公司	零售业	51.9	★★★	61	67	13	24	65	5	7	6	12

续表

2018排名	企业名称	行业名称	2018指数	2018星级	2017排名	2016排名	2015排名	2014排名	2013排名	2012排名	2011排名	2010排名	2009排名
20	超威电源有限公司	电子产品及电子元件制造业	51.1	★★★	15	34	—	—	—	—	—	—	—
20	江铃汽车集团公司	交通运输设备制造业	51.1	★★★	—	73	47	54	68	71	—	—	—
22	万科企业股份有限公司	房地产开发业	49.8	★★★	11	7	8	11	9	9	8	5	21
22	腾讯控股有限公司	互联网服务业	49.8	★★★	26	56	18	—	—	—	—	—	—
24	华夏幸福基业股份有限公司	房地产开发业	49.0	★★★	21	—	—	—	—	—	—	—	—
25	华夏银行股份有限公司	银行业	47.9	★★★	—	9	11	14	12	15	11	10	5
26	阿里巴巴集团控股有限公司	互联网服务业	45.2	★★★	2	2	2	—	—	—	—	—	—
27	九州通医药集团股份有限公司	批发贸易业	45.1	★★★	25	—	—	—	—	—	13	46	72
28	美的集团股份有限公司	家用电器制造业	43.5	★★★	23	22	19	16	30	17	16	12	8
29	特变电工股份有限公司	机械设备制造业	43.3	★★★	98	—	—	—	—	—	—	—	—
30	雅戈尔集团股份有限公司	混业（服装鞋帽制造业；房地产开发业）	42.1	★★★	28	18	28	17	22	18	79	27	11
31	京东集团	互联网服务业	39.7	★★	56	91	58	—	—	—	—	—	—

续表

2018排名	企业名称	行业名称	2018指数	2018 星级	2017排名	2016排名	2015排名	2014排名	2013排名	2012排名	2011排名	2010排名	2009排名
32	国美零售控股有限公司	零售业	38.7	★★	32	26	67	38	27	83	80	80	47
33	海尔集团有限公司	家用电器制造业	38.0	★★	33	15	16	22	14	13	—	—	—
34	阳光保险集团股份有限公司	保险业	37.7	★★	24	—	—	—	—	—	—	—	—
35	苏宁环球集团有限公司	房地产开发业	34.3	★★	74	—	—	24	65	48	—	—	—
36	中国华信能源有限公司	批发贸易业	33.3	★★	65	49	—	—	—	—	—	—	—
37	天能集团有限公司	电子产品及电子元件制造业	32.0	★★	30	13	6	33	—	—	—	—	—
38	恒力集团有限公司	混业（工业化学品制造业；纺织业）	30.8	★★	38	27	45	37	37	41	34	52	72
39	通威集团有限公司	农林牧渔业	30.4	★★	45	42	48	55	33	23	36	73	70
40	山东京博控股股份有限公司	石油和天然气开采业与加工业	27.3	★★	34	—	—	—	—	—	—	—	—
41	亨通集团有限公司	通信设备制造业	26.5	★★	29	—	—	—	—	—	—	—	—
42	万向集团公司	交通运输设备制造业	25.3	★★	—	93	52	49	73	61	53	37	75
43	新奥集团股份有限公司	燃气的生产和供应业	24.8	★★	79	—	—	—	—	—	—	—	—
44	红豆集团有限公司	服装鞋帽制造业	23.9	★★	44	28	37	78	49	76	23	31	35

续表

2018排名	企业名称	行业名称	2018指数	2018星级	2017排名	2016排名	2015排名	2014排名	2013排名	2012排名	2011排名	2010排名	2009排名
45	新华联集团有限公司	混业（房地产开发业；一般采矿业；工业化学品制造业）	22.2	★★	50	47	32	41	89	72	15	57	9
46	华勤橡胶工业集团有限公司	一般制造业	21.6	★★	—	—	—	—	—	—	—	—	—
47	大连万达集团股份有限公司	房地产开发业	21.0	★★	37	45	41	24	17	19	14	—	—
48	三胞集团有限公司	混业（零售业；房地产开发业）	20.5	★★	46	51	82	61	53	54	50	61	70
49	江苏沙钢集团有限公司	金属冶炼及压延加工业	19.8	★	35	55	56	45	73	81	71	28	55
50	中天发展控股集团有限公司	混业（建筑业；房地产开发业）	19.3	★	84	72	76	63	39	39	29	56	47
51	中天钢铁集团有限公司	金属冶炼及压延加工业	17.8	★	36	44	43	28	24	31	21	20	14
51	浙江恒逸集团有限公司	工业化学品制造业	17.8	★	85	93	74	60	78	42	44	70	59
53	正邦集团有限公司	农林牧渔业	17.4	★	64	—	—	—	—	—	—	—	—
54	河北津西钢铁集团股份有限公司	金属冶炼及压延加工业	16.7	★	53	—	—	84	59	28	—	—	—
54	山东东明石化集团有限公司	石油和天然气开采业与加工业	16.7	★	94	—	—	—	—	—	—	—	—

续表

2018排名	企业名称	行业名称	2018指数	2018 星级	2017排名	2016排名	2015排名	2014排名	2013排名	2012排名	2011排名	2010排名	2009排名
56	山东大海集团有限公司	混业（纺织业；金属冶炼及压延加工业）	16.4	★	57	—	—	—	—	—	—	—	—
57	青山控股集团有限公司	金属冶炼及压延加工业	16.3	★	41	—	—	—	—	—	—	—	—
58	新疆广汇实业投资（集团）有限责任公司	混业（煤炭开采与洗选业；一般采矿业；房地产开发业）	14.2	★	42	40	44	57	70	65	92	40	85
59	中国万达集团	石油和天然气开采业与加工业	13.8	★	47	—	—	—	—	—	—	—	—
60	庞大汽贸集团股份有限公司	一般服务业	13.7	★	—	36	60	61	38	25	30	57	51
61	三一集团有限公司	机械设备制造业	13.6	★	55	43	55	50	45	33	64	22	35
62	深圳市大生农业集团有限公司	农林牧渔业	13.4	★	65	—	—	—	—	—	—	—	—
62	山东魏桥创业集团有限公司	纺织业	13.4	★	82	71	88	84	86	79	55	93	98
64	西安迈科金属国际集团有限公司	批发贸易业	12.7	★	71	—	—	—	—	—	—	—	—
65	银亿集团有限公司	混业（机械设备制造业；房地产开发业）	12.6	★	68	—	—	—	—	—	—	—	—
66	杭州娃哈哈集团有限公司	食品饮料业	12.5	★	68	35	33	19	23	21	49	67	63

续表

2018排名	企业名称	行业名称	2018指数	2018星级	2017排名	2016排名	2015排名	2014排名	2013排名	2012排名	2011排名	2010排名	2009排名
67	南通三建控股有限公司	房地产开发业	11.6	★	93	—	—	—	—	—	—	—	—
68	深圳市爱施德股份有限公司	计算机服务业	11.4	★	79	—	—	—	—	—	—	—	—
69	北京建龙重工集团有限公司	混业（金属冶炼及压延加工业；一般采矿业）	11.0	★	48	81	85	40	58	57	57	99	74
69	盛虹控股集团有限公司	工业化学品制造业	11.0	★	60	—	—	—	—	—	—	—	—
71	盾安控股集团有限公司	机械设备制造业	10.8	★	58	—	—	—	—	—	—	—	—
72	泰康人寿保险股份有限公司	保险业	10.6	★	63	86	—	—	—	—	—	22	—
73	唐山瑞丰钢铁（集团）有限公司	金属冶炼及压延加工业	10.0	★	—	93	98	75	78	77	88	93	92
74	浙江荣盛控股集团有限公司	混业（工业化学品制造业；房地产开发业）	9.9	★	49	93	46	43	41	58	75	44	66
75	新希望集团有限公司	混业（食品饮料业；工业化学品制造业）	9.7	★	73	59	40	29	43	59	31	30	4
76	海信集团有限公司	家用电器制造业	9.6	★	—	—	—	—	—	—	—	—	86
77	天津荣程联合钢铁集团有限公司	金属冶炼及压延加工业	9.4	★	54	93	75	68	47	37	68	83	42

续表

2018排名	企业名称	行业名称	2018指数	2018星级	2017排名	2016排名	2015排名	2014排名	2013排名	2012排名	2011排名	2010排名	2009排名
77	东岭集团股份有限公司	混业(批发贸易业;一般采矿业;金属冶炼及压延加工业)	9.4	★	76	39	51	65	67	51	55	31	19
79	利华益集团股份有限公司	混业(石油和天然气开采业与加工业;医药生物制造业;纺织业)	9.3	★	98	—	—	—	—	—	—	—	—
80	奥克斯集团有限公司	家用电器制造业	9.1	★	76	58	79	57	46	35	63	33	62
81	浪潮集团有限公司	混业(互联网服务业;电子产品及电子元件制造业)	8.2	★	—	81	62	68	54	22	—	—	—
82	正威国际集团有限公司	混业(金属冶炼及压延加工业;电子产品及电子元件制造业)	8.0	★	70	81	66	57	72	67	—	—	—
83	修正药业集团股份有限公司	医药生物制造业	7.7	★	43	41	—	—	—	—	—	—	—
84	广厦控股集团有限公司	混业(建筑业;房地产开发业)	7.6	★	86	54	79	47	68	80	41	29	38
85	江苏中南建设集团股份有限公司	房地产开发业	7.2	★	78	—	—	—	—	—	—	—	—
86	腾邦集团有限公司	混业(旅游业;交通运输服务业)	7.0	★	65	—	—	—	—	—	—	—	—
87	中国太平洋建设集团有限公司	建筑业	6.7	★	92	79	95	96	—	—	—	—	—
88	江阴澄星实业集团有限公司	工业化学品制造业	6.5	★	91	50	67	63	88	91	96	75	83

续表

2018排名	企业名称	行业名称	2018指数	2018星级	2017排名	2016排名	2015排名	2014排名	2013排名	2012排名	2011排名	2010排名	2009排名
89	阳光龙净集团有限公司	混业（证券、期货、基金等其他金融业；房地产开发业；一般服务业）	6.4	★	90	—	—	—	—	—	—	—	—
90	杭州锦江集团有限公司	金属冶炼及压延加工业	6.1	★	75	—	—	—	—	—	—	—	—
91	远大物产集团有限公司	批发贸易业	5.7	★	89	—	—	—	—	—	68	72	91
92	海澜集团有限公司	服装鞋帽制造业	5.5	★	72	47	69	72	64	56	—	—	—
93	科创控股集团有限公司	医药生物制造业	5.1	★	95	—	—	—	—	—	—	—	—
94	上海均和集团有限公司	混业（交通运输服务业；证券、期货、基金等其他金融业）	5.0	★	87	—	—	—	—	—	—	—	—
95	南山集团有限公司	混业（金属冶炼及压延加工业；纺织业；房地产开发业）	4.0	★	—	52	73	94	59	54	40	43	39
96	河北新华联合冶金控股集团有限公司	金属冶炼及压延加工业	3.8	★	96	92	97	90	84	81	81	67	75
97	大商集团有限公司	零售业	3.3	★	59	68	61	92	81	65	93	45	63
98	百度股份有限公司	互联网服务业	2.0	★	31	53	25	—	—	—	—	—	—
99	亚邦投资控股集团有限公司	混业（医药生物制造业；工业化学品制造业）	1.1	★	97	—	—	—	—	—	—	—	—
100	安邦保险集团股份有限公司	保险业	0.3	★	79	—	—	—	—	—	—	—	—

B.13

附录六：2018外资企业100强社会责任发展指数及2009～2018排名

单位：分

2018排名	企业名称	行业名称	2018指数	2018星级	2017排名	2016排名	2015排名	2014排名	2013排名	2012排名	2011排名	2010排名	2009排名
1	三星（中国）投资有限公司	混业（电子产品及电子元件制造业；家用电器制造业；计算机及相关设备制造业）	93.0	★★★★★	1	1	1	1	1	5	25	26	11
2	现代汽车（中国）投资有限公司	交通运输设备制造业	91.6	★★★★★	2	2	4	7	42	44	60	32	48
3	LG 中国	混业（电子产品及电子元件制造业；家用电器制造业；工业化学品制造业；计算机及相关设备制造业）	82.5	★★★★★	3	3	3	3	—	—	—	—	—
4	松下电器（中国）有限公司	混业（电子产品及电子元件制造业；家用电器制造业）	81.3	★★★★★	5	5	5	4	5	17	76	70	25
5	台达（中国）	电子产品及电子元件制造业	80.1	★★★★★	6	6	8	11	8	69	82	52	48
6	浦项（中国）投资有限公司	金属冶炼及压延加工业	76.1	★★★★	7	7	6	6	4	83	64	73	65

续表

2018排名	企业名称	行业名称	2018指数	2018星级	2017排名	2016排名	2015排名	2014排名	2013排名	2012排名	2011排名	2010排名	2009排名
7	丰田汽车（中国）投资有限公司	交通运输设备制造业	62.4	★★★★	9	11	7	9	17	18	13	36	9
8	佳能（中国）有限公司	混业（电子产品及电子元件制造业；计算机及相关设备制造业；计算机服务业）	61.3	★★★★	8	8	8	5	10	2	17	6	19
9	苹果公司	电子产品及电子元件制造业	56.5	★★★	12	34	46	52	54	65	—	—	—
10	本田汽车（中国）有限公司	交通运输设备制造业	55.0	★★★	13	22	50	31	37	34	23	43	63
11	台积电	电子产品及电子元件制造业	52.9	★★★	10	14	—	—	—	—	—	—	—
12	和硕联合科技股份有限公司	混业（电子产品及电子元件制造业；计算机及相关设备制造业）	52.0	★★★	37	—	—	—	—	—	—	—	—
13	巴斯夫（中国）有限公司	工业化学品制造业	49.2	★★★	10	20	16	20	20	12	11	32	6
14	麦德龙（中国）	零售业	47.4	★★★	15	17	17	23	68	79	45	62	33
15	博世（中国）投资有限公司	混业（机械设备制造业；家用电器制造业）	46.6	★★★	41	19	89	40	59	74	—	—	—
16	安利（中国）日用品有限公司	日用化学品制造业	46.5	★★★	—	—	23	63	39	25	4	14	15
17	富士通（中国）有限公司	电子产品及电子元件制造业	46.4	★★★	—	—	—	—	—	—	—	—	—

续表

2018排名	企业名称	行业名称	2018指数	2018 星级	2017排名	2016排名	2015排名	2014排名	2013排名	2012排名	2011排名	2010排名	2009排名
18	汇丰银行(中国)有限公司	银行业	40.9	★★★	20	23	22	22	26	22	—	—	—
19	赛诺菲中国	医药生物制造业	39.3	★★	75	—	42	—	—	—	—	—	—
20	普利司通(中国)投资有限公司	一般制造业	37.0	★★	17	18	44	59	56	15	26	65	62
21	三菱商事(中国)有限公司	批发贸易业	36.7	★★	63	71	86	89	72	85	82	70	75
22	日立(中国)有限公司	混业(机械设备制造业;家用电器制造业;计算机及相关设备制造业)	34.8	★★	19	16	10	21	18	11	21	37	18
23	索尼(中国)有限公司	混业(电子产品及电子元件制造业;家用电器制造业)	33.8	★★	23	9	11	8	9	4	3	5	2
24	大众汽车集团(中国)	交通运输设备制造业	33.7	★★	36	53	75	61	78	77	47	48	21
25	长江和记实业有限公司	混业(交通运输服务业;零售业;通信服务业等)	31.8	★★	16	26	—	—	—	—	—	—	—
26	花旗银行(中国)有限公司	银行业	30.3	★★	26	30	29	26	24	34	—	—	—
27	通用汽车(中国)	交通运输设备制造业	29.6	★★	28	46	55	24	28	23	15	8	1
28	英国葛兰素史克(中国)投资有限公司	医药生物制造业	29.0	★★	67	71	80	88	—	—	—	—	—

续表

2018排名	企业名称	行业名称	2018指数	2018星级	2017排名	2016排名	2015排名	2014排名	2013排名	2012排名	2011排名	2010排名	2009排名
29	家乐福(中国)	零售业	27.5	★★	33	38	39	51	26	84	—	—	—
30	3M中国有限公司	一般制造业	27.3	★★	42	52	25	67	—	—	—	—	—
31	福特汽车(中国)有限公司	交通运输设备制造业	26.9	★★	30	28	30	30	49	30	20	16	13
32	丰田通商(中国)有限公司	交通运输设备制造业	25.3	★★	—	—	—	—	—	—	—	—	—
33	ABB(中国)有限公司	机械设备制造业	24.8	★★	51	39	24	27	46	28	28	15	10
34	BP中国	石油和天然气开采业与加工业	23.6	★★	25	73	53	72	87	56	48	38	19
35	西门子中国	机械设备制造业	22.5	★★	27	35	30	33	46	33	14	21	17
36	空中客车中国有限公司	交通运输设备制造业	22.4	★★	49	—	—	—	—	—	—	—	—
37	永旺(中国)投资有限公司	零售业	22.2	★★	31	32	47	—	—	—	—	—	—
38	GE中国	混业(机械设备制造业;家用电器制造业;电子产品及电子元件制造业)	21.8	★★	33	40	70	55	45	68	18	—	—
39	辉瑞中国	医药生物制造业	21.7	★★	38	31	28	—	—	—	—	—	—
40	雀巢中国	食品饮料业	21.6	★★	24	51	39	28	40	40	43	13	30
41	富士康科技集团	电子产品及电子元件制造业	21.5	★★	35	68	52	15	14	9	40	64	74

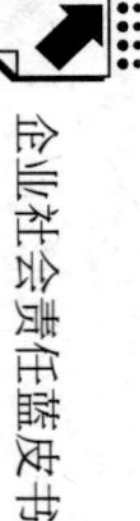

续表

2018排名	企业名称	行业名称	2018指数	2018星级	2017排名	2016排名	2015排名	2014排名	2013排名	2012排名	2011排名	2010排名	2009排名
41	百事（中国）投资有限公司	食品饮料业	21.5	★★	50	74	35	35	36	21	—	—	—
43	日产（中国）投资有限公司	交通运输设备制造业	21.0	★★	22	12	12	9	43	66	58	58	48
44	思科中国	通信设备制造业	20.0	★★	73	53	55	55	89	50	—	—	—
45	住友商事（中国）有限公司	批发贸易业	19.4	★	46	37	73	58	50	36	—	—	—
46	宝洁（中国）有限公司	日用化学品制造业	19.2	★	40	24	43	42	31	19	16	19	22
46	拜耳(中国)	混业(医药生物制造业;工业化学品制造业)	19.2	★	59	48	51	72	71	71	57	—	—
48	罗氏中国	医药生物制造业	19.0	★	56	—	—	—	—	—	—	—	—
49	路易达孚（中国）贸易有限责任公司	批发贸易业	18.6	★	—	—	—	—	—	—	—	—	—
50	沃尔玛（中国）投资有限公司	零售业	18.0	★	21	64	88	43	60	24	26	12	15
50	壳牌（中国）有限公司	石油和天然气开采业与加工业	18.0	★	48	70	61	49	38	46	51	23	14
52	戴尔（中国）有限公司	混业(计算机及相关设备制造业;计算机服务业)	17.5	★	47	—	78	74	62	79	70	99	52
53	强生（中国）投资有限公司	混业(医药生物制造业;日用化学品制造业)	16.8	★	57	12	37	32	76	78	—	—	—

续表

2018排名	企业名称	行业名称	2018指数	2018星级	2017排名	2016排名	2015排名	2014排名	2013排名	2012排名	2011排名	2010排名	2009排名
54	国际商业机器（中国）有限公司	混业（互联网服务业；电子产品及电子元件制造业）	16.2	★	14	15	15	25	23	69	37	30	37
55	联合技术	交通运输设备制造业	15.5	★	94	95	97	—	—	—	—	—	—
56	埃克森美孚	石油和天然气开采业与加工业	15.4	★	32	61	62	—	—	—	—	—	—
57	摩根大通中国	证券、期货、基金等其他金融业	14.9	★	39	—	—	—	—	—	—	—	—
57	力拓中国	一般采矿业	14.9	★	70	—	—	—	—	—	—	—	—
59	电装（中国）投资有限公司	机械设备制造业	14.7	★	—	—	—	—	—	—	—	—	—
60	宝马中国	交通运输设备制造业	14.5	★	53	57	58	55	33	16	31	23	27
61	可口可乐（中国）饮料有限公司	食品饮料业	14.4	★	18	53	72	53	22	13	82	3	4
62	圣戈班（中国）投资有限公司	一般制造业	14.2	★	—	—	—	—	—	—	—	—	—
63	道达尔中国	石油和天然气开采业与加工业	13.4	★	58	80	27	60	35	36	—	—	—
64	康菲石油中国有限公司	石油和天然气开采业与加工业	13.2	★	—	—	—	—	—	—	—	—	—
65	诺华中国	医药生物制造业	12.4	★	71	47	49	—	—	—	—	—	—
66	百威英博中国	食品饮料业	12.3	★	62	62	—	—	—	—	—	—	—

续表

2018排名	企业名称	行业名称	2018指数	2018 星级	2017排名	2016排名	2015排名	2014排名	2013排名	2012排名	2011排名	2010排名	2009排名
67	陶氏化学(中国)有限公司	工业化学品制造业	12.2	★	82	69	60	78	74	49	—	—	—
68	东芝电子(中国)有限公司	混业(电子产品及电子元件制造业;家用电器制造业;计算机及相关设备制造业)	12.1	★	—	10	14	12	12	10	36	35	27
69	益海嘉里投资有限公司	食品饮料业	11.9	★	—	66	44	68	—	—	63	43	52
70	联合利华(中国)有限公司	混业(日用化学品制造业;食品饮料业)	11.1	★	44	67	55	36	19	20	37	28	35
70	蒂森克虏伯(中国)投资有限公司	机械设备制造业	11.1	★	84	—	—	—	—	—	—	—	—
70	三井住友银行(中国)有限公司	银行业	11.1	★	—	—	—	—	—	—	—	—	—
73	三菱电机(中国)有限公司	机械设备制造业	10.5	★	—	—	—	—	—	—	—	—	—
74	SK 中国	混业(电子产品及电子元件制造业;石油和天然气开采业与加工业;工业化学品制造业)	10.3	★	72	83	67	90	87	82	67	53	73
74	戴姆勒中国	交通运输设备制造业	10.3	★	91	95	—	—	—	—	98	73	79
74	法国兴业银行(中国)有限公司	银行业	10.3	★	93	87	67	70	79	63	—	—	—

续表

2018排名	企业名称	行业名称	2018指数	2018星级	2017排名	2016排名	2015排名	2014排名	2013排名	2012排名	2011排名	2010排名	2009排名
77	埃尼中国	石油和天然气开采业与加工业	10.0	★	66	—	—	—	—	—	—	—	—
77	亚马逊中国	零售业	10.0	★	76	87	83	83	70	88	—	—	—
77	耐克体育（中国）有限公司	服装鞋帽制造业	10.0	★	94	92	96	99	89	98	77	73	79
80	波音中国	交通运输设备制造业	9.7	★	52	64	74	—	—	—	—	—	—
81	费森尤斯医疗投资（中国）有限公司	医药生物制造业	9.5	★	—	—	—	—	—	—	—	—	—
82	雪佛龙中国能源公司	石油和天然气开采业与加工业	9.4	★	67	75	—	—	—	—	—	—	—
83	英特尔（中国）有限公司	电子产品及电子元件制造业	9.0	★	4	4	2	2	2	1	2	4	7
84	默沙东（中国）有限公司	医药生物制造业	8.2	★	—	—	—	—	—	—	—	—	—
85	高盛（中国）	证券、期货、基金等其他金融业	7.9	★	54	87	81	87	67	58	—	—	—
86	卡特彼勒（中国）投资有限公司	机械设备制造业	7.4	★	81	36	63	44	69	29	62	42	58
87	采埃孚（中国）投资有限公司	机械设备制造业	6.5	★	—	—	—	—	—	—	—	—	—

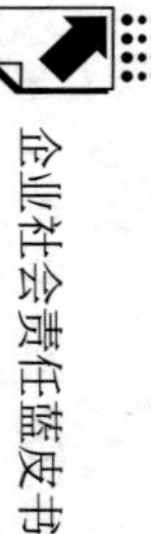

续表

2018排名	企业名称	行业名称	2018指数	2018 星级	2017排名	2016排名	2015排名	2014排名	2013排名	2012排名	2011排名	2010排名	2009排名
88	摩根士丹利	证券、期货、基金等其他金融业	6.3	★	77	62	76	95	—	—	—	—	—
89	铃木(中国)投资有限公司	交通运输设备制造业	4.1	★	91	95	97	100	97	96	—	—	—
90	微软中国	互联网服务业	3.2	★	65	75	77	71	72	43	10	47	70
91	中国惠普有限公司	电子产品及电子元件制造业	3.0	★	85	85	92	94	51	41	22	9	12
91	欧尚(中国)投资有限公司	零售业	3.0	★	88	84	84	91	94	91	—	—	—
93	埃森哲(中国)有限公司	一般服务业	1.3	★	60	78	65	80	77	50	—	—	—
94	霍尼韦尔(中国)投资有限公司	混业(一般制造业;机械设备制造业)	1.1	★	—	—	—	—	—	—	—	—	—
95	华特迪士尼(中国)有限公司	混业(旅游业;文化娱乐业;零售业)	0.9	★	94	95	—	—	98	98	—	—	—
96	邦吉公司	食品饮料业	0.0	★	74	79	82	—	—	—	—	—	—
96	Seven & I 控股公司	零售业	0.0	★	88	93	97	—	—	—	—	—	—
96	软银中国资本	证券、期货、基金等其他金融业	0.0	★	94	95	93	98	—	—	—	—	—
96	甲骨文(中国)	互联网服务业	0.0	★	94	93	94	85	95	92	—	—	—
96	麦格纳中国	机械设备制造业	0.0	★	—	—	—	—	—	—	—	—	—

B.14

附录七：重点行业社会责任发展指数（2018）

附表 1　电力行业社会责任发展指数（2018）

单位：分

2018 年排名	2017 年排名	企业名称	企业性质	官网是否设置社会责任专栏	是否发布企业社会责任报告	社会责任发展指数	星级
1	1	中国华电集团有限公司	中央企业	有	有	93.4	★★★★★
2	2	中国华能集团有限公司	中央企业	有	有	91.1	★★★★★
3	3	中国南方电网有限责任公司	中央企业	有	有	90.9	★★★★★
4	9	国家电力投资集团有限公司	中央企业	有	有	81.1	★★★★★
5	6	国家电网有限公司	中央企业	有	有	79.7	★★★★
6	4	华润电力控股有限公司	其他国有企业	有	有	77.5	★★★★
7	7	中国大唐集团有限公司	中央企业	有	有	75.8	★★★★
8	5	中国长江三峡集团有限公司	中央企业	有	有	66.5	★★★★
9	12	中国广核集团有限公司	中央企业	有	有	63.4	★★★★
10	13	国投电力控股股份有限公司	其他国有企业	有	有	59.5	★★★
11	8	广东省粤电集团有限公司	其他国有企业	有	无	54.4	★★★
12	10	国华电力公司	其他国有企业	有	无	21.4	★★

附表 2　特种设备制造业社会责任发展指数（2018）

单位：分

2018 年排名	2017 年排名	企业名称	企业性质	官网是否设有社会责任专栏	是否发布企业社会责任报告	社会责任发展指数	星级
1	2	中国兵器工业集团有限公司	中央企业	有	有	82.7	★★★★★
2	3	中国电子科技集团有限公司	中央企业	有	有	82.5	★★★★★
3	1	中国电子信息产业集团有限公司	中央企业	有	有	81.4	★★★★★
4	–	中国航空发动机集团有限公司	中央企业	有	有	72.2	★★★★
5	5	中国航空工业集团有限公司	中央企业	有	有	53.4	★★★
6	7	中国航天科工集团有限公司	中央企业	有	有	52.1	★★★
7	6	中国船舶工业集团有限公司	中央企业	有	有	45.5	★★★
8	8	中国核工业集团有限公司	中央企业	有	无	33.4	★★
9	4	中国航天科技集团有限公司	中央企业	有	无	23.6	★★
10	9	中国兵器装备集团有限公司	中央企业	有	无	17.4	★
11	10	中国船舶重工集团公司	中央企业	有	无	15.0	★

附表 3　银行业社会责任发展指数（2018）

单位：分

2018 年排名	2017 年排名	企业名称	上市地点	官网是否设置社会责任专栏	是否发布企业社会责任报告	社会责任发展指数	星级
1	1	中国民生银行股份有限公司	上海、香港	有	有	85.2	★★★★★
2	9	中国银行股份有限公司	上海、香港	有	有	75.7	★★★★
3	12	兴业银行股份有限公司	上海	有	有	70.8	★★★★
4	10	中国邮政储蓄银行股份有限公司	香港	有	有	70.1	★★★★

续表

2018年排名	2017年排名	企业名称	上市地点	官网是否设置社会责任专栏	是否发布企业社会责任报告	社会责任发展指数	星级
5	3	中国农业银行股份有限公司	上海、香港	有	有	68.8	★★★★
6	6	上海浦东发展银行股份有限公司	上海	有	有	68.0	★★★★
7	2	交通银行股份有限公司	上海、香港	有	有	66.7	★★★★
8	15	中信银行股份有限公司	上海、香港	有	有	61.5	★★★★
8	4	中国工商银行股份有限公司	上海、香港	有	有	61.5	★★★★
10	7	中国光大银行股份有限公司	上海、香港	无	有	61.4	★★★★
11	16	中国建设银行股份有限公司	上海、香港	有	有	60.7	★★★★
12	5	招商银行股份有限公司	上海、香港	有	有	57.1	★★★
13	19	上海银行股份有限公司	上海	有	有	54.5	★★★
14	11	平安银行股份有限公司	深圳	有	有	54.2	★★★
14	14	江苏银行股份有限公司	上海	有	有	54.2	★★★
16	18	天津银行股份有限公司	香港	有	有	51.4	★★★
17	26	渤海银行股份有限公司	—	有	有	49.0	★★★
18	13	华夏银行股份有限公司	上海	有	有	47.9	★★★
19	17	北京银行股份有限公司	上海	有	有	46.5	★★★
20	20	汇丰银行（中国）有限公司	—	有	有	40.9	★★★
21	23	南京银行股份有限公司	上海	无	有	32.9	★★
22	22	花旗银行（中国）有限公司	—	有	有	30.3	★★
23	27	国家开发银行股份有限公司	—	有	无	22.7	★★
24	21	中国进出口银行	—	有	无	12.3	★
25	-	三井住友银行（中国）有限公司	—	无	无	11.1	★
26	28	法国兴业银行（中国）有限公司	—	无	无	10.3	★

附表4 汽车行业社会责任发展指数（2018）

单位：分

2018年排名	2017年排名	企业名称	企业性质	官网是否设置社会责任专栏	是否发布企业社会责任报告	社会责任发展指数	星级
1	1	现代汽车（中国）投资有限公司	外资企业	有	有	91.6	★★★★★
2	2	东风汽车集团有限公司	中央企业	有	有	87.1	★★★★★
3	3	中国第一汽车集团有限公司	中央企业	有	有	80.7	★★★★★
4	4	上海汽车集团股份有限公司	其他国有企业	有	有	72.6	★★★★
5	7	安徽江淮汽车集团股份有限公司	其他国有企业	有	有	72.2	★★★★
6	5	浙江吉利控股集团有限公司	民营企业	有	有	71.7	★★★★
7	6	比亚迪股份有限公司	民营企业	有	有	68.4	★★★★
8	8	丰田汽车（中国）投资有限公司	外资企业	有	有	62.4	★★★★
9	9	广州汽车集团股份有限公司	其他国有企业	有	有	61.1	★★★★
10	11	本田汽车（中国）有限公司	外资企业	有	无	55.0	★★★
11	12	长城汽车股份有限公司	民营企业	无	有	53.7	★★★
12	22	江铃汽车集团公司	民营企业	无	有	51.1	★★★
13	10	北京汽车集团有限公司	其他国有企业	有	有	42.1	★★★
14	18	厦门金龙汽车集团股份有限公司	其他国有企业	有	无	40.3	★★★
15	13	郑州宇通集团有限公司	民营企业	有	无	39.9	★★
16	20	大众汽车集团（中国）	外资企业	有	无	33.7	★★
17	16	陕西汽车控股集团有限公司	其他国有企业	有	无	32.2	★★
18	15	通用汽车（中国）	外资企业	有	无	29.6	★★
19	17	奇瑞汽车股份有限公司	其他国有企业	有	无	27.1	★★
20	19	福特汽车（中国）有限公司	外资企业	有	无	26.9	★★
21	-	丰田通商（中国）有限公司	外资企业	无	无	25.3	★★
22	14	日产（中国）投资有限公司	外资企业	有	无	21.0	★★
23	23	宝马中国	外资企业	有	无	14.5	★
24	27	戴姆勒中国	外资企业	有	无	10.3	★
25	27	铃木（中国）投资有限公司	外资企业	无	无	4.1	★

附表 5　石油化工行业社会责任发展指数（2018）

单位：分

2018 年排名	2017 年排名	企业名称	企业性质	官网是否设置社会责任专栏	是否发布企业社会责任报告	社会责任发展指数	星级
1	1	中国石油化工集团有限公司	中央企业	有	有	93.3	★★★★★
2	2	LG 化学(中国)投资有限公司	外资企业	有	有	77.2	★★★★
3	3	中国海洋石油总公司	中央企业	有	有	76.5	★★★★
4	4	中国石油天然气集团公司	中央企业	有	有	64.7	★★★★
5	–	云天化集团有限责任公司	其他国有企业	有	有	61.2	★★★★
6	–	中国化工集团有限公司	中央企业	有	有	42.5	★★★
7	6	陕西延长石油(集团)有限责任公司	其他国有企业	有	有	39.6	★★
8	–	中国中化集团有限公司	中央企业	有	无	35.7	★★
9	–	河南能源化工集团有限公司	其他国有企业	有	无	30.5	★★
10	–	山东京博控股股份有限公司	民营企业	有	无	27.3	★★
11	5	BP 中国	外资企业	有	无	23.6	★★
12	8	壳牌(中国)有限公司	外资企业	有	无	18.0	★
13	–	浙江恒逸集团有限公司	民营企业	有	无	17.8	★
14	–	湖北宜化集团有限责任公司	其他国有企业	有	无	16.8	★
15	–	山东东明石化集团有限公司	民营企业	有	无	16.7	★
16	–	中国平煤神马能源化工集团有限公司	其他国有企业	有	无	16.0	★
17	7	埃克森美孚	外资企业	有	无	15.4	★
18	–	中国万达集团	民营企业	有	无	13.8	★
19	9	道达尔中国	外资企业	有	无	13.4	★
20	–	康菲石油中国有限公司	外资企业	有	无	13.2	★
21	11	SK 中国	外资企业	有	无	10.3	★
22	10	埃尼中国	外资企业	有	无	10.0	★
23	–	浙江荣盛控股集团有限公司	民营企业	有	无	9.9	★
24	–	雪佛龙中国能源公司	外资企业	有	无	9.4	★
25	–	天津渤海化工集团有限责任公司	其他国有企业	无	无	7.6	★

附表 6　房地产行业社会责任发展指数（2018）

单位：分

2018 年排名	2017 年排名	企业名称	企业性质	官网是否设置社会责任专栏	是否发布企业社会责任报告	社会责任发展指数	星级
1	1	华润置地有限公司	其他国有企业	有	有	79.8	★★★★
2	2	招商局蛇口工业区控股股份有限公司	其他国有企业	有	有	71.0	★★★★
3	15	碧桂园控股有限公司	民营企业	有	有	64.9	★★★★
4	5	中国海外发展有限公司	其他国有企业	有	有	61.0	★★★★
5	8	中国恒大集团	民营企业	有	有	53.1	★★★
6	7	保利房地产（集团）股份有限公司	其他国有企业	有	有	53.0	★★★
7	3	万科企业股份有限公司	民营企业	有	有	49.8	★★★
8	11	华夏幸福基业股份有限公司	民营企业	有	有	49.0	★★★
9	9	融创中国控股有限公司	民营企业	有	有	48.5	★★★
10	10	龙湖集团控股有限公司	外资企业	有	有	48.2	★★★
11	17	旭辉控股（集团）有限公司	民营企业	有	有	48.1	★★★
12	13	绿城中国控股有限公司	其他国有企业	有	有	44.7	★★★
13	16	雅戈尔集团股份有限公司	民营企业	有	有	42.1	★★★
14	28	苏宁环球集团有限公司	民营企业	有	有	34.3	★★
15	14	金地（集团）股份有限公司	其他国有企业	有	有	30.4	★★
16	21	新城控股集团股份有限公司	民营企业	有	无	24.5	★★
17	26	新华联集团有限公司	民营企业	有	无	22.2	★★
18	20	大连万达集团股份有限公司	民营企业	有	无	21.0	★★
19	25	三胞集团有限公司	民营企业	有	无	20.5	★★
20	31	中天发展控股集团有限公司	民营企业	有	无	19.3	★
21	24	新疆广汇实业投资（集团）有限责任公司	民营企业	有	无	14.2	★
22	34	南通三建控股有限公司	民营企业	有	无	11.6	★
23	27	绿地控股集团有限公司	其他国有企业	有	无	10.2	★
24	32	广厦控股集团有限公司	民营企业	有	无	7.6	★
25	29	江苏中南建设集团股份有限公司	民营企业	无	无	7.2	★

附表 7　食品行业社会责任发展指数（2018）

单位：分

2018 年排名	2017 年排名	企业名称	企业性质	官网是否设置社会责任专栏	是否发布企业社会责任报告	社会责任发展指数	星级
1	3	中国盐业集团有限公司	中央企业	有	有	74.1	★★★★
2	4	内蒙古伊利实业集团股份有限公司	民营企业	有	有	71.1	★★★★
3	1	内蒙古蒙牛乳业集团股份有限公司	其他国有企业	有	有	70.3	★★★★
4	2	华润雪花啤酒（中国）有限公司	其他国有企业	有	有	69.5	★★★★
5	5	中国贵州茅台酒厂（集团）有限责任公司	其他国有企业	有	有	69.2	★★★★
6	7	康师傅控股有限公司	外资企业	有	无	68.5	★★★★
7	–	广东温氏食品集团股份有限公司	民营企业	有	有	64.4	★★★★
8	26	四川省宜宾五粮液集团有限公司	其他国有企业	有	有	61.9	★★★★
9	13	青岛啤酒股份有限公司	其他国有企业	有	有	58.9	★★★
10	9	万洲国际有限公司	民营企业	有	有	53.7	★★★
11	–	光明食品（集团）有限公司	其他国有企业	无	有	38.5	★★
12	24	通威集团有限公司	民营企业	有	无	30.4	★★
13	20	亿滋中国	外资企业	有	无	26.5	★★
14	–	旺旺（中国）投资有限公司	外资企业	无	无	24.3	★★
14	18	达能（中国）有限公司	外资企业	有	无	24.3	★★
16	16	雀巢中国	外资企业	有	无	21.6	★★
17	27	百事（中国）投资有限公司	外资企业	有	无	21.5	★★
18	25	山东鲁花集团有限公司	民营企业	有	无	14.5	★
19	15	可口可乐（中国）饮料有限公司	外资企业	有	无	14.4	★
20	30	杭州娃哈哈集团有限公司	民营企业	有	无	12.5	★
21	32	百威英博中国	外资企业	有	无	12.3	★
22	22	益海嘉里投资有限公司	外资企业	有	无	11.9	★
23	6	新希望集团有限公司	民营企业	有	无	9.7	★
24	31	农夫山泉股份有限公司	民营企业	无	无	7.8	★
25	–	加多宝集团有限公司	外资企业	有	无	6.6	★
26	36	邦吉公司	外资企业	无	无	0.0	★

附表 8 机械设备制造业社会责任发展指数（2018）

单位：分

2018 年排名	2017 年排名	企业名称	企业性质	官网是否设置社会责任专栏	是否发布企业社会责任报告	社会责任发展指数	星级
1	1	斗山(中国)投资有限公司	外资企业	有	有	89.3	★★★★★
2	2	中国电力建设集团有限公司	中央企业	有	有	83.0	★★★★★
3	–	新疆金风科技股份有限公司	民营企业	有	有	69.7	★★★★
4	4	上海电气集团股份有限公司	其他国有企业	有	有	65.4	★★★★
5	3	中国机械工业集团有限公司	中央企业	有	有	60.5	★★★★
6	11	哈尔滨电气集团有限公司	中央企业	有	无	48.2	★★★
7	–	博世(中国)投资有限公司	外资企业	有	有	46.6	★★★
8	20	特变电工股份有限公司	民营企业	有	有	43.3	★★★
9	5	日立(中国)有限公司	外资企业	有	无	34.8	★★
10	–	亨通集团有限公司	民营企业	有	有	26.5	★★
11	16	ABB(中国)有限公司	外资企业	有	无	24.8	★★
12	10	西门子中国	外资企业	有	无	22.5	★★
13	15	山东大海集团有限公司	民营企业	有	无	16.4	★
14	–	电装(中国)投资有限公司	外资企业	有	无	14.7	★
15	17	中国通用技术(集团)控股有限责任公司	中央企业	有	无	13.9	★
16	14	三一集团有限公司	民营企业	有	无	13.6	★
17	19	正泰集团股份有限公司	民营企业	无	无	12.3	★
18	–	蒂森克虏伯(中国)投资有限公司	外资企业	有	无	11.1	★
19	–	盾安控股集团有限公司	民营企业	有	无	10.8	★
20	–	三菱电机(中国)有限公司	外资企业	有	无	10.5	★
21	18	卡特彼勒(中国)投资有限公司	外资企业	有	无	7.4	★
22	–	采埃孚(中国)投资有限公司	外资企业	有	无	6.5	★
23	–	麦格纳中国	外资企业	无	无	0.0	★

附表 9　金属行业社会责任发展指数（2018）

单位：分

2018 年排名	2017 年排名	企业名称	企业性质	官网是否设有社会责任专栏	是否发布企业社会责任报告	社会责任发展指数	星级
1	1	中国铝业集团有限公司	中央企业	有	有	88.1	★★★★★
2	4	太原钢铁(集团)有限公司	其他国有企业	有	有	80.0	★★★★★
3	2	浦项(中国)投资有限公司	外资企业	有	有	76.1	★★★★
4	3	新兴际华集团有限公司	中央企业	有	有	73.5	★★★★
5	–	中国有色矿业集团有限公司	中央企业	有	有	66.3	★★★★
6	7	河钢集团有限公司	其他国有企业	有	有	45.2	★★★
7	8	首钢集团有限公司	其他国有企业	有	无	41.9	★★★
8	–	酒泉钢铁(集团)有限责任公司	其他国有企业	有	无	38.3	★★
9	6	鞍钢集团有限公司	中央企业	有	无	36.6	★★
10	–	本钢集团有限公司	其他国有企业	有	无	33.5	★★
11	5	中国五矿集团有限公司	中央企业	有	无	31.6	★★
12	10	中国宝武钢铁集团有限公司	中央企业	有	无	28.3	★★
13	–	杭州钢铁集团有限公司	其他国有企业	无	无	22.2	★★
14	11	江苏沙钢集团有限公司	民营企业	有	无	19.8	★
15	12	中天钢铁集团有限公司	民营企业	无	无	17.8	★
16	15	河北津西钢铁集团股份有限公司	民营企业	有	无	16.7	★
17	13	青山控股集团有限公司	民营企业	有	无	16.3	★
18	–	金川集团股份有限公司	其他国有企业	有	无	11.8	★
19	–	北京建龙重工集团有限公司	民营企业	有	无	11.0	★
20	–	唐山瑞丰钢铁(集团)有限公司	民营企业	有	无	10.0	★
21	16	天津荣程联合钢铁集团有限公司	民营企业	有	无	9.4	★
22	–	正威国际集团有限公司	民营企业	有	无	8.0	★
23	19	杭州锦江集团有限公司	民营企业	有	无	6.1	★
24	24	南山集团有限公司	民营企业	有	无	4.0	★
25	25	河北新华联合冶金控股集团有限公司	民营企业	无	无	3.8	★

附表 10　日化行业社会责任发展指数（2018）

单位：分

2018 年排名	2017 年排名	企业名称	企业性质	官网是否设置社会责任专栏	是否发布企业社会责任报告	社会责任发展指数	星级
1	1	爱茉莉太平洋（中国）	外资企业	有	有	86.5	★★★★★
2	–	江苏隆力奇生物科技股份有限公司	民营企业	有	有	59.5	★★★
3	4	上海家化联合股份有限公司	民营企业	有	有	54.1	★★★
4	–	玫琳凯（中国）化妆品有限公司	外资企业	有	有	48.5	★★★
5	2	安利（中国）日用品有限公司	外资企业	有	无	46.5	★★★
6	–	伽蓝（集团）股份有限公司	民营企业	有	有	33.3	★★
7	3	资生堂（中国）投资有限公司	外资企业	有	无	33.3	★★
8	5	欧莱雅（中国）有限公司	外资企业	有	无	32.2	★★
9	–	花王（中国）投资有限公司	外资企业	有	无	31.6	★★
10	–	汉高（中国）投资有限公司	外资企业	有	无	23.7	★★
11	–	珀莱雅化妆品股份有限公司	民营企业	有	无	22.7	★★
12	7	宝洁（中国）有限公司	外资企业	有	无	19.2	★
13	6	纳爱斯集团有限公司	民营企业	有	无	18.6	★
14	9	强生（中国）投资有限公司	外资企业	有	有	16.8	★
15	–	拜尔斯道夫个人护理用品（中国）有限公司	外资企业	无	无	11.6	★
16	8	联合利华（中国）有限公司	外资企业	有	无	11.1	★
17	–	高丝化妆品有限公司	外资企业	无	无	7.8	★
18	–	上海上美化妆品有限公司	民营企业	有	无	4.3	★
19	–	福建片仔癀化妆品有限公司	其他国有企业	无	无	2.7	★
20	–	上海相宜本草化妆品股份有限公司	民营企业	无	无	1.7	★
21	10	雅芳（中国）有限公司	外资企业	无	无	1.4	★
22	–	浙江欧诗漫集团有限公司	民营企业	无	无	1.0	★
23	10	雅诗兰黛集团中国公司	外资企业	无	无	0.4	★
24	–	天津郁美净集团有限公司	民营企业	无	无	0.3	★
25	–	上海百雀羚日用化学有限公司	民营企业	无	无	0.0	★

B.15

附录八：人才建设/行业研究

一 中国企业社会责任百人讲堂

1. 项目简介

“中国企业社会责任百人讲堂”于2013年5月发起，旨在以公益的方式分享责任、培育力量、达成共识，通过为中外企业管理人员提供为期3天的社会责任专项培训，普及社会责任知识、推广社会责任理念、提升社会责任意识、帮助解决企业发展中遇到的社会责任问题，指导受训人员管理复杂的社会、环境议题，应对多元的挑战。

2. 项目信息

免费说明：无任何收费（学员只需自付差旅费）

招生对象：中外企业社会责任相关部门人员

培训方式：名师授课+实地参观+小品大赛

调研对象：中外知名企业

学员名额：每期120～300人

认证荣誉：结业证书、奖状、奖杯

3. 项目回顾

截至2018年8月，“中国企业社会责任百人讲堂”已成功举办十期，有近70位名师走进课堂，为1300多名学员提供了专业的社会责任培训。

附表 1　中国企业社会责任百人讲堂举办情况

序号	举办地	举办时间	序号	举办地	举办时间
第一期	北京	2013 年 5 月 10～12 日	第六期	成都	2014 年 10 月 29～31 日
第二期	广州	2013 年 8 月 21～23 日	第七期	北京	2015 年 6 月 17～19 日
第三期	西安	2013 年 11 月 6～8 日	第八期	北京	2016 年 10 月 12～14 日
第四期	北京	2014 年 4 月 23～25 日	第九期	苏州	2017 年 8 月 9～11 日
第五期	武汉	2014 年 7 月 23～25 日	第十期	上海	2018 年 5 月 21～23 日

4. 项目咨询

欲详细了解项目相关内容，请联系：

张先生：13262773007，邮箱：zhangx@ zerenyun. com

二　中国企业社会责任报告编写指南4.0

1. 项目简介

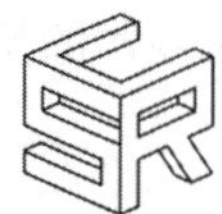

本土标准是引领中国企业社会责任报告发展的重要工具。2009 年，《中国企业社会责任报告编写指南（CASS－CSR1.0）》（简称《指南 1.0》）发布，此后两次升级到 3.0 版本。2015 年，400 余家中外大型企业参考了《指南 3.0》，《指南 3.0》成为全球报告倡议组织（GRI）官方认可的全球唯一国别报告标准，有力提升了中国在国际社会责任运动中的话语权。

2015 年，联合国可持续发展目标（SDGs）、中国社会责任国家标准 GB/T 36000－2015《社会责任指南》和香港联合交易所《环境、社会及管治（ESG）报告指引》等重要标准/倡议相继颁布实施。为提升《指南》的国际性、包容性和引领性，指导委员会计划将《指南》升级到 4.0 版本。

2. 编写原则

开放平台：成立《指南4.0》指导委员会，下设学术委员会、行业/议题委员会、秘书处，广泛吸纳企业社会责任政策制定者、理论研究者、实践推进者参与《指南4.0》开发。

共建共享：与政府机构、行业协会、领先企业等深度合作，共同开展《指南4.0》的编写、发布、软件开发、培训、宣传推广及后续报告评级等工作。

简洁实用：进一步提升《指南4.0》指标的实质性，较大幅度减少社会责任报告指标数量，引导信息披露方式转变，提升指南的实用性和可操作性。

国际视野：深入研究国际企业社会责任最新动态，整合国际社会责任标准最新研究成果。

3. 主要特点

更精细：在一般框架基础上，开发行业标准和议题标准，形成“1+N+M”综合指标体系。

更全面：研发针对中小企业的基础版和针对大型企业的高级版，全面覆盖各类型企业。

更系统：构建指标、过程、形式、价值“四位一体”报告管理方法论。

更与时俱进：年度修订，每年召开指标研讨会，与合作单位一起，结合社会责任发展最新形势和企业社会责任领先实践对指标进行升级。

4. 项目咨询

欲详细了解项目相关内容，请联系：

黄女士：18910701161，邮箱：huangxj@zerenyun.com

三　中国企业社会责任报告评级

1. 项目简介

“中国企业社会责任报告评级”是由中国社会科学院企业社会责任研究

中心发起成立的“中国企业社会责任报告评级专家委员会”所提供的一项专业服务，依据《中国企业社会责任报告指南（CASS－CSR4.0）》和《中国企业社会责任报告评级标准》，对企业年度发布的社会责任报告进行评级，旨在通过报告评级向企业提供专业意见，为企业社会责任工作提供智力支持，改进我国企业社会责任工作现况；以报告促管理，充分发挥报告在利益相关方沟通、企业社会责任绩效监控方面的作用，将报告作为提升公司社会责任管理水平的有效工具。截至目前，评级专家委员会已经为500余份社会责任报告提供评级，报告评级服务已经成为国内最权威、受企业广泛认可的企业社会责任评价。

2. 项目特点

专家权威：“中国企业社会责任报告评级专家委员会”由来自中国社会科学院、清华大学、中山大学、中企联、中电联、中国企业公民委员会、新华网、国务院国资委等机构的知名社会责任专家组成。

评价全面：对报告的过程性、完整性、实质性、平衡性、可比性、可读性、创新性七个方面进行全方位评级，出具专家签署的评级报告。最终结果通过星级呈现，分别为五星级（卓越）、四星半级（领先）、四星级（优秀）、三星半级（良好）等。

建议专业：过程性评估人员赴参评企业进行面对面沟通，指导企业社会责任报告管理工作；评级专家对社会责任报告“把脉”，出具《报告评级改进建议书》，提升报告质量。

推广多元：通过《中国企业社会责任报告白皮书》（已连续发布7年）、社会责任领域高端峰会、责任云微信公众号、评级档案等方式进行全方面宣传和展示企业报告和履责实践。

3. 项目回顾

报告评级自2010年启动以来，评级企业数量呈平稳上升趋势。截至2018年10月，已累计为500余份中外企业社会责任报告提供报告评级服务。

附表 2　中国企业社会责任报告历年评级企业概要

2010 年（10 家）	2011 年（22 家）	2012 年（43 家）	2013 年（60 家）	2014 年（61 家）	2015 年（65 家）	2016 年（66 家）	2017 年（72 家）	2018 年（91 家）
中石化集团	南方电网	中石化股份	中国建材	中国移动	中国石化	中国华电	中国移动	华润集团
中石化股份	中国电信	中国华能	中国建筑	中国海油	神华集团	中国一汽	中国人保	中国黄金
民生银行	中国华能	中国铝业	中煤集团	中粮集团	北控集团	中国建筑	中国交建	上海家化
中国华能	中石化集团	华润集团	中国海油	中航工业	国投集团	中国建材	海立股份	中国交建
中国华电	中石化股份	神华集团	中国联通	中国交建	光大银行	远洋集团	丰田中国	浦项中国
中国大唐	中国黄金	中国电科	中国电子	国机集团	三元食品	佳能中国	华润电力	协鑫集团
中钢集团	远洋地产	新兴际华	北汽集团	海航集团	台达中国	松下中国	保利协鑫	松下中国
南方电网	中国电科	广东粤电	中国三星	松下中国	上汽大众	现代汽车	LG 化学	北控集团
马钢集团	中国兵装	佳能中国	斗山中国	丰田中国	LG 中国	民生银行	佳能中国	现代汽车
鞍钢集团	……	……	……	……	……	……	……	……

4. 项目咨询

欲详细了解项目相关内容，请联系：

杨女士：13181623136，邮箱：yangj@ zerenyun. com

B.16
后　记

2009 年伊始，课题组持续关注中国企业社会责任发展，连续出版 2009 ~ 2018 年版《中国企业社会责任研究报告》。实践的发展也给了我们日益扩大的思考和研究领域，此后，课题组陆续出版了《中国上市公司非财务信息披露报告》《上海上市公司社会责任研究报告》《中国企业公益研究报告》《汽车企业社会责任蓝皮书》《中国企业扶贫研究报告》《中资企业海外社会责任研究报告》《中央企业社会责任蓝皮书》等。这些成果的面世也使课题组对我国企业社会责任研究视角更多元、观察对象更丰富、结论特征更深刻、社会影响力更广泛，希冀能够在我国企业社会责任运动蓬勃发展过程中留下难能可贵的一笔，同时，这也是对课题组每个成员的一种鞭策和鼓舞。

《中国企业社会责任研究报告（2018）》是集体劳动的成果。项目历时 5 个月，先后有 30 余人投入其中。内容结构和技术路线由钟宏武、张蒽、叶柳红、王志敏研究确定，并组织多次研讨会，听取相关专家、企业代表、媒体等相关方的意见和建议。数据采集和分析工作由中星责任云社会责任机构联合完成，数据采集过程涉及中国企业 300 强、国有企业 100 强、民营企业 100 强、外资企业 100 强、10 个重点行业社会责任公开信息的收集、阅读和整理，由叶柳红、陈思颖、张阳光组织协调完成；叶柳红、陈思颖、张阳光、周媛媛、简文亚、张俊、王淑玉、黄晓娟、贾晶、冯丽、袁雨晴、聂霄萌、刘袖霞、梁佐红、邓婕、吴世新、刘晴、任娇娇等负责信息采集工作；叶柳红、张阳光、陈思颖共同完成指标赋权、信息录入和数据整理。

《中国企业社会责任研究报告（2018）》的写作框架由钟宏武、张蒽、叶柳红、王志敏共同确定。总报告《中国企业社会责任发展报告（2009 ~ 2018）》由陈思颖、张阳光共同撰写完成；分报告《中国国有企业 100 强社会责任发展指数（2009 ~ 2018）》由周媛媛、陈思颖撰写，《中国民营企业

100强社会责任发展指数（2009～2018）》由陈思颖、王淑玉撰写，《中国外资企业100强社会责任发展指数（2009～2018）》由陈思颖、张俊撰写；行业报告《重点行业社会责任发展指数（2018）》由黄晓娟、贾晶、冯丽、张阳光、刘袖霞、袁雨晴、聂霄萌、吴世新等撰写；"分享责任中国行/世界行"由杨静、赵思琪等撰写；附录由叶柳红、张阳光、陈思颖、周媛媛、王淑玉整理完成。

"分享责任中国行/世界行（2018）"项目由中国社会科学院企业社会责任研究中心组织调研团队，于2018年6～7月前后两次前往河北对华夏幸福基业股份有限公司、三星（中国）投资有限公司两家企业进行调研，并于2018年9月先后前往捷克、老挝等地对现代汽车集团和中国电建进行调研。调研团队通过"分享责任中国行"与"分享责任世界行"，更多地关注企业优秀的社会责任实践，了解企业在精准扶贫、安全生产、节能环保、公益慈善、科技创新等方面的履责亮点。在此，对以上企业在社会责任优秀实践方面的分享以及对调研工作的支持与配合表示由衷的感谢。

全书最终由钟宏武、张蒽、叶柳红等审阅、修改和定稿。

本书的出版也得到了社会科学文献出版社谢寿光社长和皮书分社邓泳红社长的大力支持和关心，应该说没有出版社各位领导和同事的努力，本书很难如期与读者见面，在此表示由衷的感谢。

中国企业社会责任的研究起步不久，还有很多问题有待探索和解决。希望各行各业的专家学者、读者朋友不吝赐教，共同推动中国企业社会责任更好更快地发展。

感谢所有为本书的顺利出版而付出努力的人！

项目组

2018年10月

基本子库
SUB DATABASE

中国社会发展数据库（下设12个子库）

全面整合国内外中国社会发展研究成果，汇聚独家统计数据、深度分析报告，涉及社会、人口、政治、教育、法律等12个领域，为了解中国社会发展动态、跟踪社会核心热点、分析社会发展趋势提供一站式资源搜索和数据分析与挖掘服务。

中国经济发展数据库（下设12个子库）

基于“皮书系列”中涉及中国经济发展的研究资料构建，内容涵盖宏观经济、农业经济、工业经济、产业经济等12个重点经济领域，为实时掌控经济运行态势、把握经济发展规律、洞察经济形势、进行经济决策提供参考和依据。

中国行业发展数据库（下设17个子库）

以中国国民经济行业分类为依据，覆盖金融业、旅游、医疗卫生、交通运输、能源矿产等100多个行业，跟踪分析国民经济相关行业市场运行状况和政策导向，汇集行业发展前沿资讯，为投资、从业及各种经济决策提供理论基础和实践指导。

中国区域发展数据库（下设6个子库）

对中国特定区域内的经济、社会、文化等领域现状与发展情况进行深度分析和预测，研究层级至县及县以下行政区，涉及地区、区域经济体、城市、农村等不同维度。为地方经济社会宏观态势研究、发展经验研究、案例分析提供数据服务。

中国文化传媒数据库（下设18个子库）

汇聚文化传媒领域专家观点、热点资讯，梳理国内外中国文化发展相关学术研究成果、一手统计数据，涵盖文化产业、新闻传播、电影娱乐、文学艺术、群众文化等18个重点研究领域。为文化传媒研究提供相关数据、研究报告和综合分析服务。

世界经济与国际关系数据库（下设6个子库）

立足“皮书系列”世界经济、国际关系相关学术资源，整合世界经济、国际政治、世界文化与科技、全球性问题、国际组织与国际法、区域研究6大领域研究成果，为世界经济与国际关系研究提供全方位数据分析，为决策和形势研判提供参考。

法律声明

社长致辞

蓦然回首，皮书的专业化历程已经走过了二十年。20年来从一个出版社的学术产品名称到媒体热词再到智库成果研创及传播平台，皮书以专业化为主线，进行了系列化、市场化、品牌化、数字化、国际化、平台化的运作，实现了跨越式的发展。特别是在党的十八大以后，以习近平总书记为核心的党中央高度重视新型智库建设，皮书也迎来了长足的发展，总品种达到600余种，经过专业评审机制、淘汰机制遴选，目前，每年稳定出版近400个品种。“皮书”已经成为中国新型智库建设的抓手，成为国际国内社会各界快速、便捷地了解真实中国的最佳窗口。

20年孜孜以求，“皮书”始终将自己的研究视野与经济社会发展中的前沿热点问题紧密相连。600个研究领域，3万多位分布于800余个研究机构的专家学者参与了研创写作。皮书数据库中共收录了15万篇专业报告，50余万张数据图表，合计30亿字，每年报告下载量近80万次。皮书为中国学术与社会发展实践的结合提供了一个激荡智力、传播思想的入口，皮书作者们用学术的话语、客观翔实的数据谱写出了中国故事壮丽的篇章。

20年跬步千里，“皮书”始终将自己的发展与时代赋予的使命与责任紧紧相连。每年百余场新闻发布会，10万余次中外媒体报道，中、英、俄、日、韩等12个语种共同出版。皮书所具有的凝聚力正在形成一种无形的力量，吸引着社会各界关注中国的发展，参与中国的发展，它是我们向世界传递中国声音、总结中国经验、争取中国国际话语权最主要的平台。

皮书这一系列成就的取得，得益于中国改革开放的伟大时代，离不开来自中国社会科学院、新闻出版广电总局、全国哲学社会科学规划办公室等主管部门的大力支持和帮助，也离不开皮书研创者和出版者的共同努力。他们与皮书的故事创造了皮书的历史，他们对皮书的拳拳之心将继续谱写皮书的未来！

现在，“皮书”品牌已经进入了快速成长的青壮年时期。全方位进行规范化管理，树立中国的学术出版标准；不断提升皮书的内容质量和影响力，搭建起中国智库产品和智库建设的交流服务平台和国际传播平台；发布各类皮书指数，并使之成为中国指数，让中国智库的声音响彻世界舞台，为人类的发展做出中国的贡献——这是皮书未来发展的图景。作为“皮书”这个概念的提出者，“皮书”从一般图书到系列图书和品牌图书，最终成为智库研究和社会科学应用对策研究的知识服务和成果推广平台这整个过程的操盘者，我相信，这也是每一位皮书人执着追求的目标。

“当代中国正经历着我国历史上最为广泛而深刻的社会变革，也正在进行着人类历史上最为宏大而独特的实践创新。这种前无古人的伟大实践，必将给理论创造、学术繁荣提供强大动力和广阔空间。”

在这个需要思想而且一定能够产生思想的时代，皮书的研创出版一定能创造出新的更大的辉煌！

社会科学文献出版社社长
中国社会学会秘书长

2017年11月

社会科学文献出版社简介

社会科学文献出版社（以下简称“社科文献出版社”）成立于1985年，是直属于中国社会科学院的人文社会科学学术出版机构。成立至今，社科文献出版社始终依托中国社会科学院和国内外人文社会科学界丰厚的学术出版和专家学者资源，坚持“创社科经典，出传世文献”的出版理念、“权威、前沿、原创”的产品定位以及学术成果和智库成果出版的专业化、数字化、国际化、市场化的经营道路。

社科文献出版社是中国新闻出版业转型与文化体制改革的先行者。积极探索文化体制改革的先进方向和现代企业经营决策机制，社科文献出版社先后荣获“全国文化体制改革工作先进单位”、中国出版政府奖·先进出版单位奖，中国社会科学院先进集体、全国科普工作先进集体等荣誉称号。多人次荣获“第十届韬奋出版奖”“全国新闻出版行业领军人才”“数字出版先进人物”“北京市新闻出版广电行业领军人才”等称号。

社科文献出版社是中国人文社会科学学术出版的大社名社，也是以皮书为代表的智库成果出版的专业强社。年出版图书2000余种，其中皮书400余种，出版新书字数5.5亿字，承印与发行中国社科院院属期刊72种，先后创立了皮书系列、列国志、中国史话、社科文献学术译库、社科文献学术文库、甲骨文书系等一大批既有学术影响又有市场价值的品牌，确立了在社会学、近代史、苏东问题研究等专业学科及领域出版的领先地位。图书多次荣获中国出版政府奖、“三个一百”原创图书出版工程、“五个‘一’工程奖”、“大众喜爱的50种图书”等奖项，在中央国家机关“强素质·做表率”读书活动中，入选图书品种数位居各大出版社之首。

社科文献出版社是中国学术出版规范与标准的倡议者与制定者，代表全国50多家出版社发起实施学术著作出版规范的倡议，承担学术著作规范国家标准的起草工作，率先编撰完成《皮书手册》对皮书品牌进行规范化管理，并在此基础上推出中国版芝加哥手册——《社科文献出版社学术出版手册》。

社科文献出版社是中国数字出版的引领者，拥有皮书数据库、列国志数据库、“一带一路”数据库、减贫数据库、集刊数据库等4大产品线11个数据库产品，机构用户达1300余家，海外用户百余家，荣获“数字出版转型示范单位”“新闻出版标准化先进单位”“专业数字内容资源知识服务模式试点企业标准化示范单位”等称号。

社科文献出版社是中国学术出版走出去的践行者。社科文献出版社海外图书出版与学术合作业务遍及全球40余个国家和地区，并于2016年成立俄罗斯分社，累计输出图书500余种，涉及近20个语种，累计获得国家社科基金中华学术外译项目资助76种、“丝路书香工程”项目资助60种、中国图书对外推广计划项目资助71种以及经典中国国际出版工程资助28种，被五部委联合认定为“2015-2016年度国家文化出口重点企业”。

如今，社科文献出版社完全靠自身积累拥有固定资产3.6亿元，年收入3亿元，设置了七大出版分社、六大专业部门，成立了皮书研究院和博士后科研工作站，培养了一支近400人的高素质与高效率的编辑、出版、营销和国际推广队伍，为未来成为学术出版的大社、名社、强社，成为文化体制改革与文化企业转型发展的排头兵奠定了坚实的基础。

宏观经济类

经济蓝皮书

2018 年中国经济形势分析与预测

李平 / 主编　2017 年 12 月出版　定价：89.00 元

◆　本书为总理基金项目，由著名经济学家李扬领衔，联合中国社会科学院等数十家科研机构、国家部委和高等院校的专家共同撰写，系统分析了 2017 年的中国经济形势并预测 2018 年中国经济运行情况。

城市蓝皮书

中国城市发展报告 No.11

潘家华　单菁菁 / 主编　2018 年 9 月出版　估价：99.00 元

◆　本书是由中国社会科学院城市发展与环境研究中心编著的，多角度、全方位地立体展示了中国城市的发展状况，并对中国城市的未来发展提出了许多建议。该书有强烈的时代感，对中国城市发展实践有重要的参考价值。

人口与劳动绿皮书

中国人口与劳动问题报告 No.19

张车伟 / 主编　2018 年 10 月出版　估价：99.00 元

◆　本书为中国社会科学院人口与劳动经济研究所主编的年度报告，对当前中国人口与劳动形势做了比较全面和系统的深入讨论，为研究中国人口与劳动问题提供了一个专业性的视角。

中国省域竞争力蓝皮书

中国省域经济综合竞争力发展报告（2017 ~ 2018）

李建平　李闽榕　高燕京 / 主编　2018 年 5 月出版　估价：198.00 元

◆　本书融多学科的理论为一体，深入追踪研究了省域经济发展与中国国家竞争力的内在关系，为提升中国省域经济综合竞争力提供有价值的决策依据。

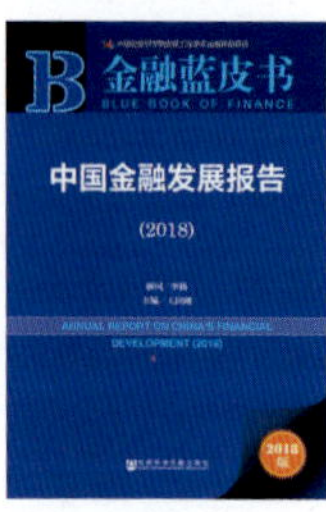

金融蓝皮书

中国金融发展报告（2018）

王国刚 / 主编　2018 年 6 月出版　估价：99.00 元

◆　本书由中国社会科学院金融研究所组织编写，概括和分析了 2017 年中国金融发展和运行中的各方面情况，研讨和评论了 2017 年发生的主要金融事件，有利于读者了解掌握 2017 年中国的金融状况，把握 2018 年中国金融的走势。

区域经济类

京津冀蓝皮书

京津冀发展报告（2018）

祝合良　叶堂林　张贵祥 / 等著　2018 年 6 月出版　估价：99.00 元

◆　本书遵循问题导向与目标导向相结合、统计数据分析与大数据分析相结合、纵向分析和长期监测与结构分析和综合监测相结合等原则，对京津冀协同发展新形势与新进展进行测度与评价。

社会政法类

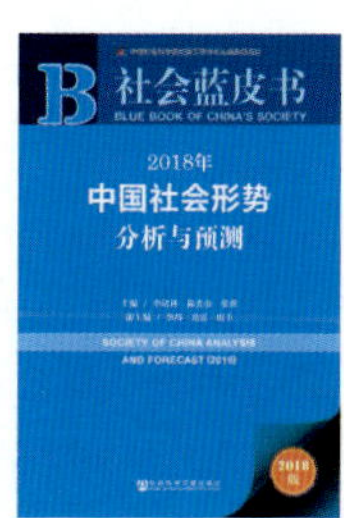

社会蓝皮书

2018 年中国社会形势分析与预测

李培林　陈光金　张翼 / 主编　2017 年 12 月出版　定价：89.00 元

◆　本书由中国社会科学院社会学研究所组织研究机构专家、高校学者和政府研究人员撰写，聚焦当下社会热点，对 2017 年中国社会发展的各个方面内容进行了权威解读，同时对 2018 年社会形势发展趋势进行了预测。

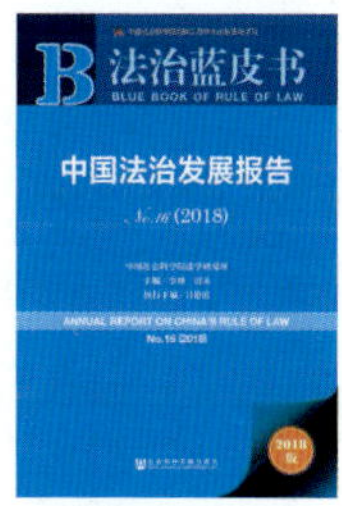

法治蓝皮书

中国法治发展报告 No.16（2018）

李林　田禾 / 主编　2018 年 3 月出版　定价：128.00 元

◆　本年度法治蓝皮书回顾总结了 2017 年度中国法治发展取得的成就和存在的不足，对中国政府、司法、检务透明度进行了跟踪调研，并对 2018 年中国法治发展形势进行了预测和展望。

教育蓝皮书

中国教育发展报告（2018）

杨东平 / 主编　2018 年 3 月出版　定价：89.00 元

◆　本书重点关注了 2017 年教育领域的热点，资料翔实，分析有据，既有专题研究，又有实践案例，从多角度对 2017 年教育改革和实践进行了分析和研究。

社会体制蓝皮书

中国社会体制改革报告 No.6（2018）

龚维斌 / 主编　2018 年 3 月出版　定价：98.00 元

◆ 本书由国家行政学院社会治理研究中心和北京师范大学中国社会管理研究院共同组织编写，主要对 2017 年社会体制改革情况进行回顾和总结，对 2018 年的改革走向进行分析，提出相关政策建议。

社会心态蓝皮书

中国社会心态研究报告（2018）

王俊秀　杨宜音 / 主编　2018 年 12 月出版　估价：99.00 元

◆ 本书是中国社会科学院社会学研究所社会心理研究中心“社会心态蓝皮书课题组”的年度研究成果，运用社会心理学、社会学、经济学、传播学等多种学科的方法进行了调查和研究，对于目前中国社会心态状况有较广泛和深入的揭示。

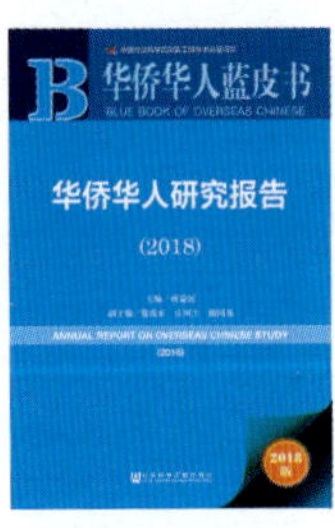

华侨华人蓝皮书

华侨华人研究报告（2018）

贾益民 / 主编　2017 年 12 月出版　估价：139.00 元

◆ 本书关注华侨华人生产与生活的方方面面。华侨华人是中国建设 21 世纪海上丝绸之路的重要中介者、推动者和参与者。本书旨在全面调研华侨华人，提供最新涉侨动态、理论研究成果和政策建议。

民族发展蓝皮书

中国民族发展报告（2018）

王延中 / 主编　2018 年 10 月出版　估价：188.00 元

◆ 本书从民族学人类学视角，研究近年来少数民族和民族地区的发展情况，展示民族地区经济、政治、文化、社会和生态文明“五位一体”建设取得的辉煌成就和面临的困难挑战，为深刻理解中央民族工作会议精神、加快民族地区全面建成小康社会进程提供了实证材料。

产业经济类

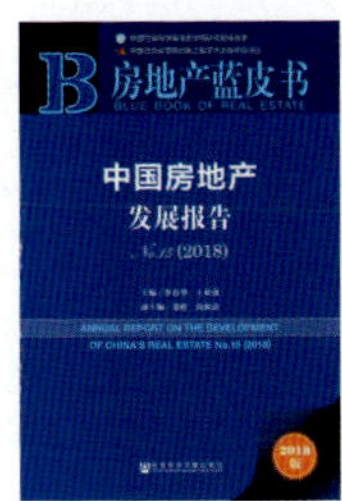

房地产蓝皮书

中国房地产发展报告 No.15（2018）

李春华　王业强 / 主编　2018 年 5 月出版　估价：99.00 元

◆　2018 年《房地产蓝皮书》持续追踪中国房地产市场最新动态，深度剖析市场热点，展望 2018 年发展趋势，积极谋划应对策略。对 2017 年房地产市场的发展态势进行全面、综合的分析。

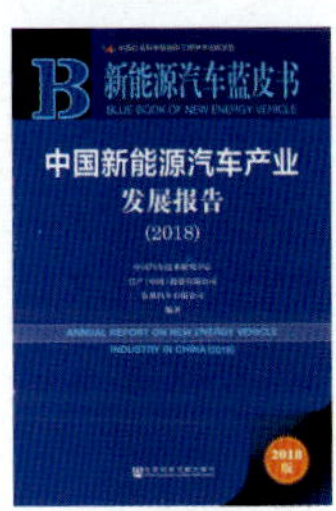

新能源汽车蓝皮书

中国新能源汽车产业发展报告（2018）

中国汽车技术研究中心　日产（中国）投资有限公司

东风汽车有限公司 / 编著　2018 年 8 月出版　估价：99.00 元

◆　本书对中国 2017 年新能源汽车产业发展进行了全面系统的分析，并介绍了国外的发展经验。有助于相关机构、行业和社会公众等了解中国新能源汽车产业发展的最新动态，为政府部门出台新能源汽车产业相关政策法规、企业制定相关战略规划，提供必要的借鉴和参考。

行业及其他类

旅游绿皮书

2017 ～ 2018 年中国旅游发展分析与预测

中国社会科学院旅游研究中心 / 编　2018 年 1 月出版　定价：99.00 元

◆　本书从政策、产业、市场、社会等多个角度勾画出 2017 年中国旅游发展全貌，剖析了其中的热点和核心问题，并就未来发展作出预测。

民营医院蓝皮书

中国民营医院发展报告（2018）

薛晓林 / 主编　2018 年 11 月出版　估价：99.00 元

◆　本书在梳理国家对社会办医的各种利好政策的前提下，对我国民营医疗发展现状、我国民营医院竞争力进行了分析，并结合我国医疗体制改革对民营医院的发展趋势、发展策略、战略规划等方面进行了预估。

会展蓝皮书

中外会展业动态评估研究报告（2018）

张敏 / 主编　2018 年 12 月出版　估价：99.00 元

◆　本书回顾了2017年的会展业发展动态，结合“供给侧改革”、“互联网 +”、“绿色经济” 的新形势分析了我国展会的行业现状，并介绍了国外的发展经验，有助于行业和社会了解最新的展会业动态。

中国上市公司蓝皮书

中国上市公司发展报告（2018）

张平　王宏淼 / 主编　2018 年 9 月出版　估价：99.00 元

◆　本书由中国社会科学院上市公司研究中心组织编写的，着力于全面、真实、客观反映当前中国上市公司财务状况和价值评估的综合性年度报告。本书详尽分析了 2017 年中国上市公司情况，特别是现实中暴露出的制度性、基础性问题，并对资本市场改革进行了探讨。

工业和信息化蓝皮书

人工智能发展报告（2017 ~ 2018）

尹丽波 / 主编　2018 年 6 月出版　估价：99.00 元

◆　本书国家工业信息安全发展研究中心在对 2017 年全球人工智能技术和产业进行全面跟踪研究基础上形成的研究报告。该报告内容翔实、视角独特，具有较强的产业发展前瞻性和预测性，可为相关主管部门、行业协会、企业等全面了解人工智能发展形势以及进行科学决策提供参考。

国际问题与全球治理类

世界经济黄皮书

2018年世界经济形势分析与预测

张宇燕 / 主编　2018年1月出版　定价：99.00元

◆　本书由中国社会科学院世界经济与政治研究所的研究团队撰写，分总论、国别与地区、专题、热点、世界经济统计与预测等五个部分，对2018年世界经济形势进行了分析。

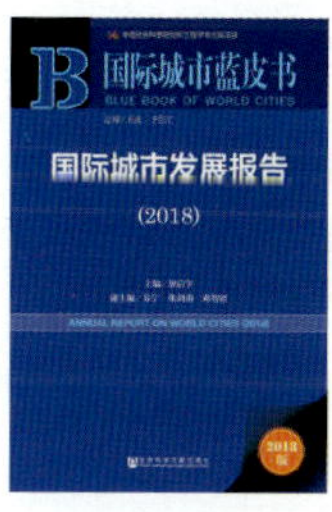

国际城市蓝皮书

国际城市发展报告（2018）

屠启宇 / 主编　2018年2月出版　定价：89.00元

◆　本书作者以上海社会科学院从事国际城市研究的学者团队为核心，汇集同济大学、华东师范大学、复旦大学、上海交通大学、南京大学、浙江大学相关城市研究专业学者。立足动态跟踪介绍国际城市发展时间中，最新出现的重大战略、重大理念、重大项目、重大报告和最佳案例。

非洲黄皮书

非洲发展报告 No.20（2017 ~ 2018）

张宏明 / 主编　2018年7月出版　估价：99.00元

◆　本书是由中国社会科学院西亚非洲研究所组织编撰的非洲形势年度报告，比较全面、系统地分析了2017年非洲政治形势和热点问题，探讨了非洲经济形势和市场走向，剖析了大国对非洲关系的新动向；此外，还介绍了国内非洲研究的新成果。

国别类

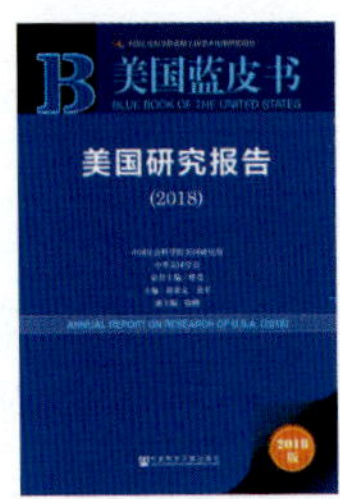

美国蓝皮书

美国研究报告（2018）

郑秉文　黄平 / 主编　2018 年 5 月出版　估价：99.00 元

◆　本书是由中国社会科学院美国研究所主持完成的研究成果，它回顾了美国 2017 年的经济、政治形势与外交战略，对美国内政外交发生的重大事件及重要政策进行了较为全面的回顾和梳理。

德国蓝皮书

德国发展报告（2018）

郑春荣 / 主编　2018 年 6 月出版　估价：99.00 元

◆　本报告由同济大学德国研究所组织编撰，由该领域的专家学者对德国的政治、经济、社会文化、外交等方面的形势发展情况，进行全面的阐述与分析。

俄罗斯黄皮书

俄罗斯发展报告（2018）

李永全 / 编著　2018 年 6 月出版　估价：99.00 元

◆　本书系统介绍了 2017 年俄罗斯经济政治情况，并对 2016 年该地区发生的焦点、热点问题进行了分析与回顾；在此基础上，对该地区 2018 年的发展前景进行了预测。

文化传媒类

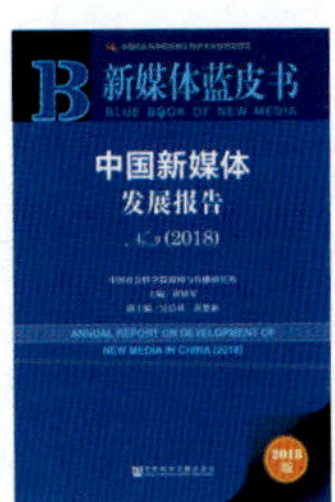

新媒体蓝皮书

中国新媒体发展报告 No.9（2018）

唐绪军 / 主编　2018 年 6 月出版　估价：99.00 元

◆ 本书是由中国社会科学院新闻与传播研究所组织编写的关于新媒体发展的最新年度报告，旨在全面分析中国新媒体的发展现状，解读新媒体的发展趋势，探析新媒体的深刻影响。

移动互联网蓝皮书

中国移动互联网发展报告（2018）

余清楚 / 主编　2018 年 6 月出版　估价：99.00 元

◆ 本书着眼于对 2017 年度中国移动互联网的发展情况做深入解析，对未来发展趋势进行预测，力求从不同视角、不同层面全面剖析中国移动互联网发展的现状、年度突破及热点趋势等。

文化蓝皮书

中国文化消费需求景气评价报告（2018）

王亚南 / 主编　2018 年 3 月出版　定价：99.00 元

◆ 本书首创全国文化发展量化检测评价体系，也是至今全国唯一的文化民生量化检测评价体系，对于检验全国及各地 " 以人民为中心 " 的文化发展具有首创意义。

地方发展类

北京蓝皮书

北京经济发展报告（2017 ~ 2018）

杨松 / 主编　2018 年 6 月出版　估价：99.00 元

◆　本书对 2017 年北京市经济发展的整体形势进行了系统性的分析与回顾，并对 2018 年经济形势走势进行了预测与研判，聚焦北京市经济社会发展中的全局性、战略性和关键领域的重点问题，运用定量和定性分析相结合的方法，对北京市经济社会发展的现状、问题、成因进行了深入分析，提出了可操作性的对策建议。

温州蓝皮书

2018 年温州经济社会形势分析与预测

蒋儒标　王春光　金浩 / 主编　2018 年 6 月出版　估价：99.00 元

◆　本书是中共温州市委党校和中国社会科学院社会学研究所合作推出的第十一本温州蓝皮书，由来自党校、政府部门、科研机构、高校的专家、学者共同撰写的 2017 年温州区域发展形势的最新研究成果。

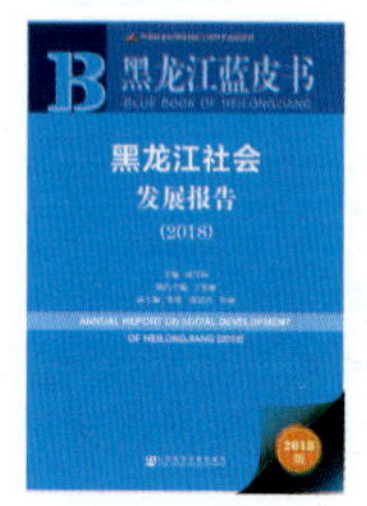

黑龙江蓝皮书

黑龙江社会发展报告（2018）

王爱丽 / 主编　2018 年 1 月出版　定价：89.00 元

◆　本书以千份随机抽样问卷调查和专题研究为依据，运用社会学理论框架和分析方法，从专家和学者的独特视角，对 2017 年黑龙江省关系民生的问题进行广泛的调研与分析，并对 2017 年黑龙江省诸多社会热点和焦点问题进行了有益的探索。这些研究不仅可以为政府部门更加全面深入了解省情、科学制定决策提供智力支持，同时也可以为广大读者认识、了解、关注黑龙江社会发展提供理性思考。

宏观经济类

城市蓝皮书
中国城市发展报告（No.11）
著(编)者：潘家华 单菁菁
2018年9月出版 / 估价：99.00元
PSN B-2007-091-1/1

城乡一体化蓝皮书
中国城乡一体化发展报告（2018）
著(编)者：付崇兰
2018年9月出版 / 估价：99.00元
PSN B-2011-226-1/2

城镇化蓝皮书
中国新型城镇化健康发展报告（2018）
著(编)者：张占斌
2018年8月出版 / 估价：99.00元
PSN B-2014-396-1/1

创新蓝皮书
创新型国家建设报告（2018～2019）
著(编)者：詹正茂
2018年12月出版 / 估价：99.00元
PSN B-2009-140-1/1

低碳发展蓝皮书
中国低碳发展报告（2018）
著(编)者：张希良 齐晔
2018年6月出版 / 估价：99.00元
PSN B-2011-223-1/1

低碳经济蓝皮书
中国低碳经济发展报告（2018）
著(编)者：薛进军 赵忠秀
2018年11月出版 / 估价：99.00元
PSN B-2011-194-1/1

发展和改革蓝皮书
中国经济发展和体制改革报告No.9
著(编)者：邹东涛 王再文
2018年1月出版 / 估价：99.00元
PSN B-2008-122-1/1

国家创新蓝皮书
中国创新发展报告（2017）
著(编)者：陈劲 2018年5月出版 / 估价：99.00元
PSN B-2014-370-1/1

金融蓝皮书
中国金融发展报告（2018）
著(编)者：王国刚
2018年6月出版 / 估价：99.00元
PSN B-2004-031-1/7

经济蓝皮书
2018年中国经济形势分析与预测
著(编)者：李平 2017年12月出版 / 定价：89.00元
PSN B-1996-001-1/1

经济蓝皮书春季号
2018年中国经济前景分析
著(编)者：李扬 2018年5月出版 / 估价：99.00元
PSN B-1999-008-1/1

经济蓝皮书夏季号
中国经济增长报告（2017～2018）
著(编)者：李扬 2018年9月出版 / 估价：99.00元
PSN B-2010-176-1/1

农村绿皮书
中国农村经济形势分析与预测（2017～2018）
著(编)者：魏后凯 黄秉信
2018年4月出版 / 定价：99.00元
PSN G-1998-003-1/1

人口与劳动绿皮书
中国人口与劳动问题报告No.19
著(编)者：张车伟 2018年11月出版 / 估价：99.00元
PSN G-2000-012-1/1

新型城镇化蓝皮书
新型城镇化发展报告（2017）
著(编)者：李伟 宋敏
2018年3月出版 / 定价：98.00元
PSN B-2005-038-1/1

中国省域竞争力蓝皮书
中国省域经济综合竞争力发展报告（2016～2017）
著(编)者：李建平 李闽榕
2018年2月出版 / 定价：198.00元
PSN B-2007-088-1/1

中小城市绿皮书
中国中小城市发展报告（2018）
著(编)者：中国城市经济学会中小城市经济发展委员会
中国城镇化促进会中小城市发展委员会
《中国中小城市发展报告》编纂委员会
中小城市发展战略研究院
2018年11月出版 / 估价：128.00元
PSN G-2010-161-1/1

区域经济类

东北蓝皮书
中国东北地区发展报告（2018）
著(编)者：姜晓秋　2018年11月出版 / 估价：99.00元
PSN B-2006-067-1/1

金融蓝皮书
中国金融中心发展报告（2017~2018）
著(编)者：王力 黄育华　2018年11月出版 / 估价：99.00元
PSN B-2011-186-6/7

京津冀蓝皮书
京津冀发展报告（2018）
著(编)者：祝合良 叶堂林 张贵祥
2018年6月出版 / 估价：99.00元
PSN B-2012-262-1/1

西北蓝皮书
中国西北发展报告（2018）
著(编)者：王福生 马廷旭 董秋生
2018年1月出版 / 定价：99.00元
PSN B-2012-261-1/1

西部蓝皮书
中国西部发展报告（2018）
著(编)者：璋勇 任保平　2018年8月出版 / 估价：99.00元
PSN B-2005-039-1/1

长江经济带产业蓝皮书
长江经济带产业发展报告（2018）
著(编)者：吴传清　2018年11月出版 / 估价：128.00元
PSN B-2017-666-1/1

长江经济带蓝皮书
长江经济带发展报告（2017~2018）
著(编)者：王振　2018年11月出版 / 估价：99.00元
PSN B-2016-575-1/1

长江中游城市群蓝皮书
长江中游城市群新型城镇化与产业协同发展报告（2018）
著(编)者：杨刚强　2018年11月出版 / 估价：99.00元
PSN B-2016-578-1/1

长三角蓝皮书
2017年创新融合发展的长三角
著(编)者：刘飞跃　2018年5月出版 / 估价：99.00元
PSN B-2005-038-1/1

长株潭城市群蓝皮书
长株潭城市群发展报告（2017）
著(编)者：张萍 朱有志　2018年6月出版 / 估价：99.00元
PSN B-2008-109-1/1

特色小镇蓝皮书
特色小镇智慧运营报告（2018）：顶层设计与智慧架构标准
著(编)者：陈劲　2018年1月出版 / 定价：79.00元
PSN B-2018-692-1/1

中部竞争力蓝皮书
中国中部经济社会竞争力报告（2018）
著(编)者：教育部人文社会科学重点研究基地南昌大学中国中部经济社会发展研究中心
2018年12月出版 / 估价：99.00元
PSN B-2012-276-1/1

中部蓝皮书
中国中部地区发展报告（2018）
著(编)者：宋亚平　2018年12月出版 / 估价：99.00元
PSN B-2007-089-1/1

区域蓝皮书
中国区域经济发展报告（2017~2018）
著(编)者：赵弘　2018年5月出版 / 估价：99.00元
PSN B-2004-034-1/1

中三角蓝皮书
长江中游城市群发展报告（2018）
著(编)者：秦尊文　2018年9月出版 / 估价：99.00元
PSN B-2014-417-1/1

中原蓝皮书
中原经济区发展报告（2018）
著(编)者：李英杰　2018年6月出版 / 估价：99.00元
PSN B-2011-192-1/1

珠三角流通蓝皮书
珠三角商圈发展研究报告（2018）
著(编)者：王先庆 林至颖　2018年7月出版 / 估价：99.00元
PSN B-2012-292-1/1

社会政法类

北京蓝皮书
中国社区发展报告（2017~2018）
著(编)者：于燕燕　2018年9月出版 / 估价：99.00元
PSN B-2007-083-5/8

殡葬绿皮书
中国殡葬事业发展报告（2017~2018）
著(编)者：李伯森　2018年6月出版 / 估价：158.00元
PSN G-2010-180-1/1

城市管理蓝皮书
中国城市管理报告（2017-2018）
著(编)者：刘林 刘承水　2018年5月出版 / 估价：158.00元
PSN B-2013-336-1/1

城市生活质量蓝皮书
中国城市生活质量报告（2017）
著(编)者：张连城 张平 杨春学 郎丽华
2017年12月出版 / 定价：89.00元
PSN B-2013-326-1/1

城市政府能力蓝皮书
中国城市政府公共服务能力评估报告（2018）
著(编)者：何艳玲　2018年5月出版 / 估价：99.00元
PSN B-2013-338-1/1

创业蓝皮书
中国创业发展研究报告（2017～2018）
著(编)者：黄群慧 赵卫星 钟宏武
2018年11月出版 / 估价：99.00元
PSN B-2016-577-1/1

慈善蓝皮书
中国慈善发展报告（2018）
著(编)者：杨团　2018年6月出版 / 估价：99.00元
PSN B-2009-142-1/1

党建蓝皮书
党的建设研究报告No.2（2018）
著(编)者：崔建民 陈东平　2018年6月出版 / 估价：99.00元
PSN B-2016-523-1/1

地方法治蓝皮书
中国地方法治发展报告No.3（2018）
著(编)者：李林 田禾　2018年6月出版 / 估价：118.00元
PSN B-2015-442-1/1

电子政务蓝皮书
中国电子政务发展报告（2018）
著(编)者：李季　2018年8月出版 / 估价：99.00元
PSN B-2003-022-1/1

儿童蓝皮书
中国儿童参与状况报告（2017）
著(编)者：苑立新　2017年12月出版 / 定价：89.00元
PSN B-2017-682-1/1

法治蓝皮书
中国法治发展报告No.16（2018）
著(编)者：李林 田禾　2018年3月出版 / 定价：128.00元
PSN B-2004-027-1/3

法治蓝皮书
中国法院信息化发展报告 No.2（2018）
著(编)者：李林 田禾　2018年2月出版 / 定价：118.00元
PSN B-2017-604-3/3

法治政府蓝皮书
中国法治政府发展报告（2017）
著(编)者：中国政法大学法治政府研究院
2018年3月出版 / 定价：158.00元
PSN B-2015-502-1/2

法治政府蓝皮书
中国法治政府评估报告（2018）
著(编)者：中国政法大学法治政府研究院
2018年9月出版 / 估价：168.00元
PSN B-2016-576-2/2

反腐倡廉蓝皮书
中国反腐倡廉建设报告 No.8
著(编)者：张英伟　2018年12月出版 / 估价：99.00元
PSN B-2012-259-1/1

扶贫蓝皮书
中国扶贫开发报告（2018）
著(编)者：李培林 魏后凯　2018年12月出版 / 估价：128.00元
PSN B-2016-599-1/1

妇女发展蓝皮书
中国妇女发展报告 No.6
著(编)者：王金玲　2018年9月出版 / 估价：158.00元
PSN B-2006-069-1/1

妇女教育蓝皮书
中国妇女教育发展报告 No.3
著(编)者：张李玺　2018年10月出版 / 估价：99.00元
PSN B-2008-121-1/1

妇女绿皮书
2018年：中国性别平等与妇女发展报告
著(编)者：谭琳　2018年12月出版 / 估价：99.00元
PSN G-2006-073-1/1

公共安全蓝皮书
中国城市公共安全发展报告（2017～2018）
著(编)者：黄育华 杨文明 赵建辉
2018年6月出版 / 估价：99.00元
PSN B-2017-628-1/1

公共服务蓝皮书
中国城市基本公共服务力评价（2018）
著(编)者：钟君 刘志昌 吴正杲
2018年12月出版 / 估价：99.00元
PSN B-2011-214-1/1

公民科学素质蓝皮书
中国公民科学素质报告（2017～2018）
著(编)者：李群 陈雄 马宗文
2017年12月出版 / 定价：89.00元
PSN B-2014-379-1/1

公益蓝皮书
中国公益慈善发展报告（2016）
著(编)者：朱健刚 胡小军　2018年6月出版 / 估价：99.00元
PSN B-2012-283-1/1

国际人才蓝皮书
中国国际移民报告（2018）
著(编)者：王辉耀　2018年6月出版 / 估价：99.00元
PSN B-2012-304-3/4

国际人才蓝皮书
中国留学发展报告（2018）No.7
著(编)者：王辉耀 苗绿　2018年12月出版 / 估价：99.00元
PSN B-2012-244-2/4

海洋社会蓝皮书
中国海洋社会发展报告（2017）
著(编)者：崔凤 宋宁而　2018年3月出版 / 定价：99.00元
PSN B-2015-478-1/1

行政改革蓝皮书
中国行政体制改革报告No.7（2018）
著(编)者：魏礼群　2018年6月出版 / 估价：99.00元
PSN B-2011-231-1/1

华侨华人蓝皮书
华侨华人研究报告（2017）
著(编)者：张禹东 庄国土　2017年12月出版 / 定价：148.00元
PSN B-2011-204-1/1

互联网与国家治理蓝皮书
互联网与国家治理发展报告（2017）
著(编)者：张志安　2018年1月出版 / 定价：98.00元
PSN B-2017-671-1/1

环境管理蓝皮书
中国环境管理发展报告（2017）
著(编)者：李金惠　2017年12月出版 / 定价：98.00元
PSN B-2017-678-1/1

环境竞争力绿皮书
中国省域环境竞争力发展报告（2018）
著(编)者：李建平 李闽榕 王金南
2018年11月出版 / 估价：198.00元
PSN G-2010-165-1/1

环境绿皮书
中国环境发展报告（2017～2018）
著(编)者：李波　2018年6月出版 / 估价：99.00元
PSN G-2006-048-1/1

家庭蓝皮书
中国"创建幸福家庭活动"评估报告（2018）
著(编)者：国务院发展研究中心"创建幸福家庭活动评估"课题组
2018年12月出版 / 估价：99.00元
PSN B-2015-508-1/1

健康城市蓝皮书
中国健康城市建设研究报告（2018）
著(编)者：王鸿春 盛继洪　2018年12月出版 / 估价：99.00元
PSN B-2016-564-2/2

健康中国蓝皮书
社区首诊与健康中国分析报告（2018）
著(编)者：高和荣 杨叔禹 姜杰
2018年6月出版 / 估价：99.00元
PSN B-2017-611-1/1

教师蓝皮书
中国中小学教师发展报告（2017）
著(编)者：曾晓东 鱼霞
2018年6月出版 / 估价：99.00元
PSN B-2012-289-1/1

教育扶贫蓝皮书
中国教育扶贫报告（2018）
著(编)者：司树杰 王文静 李兴洲
2018年12月出版 / 估价：99.00元
PSN B-2016-590-1/1

教育蓝皮书
中国教育发展报告（2018）
著(编)者：杨东平　2018年3月出版 / 定价：89.00元
PSN B-2006-047-1/1

金融法治建设蓝皮书
中国金融法治建设年度报告（2015～2016）
著(编)者：朱小黄　2018年6月出版 / 估价：99.00元
PSN B-2017-633-1/1

京津冀教育蓝皮书
京津冀教育发展研究报告（2017～2018）
著(编)者：方中雄　2018年6月出版 / 估价：99.00元
PSN B-2017-608-1/1

就业蓝皮书
2018年中国本科生就业报告
著(编)者：麦可思研究院　2018年6月出版 / 估价：99.00元
PSN B-2009-146-1/2

就业蓝皮书
2018年中国高职高专生就业报告
著(编)者：麦可思研究院　2018年6月出版 / 估价：99.00元
PSN B-2015-472-2/2

科学教育蓝皮书
中国科学教育发展报告（2018）
著(编)者：王康友　2018年10月出版 / 估价：99.00元
PSN B-2015-487-1/1

劳动保障蓝皮书
中国劳动保障发展报告（2018）
著(编)者：刘燕斌　2018年9月出版 / 估价：158.00元
PSN B-2014-415-1/1

老龄蓝皮书
中国老年宜居环境发展报告（2017）
著(编)者：党俊武 周燕珉　2018年6月出版 / 估价：99.00元
PSN B-2013-320-1/1

连片特困区蓝皮书
中国连片特困区发展报告（2017～2018）
著(编)者：游俊 冷志明 丁建军
2018年6月出版 / 估价：99.00元
PSN B-2013-321-1/1

流动儿童蓝皮书
中国流动儿童教育发展报告（2017）
著(编)者：杨东平　2018年6月出版 / 估价：99.00元
PSN B-2017-600-1/1

民调蓝皮书
中国民生调查报告（2018）
著(编)者：谢耘耕　2018年12月出版 / 估价：99.00元
PSN B-2014-398-1/1

民族发展蓝皮书
中国民族发展报告（2018）
著(编)者：王延中　2018年10月出版 / 估价：188.00元
PSN B-2006-070-1/1

女性生活蓝皮书
中国女性生活状况报告No.12（2018）
著(编)者：高博燕　2018年7月出版 / 估价：99.00元
PSN B-2006-071-1/1

汽车社会蓝皮书
中国汽车社会发展报告（2017～2018）
著(编)者：王俊秀　2018年6月出版 / 估价：99.00元
PSN B-2011-224-1/1

青年蓝皮书
中国青年发展报告（2018）No.3
著(编)者：廉思　2018年6月出版 / 估价：99.00元
PSN B-2013-333-1/1

青少年蓝皮书
中国未成年人互联网运用报告（2017～2018）
著(编)者：季为民 李文革 沈杰
2018年11月出版 / 估价：99.00元
PSN B-2010-156-1/1

人权蓝皮书
中国人权事业发展报告No.8（2018）
著(编)者：李君如　2018年9月出版 / 估价：99.00元
PSN B-2011-215-1/1

社会保障绿皮书
中国社会保障发展报告No.9（2018）
著(编)者：王延中　2018年6月出版 / 估价：99.00元
PSN G-2001-014-1/1

社会风险评估蓝皮书
风险评估与危机预警报告（2017～2018）
著(编)者：唐钧　2018年8月出版 / 估价：99.00元
PSN B-2012-293-1/1

社会工作蓝皮书
中国社会工作发展报告（2016~2017）
著(编)者：民政部社会工作研究中心
2018年8月出版 / 估价：99.00元
PSN B-2009-141-1/1

社会管理蓝皮书
中国社会管理创新报告No.6
著(编)者：连玉明　2018年11月出版 / 估价：99.00元
PSN B-2012-300-1/1

社会蓝皮书
2018年中国社会形势分析与预测
著(编)者：李培林 陈光金 张翼
2017年12月出版 / 定价：89.00元
PSN B-1998-002-1/1

社会体制蓝皮书
中国社会体制改革报告No.6（2018）
著(编)者：龚维斌　2018年3月出版 / 定价：98.00元
PSN B-2013-330-1/1

社会心态蓝皮书
中国社会心态研究报告（2018）
著(编)者：王俊秀　2018年12月出版 / 估价：99.00元
PSN B-2011-199-1/1

社会组织蓝皮书
中国社会组织报告（2017-2018）
著(编)者：黄晓勇　2018年6月出版 / 估价：99.00元
PSN B-2008-118-1/2

社会组织蓝皮书
中国社会组织评估发展报告（2018）
著(编)者：徐家良　2018年12月出版 / 估价：99.00元
PSN B-2013-366-2/2

生态城市绿皮书
中国生态城市建设发展报告（2018）
著(编)者：刘举科 孙伟平 胡文臻
2018年9月出版 / 估价：158.00元
PSN G-2012-269-1/1

生态文明绿皮书
中国省域生态文明建设评价报告（ECI 2018）
著(编)者：严耕　2018年12月出版 / 估价：99.00元
PSN G-2010-170-1/1

退休生活蓝皮书
中国城市居民退休生活质量指数报告（2017）
著(编)者：杨一帆　2018年6月出版 / 估价：99.00元
PSN B-2017-618-1/1

危机管理蓝皮书
中国危机管理报告（2018）
著(编)者：文学国 范正青
2018年8月出版 / 估价：99.00元
PSN B-2010-171-1/1

学会蓝皮书
2018年中国学会发展报告
著(编)者：麦可思研究院　2018年12月出版 / 估价：99.00元
PSN B-2016-597-1/1

医改蓝皮书
中国医药卫生体制改革报告（2017～2018）
著(编)者：文学国 房志武
2018年11月出版 / 估价：99.00元
PSN B-2014-432-1/1

应急管理蓝皮书
中国应急管理报告（2018）
著(编)者：宋英华　2018年9月出版 / 估价：99.00元
PSN B-2016-562-1/1

政府绩效评估蓝皮书
中国地方政府绩效评估报告 No.2
著(编)者：贠杰　2018年12月出版 / 估价：99.00元
PSN B-2017-672-1/1

政治参与蓝皮书
中国政治参与报告（2018）
著(编)者：房宁　2018年8月出版 / 估价：128.00元
PSN B-2011-200-1/1

政治文化蓝皮书
中国政治文化报告（2018）
著(编)者：邢元敏 魏大鹏 龚克
2018年8月出版 / 估价：128.00元
PSN B-2017-615-1/1

中国传统村落蓝皮书
中国传统村落保护现状报告（2018）
著(编)者：胡彬彬 李向军 王晓波
2018年12月出版 / 估价：99.00元
PSN B-2017-663-1/1

中国农村妇女发展蓝皮书
农村流动女性城市生活发展报告（2018）
著(编)者：谢丽华　2018年12月出版 / 估价：99.00元
PSN B-2014-434-1/1

宗教蓝皮书
中国宗教报告（2017）
著(编)者：邱永辉　2018年8月出版 / 估价：99.00元
PSN B-2008-117-1/1

产业经济类

保健蓝皮书
中国保健服务产业发展报告 No.2
著(编)者：中国保健协会　中共中央党校
2018年7月出版 / 估价：198.00元
PSN B-2012-272-3/3

保健蓝皮书
中国保健食品产业发展报告 No.2
著(编)者：中国保健协会
中国社会科学院食品药品产业发展与监管研究中心
2018年8月出版 / 估价：198.00元
PSN B-2012-271-2/3

保健蓝皮书
中国保健用品产业发展报告 No.2
著(编)者：中国保健协会
国务院国有资产监督管理委员会研究中心
2018年6月出版 / 估价：198.00元
PSN B-2012-270-1/3

保险蓝皮书
中国保险业竞争力报告（2018）
著(编)者：保监会　2018年12月出版 / 估价：99.00元
PSN B-2013-311-1/1

冰雪蓝皮书
中国冰上运动产业发展报告（2018）
著(编)者：孙承华 杨占武 刘戈 张鸿俊
2018年9月出版 / 估价：99.00元
PSN B-2017-648-3/3

冰雪蓝皮书
中国滑雪产业发展报告（2018）
著(编)者：孙承华 伍斌 魏庆华 张鸿俊
2018年9月出版 / 估价：99.00元
PSN B-2016-559-1/3

餐饮产业蓝皮书
中国餐饮产业发展报告（2018）
著(编)者：邢颖
2018年6月出版 / 估价：99.00元
PSN B-2009-151-1/1

茶业蓝皮书
中国茶产业发展报告（2018）
著(编)者：杨江帆 李闽榕
2018年10月出版 / 估价：99.00元
PSN B-2010-164-1/1

产业安全蓝皮书
中国文化产业安全报告（2018）
著(编)者：北京印刷学院文化产业安全研究院
2018年12月出版 / 估价：99.00元
PSN B-2014-378-12/14

产业安全蓝皮书
中国新媒体产业安全报告（2016~2017）
著(编)者：肖丽　2018年6月出版 / 估价：99.00元
PSN B-2015-500-14/14

产业安全蓝皮书
中国出版传媒产业安全报告（2017~2018）
著(编)者：北京印刷学院文化产业安全研究院
2018年6月出版 / 估价：99.00元
PSN B-2014-384-13/14

产业蓝皮书
中国产业竞争力报告 （2018）No.8
著(编)者：张其仔　2018年12月出版 / 估价：168.00元
PSN B-2010-175-1/1

动力电池蓝皮书
中国新能源汽车动力电池产业发展报告（2018）
著(编)者：中国汽车技术研究中心
2018年8月出版 / 估价：99.00元
PSN B-2017-639-1/1

杜仲产业绿皮书
中国杜仲橡胶资源与产业发展报告（2017~2018）
著(编)者：杜红岩 胡文臻 俞锐
2018年6月出版 / 估价：99.00元
PSN G-2013-350-1/1

房地产蓝皮书
中国房地产发展报告No.15（2018）
著(编)者：李春华 王业强
2018年5月出版 / 估价：99.00元
PSN B-2004-028-1/1

服务外包蓝皮书
中国服务外包产业发展报告（2017~2018）
著(编)者：王晓红 刘德军
2018年6月出版 / 估价：99.00元
PSN B-2013-331-2/2

服务外包蓝皮书
中国服务外包竞争力报告（2017~2018）
著(编)者：刘春生 王力 黄育华
2018年12月出版 / 估价：99.00元
PSN B-2011-216-1/2

工业和信息化蓝皮书
世界信息技术产业发展报告（2017～2018）
著(编)者：尹丽波　2018年6月出版 / 估价：99.00元
PSN B-2015-449-2/6

工业和信息化蓝皮书
战略性新兴产业发展报告（2017～2018）
著(编)者：尹丽波　2018年6月出版 / 估价：99.00元
PSN B-2015-450-3/6

海洋经济蓝皮书
中国海洋经济发展报告（2015～2018）
著(编)者：殷克东 高金田 方胜民
2018年3月出版 / 定价：128.00元
PSN B-2018-697-1/1

康养蓝皮书
中国康养产业发展报告（2017）
著(编)者：何莽　2017年12月出版 / 定价：88.00元
PSN B-2017-685-1/1

客车蓝皮书
中国客车产业发展报告（2017～2018）
著(编)者：姚蔚　2018年10月出版 / 估价：99.00元
PSN B-2013-361-1/1

流通蓝皮书
中国商业发展报告（2018～2019）
著(编)者：王雪峰 林诗慧
2018年7月出版 / 估价：99.00元
PSN B-2009-152-1/2

能源蓝皮书
中国能源发展报告（2018）
著(编)者：崔民选 王军生 陈义和
2018年12月出版 / 估价：99.00元
PSN B-2006-049-1/1

农产品流通蓝皮书
中国农产品流通产业发展报告（2017）
著(编)者：贾敬敦 张东科 张玉玺 张鹏毅 周伟
2018年6月出版 / 估价：99.00元
PSN B-2012-288-1/1

汽车工业蓝皮书
中国汽车工业发展年度报告（2018）
著(编)者：中国汽车工业协会
中国汽车技术研究中心
丰田汽车公司
2018年5月出版 / 估价：168.00元
PSN B-2015-463-1/2

汽车工业蓝皮书
中国汽车零部件产业发展报告（2017～2018）
著(编)者：中国汽车工业协会
中国汽车工程研究院深圳市沃特玛电池有限公司
2018年9月出版 / 估价：99.00元
PSN B-2016-515-2/2

汽车蓝皮书
中国汽车产业发展报告（2018）
著(编)者：中国汽车工程学会
大众汽车集团（中国）
2018年11月出版 / 估价：99.00元
PSN B-2008-124-1/1

世界茶业蓝皮书
世界茶业发展报告（2018）
著(编)者：李闽榕 冯廷佺
2018年5月出版 / 估价：168.00元
PSN B-2017-619-1/1

世界能源蓝皮书
世界能源发展报告（2018）
著(编)者：黄晓勇　2018年6月出版 / 估价：168.00元
PSN B-2013-349-1/1

石油蓝皮书
中国石油产业发展报告（2018）
著(编)者：中国石油化工集团公司经济技术研究院
中国国际石油化工联合有限责任公司
中国社会科学院数量经济与技术经济研究所
2018年2月出版 / 定价：98.00元
PSN B-2018-690-1/1

体育蓝皮书
国家体育产业基地发展报告（2016～2017）
著(编)者：李颖川　2018年6月出版 / 估价：168.00元
PSN B-2017-609-5/5

体育蓝皮书
中国体育产业发展报告（2018）
著(编)者：阮伟 钟秉枢
2018年12月出版 / 估价：99.00元
PSN B-2010-179-1/5

文化金融蓝皮书
中国文化金融发展报告（2018）
著(编)者：杨涛 金巍
2018年6月出版 / 估价：99.00元
PSN B-2017-610-1/1

新能源汽车蓝皮书
中国新能源汽车产业发展报告（2018）
著(编)者：中国汽车技术研究中心
日产（中国）投资有限公司
东风汽车有限公司
2018年8月出版 / 估价：99.00元
PSN B-2013-347-1/1

薏仁米产业蓝皮书
中国薏仁米产业发展报告No.2（2018）
著(编)者：李发耀 石明　秦礼康
2018年8月出版 / 估价：99.00元
PSN B-2017-645-1/1

邮轮绿皮书
中国邮轮产业发展报告（2018）
著(编)者：汪泓　2018年10月出版 / 估价：99.00元
PSN G-2014-419-1/1

智能养老蓝皮书
中国智能养老产业发展报告（2018）
著(编)者：朱勇　2018年10月出版 / 估价：99.00元
PSN B-2015-488-1/1

中国节能汽车蓝皮书
中国节能汽车发展报告（2017～2018）
著(编)者：中国汽车工程研究院股份有限公司
2018年9月出版 / 估价：99.00元
PSN B-2016-565-1/1

中国陶瓷产业蓝皮书
中国陶瓷产业发展报告（2018）
著(编)者：左和平 黄速建
2018年10月出版 / 估价：99.00元
PSN B-2016-573-1/1

装备制造业蓝皮书
中国装备制造业发展报告（2018）
著(编)者：徐东华
2018年12月出版 / 估价：118.00元
PSN B-2015-505-1/1

行业及其他类

“三农”互联网金融蓝皮书
中国“三农”互联网金融发展报告（2018）
著(编)者：李勇坚 王弢
2018年8月出版 / 估价：99.00元
PSN B-2016-560-1/1

SUV蓝皮书
中国SUV市场发展报告（2017～2018）
著(编)者：靳军 2018年9月出版 / 估价：99.00元
PSN B-2016-571-1/1

冰雪蓝皮书
中国冬季奥运会发展报告（2018）
著(编)者：孙承华 伍斌 魏庆华 张鸿俊
2018年9月出版 / 估价：99.00元
PSN B-2017-647-2/3

彩票蓝皮书
中国彩票发展报告（2018）
著(编)者：益彩基金 2018年6月出版 / 估价：99.00元
PSN B-2015-462-1/1

测绘地理信息蓝皮书
测绘地理信息供给侧结构性改革研究报告（2018）
著(编)者：库热西·买合苏提
2018年12月出版 / 估价：168.00元
PSN B-2009-145-1/1

产权市场蓝皮书
中国产权市场发展报告（2017）
著(编)者：曹和平
2018年5月出版 / 估价：99.00元
PSN B-2009-147-1/1

城投蓝皮书
中国城投行业发展报告（2018）
著(编)者：华景斌
2018年11月出版 / 估价：300.00元
PSN B-2016-514-1/1

城市轨道交通蓝皮书
中国城市轨道交通运营发展报告（2017～2018）
著(编)者：崔学忠 贾文峥
2018年3月出版 / 定价：89.00元
PSN B-2018-694-1/1

大数据蓝皮书
中国大数据发展报告（No.2）
著(编)者：连玉明 2018年5月出版 / 估价：99.00元
PSN B-2017-620-1/1

大数据应用蓝皮书
中国大数据应用发展报告No.2（2018）
著(编)者：陈军君 2018年8月出版 / 估价：99.00元
PSN B-2017-644-1/1

对外投资与风险蓝皮书
中国对外直接投资与国家风险报告（2018）
著(编)者：中债资信评估有限责任公司
中国社会科学院世界经济与政治研究所
2018年6月出版 / 估价：189.00元
PSN B-2017-606-1/1

工业和信息化蓝皮书
人工智能发展报告（2017～2018）
著(编)者：尹丽波 2018年6月出版 / 估价：99.00元
PSN B-2015-448-1/6

工业和信息化蓝皮书
世界智慧城市发展报告（2017～2018）
著(编)者：尹丽波 2018年6月出版 / 估价：99.00元
PSN B-2017-624-6/6

工业和信息化蓝皮书
世界网络安全发展报告（2017～2018）
著(编)者：尹丽波 2018年6月出版 / 估价：99.00元
PSN B-2015-452-5/6

工业和信息化蓝皮书
世界信息化发展报告（2017～2018）
著(编)者：尹丽波 2018年6月出版 / 估价：99.00元
PSN B-2015-451-4/6

工业设计蓝皮书
中国工业设计发展报告（2018）
著(编)者：王晓红 于炜 张立群 2018年9月出版 / 估价：168.00元
PSN B-2014-420-1/1

公共关系蓝皮书
中国公共关系发展报告（2017）
著(编)者：柳斌杰 2018年1月出版 / 定价：89.00元
PSN B-2016-579-1/1

公共关系蓝皮书
中国公共关系发展报告（2018）
著(编)者：柳斌杰　2018年11月出版 / 估价：99.00元
PSN B-2016-579-1/1

管理蓝皮书
中国管理发展报告（2018）
著(编)者：张晓东　2018年10月出版 / 估价：99.00元
PSN B-2014-416-1/1

轨道交通蓝皮书
中国轨道交通行业发展报告（2017）
著(编)者：仲建华 李闽榕
2017年12月出版 / 定价：98.00元
PSN B-2017-674-1/1

海关发展蓝皮书
中国海关发展前沿报告（2018）
著(编)者：干春晖　2018年6月出版 / 估价：99.00元
PSN B-2017-616-1/1

互联网医疗蓝皮书
中国互联网健康医疗发展报告（2018）
著(编)者：芮晓武　2018年6月出版 / 估价：99.00元
PSN B-2016-567-1/1

黄金市场蓝皮书
中国商业银行黄金业务发展报告（2017～2018）
著(编)者：平安银行　2018年6月出版 / 估价：99.00元
PSN B-2016-524-1/1

会展蓝皮书
中外会展业动态评估研究报告（2018）
著(编)者：张敏 任中峰 聂鑫焱 牛盼强
2018年12月出版 / 估价：99.00元
PSN B-2013-327-1/1

基金会蓝皮书
中国基金会发展报告（2017~2018）
著(编)者：中国基金会发展报告课题组
2018年6月出版 / 估价：99.00元
PSN B-2013-368-1/1

基金会绿皮书
中国基金会发展独立研究报告（2018）
著(编)者：基金会中心网　中央民族大学基金会研究中心
2018年6月出版 / 估价：99.00元
PSN G-2011-213-1/1

基金会透明度蓝皮书
中国基金会透明度发展研究报告（2018）
著(编)者：基金会中心网
清华大学廉政与治理研究中心
2018年9月出版 / 估价：99.00元
PSN B-2013-339-1/1

建筑装饰蓝皮书
中国建筑装饰行业发展报告（2018）
著(编)者：葛道顺 刘晓一
2018年10月出版 / 估价：198.00元
PSN B-2016-553-1/1

金融监管蓝皮书
中国金融监管报告（2018）
著(编)者：胡滨　2018年3月出版 / 定价：98.00元
PSN B-2012-281-1/1

金融蓝皮书
中国互联网金融行业分析与评估（2018～2019）
著(编)者：黄国平 伍旭川　2018年12月出版 / 估价：99.00元
PSN B-2016-585-7/7

金融科技蓝皮书
中国金融科技发展报告（2018）
著(编)者：李扬 孙国峰　2018年10月出版 / 估价：99.00元
PSN B-2014-374-1/1

金融信息服务蓝皮书
中国金融信息服务发展报告（2018）
著(编)者：李平　2018年5月出版 / 估价：99.00元
PSN B-2017-621-1/1

金蜜蜂企业社会责任蓝皮书
金蜜蜂中国企业社会责任报告研究（2017）
著(编)者：殷格非 于志宏 管竹笋
2018年1月出版 / 定价：99.00元
PSN B-2018-693-1/1

京津冀金融蓝皮书
京津冀金融发展报告（2018）
著(编)者：王爱俭 王璟怡　2018年10月出版 / 估价：99.00元
PSN B-2016-527-1/1

科普蓝皮书
国家科普能力发展报告（2018）
著(编)者：王康友　2018年5月出版 / 估价：138.00元
PSN B-2017-632-4/4

科普蓝皮书
中国基层科普发展报告（2017～2018）
著(编)者：赵立新 陈玲　2018年9月出版 / 估价：99.00元
PSN B-2016-568-3/4

科普蓝皮书
中国科普基础设施发展报告（2017～2018）
著(编)者：任福君　2018年6月出版 / 估价：99.00元
PSN B-2010-174-1/3

科普蓝皮书
中国科普人才发展报告（2017～2018）
著(编)者：郑念 任嵘嵘　2018年7月出版 / 估价：99.00元
PSN B-2016-512-2/4

科普能力蓝皮书
中国科普能力评价报告（2018～2019）
著(编)者：李富强 李群　2018年8月出版 / 估价：99.00元
PSN B-2016-555-1/1

临空经济蓝皮书
中国临空经济发展报告（2018）
著(编)者：连玉明　2018年9月出版 / 估价：99.00元
PSN B-2014-421-1/1

旅游安全蓝皮书
中国旅游安全报告（2018）
著(编)者：郑向敏 谢朝武　　2018年5月出版 / 估价：158.00元
PSN B-2012-280-1/1

旅游绿皮书
2017～2018年中国旅游发展分析与预测
著(编)者：宋瑞　　2018年1月出版 / 定价：99.00元
PSN G-2002-018-1/1

煤炭蓝皮书
中国煤炭工业发展报告（2018）
著(编)者：岳福斌　　2018年12月出版 / 估价：99.00元
PSN B-2008-123-1/1

民营企业社会责任蓝皮书
中国民营企业社会责任报告（2018）
著(编)者：中华全国工商业联合会
2018年12月出版 / 估价：99.00元
PSN B-2015-510-1/1

民营医院蓝皮书
中国民营医院发展报告（2017）
著(编)者：薛晓林　　2017年12月出版 / 定价：89.00元
PSN B-2012-299-1/1

闽商蓝皮书
闽商发展报告（2018）
著(编)者：李闽榕 王日根 林琛
2018年12月出版 / 估价：99.00元
PSN B-2012-298-1/1

农业应对气候变化蓝皮书
中国农业气象灾害及其灾损评估报告（No.3）
著(编)者：矫梅燕　　2018年6月出版 / 估价：118.00元
PSN B-2014-413-1/1

品牌蓝皮书
中国品牌战略发展报告（2018）
著(编)者：汪同三　　2018年10月出版 / 估价：99.00元
PSN B-2016-580-1/1

企业扶贫蓝皮书
中国企业扶贫研究报告（2018）
著(编)者：钟宏武　　2018年12月出版 / 估价：99.00元
PSN B-2016-593-1/1

企业公益蓝皮书
中国企业公益研究报告（2018）
著(编)者：钟宏武 汪杰 黄晓娟
2018年12月出版 / 估价：99.00元
PSN B-2015-501-1/1

企业国际化蓝皮书
中国企业全球化报告（2018）
著(编)者：王辉耀 苗绿　　2018年11月出版 / 估价：99.00元
PSN B-2014-427-1/1

企业蓝皮书
中国企业绿色发展报告No.2（2018）
著(编)者：李红玉 朱光辉
2018年8月出版 / 估价：99.00元
PSN B-2015-481-2/2

企业社会责任蓝皮书
中资企业海外社会责任研究报告（2017～2018）
著(编)者：钟宏武 叶柳红 张蒽
2018年6月出版 / 估价：99.00元
PSN B-2017-603-2/2

企业社会责任蓝皮书
中国企业社会责任研究报告（2018）
著(编)者：黄群慧 钟宏武 张蒽 汪杰
2018年11月出版 / 估价：99.00元
PSN B-2009-149-1/2

汽车安全蓝皮书
中国汽车安全发展报告（2018）
著(编)者：中国汽车技术研究中心
2018年8月出版 / 估价：99.00元
PSN B-2014-385-1/1

汽车电子商务蓝皮书
中国汽车电子商务发展报告（2018）
著(编)者：中华全国工商业联合会汽车经销商商会
北方工业大学
北京易观智库网络科技有限公司
2018年10月出版 / 估价：158.00元
PSN B-2015-485-1/1

汽车知识产权蓝皮书
中国汽车产业知识产权发展报告（2018）
著(编)者：中国汽车工程研究院股份有限公司
中国汽车工程学会
重庆长安汽车股份有限公司
2018年12月出版 / 估价：99.00元
PSN B-2016-594-1/1

青少年体育蓝皮书
中国青少年体育发展报告（2017）
著(编)者：刘扶民 杨桦　　2018年6月出版 / 估价：99.00元
PSN B-2015-482-1/1

区块链蓝皮书
中国区块链发展报告（2018）
著(编)者：李伟　　2018年9月出版 / 估价：99.00元
PSN B-2017-649-1/1

群众体育蓝皮书
中国群众体育发展报告（2017）
著(编)者：刘国永 戴健　　2018年5月出版 / 估价：99.00元
PSN B-2014-411-1/3

群众体育蓝皮书
中国社会体育指导员发展报告（2018）
著(编)者：刘国永 王欢　　2018年6月出版 / 估价：99.00元
PSN B-2016-520-3/3

人力资源蓝皮书
中国人力资源发展报告（2018）
著(编)者：余兴安　　2018年11月出版 / 估价：99.00元
PSN B-2012-287-1/1

融资租赁蓝皮书
中国融资租赁业发展报告（2017～2018）
著(编)者：李光荣 王力　　2018年8月出版 / 估价：99.00元
PSN B-2015-443-1/1

商会蓝皮书
中国商会发展报告No.5（2017）
著(编)者：王钦敏　　2018年7月出版 / 估价：99.00元
PSN B-2008-125-1/1

商务中心区蓝皮书
中国商务中心区发展报告No.4（2017~2018）
著(编)者：李国红 单菁菁　　2018年9月出版 / 估价：99.00元
PSN B-2015-444-1/1

设计产业蓝皮书
中国创新设计发展报告（2018）
著(编)者：王晓红 张立群 于炜
2018年11月出版 / 估价：99.00元
PSN B-2016-581-2/2

社会责任管理蓝皮书
中国上市公司社会责任能力成熟度报告No.4（2018）
著(编)者：肖红军 王晓光 李伟阳
2018年12月出版 / 估价：99.00元
PSN B-2015-507-2/2

社会责任管理蓝皮书
中国企业公众透明度报告No.4（2017~2018）
著(编)者：黄速建 熊梦 王晓光 肖红军
2018年6月出版 / 估价：99.00元
PSN B-2015-440-1/2

食品药品蓝皮书
食品药品安全与监管政策研究报告（2016~2017）
著(编)者：唐民皓　　2018年6月出版 / 估价：99.00元
PSN B-2009-129-1/1

输血服务蓝皮书
中国输血行业发展报告（2018）
著(编)者：孙俊　　2018年12月出版 / 估价：99.00元
PSN B-2016-582-1/1

水利风景区蓝皮书
中国水利风景区发展报告（2018）
著(编)者：董建文 兰思仁
2018年10月出版 / 估价：99.00元
PSN B-2015-480-1/1

数字经济蓝皮书
全球数字经济竞争力发展报告（2017）
著(编)者：王振　　2017年12月出版 / 定价：79.00元
PSN B-2017-673-1/1

私募市场蓝皮书
中国私募股权市场发展报告（2017~2018）
著(编)者：曹和平　　2018年12月出版 / 估价：99.00元
PSN B-2010-162-1/1

碳排放权交易蓝皮书
中国碳排放权交易报告（2018）
著(编)者：孙永平　　2018年11月出版 / 估价：99.00元
PSN B-2017-652-1/1

碳市场蓝皮书
中国碳市场报告（2018）
著(编)者：定金彪　　2018年11月出版 / 估价：99.00元
PSN B-2014-430-1/1

体育蓝皮书
中国公共体育服务发展报告（2018）
著(编)者：戴健　　2018年12月出版 / 估价：99.00元
PSN B-2013-367-2/5

土地市场蓝皮书
中国农村土地市场发展报告（2017~2018）
著(编)者：李光荣　　2018年6月出版 / 估价：99.00元
PSN B-2016-526-1/1

土地整治蓝皮书
中国土地整治发展研究报告（No.5）
著(编)者：国土资源部土地整治中心
2018年7月出版 / 估价：99.00元
PSN B-2014-401-1/1

土地政策蓝皮书
中国土地政策研究报告（2018）
著(编)者：高延利 张建平 吴次芳
2018年1月出版 / 定价：98.00元
PSN B-2015-506-1/1

网络空间安全蓝皮书
中国网络空间安全发展报告（2018）
著(编)者：惠志斌 覃庆玲
2018年11月出版 / 估价：99.00元
PSN B-2015-466-1/1

文化志愿服务蓝皮书
中国文化志愿服务发展报告（2018）
著(编)者：张永新 良警宇　　2018年11月出版 / 估价：128.00元
PSN B-2016-596-1/1

西部金融蓝皮书
中国西部金融发展报告（2017~2018）
著(编)者：李忠民　　2018年8月出版 / 估价：99.00元
PSN B-2010-160-1/1

协会商会蓝皮书
中国行业协会商会发展报告（2017）
著(编)者：景朝阳 李勇　　2018年6月出版 / 估价：99.00元
PSN B-2015-461-1/1

新三板蓝皮书
中国新三板市场发展报告（2018）
著(编)者：王力　　2018年8月出版 / 估价：99.00元
PSN B-2016-533-1/1

信托市场蓝皮书
中国信托业市场报告（2017~2018）
著(编)者：用益金融信托研究院
2018年6月出版 / 估价：198.00元
PSN B-2014-371-1/1

信息化蓝皮书
中国信息化形势分析与预测（2017~2018）
著(编)者：周宏仁　　2018年8月出版 / 估价：99.00元
PSN B-2010-168-1/1

信用蓝皮书
中国信用发展报告（2017~2018）
著(编)者：章政 田侃　　2018年6月出版 / 估价：99.00元
PSN B-2013-328-1/1

休闲绿皮书
2017～2018年中国休闲发展报告
著(编)者：宋瑞　2018年7月出版 / 估价：99.00元
PSN G-2010-158-1/1

休闲体育蓝皮书
中国休闲体育发展报告（2017～2018）
著(编)者：李相如 钟秉枢
2018年10月出版 / 估价：99.00元
PSN B-2016-516-1/1

养老金融蓝皮书
中国养老金融发展报告（2018）
著(编)者：董克用 姚余栋
2018年9月出版 / 估价：99.00元
PSN B-2016-583-1/1

遥感监测绿皮书
中国可持续发展遥感监测报告（2017）
著(编)者：顾行发 汪克强 潘教峰 李闽榕 徐东华 王琦安
2018年6月出版 / 估价：298.00元
PSN B-2017-629-1/1

药品流通蓝皮书
中国药品流通行业发展报告（2018）
著(编)者：佘鲁林 温再兴
2018年7月出版 / 估价：198.00元
PSN B-2014-429-1/1

医疗器械蓝皮书
中国医疗器械行业发展报告（2018）
著(编)者：王宝亭 耿鸿武
2018年10月出版 / 估价：99.00元
PSN B-2017-661-1/1

医院蓝皮书
中国医院竞争力报告（2017~2018）
著(编)者：庄一强　2018年3月出版 / 定价：108.00元
PSN B-2016-528-1/1

瑜伽蓝皮书
中国瑜伽业发展报告（2017~2018）
著(编)者：张永建 徐华锋 朱泰余
2018年6月出版 / 估价：198.00元
PSN B-2017-625-1/1

债券市场蓝皮书
中国债券市场发展报告（2017～2018）
著(编)者：杨农　2018年10月出版 / 估价：99.00元
PSN B-2016-572-1/1

志愿服务蓝皮书
中国志愿服务发展报告（2018）
著(编)者：中国志愿服务联合会
2018年11月出版 / 估价：99.00元
PSN B-2017-664-1/1

中国上市公司蓝皮书
中国上市公司发展报告（2018）
著(编)者：张鹏 张平 黄胤英
2018年9月出版 / 估价：99.00元
PSN B-2014-414-1/1

中国新三板蓝皮书
中国新三板创新与发展报告（2018）
著(编)者：刘平安 闻召林
2018年8月出版 / 估价：158.00元
PSN B-2017-638-1/1

中国汽车品牌蓝皮书
中国乘用车品牌发展报告（2017）
著(编)者：《中国汽车报》社有限公司
博世（中国）投资有限公司
中国汽车技术研究中心数据资源中心
2018年1月出版 / 定价：89.00元
PSN B-2017-679-1/1

中医文化蓝皮书
北京中医药文化传播发展报告（2018）
著(编)者：毛嘉陵　2018年6月出版 / 估价：99.00元
PSN B-2015-468-1/2

中医文化蓝皮书
中国中医药文化传播发展报告（2018）
著(编)者：毛嘉陵　2018年7月出版 / 估价：99.00元
PSN B-2016-584-2/2

中医药蓝皮书
北京中医药知识产权发展报告No.2
著(编)者：汪洪 屠志涛　2018年6月出版 / 估价：168.00元
PSN B-2017-602-1/1

资本市场蓝皮书
中国场外交易市场发展报告（2016～2017）
著(编)者：高峦　2018年6月出版 / 估价：99.00元
PSN B-2009-153-1/1

资产管理蓝皮书
中国资产管理行业发展报告（2018）
著(编)者：郑智　2018年7月出版 / 估价：99.00元
PSN B-2014-407-2/2

资产证券化蓝皮书
中国资产证券化发展报告（2018）
著(编)者：沈炳熙 曹彤 李哲平
2018年4月出版 / 定价：98.00元
PSN B-2017-660-1/1

自贸区蓝皮书
中国自贸区发展报告（2018）
著(编)者：王力 黄育华
2018年6月出版 / 估价：99.00元
PSN B-2016-558-1/1

国际问题与全球治理类

"一带一路"跨境通道蓝皮书
"一带一路"跨境通道建设研究报（2017～2018）
著(编)者：余鑫 张秋生　2018年1月出版 / 定价：89.00元
PSN B-2016-557-1/1

"一带一路"蓝皮书
"一带一路"建设发展报告（2018）
著(编)者：李永全　2018年3月出版 / 定价：98.00元
PSN B-2016-552-1/1

"一带一路"投资安全蓝皮书
中国"一带一路"投资与安全研究报告（2018）
著(编)者：邹统钎 梁昊光　2018年4月出版 / 定价：98.00元
PSN B-2017-612-1/1

"一带一路"文化交流蓝皮书
中阿文化交流发展报告（2017）
著(编)者：王辉　2017年12月出版 / 定价：89.00元
PSN B-2017-655-1/1

G20国家创新竞争力黄皮书
二十国集团（G20）国家创新竞争力发展报告（2017～2018）
著(编)者：李建平 李闽榕 赵新力 周天勇
2018年7月出版 / 估价：168.00元
PSN Y-2011-229-1/1

阿拉伯黄皮书
阿拉伯发展报告（2016～2017）
著(编)者：罗林　2018年6月出版 / 估价：99.00元
PSN Y-2014-381-1/1

北部湾蓝皮书
泛北部湾合作发展报告（2017～2018）
著(编)者：吕余生　2018年12月出版 / 估价：99.00元
PSN B-2008-114-1/1

北极蓝皮书
北极地区发展报告（2017）
著(编)者：刘惠荣　2018年7月出版 / 估价：99.00元
PSN B-2017-634-1/1

大洋洲蓝皮书
大洋洲发展报告（2017～2018）
著(编)者：喻常森　2018年10月出版 / 估价：99.00元
PSN B-2013-341-1/1

东北亚区域合作蓝皮书
2017年"一带一路"倡议与东北亚区域合作
著(编)者：刘亚政 金美花
2018年5月出版 / 估价：99.00元
PSN B-2017-631-1/1

东盟黄皮书
东盟发展报告（2017）
著(编)者：杨静林 庄国土　2018年6月出版 / 估价：99.00元
PSN Y-2012-303-1/1

东南亚蓝皮书
东南亚地区发展报告（2017～2018）
著(编)者：王勤　2018年12月出版 / 估价：99.00元
PSN B-2012-240-1/1

非洲黄皮书
非洲发展报告No.20（2017～2018）
著(编)者：张宏明　2018年7月出版 / 估价：99.00元
PSN Y-2012-239-1/1

非传统安全蓝皮书
中国非传统安全研究报告（2017～2018）
著(编)者：潇枫 罗中枢　2018年8月出版 / 估价：99.00元
PSN B-2012-273-1/1

国际安全蓝皮书
中国国际安全研究报告（2018）
著(编)者：刘慧　2018年7月出版 / 估价：99.00元
PSN B-2016-521-1/1

国际城市蓝皮书
国际城市发展报告（2018）
著(编)者：屠启宇　2018年2月出版 / 定价：89.00元
PSN B-2012-260-1/1

国际形势黄皮书
全球政治与安全报告（2018）
著(编)者：张宇燕　2018年1月出版 / 定价：99.00元
PSN Y-2001-016-1/1

公共外交蓝皮书
中国公共外交发展报告（2018）
著(编)者：赵启正 雷蔚真　2018年6月出版 / 估价：99.00元
PSN B-2015-457-1/1

海丝蓝皮书
21世纪海上丝绸之路研究报告（2017）
著(编)者：华侨大学海上丝绸之路研究院
2017年12月出版 / 定价：89.00元
PSN B-2017-684-1/1

金砖国家黄皮书
金砖国家综合创新竞争力发展报告（2018）
著(编)者：赵新力 李闽榕 黄茂兴
2018年8月出版 / 估价：128.00元
PSN Y-2017-643-1/1

拉美黄皮书
拉丁美洲和加勒比发展报告（2017～2018）
著(编)者：袁东振　2018年6月出版 / 估价：99.00元
PSN Y-1999-007-1/1

澜湄合作蓝皮书
澜沧江-湄公河合作发展报告（2018）
著(编)者：刘稚　2018年9月出版 / 估价：99.00元
PSN B-2011-196-1/1

欧洲蓝皮书
欧洲发展报告（2017～2018）
著(编)者：黄平 周弘 程卫东
2018年6月出版 / 估价：99.00元
PSN B-1999-009-1/1

葡语国家蓝皮书
葡语国家发展报告（2016～2017）
著(编)者：王成安 张敏 刘金兰
2018年6月出版 / 估价：99.00元
PSN B-2015-503-1/2

葡语国家蓝皮书
中国与葡语国家关系发展报告·巴西（2016）
著(编)者：张曙光
2018年8月出版 / 估价：99.00元
PSN B-2016-563-2/2

气候变化绿皮书
应对气候变化报告（2018）
著(编)者：王伟光 郑国光
2018年11月出版 / 估价：99.00元
PSN G-2009-144-1/1

全球环境竞争力绿皮书
全球环境竞争力报告（2018）
著(编)者：李建平 李闽榕 王金南
2018年12月出版 / 估价：198.00元
PSN G-2013-363-1/1

全球信息社会蓝皮书
全球信息社会发展报告（2018）
著(编)者：丁波涛 唐涛 2018年10月出版 / 估价：99.00元
PSN B-2017-665-1/1

日本经济蓝皮书
日本经济与中日经贸关系研究报告（2018）
著(编)者：张季风 2018年6月出版 / 估价：99.00元
PSN B-2008-102-1/1

上海合作组织黄皮书
上海合作组织发展报告（2018）
著(编)者：李进峰 2018年6月出版 / 估价：99.00元
PSN Y-2009-130-1/1

世界创新竞争力黄皮书
世界创新竞争力发展报告（2017）
著(编)者：李建平 李闽榕 赵新力
2018年6月出版 / 估价：168.00元
PSN Y-2013-318-1/1

世界经济黄皮书
2018年世界经济形势分析与预测
著(编)者：张宇燕 2018年1月出版 / 定价：99.00元
PSN Y-1999-006-1/1

世界能源互联互通蓝皮书
世界能源清洁发展与互联互通评估报告（2017）：欧洲篇
著(编)者：国网能源研究院
2018年1月出版 / 定价：128.00元
PSN B-2018-695-1/1

丝绸之路蓝皮书
丝绸之路经济带发展报告（2018）
著(编)者：任宗哲 白宽犁 谷孟宾
2018年1月出版 / 定价：89.00元
PSN B-2014-410-1/1

新兴经济体蓝皮书
金砖国家发展报告（2018）
著(编)者：林跃勤 周文
2018年8月出版 / 估价：99.00元
PSN B-2011-195-1/1

亚太蓝皮书
亚太地区发展报告（2018）
著(编)者：李向阳 2018年5月出版 / 估价：99.00元
PSN B-2001-015-1/1

印度洋地区蓝皮书
印度洋地区发展报告（2018）
著(编)者：汪戎 2018年6月出版 / 估价：99.00元
PSN B-2013-334-1/1

印度尼西亚经济蓝皮书
印度尼西亚经济发展报告（2017）：增长与机会
著(编)者：左志刚 2017年11月出版 / 定价：89.00元
PSN B-2017-675-1/1

渝新欧蓝皮书
渝新欧沿线国家发展报告（2018）
著(编)者：杨柏 黄森
2018年6月出版 / 估价：99.00元
PSN B-2017-626-1/1

中阿蓝皮书
中国-阿拉伯国家经贸发展报告（2018）
著(编)者：张廉 段庆林 王林聪 杨巧红
2018年12月出版 / 估价：99.00元
PSN B-2016-598-1/1

中东黄皮书
中东发展报告No.20（2017～2018）
著(编)者：杨光 2018年10月出版 / 估价：99.00元
PSN Y-1998-004-1/1

中亚黄皮书
中亚国家发展报告（2018）
著(编)者：孙力
2018年3月出版 / 定价：98.00元
PSN Y-2012-238-1/1

国别类

澳大利亚蓝皮书
澳大利亚发展报告（2017-2018）
著(编)者：孙有中 韩锋　2018年12月出版 / 估价：99.00元
PSN B-2016-587-1/1

巴西黄皮书
巴西发展报告（2017）
著(编)者：刘国枝　2018年5月出版 / 估价：99.00元
PSN Y-2017-614-1/1

德国蓝皮书
德国发展报告（2018）
著(编)者：郑春荣　2018年6月出版 / 估价：99.00元
PSN B-2012-278-1/1

俄罗斯黄皮书
俄罗斯发展报告（2018）
著(编)者：李永全　2018年6月出版 / 估价：99.00元
PSN Y-2006-061-1/1

韩国蓝皮书
韩国发展报告（2017）
著(编)者：牛林杰 刘宝全　2018年6月出版 / 估价：99.00元
PSN B-2010-155-1/1

加拿大蓝皮书
加拿大发展报告（2018）
著(编)者：唐小松　2018年9月出版 / 估价：99.00元
PSN B-2014-389-1/1

美国蓝皮书
美国研究报告（2018）
著(编)者：郑秉文 黄平　2018年5月出版 / 估价：99.00元
PSN B-2011-210-1/1

缅甸蓝皮书
缅甸国情报告（2017）
著(编)者：祝湘辉
2017年11月出版 / 定价：98.00元
PSN B-2013-343-1/1

日本蓝皮书
日本研究报告（2018）
著(编)者：杨伯江　2018年4月出版 / 定价：99.00元
PSN B-2002-020-1/1

土耳其蓝皮书
土耳其发展报告（2018）
著(编)者：郭长刚 刘义　2018年9月出版 / 估价：99.00元
PSN B-2014-412-1/1

伊朗蓝皮书
伊朗发展报告（2017～2018）
著(编)者：冀开运　2018年10月 / 估价：99.00元
PSN B-2016-574-1/1

以色列蓝皮书
以色列发展报告（2018）
著(编)者：张倩红　2018年8月出版 / 估价：99.00元
PSN B-2015-483-1/1

印度蓝皮书
印度国情报告（2017）
著(编)者：吕昭义　2018年6月出版 / 估价：99.00元
PSN B-2012-241-1/1

英国蓝皮书
英国发展报告（2017～2018）
著(编)者：王展鹏　2018年12月出版 / 估价：99.00元
PSN B-2015-486-1/1

越南蓝皮书
越南国情报告（2018）
著(编)者：谢林城　2018年11月出版 / 估价：99.00元
PSN B-2006-056-1/1

泰国蓝皮书
泰国研究报告（2018）
著(编)者：庄国土 张禹东 刘文正
2018年10月出版 / 估价：99.00元
PSN B-2016-556-1/1

文化传媒类

“三农”舆情蓝皮书
中国“三农”网络舆情报告（2017～2018）
著(编)者：农业部信息中心
2018年6月出版 / 估价：99.00元
PSN B-2017-640-1/1

传媒竞争力蓝皮书
中国传媒国际竞争力研究报告（2018）
著(编)者：李本乾 刘强 王大可
2018年8月出版 / 估价：99.00元
PSN B-2013-356-1/1

传媒蓝皮书
中国传媒产业发展报告（2018）
著(编)者：崔保国
2018年5月出版 / 估价：99.00元
PSN B-2005-035-1/1

传媒投资蓝皮书
中国传媒投资发展报告（2018）
著(编)者：张向东 谭云明
2018年6月出版 / 估价：148.00元
PSN B-2015-474-1/1

非物质文化遗产蓝皮书
中国非物质文化遗产发展报告（2018）
著(编)者：陈平　2018年6月出版 / 估价：128.00元
PSN B-2015-469-1/2

非物质文化遗产蓝皮书
中国非物质文化遗产保护发展报告（2018）
著(编)者：宋俊华　2018年10月出版 / 估价：128.00元
PSN B-2016-586-2/2

广电蓝皮书
中国广播电影电视发展报告（2018）
著(编)者：国家新闻出版广电总局发展研究中心
2018年7月出版 / 估价：99.00元
PSN B-2006-072-1/1

广告主蓝皮书
中国广告主营销传播趋势报告No.9
著(编)者：黄升民 杜国清 邵华冬 等
2018年10月出版 / 估价：158.00元
PSN B-2005-041-1/1

国际传播蓝皮书
中国国际传播发展报告（2018）
著(编)者：胡正荣 李继东 姬德强
2018年12月出版 / 估价：99.00元
PSN B-2014-408-1/1

国家形象蓝皮书
中国国家形象传播报告（2017）
著(编)者：张昆　2018年6月出版 / 估价：128.00元
PSN B-2017-605-1/1

互联网治理蓝皮书
中国网络社会治理研究报告（2018）
著(编)者：罗昕 支庭荣
2018年9月出版 / 估价：118.00元
PSN B-2017-653-1/1

纪录片蓝皮书
中国纪录片发展报告（2018）
著(编)者：何苏六　2018年10月出版 / 估价：99.00元
PSN B-2011-222-1/1

科学传播蓝皮书
中国科学传播报告（2016~2017）
著(编)者：詹正茂　2018年6月出版 / 估价：99.00元
PSN B-2008-120-1/1

两岸创意经济蓝皮书
两岸创意经济研究报告（2018）
著(编)者：罗昌智 董泽平
2018年10月出版 / 估价：99.00元
PSN B-2014-437-1/1

媒介与女性蓝皮书
中国媒介与女性发展报告（2017~2018）
著(编)者：刘利群　2018年5月出版 / 估价：99.00元
PSN B-2013-345-1/1

媒体融合蓝皮书
中国媒体融合发展报告（2017~2018）
著(编)者：梅宁华 支庭荣
2017年12月出版 / 定价：98.00元
PSN B-2015-479-1/1

全球传媒蓝皮书
全球传媒发展报告（2017~2018）
著(编)者：胡正荣 李继东　2018年6月出版 / 估价：99.00元
PSN B-2012-237-1/1

少数民族非遗蓝皮书
中国少数民族非物质文化遗产发展报告（2018）
著(编)者：肖远平（彝） 柴立（满）
2018年10月出版 / 估价：118.00元
PSN B-2015-467-1/1

视听新媒体蓝皮书
中国视听新媒体发展报告（2018）
著(编)者：国家新闻出版广电总局发展研究中心
2018年7月出版 / 估价：118.00元
PSN B-2011-184-1/1

数字娱乐产业蓝皮书
中国动画产业发展报告（2018）
著(编)者：孙立军 孙平 牛兴侦
2018年10月出版 / 估价：99.00元
PSN B-2011-198-1/2

数字娱乐产业蓝皮书
中国游戏产业发展报告（2018）
著(编)者：孙立军 刘跃军　2018年10月出版 / 估价：99.00元
PSN B-2017-662-2/2

网络视听蓝皮书
中国互联网视听行业发展报告（2018）
著(编)者：陈鹏　2018年2月出版 / 定价：148.00元
PSN B-2018-688-1/1

文化创新蓝皮书
中国文化创新报告（2017·No.8）
著(编)者：傅才武　2018年6月出版 / 估价：99.00元
PSN B-2009-143-1/1

文化建设蓝皮书
中国文化发展报告（2018）
著(编)者：江畅 孙伟平 戴茂堂
2018年5月出版 / 估价：99.00元
PSN B-2014-392-1/1

文化科技蓝皮书
文化科技创新发展报告（2018）
著(编)者：于平 李凤亮　2018年10月出版 / 估价：99.00元
PSN B-2013-342-1/1

文化蓝皮书
中国公共文化服务发展报告（2017~2018）
著(编)者：刘新成 张永新 张旭
2018年12月出版 / 估价：99.00元
PSN B-2007-093-2/10

文化蓝皮书
中国少数民族文化发展报告（2017~2018）
著(编)者：武翠英 张晓明 任乌晶
2018年9月出版 / 估价：99.00元
PSN B-2013-369-9/10

文化蓝皮书
中国文化产业供需协调检测报告（2018）
著(编)者：王亚南　2018年3月出版 / 定价：99.00元
PSN B-2013-323-8/10

文化蓝皮书
中国文化消费需求景气评价报告（2018）
著(编)者：王亚南　　2018年3月出版 / 定价：99.00元
PSN B-2011-236-4/10

文化蓝皮书
中国公共文化投入增长测评报告（2018）
著(编)者：王亚南　　2018年3月出版 / 定价：99.00元
PSN B-2014-435-10/10

文化品牌蓝皮书
中国文化品牌发展报告（2018）
著(编)者：欧阳友权　　2018年5月出版 / 估价：99.00元
PSN B-2012-277-1/1

文化遗产蓝皮书
中国文化遗产事业发展报告（2017～2018）
著(编)者：苏杨 张颖岚 卓杰 白海峰 陈晨 陈叙图
2018年8月出版 / 估价：99.00元
PSN B-2008-119-1/1

文学蓝皮书
中国文情报告（2017～2018）
著(编)者：白烨　　2018年5月出版 / 估价：99.00元
PSN B-2011-221-1/1

新媒体蓝皮书
中国新媒体发展报告No.9（2018）
著(编)者：唐绪军　　2018年7月出版 / 估价：99.00元
PSN B-2010-169-1/1

新媒体社会责任蓝皮书
中国新媒体社会责任研究报告（2018）
著(编)者：钟瑛　　2018年12月出版 / 估价：99.00元
PSN B-2014-423-1/1

移动互联网蓝皮书
中国移动互联网发展报告（2018）
著(编)者：余清楚　　2018年6月出版 / 估价：99.00元
PSN B-2012-282-1/1

影视蓝皮书
中国影视产业发展报告（2018）
著(编)者：司若 陈鹏 陈锐
2018年6月出版 / 估价：99.00元
PSN B-2016-529-1/1

舆情蓝皮书
中国社会舆情与危机管理报告（2018）
著(编)者：谢耘耕
2018年9月出版 / 估价：138.00元
PSN B-2011-235-1/1

中国大运河蓝皮书
中国大运河发展报告（2018）
著(编)者：吴欣　　2018年2月出版 / 估价：128.00元
PSN B-2018-691-1/1

地方发展类-经济

澳门蓝皮书
澳门经济社会发展报告（2017～2018）
著(编)者：吴志良 郝雨凡
2018年7月出版 / 估价：99.00元
PSN B-2009-138-1/1

澳门绿皮书
澳门旅游休闲发展报告（2017～2018）
著(编)者：郝雨凡 林广志
2018年5月出版 / 估价：99.00元
PSN G-2017-617-1/1

北京蓝皮书
北京经济发展报告（2017～2018）
著(编)者：杨松　　2018年6月出版 / 估价：99.00元
PSN B-2006-054-2/8

北京旅游绿皮书
北京旅游发展报告（2018）
著(编)者：北京旅游学会
2018年7月出版 / 估价：99.00元
PSN G-2012-301-1/1

北京体育蓝皮书
北京体育产业发展报告（2017～2018）
著(编)者：钟秉枢 陈杰 杨铁黎
2018年9月出版 / 估价：99.00元
PSN B-2015-475-1/1

滨海金融蓝皮书
滨海新区金融发展报告（2017）
著(编)者：王爱俭 李向前　　2018年4月出版 / 估价：99.00元
PSN B-2014-424-1/1

城乡一体化蓝皮书
北京城乡一体化发展报告（2017～2018）
著(编)者：吴宝新 张宝秀 黄序
2018年5月出版 / 估价：99.00元
PSN B-2012-258-2/2

非公有制企业社会责任蓝皮书
北京非公有制企业社会责任报告（2018）
著(编)者：宋贵伦 冯培
2018年6月出版 / 估价：99.00元
PSN B-2017-613-1/1

福建旅游蓝皮书
福建省旅游产业发展现状研究（2017~2018）
著(编)者：陈敏华 黄远水 2018年12月出版 / 估价：128.00元
PSN B-2016-591-1/1

福建自贸区蓝皮书
中国(福建)自由贸易试验区发展报告(2017~2018)
著(编)者：黄茂兴 2018年6月出版 / 估价：118.00元
PSN B-2016-531-1/1

甘肃蓝皮书
甘肃经济发展分析与预测（2018）
著(编)者：安文华 罗哲 2018年1月出版 / 定价：99.00元
PSN B-2013-312-1/6

甘肃蓝皮书
甘肃商贸流通发展报告（2018）
著(编)者：张应华 王福生 王晓芳
2018年1月出版 / 定价：99.00元
PSN B-2016-522-6/6

甘肃蓝皮书
甘肃县域和农村发展报告（2018）
著(编)者：包东红 朱智文 王建兵
2018年1月出版 / 定价：99.00元
PSN B-2013-316-5/6

甘肃农业科技绿皮书
甘肃农业科技发展研究报告（2018）
著(编)者：魏胜文 乔德华 张东伟
2018年12月出版 / 估价：198.00元
PSN B-2016-592-1/1

甘肃气象保障蓝皮书
甘肃农业对气候变化的适应与风险评估报告（No.1）
著(编)者：鲍文中 周广胜
2017年12月出版 / 定价：108.00元
PSN B-2017-677-1/1

巩义蓝皮书
巩义经济社会发展报告（2018）
著(编)者：丁同民 朱军 2018年6月出版 / 估价：99.00元
PSN B-2016-532-1/1

广东外经贸蓝皮书
广东对外经济贸易发展研究报告（2017~2018）
著(编)者：陈万灵 2018年6月出版 / 估价：99.00元
PSN B-2012-286-1/1

广西北部湾经济区蓝皮书
广西北部湾经济区开放开发报告（2017~2018）
著(编)者：广西壮族自治区北部湾经济区和东盟开放合作办公室
广西社会科学院
广西北部湾发展研究院
2018年5月出版 / 估价：99.00元
PSN B-2010-181-1/1

广州蓝皮书
广州城市国际化发展报告（2018）
著(编)者：张跃国 2018年8月出版 / 估价：99.00元
PSN B-2012-246-11/14

广州蓝皮书
中国广州城市建设与管理发展报告（2018）
著(编)者：张其学 陈小钢 王宏伟 2018年8月出版 / 估价：99.00元
PSN B-2007-087-4/14

广州蓝皮书
广州创新型城市发展报告（2018）
著(编)者：尹涛 2018年6月出版 / 估价：99.00元
PSN B-2012-247-12/14

广州蓝皮书
广州经济发展报告（2018）
著(编)者：张跃国 尹涛 2018年7月出版 / 估价：99.00元
PSN B-2005-040-1/14

广州蓝皮书
2018年中国广州经济形势分析与预测
著(编)者：魏明海 谢博能 李华
2018年6月出版 / 估价：99.00元
PSN B-2011-185-9/14

广州蓝皮书
中国广州科技创新发展报告（2018）
著(编)者：于欣伟 陈爽 邓佑满 2018年8月出版 / 估价：99.00元
PSN B-2006-065-2/14

广州蓝皮书
广州农村发展报告（2018）
著(编)者：朱名宏 2018年7月出版 / 估价：99.00元
PSN B-2010-167-8/14

广州蓝皮书
广州汽车产业发展报告（2018）
著(编)者：杨再高 冯兴亚 2018年7月出版 / 估价：99.00元
PSN B-2006-066-3/14

广州蓝皮书
广州商贸业发展报告（2018）
著(编)者：张跃国 陈杰 荀振英
2018年7月出版 / 估价：99.00元
PSN B-2012-245-10/14

贵阳蓝皮书
贵阳城市创新发展报告No.3（白云篇）
著(编)者：连玉明 2018年5月出版 / 估价：99.00元
PSN B-2015-491-3/10

贵阳蓝皮书
贵阳城市创新发展报告No.3（观山湖篇）
著(编)者：连玉明 2018年5月出版 / 估价：99.00元
PSN B-2015-497-9/10

贵阳蓝皮书
贵阳城市创新发展报告No.3（花溪篇）
著(编)者：连玉明 2018年5月出版 / 估价：99.00元
PSN B-2015-490-2/10

贵阳蓝皮书
贵阳城市创新发展报告No.3（开阳篇）
著(编)者：连玉明 2018年5月出版 / 估价：99.00元
PSN B-2015-492-4/10

贵阳蓝皮书
贵阳城市创新发展报告No.3（南明篇）
著(编)者：连玉明 2018年5月出版 / 估价：99.00元
PSN B-2015-496-8/10

贵阳蓝皮书
贵阳城市创新发展报告No.3（清镇篇）
著(编)者：连玉明 2018年5月出版 / 估价：99.00元
PSN B-2015-489-1/10

贵阳蓝皮书
贵阳城市创新发展报告No.3（乌当篇）
著(编)者：连玉明　2018年5月出版 / 估价：99.00元
PSN B-2015-495-7/10

贵阳蓝皮书
贵阳城市创新发展报告No.3（息烽篇）
著(编)者：连玉明　2018年5月出版 / 估价：99.00元
PSN B-2015-493-5/10

贵阳蓝皮书
贵阳城市创新发展报告No.3（修文篇）
著(编)者：连玉明　2018年5月出版 / 估价：99.00元
PSN B-2015-494-6/10

贵阳蓝皮书
贵阳城市创新发展报告No.3（云岩篇）
著(编)者：连玉明　2018年5月出版 / 估价：99.00元
PSN B-2015-498-10/10

贵州房地产蓝皮书
贵州房地产发展报告No.5（2018）
著(编)者：武廷方　2018年7月出版 / 估价：99.00元
PSN B-2014-426-1/1

贵州蓝皮书
贵州册亨经济社会发展报告（2018）
著(编)者：黄德林　2018年6月出版 / 估价：99.00元
PSN B-2016-525-8/9

贵州蓝皮书
贵州地理标志产业发展报告（2018）
著(编)者：李发耀 黄其松　2018年8月出版 / 估价：99.00元
PSN B-2017-646-10/10

贵州蓝皮书
贵安新区发展报告（2017～2018）
著(编)者：马长青 吴大华　2018年6月出版 / 估价：99.00元
PSN B-2015-459-4/10

贵州蓝皮书
贵州国家级开放创新平台发展报告（2017～2018）
著(编)者：申晓庆 吴大华 季泓
2018年11月出版 / 估价：99.00元
PSN B-2016-518-7/10

贵州蓝皮书
贵州国有企业社会责任发展报告（2017～2018）
著(编)者：郭丽　2018年12月出版 / 估价：99.00元
PSN B-2015-511-6/10

贵州蓝皮书
贵州民航业发展报告（2017）
著(编)者：申振东 吴大华　2018年6月出版 / 估价：99.00元
PSN B-2015-471-5/10

贵州蓝皮书
贵州民营经济发展报告（2017）
著(编)者：杨静 吴大华　2018年6月出版 / 估价：99.00元
PSN B-2016-530-9/9

杭州都市圈蓝皮书
杭州都市圈发展报告（2018）
著(编)者：洪庆华 沈翔　2018年4月出版 / 定价：98.00元
PSN B-2012-302-1/1

河北经济蓝皮书
河北省经济发展报告（2018）
著(编)者：马树强 金浩 张贵　2018年6月出版 / 估价：99.00元
PSN B-2014-380-1/1

河北蓝皮书
河北经济社会发展报告（2018）
著(编)者：康振海　2018年1月出版 / 定价：99.00元
PSN B-2014-372-1/3

河北蓝皮书
京津冀协同发展报告（2018）
著(编)者：陈璐　2017年12月出版 / 定价：79.00元
PSN B-2017-601-2/3

河南经济蓝皮书
2018年河南经济形势分析与预测
著(编)者：王世炎　2018年3月出版 / 定价：89.00元
PSN B-2007-086-1/1

河南蓝皮书
河南城市发展报告（2018）
著(编)者：张占仓 王建国　2018年5月出版 / 估价：99.00元
PSN B-2009-131-3/9

河南蓝皮书
河南工业发展报告（2018）
著(编)者：张占仓　2018年5月出版 / 估价：99.00元
PSN B-2013-317-5/9

河南蓝皮书
河南金融发展报告（2018）
著(编)者：喻新安 谷建全
2018年6月出版 / 估价：99.00元
PSN B-2014-390-7/9

河南蓝皮书
河南经济发展报告（2018）
著(编)者：张占仓 完世伟
2018年6月出版 / 估价：99.00元
PSN B-2010-157-4/9

河南蓝皮书
河南能源发展报告（2018）
著(编)者：国网河南省电力公司经济技术研究院
河南省社会科学院
2018年6月出版 / 估价：99.00元
PSN B-2017-607-9/9

河南商务蓝皮书
河南商务发展报告（2018）
著(编)者：焦锦淼 穆荣国　2018年5月出版 / 估价：99.00元
PSN B-2014-399-1/1

河南双创蓝皮书
河南创新创业发展报告（2018）
著(编)者：喻新安 杨雪梅
2018年8月出版 / 估价：99.00元
PSN B-2017-641-1/1

黑龙江蓝皮书
黑龙江经济发展报告（2018）
著(编)者：朱宇　2018年1月出版 / 定价：89.00元
PSN B-2011-190-2/2

湖南城市蓝皮书
区域城市群整合
著(编)者：童中贤 韩未名　　2018年12月出版 / 估价：99.00元
PSN B-2006-064-1/1

湖南蓝皮书
湖南城乡一体化发展报告（2018）
著(编)者：陈文胜 王文强 陆福兴
2018年8月出版 / 估价：99.00元
PSN B-2015-477-8/8

湖南蓝皮书
2018年湖南电子政务发展报告
著(编)者：梁志峰　　2018年5月出版 / 估价：128.00元
PSN B-2014-394-6/8

湖南蓝皮书
2018年湖南经济发展报告
著(编)者：卞鹰　　2018年5月出版 / 估价：128.00元
PSN B-2011-207-2/8

湖南蓝皮书
2016年湖南经济展望
著(编)者：梁志峰　　2018年5月出版 / 估价：128.00元
PSN B-2011-206-1/8

湖南蓝皮书
2018年湖南县域经济社会发展报告
著(编)者：梁志峰　　2018年5月出版 / 估价：128.00元
PSN B-2014-395-7/8

湖南县域绿皮书
湖南县域发展报告（No.5）
著(编)者：袁准 周小毛 黎仁寅
2018年6月出版 / 估价：99.00元
PSN G-2012-274-1/1

沪港蓝皮书
沪港发展报告（2018）
著(编)者：尤安山　　2018年9月出版 / 估价：99.00元
PSN B-2013-362-1/1

吉林蓝皮书
2018年吉林经济社会形势分析与预测
著(编)者：邵汉明　　2017年12月出版 / 定价：89.00元
PSN B-2013-319-1/1

吉林省城市竞争力蓝皮书
吉林省城市竞争力报告（2017~2018）
著(编)者：崔岳春 张磊
2018年3月出版 / 定价：89.00元
PSN B-2016-513-1/1

济源蓝皮书
济源经济社会发展报告（2018）
著(编)者：喻新安　　2018年6月出版 / 估价：99.00元
PSN B-2014-387-1/1

江苏蓝皮书
2018年江苏经济发展分析与展望
著(编)者：王庆五 吴先满
2018年7月出版 / 估价：128.00元
PSN B-2017-635-1/3

江西蓝皮书
江西经济社会发展报告（2018）
著(编)者：陈石俊 龚建文　　2018年10月出版 / 估价：128.00元
PSN B-2015-484-1/2

江西蓝皮书
江西设区市发展报告（2018）
著(编)者：姜玮 梁勇
2018年10月出版 / 估价：99.00元
PSN B-2016-517-2/2

经济特区蓝皮书
中国经济特区发展报告（2017）
著(编)者：陶一桃　　2018年1月出版 / 估价：99.00元
PSN B-2009-139-1/1

辽宁蓝皮书
2018年辽宁经济社会形势分析与预测
著(编)者：梁启东 魏红江　　2018年6月出版 / 估价：99.00元
PSN B-2006-053-1/1

民族经济蓝皮书
中国民族地区经济发展报告（2018）
著(编)者：李曦辉　　2018年7月出版 / 估价：99.00元
PSN B-2017-630-1/1

南宁蓝皮书
南宁经济发展报告（2018）
著(编)者：胡建华　　2018年9月出版 / 估价：99.00元
PSN B-2016-569-2/3

内蒙古蓝皮书
内蒙古精准扶贫研究报告（2018）
著(编)者：张志华　　2018年1月出版 / 定价：89.00元
PSN B-2017-681-2/2

浦东新区蓝皮书
上海浦东经济发展报告（2018）
著(编)者：周小平 徐美芳
2018年1月出版 / 定价：89.00元
PSN B-2011-225-1/1

青海蓝皮书
2018年青海经济社会形势分析与预测
著(编)者：陈玮　　2018年1月出版 / 定价：98.00元
PSN B-2012-275-1/2

青海科技绿皮书
青海科技发展报告（2017）
著(编)者：青海省科学技术信息研究所
2018年3月出版 / 定价：98.00元
PSN G-2018-701-1/1

山东蓝皮书
山东经济形势分析与预测（2018）
著(编)者：李广杰　　2018年7月出版 / 估价：99.00元
PSN B-2014-404-1/5

山东蓝皮书
山东省普惠金融发展报告（2018）
著(编)者：齐鲁财富网
2018年9月出版 / 估价：99.00元
PSN B2017-676-5/5

山西蓝皮书
山西资源型经济转型发展报告（2018）
著(编)者：李志强　2018年7月出版 / 估价：99.00元
PSN B-2011-197-1/1

陕西蓝皮书
陕西经济发展报告（2018）
著(编)者：任宗哲 白宽犁 裴成荣
2018年1月出版 / 定价：89.00元
PSN B-2009-135-1/6

陕西蓝皮书
陕西精准脱贫研究报告（2018）
著(编)者：任宗哲 白宽犁 王建康
2018年4月出版 / 定价：89.00元
PSN B-2017-623-6/6

上海蓝皮书
上海经济发展报告（2018）
著(编)者：沈开艳　2018年2月出版 / 定价：89.00元
PSN B-2006-057-1/7

上海蓝皮书
上海资源环境发展报告（2018）
著(编)者：周冯琦 胡静　2018年2月出版 / 定价：89.00元
PSN B-2006-060-4/7

上海蓝皮书
上海奉贤经济发展分析与研判（2017～2018）
著(编)者：张兆安 朱平芳　2018年3月出版 / 定价：99.00元
PSN B-2018-698-8/8

上饶蓝皮书
上饶发展报告（2016～2017）
著(编)者：廖其志　2018年6月出版 / 估价：128.00元
PSN B-2014-377-1/1

深圳蓝皮书
深圳经济发展报告（2018）
著(编)者：张骁儒　2018年6月出版 / 估价：99.00元
PSN B-2008-112-3/7

四川蓝皮书
四川城镇化发展报告（2018）
著(编)者：侯水平 陈炜　2018年6月出版 / 估价：99.00元
PSN B-2015-456-7/7

四川蓝皮书
2018年四川经济形势分析与预测
著(编)者：杨钢　2018年1月出版 / 定价：158.00元
PSN B-2007-098-2/7

四川蓝皮书
四川企业社会责任研究报告（2017～2018）
著(编)者：侯水平 盛毅　2018年5月出版 / 估价：99.00元
PSN B-2014-386-4/7

四川蓝皮书
四川生态建设报告（2018）
著(编)者：李晟之　2018年5月出版 / 估价：99.00元
PSN B-2015-455-6/7

四川蓝皮书
四川特色小镇发展报告（2017）
著(编)者：吴志强　2017年11月出版 / 定价：89.00元
PSN B-2017-670-8/8

体育蓝皮书
上海体育产业发展报告（2017~2018）
著(编)者：张林 黄海燕
2018年10月出版 / 估价：99.00元
PSN B-2015-454-4/5

体育蓝皮书
长三角地区体育产业发展报（2017～2018）
著(编)者：张林　2018年6月出版 / 估价：99.00元
PSN B-2015-453-3/5

天津金融蓝皮书
天津金融发展报告（2018）
著(编)者：王爱俭 孔德昌
2018年5月出版 / 估价：99.00元
PSN B-2014-418-1/1

图们江区域合作蓝皮书
图们江区域合作发展报告（2018）
著(编)者：李铁　2018年6月出版 / 估价：99.00元
PSN B-2015-464-1/1

温州蓝皮书
2018年温州经济社会形势分析与预测
著(编)者：蒋儒标 王春光 金浩
2018年6月出版 / 估价：99.00元
PSN B-2008-105-1/1

西咸新区蓝皮书
西咸新区发展报告（2018）
著(编)者：李扬 王军
2018年6月出版 / 估价：99.00元
PSN B-2016-534-1/1

修武蓝皮书
修武经济社会发展报告（2018）
著(编)者：张占仓 袁凯声
2018年10月出版 / 估价：99.00元
PSN B-2017-651-1/1

偃师蓝皮书
偃师经济社会发展报告（2018）
著(编)者：张占仓 袁凯声 何武周
2018年7月出版 / 估价：99.00元
PSN B-2017-627-1/1

扬州蓝皮书
扬州经济社会发展报告（2018）
著(编)者：陈扬
2018年12月出版 / 估价：108.00元
PSN B-2011-191-1/1

长垣蓝皮书
长垣经济社会发展报告（2018）
著(编)者：张占仓 袁凯声 秦保建
2018年10月出版 / 估价：99.00元
PSN B-2017-654-1/1

遵义蓝皮书
遵义发展报告（2018）
著(编)者：邓彦 曾征 龚永育
2018年9月出版 / 估价：99.00元
PSN B-2014-433-1/1

地方发展类-社会

安徽蓝皮书
安徽社会发展报告（2018）
著(编)者：程桦　2018年6月出版 / 估价：99.00元
PSN B-2013-325-1/1

安徽社会建设蓝皮书
安徽社会建设分析报告（2017～2018）
著(编)者：黄家海 蔡宪
2018年11月出版 / 估价：99.00元
PSN B-2013-322-1/1

北京蓝皮书
北京公共服务发展报告（2017～2018）
著(编)者：施昌奎　2018年6月出版 / 估价：99.00元
PSN B-2008-103-7/8

北京蓝皮书
北京社会发展报告（2017～2018）
著(编)者：李伟东
2018年7月出版 / 估价：99.00元
PSN B-2006-055-3/8

北京蓝皮书
北京社会治理发展报告（2017～2018）
著(编)者：殷星辰　2018年7月出版 / 估价：99.00元
PSN B-2014-391-8/8

北京律师蓝皮书
北京律师发展报告 No.4（2018）
著(编)者：王隽　2018年12月出版 / 估价：99.00元
PSN B-2011-217-1/1

北京人才蓝皮书
北京人才发展报告（2018）
著(编)者：敏华　2018年12月出版 / 估价：128.00元
PSN B-2011-201-1/1

北京社会心态蓝皮书
北京社会心态分析报告（2017～2018）
北京市社会心理服务促进中心
2018年10月出版 / 估价：99.00元
PSN B-2014-422-1/1

北京社会组织管理蓝皮书
北京社会组织发展与管理（2018）
著(编)者：黄江松
2018年6月出版 / 估价：99.00元
PSN B-2015-446-1/1

北京养老产业蓝皮书
北京居家养老发展报告（2018）
著(编)者：陆杰华 周明明
2018年8月出版 / 估价：99.00元
PSN B-2015-465-1/1

法治蓝皮书
四川依法治省年度报告No.4（2018）
著(编)者：李林 杨天宗 田禾
2018年3月出版 / 定价：118.00元
PSN B-2015-447-2/3

福建妇女发展蓝皮书
福建省妇女发展报告（2018）
著(编)者：刘群英　2018年11月出版 / 估价：99.00元
PSN B-2011-220-1/1

甘肃蓝皮书
甘肃社会发展分析与预测（2018）
著(编)者：安文华 谢增虎 包晓霞
2018年1月出版 / 定价：99.00元
PSN B-2013-313-2/6

广东蓝皮书
广东全面深化改革研究报告（2018）
著(编)者：周林生 涂成林
2018年12月出版 / 估价：99.00元
PSN B-2015-504-3/3

广东蓝皮书
广东社会工作发展报告（2018）
著(编)者：罗观翠　2018年6月出版 / 估价：99.00元
PSN B-2014-402-2/3

广州蓝皮书
广州青年发展报告（2018）
著(编)者：徐柳 张强
2018年8月出版 / 估价：99.00元
PSN B-2013-352-13/14

广州蓝皮书
广州社会保障发展报告（2018）
著(编)者：张跃国　2018年8月出版 / 估价：99.00元
PSN B-2014-425-14/14

广州蓝皮书
2018年中国广州社会形势分析与预测
著(编)者：张强 郭志勇 何镜清
2018年6月出版 / 估价：99.00元
PSN B-2008-110-5/14

贵州蓝皮书
贵州法治发展报告（2018）
著(编)者：吴大华　2018年5月出版 / 估价：99.00元
PSN B-2012-254-2/10

贵州蓝皮书
贵州人才发展报告（2017）
著(编)者：于杰 吴大华
2018年9月出版 / 估价：99.00元
PSN B-2014-382-3/10

贵州蓝皮书
贵州社会发展报告（2018）
著(编)者：王兴骥　2018年6月出版 / 估价：99.00元
PSN B-2010-166-1/10

杭州蓝皮书
杭州妇女发展报告（2018）
著(编)者：魏颖
2018年10月出版 / 估价：99.00元
PSN B-2014-403-1/1

河北蓝皮书
河北法治发展报告（2018）
著(编)者：康振海　　2018年6月出版 / 估价：99.00元
PSN B-2017-622-3/3

河北食品药品安全蓝皮书
河北食品药品安全研究报告（2018）
著(编)者：丁锦霞
2018年10月出版 / 估价：99.00元
PSN B-2015-473-1/1

河南蓝皮书
河南法治发展报告（2018）
著(编)者：张林海　　2018年7月出版 / 估价：99.00元
PSN B-2014-376-6/9

河南蓝皮书
2018年河南社会形势分析与预测
著(编)者：牛苏林　　2018年5月出版 / 估价：99.00元
PSN B-2005-043-1/9

河南民办教育蓝皮书
河南民办教育发展报告（2018）
著(编)者：胡大白　　2018年9月出版 / 估价：99.00元
PSN B-2017-642-1/1

黑龙江蓝皮书
黑龙江社会发展报告（2018）
著(编)者：王爱丽　　2018年1月出版 / 定价：89.00元
PSN B-2011-189-1/2

湖南蓝皮书
2018年湖南两型社会与生态文明建设报告
著(编)者：卞鹰　　2018年5月出版 / 估价：128.00元
PSN B-2011-208-3/8

湖南蓝皮书
2018年湖南社会发展报告
著(编)者：卞鹰　　2018年5月出版 / 估价：128.00元
PSN B-2014-393-5/8

健康城市蓝皮书
北京健康城市建设研究报告（2018）
著(编)者：王鸿春 盛继洪
2018年9月出版 / 估价：99.00元
PSN B-2015-460-1/2

江苏法治蓝皮书
江苏法治发展报告No.6（2017）
著(编)者：蔡道通 龚廷泰
2018年8月出版 / 估价：99.00元
PSN B-2012-290-1/1

江苏蓝皮书
2018年江苏社会发展分析与展望
著(编)者：王庆五 刘旺洪
2018年8月出版 / 估价：128.00元
PSN B-2017-636-2/3

民族教育蓝皮书
中国民族教育发展报告（2017·内蒙古卷）
著(编)者：陈中永
2017年12月出版 / 定价：198.00元
PSN B-2017-669-1/1

南宁蓝皮书
南宁法治发展报告（2018）
著(编)者：杨维超　　2018年12月出版 / 估价：99.00元
PSN B-2015-509-1/3

南宁蓝皮书
南宁社会发展报告（2018）
著(编)者：胡建华　　2018年10月出版 / 估价：99.00元
PSN B-2016-570-3/3

内蒙古蓝皮书
内蒙古反腐倡廉建设报告 No.2
著(编)者：张志华　　2018年6月出版 / 估价：99.00元
PSN B-2013-305-1/1

青海蓝皮书
2018年青海人才发展报告
著(编)者：王宇燕　　2018年9月出版 / 估价：99.00元
PSN B-2017-650-2/2

青海生态文明建设蓝皮书
青海生态文明建设报告（2018）
著(编)者：张西明 高华　　2018年12月出版 / 估价：99.00元
PSN B-2016-595-1/1

人口与健康蓝皮书
深圳人口与健康发展报告（2018）
著(编)者：陆杰华 傅崇辉
2018年11月出版 / 估价：99.00元
PSN B-2011-228-1/1

山东蓝皮书
山东社会形势分析与预测（2018）
著(编)者：李善峰　　2018年6月出版 / 估价：99.00元
PSN B-2014-405-2/5

陕西蓝皮书
陕西社会发展报告（2018）
著(编)者：任宗哲 白宽犁 牛昉
2018年1月出版 / 定价：89.00元
PSN B-2009-136-2/6

上海蓝皮书
上海法治发展报告（2018）
著(编)者：叶必丰　　2018年9月出版 / 估价：99.00元
PSN B-2012-296-6/7

上海蓝皮书
上海社会发展报告（2018）
著(编)者：杨雄 周海旺
2018年2月出版 / 定价：89.00元
PSN B-2006-058-2/7

社会建设蓝皮书
2018年北京社会建设分析报告
著(编)者：宋贵伦 冯虹　2018年9月出版 / 估价：99.00元
PSN B-2010-173-1/1

深圳蓝皮书
深圳法治发展报告（2018）
著(编)者：张骁儒　2018年6月出版 / 估价：99.00元
PSN B-2015-470-6/7

深圳蓝皮书
深圳劳动关系发展报告（2018）
著(编)者：汤庭芬　2018年8月出版 / 估价：99.00元
PSN B-2007-097-2/7

深圳蓝皮书
深圳社会治理与发展报告（2018）
著(编)者：张骁儒　2018年6月出版 / 估价：99.00元
PSN B-2008-113-4/7

生态安全绿皮书
甘肃国家生态安全屏障建设发展报告（2018）
著(编)者：刘举科 喜文华
2018年10月出版 / 估价：99.00元
PSN G-2017-659-1/1

顺义社会建设蓝皮书
北京市顺义区社会建设发展报告（2018）
著(编)者：王学武　2018年9月出版 / 估价：99.00元
PSN B-2017-658-1/1

四川蓝皮书
四川法治发展报告（2018）
著(编)者：郑泰安　2018年6月出版 / 估价：99.00元
PSN B-2015-441-5/7

四川蓝皮书
四川社会发展报告（2018）
著(编)者：李羚　2018年6月出版 / 估价：99.00元
PSN B-2008-127-3/7

四川社会工作与管理蓝皮书
四川省社会工作人力资源发展报告（2017）
著(编)者：边慧敏　2017年12月出版 / 定价：89.00元
PSN B-2017-683-1/1

云南社会治理蓝皮书
云南社会治理年度报告（2017）
著(编)者：晏雄 韩全芳
2018年5月出版 / 估价：99.00元
PSN B-2017-667-1/1

地方发展类-文化

北京传媒蓝皮书
北京新闻出版广电发展报告（2017～2018）
著(编)者：王志　2018年11月出版 / 估价：99.00元
PSN B-2016-588-1/1

北京蓝皮书
北京文化发展报告（2017～2018）
著(编)者：李建盛　2018年5月出版 / 估价：99.00元
PSN B-2007-082-4/8

创意城市蓝皮书
北京文化创意产业发展报告（2018）
著(编)者：郭万超 张京成　2018年12月出版 / 估价：99.00元
PSN B-2012-263-1/7

创意城市蓝皮书
天津文化创意产业发展报告（2017～2018）
著(编)者：谢思全　2018年6月出版 / 估价：99.00元
PSN B-2016-536-7/7

创意城市蓝皮书
武汉文化创意产业发展报告（2018）
著(编)者：黄永林 陈汉桥　2018年12月出版 / 估价：99.00元
PSN B-2013-354-4/7

创意上海蓝皮书
上海文化创意产业发展报告（2017～2018）
著(编)者：王慧敏 王兴全　2018年8月出版 / 估价：99.00元
PSN B-2016-561-1/1

非物质文化遗产蓝皮书
广州市非物质文化遗产保护发展报告（2018）
著(编)者：宋俊华　2018年12月出版 / 估价：99.00元
PSN B-2016-589-1/1

甘肃蓝皮书
甘肃文化发展分析与预测（2018）
著(编)者：马廷旭 戚晓萍　2018年1月出版 / 定价：99.00元
PSN B-2013-314-3/6

甘肃蓝皮书
甘肃舆情分析与预测（2018）
著(编)者：王俊莲 张谦元　2018年1月出版 / 定价：99.00元
PSN B-2013-315-4/6

广州蓝皮书
中国广州文化发展报告（2018）
著(编)者：屈哨兵 陆志强　2018年6月出版 / 估价：99.00元
PSN B-2009-134-7/14

广州蓝皮书
广州文化创意产业发展报告（2018）
著(编)者：徐咏虹　2018年7月出版 / 估价：99.00元
PSN B-2008-111-6/14

海淀蓝皮书
海淀区文化和科技融合发展报告（2018）
著(编)者：陈名杰 孟景伟　2018年5月出版 / 估价：99.00元
PSN B-2013-329-1/1

河南蓝皮书
河南文化发展报告（2018）
著(编)者：卫绍生　　2018年7月出版 / 估价：99.00元
PSN B-2008-106-2/9

湖北文化产业蓝皮书
湖北省文化产业发展报告（2018）
著(编)者：黄晓华　　2018年9月出版 / 估价：99.00元
PSN B-2017-656-1/1

湖北文化蓝皮书
湖北文化发展报告（2017~2018）
著(编)者：湖北大学高等人文研究院
中华文化发展湖北省协同创新中心
2018年10月出版 / 估价：99.00元
PSN B-2016-566-1/1

江苏蓝皮书
2018年江苏文化发展分析与展望
著(编)者：王庆五 樊和平　　2018年9月出版 / 估价：128.00元
PSN B-2017-637-3/3

江西文化蓝皮书
江西非物质文化遗产发展报告（2018）
著(编)者：张圣才 傅安平　　2018年12月出版 / 估价：128.00元
PSN B-2015-499-1/1

洛阳蓝皮书
洛阳文化发展报告（2018）
著(编)者：刘福兴 陈启明　　2018年7月出版 / 估价：99.00元
PSN B-2015-476-1/1

南京蓝皮书
南京文化发展报告（2018）
著(编)者：中共南京市委宣传部
2018年12月出版 / 估价：99.00元
PSN B-2014-439-1/1

宁波文化蓝皮书
宁波“一人一艺”全民艺术普及发展报告（2017）
著(编)者：张爱琴　　2018年11月出版 / 估价：128.00元
PSN B-2017-668-1/1

山东蓝皮书
山东文化发展报告（2018）
著(编)者：涂可国　　2018年5月出版 / 估价：99.00元
PSN B-2014-406-3/5

陕西蓝皮书
陕西文化发展报告（2018）
著(编)者：任宗哲 白宽犁 王长寿
2018年1月出版 / 定价：89.00元
PSN B-2009-137-3/6

上海蓝皮书
上海传媒发展报告（2018）
著(编)者：强荧 焦雨虹　　2018年2月出版 / 定价：89.00元
PSN B-2012-295-5/7

上海蓝皮书
上海文学发展报告（2018）
著(编)者：陈圣来　　2018年6月出版 / 估价：99.00元
PSN B-2012-297-7/7

上海蓝皮书
上海文化发展报告（2018）
著(编)者：荣跃明　　2018年6月出版 / 估价：99.00元
PSN B-2006-059-3/7

深圳蓝皮书
深圳文化发展报告（2018）
著(编)者：张骁儒　　2018年7月出版 / 估价：99.00元
PSN B-2016-554-7/7

四川蓝皮书
四川文化产业发展报告（2018）
著(编)者：向宝云 张立伟　　2018年6月出版 / 估价：99.00元
PSN B-2006-074-1/7

郑州蓝皮书
2018年郑州文化发展报告
著(编)者：王哲　　2018年9月出版 / 估价：99.00元
PSN B-2008-107-1/1

✧ 皮书起源 ✧

“皮书”起源于十七、十八世纪的英国，主要指官方或社会组织正式发表的重要文件或报告，多以“白皮书”命名。在中国，“皮书”这一概念被社会广泛接受，并被成功运作、发展成为一种全新的出版形态，则源于中国社会科学院社会科学文献出版社。

✧ 皮书定义 ✧

皮书是对中国与世界发展状况和热点问题进行年度监测，以专业的角度、专家的视野和实证研究方法，针对某一领域或区域现状与发展态势展开分析和预测，具备原创性、实证性、专业性、连续性、前沿性、时效性等特点的公开出版物，由一系列权威研究报告组成。

✧ 皮书作者 ✧

皮书系列的作者以中国社会科学院、著名高校、地方社会科学院的研究人员为主，多为国内一流研究机构的权威专家学者，他们的看法和观点代表了学界对中国与世界的现实和未来最高水平的解读与分析。

✧ 皮书荣誉 ✧

皮书系列已成为社会科学文献出版社的著名图书品牌和中国社会科学院的知名学术品牌。2016 年，皮书系列正式列入“十三五”国家重点出版规划项目；2013~2018 年，重点皮书列入中国社会科学院承担的国家哲学社会科学创新工程项目；2018 年，59 种院外皮书使用“中国社会科学院创新工程学术出版项目”标识。

中国皮书网

（网址：www.pishu.cn）

发布皮书研创资讯，传播皮书精彩内容
引领皮书出版潮流，打造皮书服务平台

栏目设置

关于皮书：何谓皮书、皮书分类、皮书大事记、皮书荣誉、
皮书出版第一人、皮书编辑部

最新资讯：通知公告、新闻动态、媒体聚焦、网站专题、视频直播、下载专区

皮书研创：皮书规范、皮书选题、皮书出版、皮书研究、研创团队

皮书评奖评价：指标体系、皮书评价、皮书评奖

互动专区：皮书说、社科数托邦、皮书微博、留言板

所获荣誉

2008 年、2011 年，中国皮书网均在全国新闻出版业网站荣誉评选中获得“最具商业价值网站”称号；

2012 年，获得“出版业网站百强”称号。

网库合一

2014 年，中国皮书网与皮书数据库端口合一，实现资源共享。